THE ARMENIAN TRANSLATION OF DEUTERONOMY

University of Pennsylvania

Armenian Texts and Studies

Supported by the Sarkes Tarzian Fund

Michael E. Stone, editor

Number 2

THE ARMENIAN TRANSLATION OF DEUTERONOMY

by Claude E. Cox

THE ARMENIAN TRANSLATION OF DEUTERONOMY

by Claude E. Cox

SCHOLARS PRESS

Distributed by
Scholars Press
101 Salem Street
Chico, California 95926

THE ARMENIAN TRANSLATION OF DEUTERONOMY

by Claude E. Cox

Library of Congress Cataloging in Publication Data

Cox, Claude E.
The Armenian translation of Deuteronomy.

(Armenian texts and studies ; no. 2)
Bibliography: p.
Includes index.
1. Bible. O. T. Deuteronomy. Armenian–Versions.
I. Stone, Michael E., 1938– . II. Title. III. Series.
BS1274.A75C69 222'.15049 81-5273
ISBN 0-89130-491-6 AACR2
ISBN 0-89130-492-4 (pbk.)

Printed in the United States of America
1 2 3 4 5 6
Edwards Brothers, Inc.
Ann Arbor, Michigan 48104

for my parents

TABLE OF CONTENTS

	Page
Preface	ix
Signs and Abbreviations	xvii
Introduction	1
Chapter	
I. Procedure for Preparing a Diplomatic Edition of Armenian Deuteronomy	15
II. The Text of Armenian Deuteronomy	71
Appendix: Establishing the Text	219
III. Characteristics of the Translator	223
IV. Textual Relations	243
V. The Relationship of the Armenian to the Syriac	301
Supplement	329
Bibliography	381
Indexes	395

PREFACE

This study of the Armenian text of Deuteronomy is a University of Toronto thesis written under the direction of Professor J. W. Wevers.

Research was begun in Jerusalem in the summer of 1975. There, at the Armenian Patriarchate, I began an examination of manuscripts; this eventually led to the preparation of an edition of the text of Deuteronomy. I am indebted to Archbishop Norayr Bogharian, Keeper of Manuscripts of the Armenian Patriarchate, for putting the Patriarchate's manuscripts at my disposal and giving me advice concerning them. Archbishop Shahe Ajamian greatly facilitated my work by permitting me to make use of his collection of microfilms of Armenian manuscripts in European libraries as well as of Yerevan manuscript 1500. I also tender my thanks to Sahag Kalaydjian, Librarian of the Gulbenkian Library of Printed Books, and to Haroutune Samuelian, at that time a teacher at the Patriarchate. Most of all I would like to thank Dr. Michael Stone of the Hebrew University who guided my work during my stay in Jerusalem. The hospitality of Dr. Stone and his family is warmly remembered.

During 1976-1977 I studied classical and modern Armenian at Harvard University. I am grateful to Robert W. Thomson, Professor of Armenian studies, for his interest in my work and for his help concerning numerous questions during that time and since. I studied modern Armenian with Kevork Bardakjian; this proved to be a great boon in subsequent travel and research. On two occasions I was able to meet with Professor John Strugnell of Harvard Divinity School in order to discuss procedural questions concerning the setting up of the edition of the text; his advice was most helpful.

I am grateful to the Canadian and Soviet governments for awarding me a Canada-USSR Exchange Fellowship, 1977-1978. This permitted me to spend ten months in Yerevan, Armenian SSR. There I continued my manuscript research at the Mesrop Mashtots Institute of Manuscripts (The Matenadaran). I would like to thank the Director of the Matenadaran, Dr. L. Khachikian, for his help. Babken Chukaszian, Deputy Director of the

Matenadaran, was my supervisor and I thank him for making my work go smoothly and pleasantly. At the Matenadaran I would also like to recognize the helpfulness of O. Eganian, H. S. Anassian, A. Zeytunian, V. Bardikian, and L. Ter Petrossian.

In Yerevan, Mrs. Emma Mkrtchian of the State University tutored me in modern Armenian; that was a pleasant experience.

In April 1978 I did research in the manuscript library of All Saviour's Cathedral in New Julfa (Isfahan), Iran. To the director, Levon Minassian, I give my thanks for his helpfulness.

Mzekala Shanidze of the Institute of Manuscripts, Tbilisi, Georgian SSR, first by correspondence and then in conversation gave me advice concerning the Georgian version of Deuteronomy. I am grateful for this and for her hospitality during my visit to Tbilisi in June 1978.

In early July of 1978 I did research in the manuscript libraries of the Mechitarist Fathers in Vienna and Venice. In Vienna I thank Abbot General Fr. Gregoris Manian for his help. A very pleasant seven days was spent working with manuscripts belonging to the Mechitarist Fathers on the island of San Lazzaro (Venice). At San Lazzaro I am particularly indebted to Fr. Nerses Ter-Nersessian. His graciousness during my visit is warmly recalled and I am grateful to him for answering a number of queries by correspondence since that time.

There are a number of individuals who helped me in different ways: J. N. Birdsall, University of Birmingham; V. L. Parsegian, Troy, N.Y.; M. H. Halabian, Watertown, Mass.; Markar Sharabkhanian, Principal of the Armenian Relief Society Day School, Toronto; Fr. Jirayr Tashjian, formerly priest of Holy Trinity Armenian Church, Toronto. I appreciate the help which they gave me.

I received reproduced materials from the Armenian Patriarchate, Jerusalem; The Bodleian Library, Oxford; The British and Foreign Bible Society Library, London, where I thank Miss Kathleen Cann, Archivist; The Chester Beatty Library, Dublin; The Library of Congress, Washington; The Matenadaran, Yerevan; The Mechitarist Congregation, Vienna; The Bibliothèque Nationale, Paris.

To Academic International Press and to Harry

Weber, editor of _The Modern Encyclopedia of Russian and Soviet Literature_, I express my thanks for permission to make use of materials that appeared in an article written by me concerning the Armenian Bible.

Shushig Boyajian typed the Armenian that appears in this study. I am grateful to her for her courage in undertaking the task of typing a complicated text; the excellence of her work will be readily apparent to the reader.

During the period 1975-1979 I was the recipient of Canada Council Doctoral Fellowships. The financial support of the Council enabled me to make the preparations necessary for this study and to undertake the research that it has entailed. To the Canada Council I tender my sincere gratitude.

Finally, it is my pleasure to record my greatest indebtedness, namely that which is due to Professor J. W. Wevers, Chairman of the Department of Near Eastern Studies, University of Toronto. It is Professor Wevers who has guided this study from its inception, through each of the stages mentioned above, to its completion. I have profited from his advice on numerous occasions when difficult questions arose and am grateful for the patience which he exercised each time.

Toronto

August, 1979

Preface prior to Publication

For the purpose of publication the title of this study has been changed: at the doctoral thesis stage it was entitled *The Textual Character of the Armenian Version of Deuteronomy*. Indexes have been added and minor corrections, mostly of a typographical nature, have been made. In this connection I would like to thank Mr. George Shirinian of Toronto for proof-reading the Armenian text that forms Chapter II of this book.

I am grateful to the editor and to the editorial advisory board of The University of Pennsylvania Armenian Texts and Studies series for accepting this study for publication.

Finally, I would like to dedicate this book to my parents, William Ralph and Doris Hindle Cox, with a son's love and gratitude.

Brandon University
Brandon, Manitoba
January, 1981

SIGNS AND ABBREVIATIONS

—	"to," e.g., 2:20 *զնոսա* — (22) *նոցա* 61^s means that from *զնոսա* of verse 20 to *նոցա* of verse 22 the text is that of 61^s
-	Mss which belong to the same text group are joined by "-," e.g., 9-13.
*	designates the original reading of a ms
c	designates later corrections
c pr m	designates corrections by the first hand
s	designates the suppletor of a ms, e.g., 61^s. 61^s does not stand in contrast to 61*.
txt	designates readings in the text of mss
mg	designates readings in the margin of mss
vid	designates uncertain readings, e.g., 33vid
|	designates change of line, column or page in mss
+, add	indicates addition
>, om	indicates omission
⌒	indicates an omission through homoioteleuton
※	designates asterisk
÷	designates obelus

: designates metobelus. E.g., 12:6 ※ եւ զտասանորդս ձեր: 33txt (※ in mg) means that an asterisk precedes the words "and your tithes" in the text of ms 33. A metobelus closes the section that stands under the asterisk; there is an asterisk in the margin.

Arm	designates the Armenian text
Ⓖ	designates the Greek text tradition
LXX	designates the original Greek text
Ⓜ	designates the Masoretic Hebrew text
Osk	designates Oskan's edition of the Bible
Ⓟ	designates the Peshitta as it is represented when the editions of Ceriani and Walton agree
Zoh	designates Zohrab's edition of the Bible

bis scr	= bis scripsit(-serunt)
fin	= finis
hab	= habe(n)t
homoiot	= homoioteleuton
inc	= incertum
init	= initium
ms(s)	= manuscriptum(-ta)

omn codd	=	omnes codices
pr	=	praemittit(-tunt)
rell	=	reliqui
s ind	=	sine indice
sed hab	=	sed habe(n)t
sup lin	=	supra lineam
tr	=	transposuit(-suerunt)
ult	=	ultimum
vid	=	ut videtur

The mss used in the edition and their text group sigla

9-13-61(base ms)-233 = a

13' = 13 + 233

33-218 = b

33' = 33 + 218

38 = c

162 = d

174 = e

Transliteration

The transliteration of Armenian and Russian follows the Library of Congress system for these languages.

Books and Collections

AAWG = Abhandlungen der Akademie der Wissenschaften in Göttingen

Bibelübersetzung = Bo Johnson, Die armenische Bibelübersetzung als hexaplarischer Zeuge im 1. Samuelbuch. Tr. C. H. Sjöberg. Coniectanea Biblica, Old Testament Series 2. Lund: C W K Gleerup, 1968.

CGFAL = Calouste Gulbenkian Foundation Armenian Library

GCS = Die griechischen christlichen Schriftsteller der ersten drei Jahrhunderte

Jensen = Hans Jensen, Altarmenische Grammatik. Indogermanische Bibliothek, 1. Reihe, Lehr- und Handbücher. Heidelberg: Carl Winter, 1959.

MSU = Mitteilungen des Septuaginta-Unternehmens

THGD = J. W. Wevers, Text History of the Greek Deuteronomy. MSU XIII. AAWG, Philologisch-Historische Klasse, dritte Folge, Nr. 106. Göttingen: Vandenhoeck & Ruprecht, 1978.

THGG = J. W. Wevers, Text History of the Greek

Genesis. MSU XI. AAWG, Philologisch-Historische Klasse, dritte Folge, Nr. 81. Göttingen: Vandenhoeck & Ruprecht, 1974.

THGN = J. W. Wevers, Text History of the Greek Numbers. In press.

Thomson = Robert W. Thomson, An Introduction to Classical Armenian. Delmar, N. Y.: Caravan Books, 1975.

ZAW = Zeitschrift für die Alttestamentliche Wissenschaft

The Greek Text Groups and the Translations

O = G-82-376-426 Syh

376' = 376 + 426

oI = 15-64-381-618

15' = 15 + 64   381' = 381 + 618

oII = 29-58-72-707

72' = 72 + 707

O'' = O + oI + oII   O' = O + oI   O' = O + oII   oI' = oI + oII

C = 16-77-131-500-529-616-739

16' = 16 + 131   500' = 500 + 739   529' = 529 +

616

c̲I = 57-73-320-413-528-550-552-761

57' = 57 + 413   73' = 73 + 320   528' = 528 + 761   550' = 550 + 552

c̲II = 46-52-313-414-417-422-551-615

46' = 46 + 313   52' = 52 + 615   414' = 414 + 551

C̲'′ = C̲ + c̲I + c̲II   C̲' = C̲ + c̲I   C̲′ = C̲ + c̲II

c̲I′ = c̲I + c̲II

b̲ = 19-108-118-314-537

19' = 19 + 108   118' = 118 + 314

d̲ = 44-106-107-125-610

44' = 44 + 106   107' = 107 + 610   125' = 125 + 107

f̲ = 53-56-129-246-664

53' = 53 + 664   56' = 56 + 246

n̲ = W^I-54-75-127-458-767

54' = 54 + 127   75' = 75 + 458

s̲ = 30-85-130-321-343-344-346-730

30' = 30 + 730   85' = 85 + 130   321' = 321 + 346   343' = 343 + 344

t̲ = 74-76-134-370-602-799

74' = 74 + 134   76' = 76 + 370   134' = 134 + 602

y = 71-121-318-392-527-619

71' = 71 + 619   392' = 392 + 527

z = 18-68-83-120-122-118-630-669

18' = 18 + 128   68' = 68 + 122   630' = 630 + 669

codd mixti: 28 55 59 319 407 416 424 508 509 646

407' = 407 + 509

Aeth = the Ethiopic translation

Arab = the Arabic translation

Arm = the Armenian translation

Co = the Coptic translations

Bo = the Bohairic translation

Sa = the Sahidic translation

La = the Old Latin translation

Pal = the Palestinian-syriac translation

Pesch = Peshitta

Sam = the Samaritan Pentateuch

Syh = the Syro-Hexapla

Syh^{b} = the text edited by Baars

Syh^{g} = the text edited by Gottstein

Syh^{m} = readings from Masius

Syh^{T} = the ms of Tur ʿAbdin

Tar = Targums

Tar^{O} = Targum Onkelos

Tar^{P} = Targum Neofiti

Vulg = the Vulgate

For details concerning the Greek manuscripts and for bibliographical information on editions of the translations listed above see the introduction of J. W. Wevers, ed., Deuteronomium (cited below, p. 32, note 19).

INTRODUCTION[1]

The purpose of this study is to determine the textual character of the Armenian version of Deuteronomy.

This is not the first study of its kind. For example, many years ago H. S. Gehman undertook an examination of the textual affinities of the Armenian version of the book of Daniel;[2] more recently Bo Johnson has made a study of the Armenian of 1 Samuel.[3] However, earlier studies like these were limited both by a lack of certainty concerning the adequacy of

----

[1] Some materials in the Introduction have already appeared in "Bible, Armenian," in H. Weber, ed., MERSL, 2 (Gulf Breeze, FL: Academic International Press, 1978), pp. 239-244, and are reproduced by permission.

[2] H. S. Gehman, "The Armenian Version of the Book of Daniel and its Affinities," ZAW 48, N. F. 7 (1930), pp. 82-99.

[3] Bibelübersetzung (1968).

editions of the Armenian and by the lack of a critical edition of the Greek.

This study deals with the book of Deuteronomy. This book was chosen simply because it was the subject of research in J. W. Wevers' seminar in Septuagint Criticism during 1973-1975. This provided an opportunity to become familiar with the text of that book and to have access to collations made for the Göttingen critical edition, at that time not yet published.

The first problem which a study like this faces is that of the state of the Armenian text. No critical edition exists and the two editions that do exist are not adequate for scientific research. The first edition of the Bible was completed by Oskan Yerevantsʿi in Amsterdam in 1666.[4] It was based on one ms,

---

[4] Astuatsashunchʿ Hnotsʿ ew Norotsʿ Ktakarantsʿ [Bible of the Old and New Testaments] (Yamstērdam: ner tparanum Srboyn Ējmiatsni ew Srboyn Sargsi Zoravari, 1666). This bibliographical data is from H. S. Anassian, "Astuatsashunchʿ Mateani Haykakan Bnagirě" (Bibliae Sacrae Versio Armena [Bibliographia]), Haykakan Matenagitutʿiwn B (Yerevan: Academy of Sciences, 1976), col. 360. The interesting story

Yerevan 180, dated 1295. In Deuteronomy this ms belongs to the c group, a rather developed type of text. Aside from this, Oskan's latinophile inclinations led him to introduce into his edition various kinds of changes based on the Latin Vulgate.[5]

The second edition of the Bible, by Zohrab, was published in 1805 and is based on Venice ms 1508, dated 1319.[6] In Deuteronomy this ms also belongs to

----

of Oskan and his Bible may be found in H. Aṙakʿelian, Haykakan Tpagrutʿiwn, aṙajin hator -- XVI-XVII dar, erkrord tpagrutʿiwn [Armenian Publishing, volume one -- XVI-XVII century, second edition] (Lēo; Hanramatchʿeli Gradaran 5; Tiflis: Tparan Hermēs, 1904), chapters VIII-X, XV.

[5] Collations of Oskan's edition may be found in the Supplement to this study. Changes which he made are particularly noticeable in the lists of "neutral" readings where the separation of his edition (Osk) from his base ms (22) is readily apparent.

[6] H. Zohrapian, ed., Astuatsashunchʿ matean Hin ew Nor Ktakaranatsʿ [Sacred Scriptures of the Old and New Testaments] (Venetik: i gortsarani Srboyn Ghazaru, 1805). See Zohrab's Introduction and Anassian, op. cit., cols. 369-372. The "p" of "Zohrapian" is pronounced "b" in modern western Armenian. The resulting "Zohrabian" is usually then shortened to "Zohrab."

group c. In terms of usefulness Zohrab's edition is a great gain over Oskan because Zohrab faithfully reproduced his base ms. Zohrab also examined 8 other mss as well as Oskan, and some variant readings are provided in an apparatus beneath the printed text. Unfortunately Zohrab does not identify his mss in the apparatus except by vague terms like "others," "some," and "an exemplar." This means that the reader never knows from the apparatus which mss have the variant reading.

The first task then is to prepare a new edition of the text. This in itself is a major undertaking. The mss are very numerous and are scattered about in a number of widely separated libraries which do not always have facilities for microfilming. For these reasons it is necessary to have a way to make it possible to conduct an examination, analysis, and selection of mss in a reasonable length of time (Chapter I).

A new edition of the text of Deuteronomy is offered in this study (Chapter II). It is a diplomatic type of edition, not a fully critical edition. The text of one of the best mss is reproduced and an apparatus provides variant readings of other mss that are representative of the various text groups in the tradition. By making use of both the text and the apparatus it is frequently possible to establish the original text. Since the text tradition is rather uniform and simple the basic guidelines for establishing the text can be spelled out quite briefly (Appendix to Chapter II). It is the text so established that serves as a basis for comparison with the Greek and Syriac.

With a new edition prepared one can go on to deal with the question of textual relations.

The Armenian version is a translation document. It consists of a translation into Armenian of a text that existed previously in another language. In the course of every work of translation the style of the translator and his understanding of the text affect the outcome to some degree. The result is that a translation has two elements: 1) what is based on the parent text and 2) what belongs simply to the translator. The establishing of textual relations, however, can be done only through a comparison of what is textually based. This means that one must try to exclude from comparison that element which belongs to the translator's style.

To identify this element and the extent of it one must study the characteristics of the translator (Chapter III).

When the elements of the translator's style have been identified and set aside one can begin to deal with the question of textual relations.

At present it is almost a commonplace to say that the Armenian was first translated from Syriac and then later revised or retranslated on the basis of an Origenian Greek text.[7] This view rests in part upon the external evidence of Armenian historians. However, when one examines this evidence one finds that the historical accounts concerning the early history of the version are not completely informative about the matter of parent text(s). This can be seen from the following summary of the origins of the version as described in the earliest literature.

The most important historical information concerning the origin of the version comes from

----

[7] For example, see C. Ajamian, "Deux Projets concernant la Bible Arménienne," in M. Stone, ed., Armenian and Biblical Studies (Jerusalem: St. James Press, 1976), p. 8, note 1.

Koriwn's Life of Mashtots',[8] written about 442. It documents the life of the priest Mesrop (Mashtots') who lived from 361/2-440. According to Koriwn, after Mesrop invented the Armenian alphabet in Samosata, Syria (now Samsat, Turkey), he and two students began to translate the Bible, starting with Proverbs. Since

----

[8] Koriwn, Vark' Mashtots', ed. M. Abeghian (Yerevan: Haypethrat, 1941), sections 8 and 19. Ghazar of P'arp and Movsēs of Khoren also give information about the translation of the Bible but they are dependent upon Koriwn. See Ghazar P'arpets'i, Patmagirk' Hayots' [History of the Armenians], ed. G. Ter-Mkrtch'ian and St. Malkasian (Tiflis: Aragatip Mnats'akan Martirosiants'i, 1904), p. 16f.; Movsēs Khorenats'i, Patmut'iwn Hayots' [History of the Armenians], ed. M. Abeghian and S. Harut'iwnian (Ghukasian Matenadaran 10; Tiflis: Elek'tratparan, 1913), pp. 335., 337, 353f.; English translation of Movsēs: R. W. Thomson, Moses Khorenats'i History of the Armenians (Harvard Armenian Texts and Studies 4; Cambridge, Mass. and London: Harvard University Press, 1978), pp. 321f., 336. The historical sources are discussed in detail by M. Ter-Movsessian, Istoriia Perevoda Biblii na Armianskii Yazyk [History of the Translation of the Bible into the Armenian Language] (St. Petersburg: Pyshkinskaia Skoropechatnia, 1902), Chapter 1, and by Anassian, op. cit., cols. 309-320.

they were in Syria at the time one might presume that they were translating from Syriac. Yet, it is not stated what the language of their parent text was; nor is it clear why they began with Proverbs.[9] Mesrop and the Catholicos Sahak (350-439) continued this work of translation back in Armenia.

Koriwn informs us that during this period two students, Hovsēp and Eznik, were sent to Edessa to translate the traditions of the Fathers from Syriac into Armenian. In due course Hovsēp and Eznik sent their translations back to Armenia. From Syria they continued on to Greece where they worked on translations from Greek. In the meantime some of their fellow students had travelled from Armenia to Greece. The names of two members of this group were Ghevondēs and

----

[9] F. C. Conybeare in "Armenian Version of the OT," in J. Hastings, ed., _A Dictionary of the Bible_ (New York: Charles Scribner's Sons, 1905), volume 1, p. 152, suggests that "they may have taken the second half of a Bible, complete in two volumes, of which the second half began with Proverbs." Ter-Movsessian, _op. cit._, p. 21, expresses the view that a translation of Psalms already existed and that, for this reason, Mesrop took up the next book, Proverbs.

Koriwn. When this group came to Constantinople it joined Eznik. Sometime after the Council of Ephesus (431) these seminarians returned to Armenia. They carried with them patristic writings, church canons, and "sure copies of the writings given by God"[10] (= the Bible). Then the Catholicos Sahak, with Eznik, used these "sure" (*hastatun*) copies to "make sure of" (*hastatel*) the translations which had earlier been made in haste.[11]

By the term "sure" Koriwn likely means that the mss were trustworthy, faithful copies of the

----

[10] հաստատուն օրինակօք աստուածատուր գրոցն (*Vark‘ Mashtots‘*, p. 76). According to Movsēs, the returning students found Sahak and Mesrop at Ashtishat in Tarawn, west of Lake Van (*Patmut‘iwn Hayots‘*, p. 353; ET in Thomson, *op*. *cit*., p. 336.)

[11] զյառաջագոյն զյանկարծագիւտ զփութանակի զթարգմանութիւնս = "earlier unexpectedly-discovered hasty translations" (*Vark‘ Mashtots‘* , p. 76). When Koriwn refers to the earlier translations as "unexpectedly discovered" he may be referring to the sudden breakthrough in the search for a suitable written alphabet and the consequent unexpected start of work on the translation of the Bible.

Scriptures.[12] He says that Sahak and Eznik used the newly acquired mss to make sure of earlier work. What does this mean? Does Koriwn mean that these mss were used simply to ensure that existing translation work was satisfactory? In that case the amount of change instituted on the basis of the newly available mss may have been quite small. Or, is it possible that Sahak and Eznik used these mss as the basis for major revision or retranslation? In this case the textual relations of the Armenian version may have been drastically altered since the basis of earlier translation work may have been a form of text quite different from that of the mss brought from Constantinople. The mention of earlier translation work raises again the question about a connection with the Syriac: were earlier translations, or some of them, based on a Syriac text?

From Koriwn we know that the final stage of translation was based on mss that were brought from Constantinople and that these mss were used in some

----

[12] In his account Movsēs says that the mss brought back were "accurate copies" (*ճշգրիտ օրինակս*). Patmut'iwn Hayots', p. 353; ET in Thomson, op. cit., p. 336.

way to improve earlier work.[13] The textual relations of this earlier work are unknown and whether any of

---

[13] Both Gehman, _op_. _cit_., pp. 86, 99, and Johnson, _Bibelübersetzung_, p. 15, attach considerable importance to a visit Movsēs says he made to Alexandria. Gehman finds in Movsēs' visit the explanation of an Egyptian provenance for the Armenian text type. Johnson takes it that the visit was responsible for a third stage in the process of translation (after translation from Syriac and a translation from a Greek parent text). According to Movsēs the translation work based on Constantinopolitan mss was still deficient and he and others were sent to Alexandria "to study elegant style and for accurate instruction at the academy" (following R. W. Thomson's translation, _op_. _cit_., p. 336).

In the first place, what Movsēs means is not clear. He does not say that the visit resulted in any new translation work or that it had any effect upon work already done. It is tenuous to say that the purpose of the visit was "to study Greek with a view of making a more accurate translation" (Gehman) or "die Studien an dem griechischen Bibeltext vertiefen" (Johnson). In the second place, the recent work of Thomson has shown that Movsēs' claim to have been a student of Sahak and Mesrop is fraudulent and that his _History_ belongs to a much later date (_op_. _cit_., pp. 2ff., 336). For these reasons no weight should be placed upon a claim that a relationship exists between the earlier work is residual in the final product is likewise unknown, based on the external evidence.

Important questions also remain unanswered when one turns from the historical literature to a study of the text itself. In some Armenian mss Hexaplaric signs are preserved. This is a clear indication that the Armenian version has a relationship to the Greek text tradition. The question remains as to the extent of Hexaplaric influence and its specific source in the Greek tradition. Johnson, in his study of 1 Samuel, claims to find traces of an original Syriac-based translation.[14] This would call for textual relations with both the Greek and Syriac. How convincing is the evidence for a connection with the Syriac in 1 Samuel and how strong is the evidence in other parts of the OT, e.g., in Deuteronomy?

In examining the question of the textual relations of Armenian Deuteronomy this study will try to determine the extent of Hexaplaric influence upon the Armenian text and the relation of the Armenian to the

----

Movsēs' visit to Alexandria and the translation of the Bible.

[14] Bibelübersetzung, p. 72.

Greek text groups and unclassified mss (Chapter IV). The question will then be posed whether there are indications in the Armenian text that a relationship exists with the Syriac (Chapter V). These are important questions for Septuagint criticism. The conclusions to which one comes will affect one's view of the value of the Armenian version as a tool for restoring the original text of the Greek and will determine where one places the Armenian in the history of the Septuagint text.

I

PROCEDURE FOR PREPARING A DIPLOMATIC EDITION OF ARMENIAN DEUTERONOMY

A. The Mss Examined in Preparation for Selecting Mss to be Used in an Edition

For the preparation of an edition of Armenian Deuteronomy 99 mss were examined.[1] These are listed below. In the first column of the list is given the central number of each ms,[2] the number used throughout

----

[1] Unavailable were Leningrad Oriental Institute C29, dated 1298, and Bzommar 2, dated 1634. The former is listed in E. F. Rhodes, *An Annotated List of Armenian New Testament Manuscripts* (Annual Report of Theology, Monograph Series, vol. 1; Ikebukuro, Tokyo, Japan: Rikkyo (St. Paul's) University, 1959), number 985; concerning Bzommar 2 cf. number 94, below.

[2] A. Zeyt‘unian, "Astuatsashnch‘i Hayeren T‘argmanut‘yan Dzeragrakan Miavorneri Dasakargman Masin" [Concerning a Central Manuscript Classification for the Armenian Translation of the Bible], *Banber*

this study. In the second column, together with the location, is given the library number; if a ms has a different number in its respective catalogue than it has on the shelf that catalogue number is given in parentheses. In the third column is given the date and in the fourth the place of writing; in the fifth column is given the name of the scribe(s). Catalogue information is given in a note with the lowest numbered ms of a collection. For example, catalogue data for the Venice mss is given in a note with ms 4.

4	Venice, San Lazzaro 1311(20)	Penta-teuch	12th-13th	unknown	Ordanon[3]

Matenadarani 12 (1977), pp. 295-304. Zeytʿunian's list of 228 chronologically arranged mss includes mss which contain two or more biblical books but excludes mss which contain only the NT, Psalms, or only one book from the OT. To this list may now be added the ms of the British and Foreign Bible Society (233), Chester Beatty 552 and 553 (230 and 231), Jerusalem 3438 (232), Lambeth Palace codex Vet. Test. 1209 (229), and Leningrad Oriental Institute C29 (now assigned number 234).

[3] B. V. Sargisian, ed., Mair Tsʿutsʿak Hayeren

8	Yerevan, Matenadaran 178	Bible	1253-1255	Longbeard monastery	Mikʻayēl the priest[4]
9	Venice, San Lazzaro 1312(17)	Penta-teuch, Isaiah	1257-1341	unknown	Nersēs
13	Jerusalem, Armenian Patriarchate 1925	Bible	1269	Erznka	Mkhitʻar the monk, Hakob the monk, Movsēs[5]
14	Yerevan, Matenadaran 345	Bible	1270	Grner	Barsegh

Dzeragrotsʻ Matenadaranin Mkhitʻareantsʻi i Venetik [Grand Catalogue of Armenian Manuscripts of the Mechitarist Library in Venice], volume I (Venice: St. Ghazar, 1914).

[4] L. Khachʻikian and A. Mnatsʻakanian, ed., *Tsʻutsʻak Dzeragratsʻ Mashtotsʻi Anvan Matenadarani* [Catalogue of Manuscripts of the Mashtots' Library], introduction by O. Eganian, prepared by O. Eganian, A. Zeytʻunian, Pʻ. Antʻabian, two volumes (Yerevan: Academy of Sciences of the Armenian SSR, 1965 and 1970).

[5] N. Bogharian, ed., *Grand Catalogue of St. James Manuscripts*, volumes I-VII (CGFAL; Jerusalem: St. James Printing Press, 1966-). For information concerning mss 2557, 2558, 2560, 3043, and 3438 I am indebted to Archbishop Norayr himself.

17	Jerusalem, Armenian Patriarchate 353	OT	1274	unknown	Sahak the priest, a Syrian; corrector: Konstandin
21	Yerevan, Matenadaran 179	Bible other	1292	Tarson	Stepʻan Goyneritsʻantsʻ
22	Yerevan, Matenadaran 180	Bible	1295	Cilicia	Stepʻanos
26	Yerevan, Matenadaran 177	Bible	13th	cavern of Mani	Movsēs and Nersēs
28	Yerevan, Matenadaran 1500	Collection of Sermons, Bible	before 1282	Geghard monastery	Mkhitʻar of Ayrivan
33	Venice, San Lazzaro 841(5)	Bible	13th	likely Drazark	mainly three: Tʻoros, Barsegh and Gēorg
38	Venice, San Lazzaro 1006(6)	Bible	13th-14th	unknown	unknown
40	Leningrad, Hermitage VP-1011	Bible	14th	Cilicia	Hovsēpʻ and Martiros[6]

----

[6] T. Ismailova, "Armianskie illiustrivannye Rukopisi Gosudarstvennovo Ermitazha" [Some Illuminated

42	Vienna, Mechitarist Library 71(29)	Bible	13th-14th	unknown	unknown[7]
44	Yerevan, Matenadaran 182	Bible	1303-1304	Grner, wilderness of Khach'atur	Martiros the vardapet
50	Yerevan, Matenadaran 6230	Bible	1314	Cilicia	Martiros the monk
55	Yerevan, Matenadaran 353	Bible	1317	Gladzor	Kirakos the vardapet; Karapet, Movsēs, Hovanēs, deacons; Tirats'u the copyist
56	Yerevan, Matenadaran 206	Bible	1318	Gladzor	Step'anos, Krikē, Hovhannēs of Erznka (Tsortsor)
57	Venice, San Lazzaro 1508(1)	Bible	1319	unknown, probably Cilicia	Hohanēs

----

Armenian Manuscripts in the Hermitage Collection], <u>Trdy Gosudarstvennovo Ermitazha</u> 10 (1969), pp. 110-141.

[7] J. Dashian, ed., <u>Catalog der armenischen Handschriften in der Mechitharisten-Bibliothek zu Wien</u> (Wien: Mechitharisten-Buchdruckerei, 1895).

59	Leningrad, Oriental Institute B1	Gn-3 Macc	1326	Khorin wilderness (Cilicia)	Kostandin the priest [8]
61	Venice, San Lazzaro 1007(12)	Bible	1332	Gayledzor and the monastery of Ghazar or of the Apostles in Tarōn	Davit‘ and Ep‘rem, secretaries
63	Yerevan, Matenadaran 2627	Bible	1338	unknown	Hakob, Sargis the priest
65	Venice, San Lazzaro 935(8)	Bible	1341-1355; Deut. 1642	Sultania, Baghdar	Karapet and Movsēs, vardapets; Sargis (in 1642, Deut. only)
67	New Julfa, All Saviour's Vank 336(23)	Bible	1361	Maragha	Mkrtich‘ the priest[9]

---

[8] This information is from the files of the Matenadaran.

[9] L. G. Minassian and O. Eganian, ed., Katalog der armenischen Handschriften in der Bibliothek des Klosters in Neu-Djoulfa, Band II (CGFAL; Wien: Mechitharisten-Buchdruckerei, 1972). Information concerning New Julfa mss 170, 219 and 220 is from S. Ter-

69	Yerevan, Matenadaran 352	Bible	1367-1371	Sughta, Surkhat‘	Grigor T‘orosian
70	Vienna, Mechitarist Library 55(14)	Bible	1638	likely Ani	John, bishop of Ani
72	Yerevan, Matenadaran 4113	Bible	1384	unknown	Hakob the priest
73	Yerevan, Matenadaran 346	Bible	1390-1400	wilderness of Norashēn (Manuk St. Nshan), Hizan	Petros the monk (1st part), Hovhannēs the priest and Mēlk‘esēd (2nd part)
74	Yerevan, Matenadaran 184	Bible	1400-1401	Durēzh	friar Hovhannēs of Aparan
81	Yerevan, Matenadaran 354	Bible	14th	Aparaner	Grigor of Aparaner (also of Gavaṛ)
83	Yerevan, Matenadaran 2705	Bible	1368, 1660	Pawlawnia (1st part), Kaseria (2nd part),	Arak‘eal (1st part), Step‘annos the priest (2nd part), Nikoghos

----

Avetissian, ed., *Katalog der armenischen Handschriften in der Bibliothek des Klosters in Neu-Djoulfa*, Band I (CGFAL; Wien: Mechitharisten-Buchdruckerei, 1970).

				Kafa (3rd part)	(3rd part)
85	Yerevan, Matenadaran 6569	Bible	14th	Cilicia	Husēpʻ the priest, Kostandin the priest, Grigor Tsortsor
93	Venice, San Lazzaro 1270(9)	OT	14th-15th	unknown	Ezekiēl the deacon
94	Bzommar, Convent of Our Lady 310(1)	Gn-2 Chron	14th-15th	unknown	Pʻartʻam[10]
95	Venice, San Lazzaro 280(10)	Bible	1418-1422	Khlatʻ	Karapet
96	Yerevan, Matenadaran 207	Bible	1421-1422	Aghtʻamar, Varag	Hovannēs the vardapet (Montʻ), Saghatʻēl and Tʻuma the monks; Khachʻatur, Karapet, and Vardan the priests
102	Jerusalem, Ar-	Bible	15th	finished	Karapet the priest,

----

[10] M. Keschischian, ed., Katalog der armenischen Handschriften in der Bibliothek des Klosters Bzommar, Band I (CGFAL; Wien: Mechitharisten-Buchdruckerei, 1964).

	menian Patriarchate 297			in Khlatʻ	son of Hovhannēs and Tʻankkhatʻiwn
108	Yerevan, Matenadaran 2585	Bible	16th	unknown	unknown
112	Jerusalem, Armenian Patriarchate 3043	Bible	1605-1622	Jerusalem, completed in Constantinople	Grigor the vardapet of Daranaghikʻ; also mention of Khachʻatur the vardapet of Kesaria
113	Vienna, Osterr-National Bibliothek, Cod. Arm. 11	Bible	before 1608	surely Sēchʻov	Tēr Abraham of Sēchʻov[11]
114	Yerevan, Matenadaran 4114	Bible	1609-1610	Palestine, Cilicia	Tʻoros the monk
115	Yerevan, Matenadaran 186	Bible	1611	Constantinople	Mikʻayēl of Tʻakhatʻ
116	Jerusalem, Armenian Patriarchate 2558	Bible	1596-1615	Dasht, district of Mokkʻ; Van	Husēpʻ, Zakʻar

----

[11] J. Dashian, ed., *Catalog der armenischen Handschriften in der k. k. Hofbibliothek zu Wien* (Wien: Mechitharisten-Buchdruckerei, 1891).

118	Yerevan, Matenadaran 351	Bible	1619	Ilov	T'oros the scribe
121	Jerusalem, Armenian Patriarchate 428	Bible	1620	Istanbul	Hakob the scribe
122	Jerusalem, Armenian Patriarchate 2560	Bible	1624	city of Hizan, village of Awendants'	Kirakos the elder
123	Rome, Vatican Armeno 1	Bible	1625	Constantinople	Mik'ayel of T'okhat'[12]
130	Yerevan, Matenadaran 2628	Bible	1635	unknown	Grigor the elder
131	Venice, San Lazzaro 1507(13)	Bible	1635	unknown	Hakob(?) and Hovhannēs(?)
132	Jerusalem, Armenian Patriarchate 1127	Bible	1635	Hamit' = Tigranakert	Safar the scribe and others
135	Venice, San Lazzaro	Bible	1638	Isfahan	Hakob[13]

----

12 Rhodes, op. cit., number 430.

13 H. K'urtian, "Hamerot Ts'uts'ak Hayeren Grch'agirneru K'urtyan Havak'atsoyi i Uich'ida, Ganzas, AMN" [A Brief Catalogue of Armenian Manuscripts

	Kurtian Collection 37				
136	Yerevan, Matenadaran 187	Bible	1640	Hamitʻ = Tigra-nakert	Eghiazar and Hovhannēs (brothers)
138	Jerusalem, Armenian Patriarchate 1932	Bible	c1640	Constan-tinople	Mikʻayēl
139	Yerevan, Matenadaran 2669	Bible	1641	Constan-tinople	Astuatsatur the scribe
141	Venice, San Lazzaro 1634(2)	Bible	1641	unknown	Fatala
142	Yerevan, Matenadaran 188	Bible	1643	Constan-tinople	Hakob of Akn
143	Jerusalem, Armenian Patriarchate 1934	Bible	1643-1646	Isfahan	Stepʻannos, son of Martiros, pupil of Khachʻatur the vardapet
144	Jerusalem, Armenian Patriarchate 1933	Bible	1645	Isfahan	Astuatsatur the scribe

----

belonging to the Kurtian Collection in Wichita, Kansas, USA], Banber Matenadarani 11 (1973), p. 414f.

146	Yerevan, Matenadaran 2587	Bible	1648	Isfahan	Ghazar
147	Venice, San Lazzaro 623(3)	Bible	1648	Persia, in the congregation of Gazik	Tēr Gaspar the elder and his secretary, Hovanēs
148	Jerusalem, Armenian Patriarchate 1928	Bible	1648	unknown	Markos the deacon, son of Tēr Hovhannēs
149	Yerevan, Matenadaran 4905	Bible	1649	Sharot	Andrēas the priest
151	Yerevan, Matenadaran 189	Bible	1649	Isfahan	Gaspar the elder and his pupil Hovsēpʻ the scribe
153	Jerusalem, Armenian Patriarchate 1927	Bible	1653	Constantinople	Astuatsatur the scribe
156	Yerevan, Matenadaran 200	Bible	1653-1658	New Julfa	Hovanēs the scribe
157	Yerevan, Matenadaran 348	Bible	1654-1660	Constantinople	Tʻamur of Akn
158	Yerevan, Matenadaran	Bible	1665	Kafa	Nikoghayos (Melanavor)

	7623				
159	Venice, San Lazzaro 229(4)	Bible	1655	unknown, probably Lov or Ilvov	Markos the deacon
160	Jerusalem, Armenian Patriarchate 542	OT	1656	Bethlehem	Zakʻaria of Kʻilis
161	Venice, San Lazzaro 1182(7)	Bible	1656, likely earlier	unknown, possibly Poland	Hovannēs the scribe, a Pole
162	Yerevan, Matenadaran 347	Bible	1657	New Julfa	Grigor Hamazaspian
164	Yerevan, Matenadaran 190	Bible	1659	unknown	Vardan the monk
165	Yerevan, Matenadaran 201	Bible	1660	Shosh (Isfahan)	Astuatsatur the priest
170	New Julfa, All Saviour's Vank 15(1)	Bible	1662	New Julfa	Tēr Markos, Tēr Hovsēpʻ, Hovhannēs, Hakob
171	Yerevan, Matenadaran 191	Bible	1663	Isfahan	Gaspar the elder, Hovsēpʻ the scribe
173	Yerevan, Matenadaran	Bible	1651-1666	Constantinople,	Hakob the clerk, the pupils of

	202			Arghni	Hunan the copyist, Step'anos the scribe
174	Yerevan, Matenadaran 203	Bible	17th, before 1683	unknown	Tiratur
176	Yerevan, Matenadaran 6281	Bible	1667	New Julfa	Kirakos the elder, Hovanēs the scribe
178	Yerevan, Matenadaran 2706	Bible	1668	Kafa	Vrt'anēs, Vardan the elder, Step'annos
182	Yerevan, Matenadaran 349	Bible	1686	Constan-tinople, Etchmia-dzin	Nahapet of Urfa
188	Yerevan, Matenadaran 350	Bible	1643	Constan-tinople	Hakob of Akn
193	Yerevan, Matenadaran 204	Bible	1660	New Julfa	Gaspar the elder, Harut'iwn the scribe
194	Yerevan, Matenadaran 205	Bible	17th	unknown	Hovanēs the elder, Matt'ēos
199	Yerevan, Matenadaran 2658	Gn-2 Macc	?	?	?
200	Yerevan,	Bible	17th	?	Astuatsatur the

	Matenadaran 2732				elder
202	Yerevan, Matenadaran 3705	Bible	17th	unknown	unknown
213	Jerusalem, Armenian Patriarchate 501	Bible	17th	unknown	unknown
216	Jerusalem, Armenian Patriarchate 1929	Bible	17th	unknown	unknown
217	Jerusalem, Armenian Patriarchate 2557	Bible	17th	unknown	Kirakos
218	Jerusalem, Armenian Patriarchate 2561	Bible	1654	Constantinople	various scribes
219	New Julfa, All Saviour's Vank 16(2)	Bible	17th	New Julfa	Ezekiēl
220	New Julfa, All Saviour's Vank 17(3)	Gn-Pss (only 2 pages of Pss)	17th	unknown	Pʻirimal (1st part, including Deut.) and Ezekiēl
223	Oxford, Bodleian Library Arm. d. 14	Gn-Eccl	18th	unknown	Sargis and, from about folio 200, Nersēs the vardapet[14]

224	London, British Museum, Oriental 8833	Bible	17th	unknown	P'illippos[15]
229	London, Lambeth Palace, codex Vet. Test. 1219	OT[16]	?	?	?
230	Dublin, Chester Beatty Library 552	Bible	1634	Zeitun	Vahan, assisted by his son Avetik and his pupil Hohan[17]

----

[14] S. Baronian and F. C. Conybeare, Catalogue of the Armenian Manuscripts in the Bodleian Library (Catalogi Codd. MSS. Bibliothecae Bodleianae Pars XIV; Oxford: Clarendon Press, 1918), number 50.

[15] This information is from notes contained in the Bible and signed by H. Kurdian (Aug. 1950). The ms was brought from Tiflis, Georgia, by an Englishman in 1847.

[16] This ms lacks Ecclesiastes, Job, Isaiah and the Minor Prophets according to notes in the Bible. It was copied by several scribes. Blank pages between some books may suggest that it was copied from different exemplars simultaneously.

[17] S. Der Nersessian, The Chester Beatty Library A Catalogue of the Armenian Manuscripts, Volume I (Text) (Dublin: Hodges Figgis & Co. Ltd, 1958).

231	Dublin, Chester Beatty Library 553	Bible (incomplete)	17th	unknown	Astvadsatur
232	Jerusalem, Armenian Patriarchate 3438	Bible	1640	Sebastia	Bargham
233	London, British and Foreign Bible Society	Bible	1667 (?)	Cilicia (?)	Astuatsatur[18]

For each of the above mss three sample passages from Deuteronomy (4:1-20; 16:1-20; 30:1-20) were collated against the Zohrab edition. The purpose of this exercise was to classify the mss into text groups, after which one or more from each group could be intelligently chosen for full collation.

B. The Evaluation of Variant Readings Collected in the course of Collating Sample Passages against Zohrab's Edition

When the collation of these mss against Zohrab's

----

18 M. E. Stone, ed., The Testament of Levi (Jeru-

edition was completed the variant readings that had been collected were analyzed to determine whether they were better than (superior to), worse than (inferior to), or of no consequence (neutral) in contrast to Zohrab. The purpose of this analysis was to sort out the mss and to locate those which would be the most desirable for use in an edition. Since variant readings might either be inner-Armenian on the one hand or have come from a Greek or Syriac parent text on the other hand, part of the analysis of the variants involved a comparison of the variants with the Greek and Syriac texts.[19] Comparison with the Greek and Syriac

----

salem: St. James Press, 1969), p. 9f.

[19] J. W. Wevers, ed., Deuteronomium (Septuaginta Vetus Testamentum Graecum Auctoritate Academiae Scientarum Gottingensis editum, vol. III, 2; Göttingen: Vandenhoeck & Ruprecht, 1977). For the Syriac collation was made against both the Ceriani and Walton editions: A. M. Ceriani, ed., Translatio Syra Pescitto Veteris Testamenti ex codice Ambrosiano sec. fere VI, vol. 1 (Mediolani: in officinis photolithographica Angeli della Croce, 1876); B. Walton, ed., Biblia Sacra polyglotta, vol. 1 (London: T. Roycroft, 1655). Unless otherwise stated, the term "the Greek" means the entire Greek textual tradition, not simply the critically-established text; the term "the Syriac" refers to the editions

was made in order to establish originality or possible originality of readings which differed from the text of Zohrab.

In the course of the collation and analysis of variants it became clear that the mss of Armenian Deuteronomy represent identifiable text groups. The five text groups which emerged were given the designations a b c d e. To this it will be necessary to return in detail. First, the meaning of the terms "superior," "inferior," and "neutral" reading must be explained.

1. The Meaning of the Term "Superior" Reading

The term "superior" reading is used to refer to readings which a) are undoubtedly original Armenian ≠ Zohrab or b) appear to have a serious claim to originality.

As an example of 1a) the transposition at 4:10 may be noted:

ի քորէբ] post *ծերոյ* tr a^{-229} 112

In this case group a^{-229} and one ms of group b

----

of Ceriani and Walton together.

equal the Greek and Syriac in their positioning of *i k‘orēb*. For this reason these witnesses are clearly superior to the rest of the Armenian tradition.

Another example of 1a) is found at 30:4 where, after a comparison with the Greek and Syriac texts, the originality of two related readings ≠ Zohrab is immediately apparent.

> *երկրի* 1°] *երկնից* a$^{-28\ 74'\ 81}$ b$^{-112\ 139}$ 114 142^{c}-174-216; > 28-74'
>
> *երկրի* 2°] *երկնից* aI$^{-8\ 69\ 96}$$_{-81-233}$ b$^{-26^{c}}$ 139^{c} 142^{c}-174-216

Here Zohrab reads "If your dispersion should be from the ends of the earth (*erkri*) to the ends of the earth (*erkri*) ..." *Erkri* 1° is supported by the Arabic version alone; *erkri* 2° is supported only by the corrector of one Greek ms (131) and by the Arabic. The rest of the Greek tradition supports *erknits‘* in both cases: "If your dispersion should be from the ends of heaven (*erknits‘*) to the ends of heaven (*erknits‘*) ..." The Syriac has a shorter text: "And if they scatter you, Israel, afar off to the ends of heaven ..." as has the Hebrew ("And if your dispersion be at the end of heaven ..."). There is no question here but that erk-nits' is original in both cases.

The reading erkri does away with the illogicalness of the metaphor. The words for "heaven" and "earth" sound somewhat similar and also look somewhat alike. The ligatures likewise appear similar (ծ̄ or ս̄ for "earth" and ք̄ or ռ̄ for "heaven"). The confusion in the text at this point is accordingly quite understandable.

As a third example of 1a) one may draw attention to the question of whether iēl or iēgh is original at 4:1. These are abbreviations for israyēl and israyēgh, respectively. The evidence is as follows:

իէ̄լ] իէ̄ղ 4-61-70-233 33-40-121-131-218
22vid-42-55-56-65 143' 130-188-213

In this case the variation is inner-Armenian. There is no material difference whichever spelling is chosen and the variation does not affect textual relations with the Greek and Syriac. However, the spelling with gh is the earlier spelling and is therefore to be taken as original Armenian.

As an example of 1b) a variant at 30:1 may be

noted.

անդ] *անդր* 9-17-70-74'-96-229

The question here is whether to read the adverb of place "in" (and) or the adverb of direction "towards" (andr). The verb with which the adverb is used is ts‘rvel, "to scatter." "To scatter" implies direction and one is not surprised to find that elsewhere it is andr that is used (e.g., Job 13:4; Jer 29:14, 18; Dan 9:7).

A parallel to verse 1 occurs in verse 3 where andr follows ts‘rvel (two mss, 28 and 70, read and). While it is possible to take andr in verse 1 as an assimilation to verse 3, andr also seems to conform to general stylistic preference. On this basis it seems that andr might be original. For this reason it is included in the "superior" group of readings.

Another example of 1b) is found at 30:9

աճեցուցէ] *յաճախեցուցէ* (*-եցուց* 160) a^{-17}

Achets‘uts‘anel and hachakh‘ets‘uts‘anel are synonyms; both are causatives meaning "to cause to multiply, increase." According to the concordance, achetsʻu-tsʻanel occurs 10 times in the Pentateuch but only here in Deuteronomy.[20] The simple verb achel is listed for 12 occurrences in Genesis through Numbers but for none in Deuteronomy. On the other hand, the verb hachakhʻel is listed for 9 occurrences in the Pentateuch, 3 of which are in Deuteronomy (8:13; 17:16, 17). The causative hachakhʻetsʻutsʻanel is listed as occurring only at Sirach 27:1. Since the translator of Deuteronomy apparently prefers hachakhʻel to achel it seems likely that the causative of hachakhʻel is original at 30:9.

The causative achetsʻutsʻanel occurs in a number of wellknown texts in Genesis (e.g., 17:6; 28:3; 48:4) and this leads one to suspect that its appearance in the text tradition at 30:9 may be due to the influence of the Genesis passages. It is also easy to understand how the longer word could become the shorter, similar

----

[20] Tʻ. V. Astuatsaturian Arapkertsʻi, Hamabarbar Hin ew Nor Ktakaranatsʻ [Concordance to the Old and New Testaments] (Jerusalem: St. James Press, 1895). This concordance is based on the edition of the Bible printed in Venice in 1860; it is not a complete concordance.

sounding word.

Because it conforms to the translation technique elsewhere in Deuteronomy <u>hachakhʿetsʿutsʿanel</u> has a serious claim to originality. For this reason it is included as a superior reading.

2. The Meaning of the Term "Inferior" Reading

The term "inferior" reading is used to refer to variants which a) are clearly inferior to Zohrab in that they are paleographically conditioned, the result of assimilation to parallel passages or the result of various other kinds of scribal error; b) are for less obvious reasons likely inferior to Zohrab.

As examples of 2a) the following may be cited:

4:1 *եւ*] *ւ* 220 199 94 164

In this instance an initial uncial letter, for which the scribe has left space, has been missed by the one who later put such uncials in the ms. This variant is the result of scribal carelessness.

4:2 *ձեզ* 1°] ⌒ 2° 112* 151*

Here the omission by the original hand of these two mss

is due to parablepsis through homoioteleuton.

4:5 *զիրաւունս*] et *զդատաստանս* tr 13

The terms "laws" (<u>irawunk'</u>) and "judgements" (<u>datastank'</u>) occur frequently together in Deuteronomy and the scribe of 13 has here mistakenly placed them in the wrong order.

4:14 *մտանիցէք*] *մտանելոց էք* 13-28

The reading of 13 and 28 is most likely the result of assimilation to parallel passages where <u>mtanel</u>, "to enter," appears in the form of a participle in -<u>ots'</u> with the auxiliary verb "to be" (with the second person auxiliary at 11:11; 12:29; 23:20; 28:21, 63; 30:16; 31:7 in Zohrab). The meaning remains much the same ("you will enter") but 13 and 28 are inferior because their reading is the result of scribal error.

4:18 *նմանութի* 2° — *երկրի*] bis scr 102

This mistake is due to parablepsis because of homoioteleuton. The scribe skipped back from <u>erkri</u> 2° to <u>erkri</u> 1°.

As examples of 2b) two variant readings from 4:8

may be noted.

4:8 իցեն] + նմա 95'

The text reads "And what great nation (is there) to which there are (its'en) laws and judgements ..." Two mss, sisters, share the variant which adds "to it, for it" (nma) after its'en. The reading of 95' agrees with all the Greek tradition except 963 and 509 and with the Syriac.

At first glance the reading of 95' seems superior since the Greek also has it. However, an examination of the context leads one to believe that the reading of 95' is due to assimilation to the parallel passage in verse 7 where these mss, together with many others, read oroy its'ē i nma ("to which there should be in it ..."). For this reason 95' is in all likelihood secondary.

4:8 այսօր] post առաջի ձեր tr 13

Except for ms 13 the entire Armenian tradition reads "... which I am giving today (aysor) before you (araji dzer)." The word order of 13 has the support of the Syriac and of the Greek, except for the Ethiopic version. Here one might suppose that 13 preserves the original text and yet there are two factors which make this unlikely. First, in Deuteronomy the word "today" often occurs in texts like 4:8, and in a parallel passage at 11:32 the word order is that of 13 at 4:8. Confusion with other passages is therefore possible. Second, ms 13 is not free from unique mistakes and the scribe shows some carelessness in copying (e.g., the change of word order at 4:5, above). For these reasons it is likely that the reading of 13 is to be judged as simply an inner-Armenian mistake which occurred when the scribe missed aysor and added it later in the verse.

3. The Meaning of the Term "Neutral" Reading

The term "neutral" reading is used to refer to readings which are not important for an evaluation of the relationship of the Armenian to its Greek (or Syriac) parent text. This includes such things as optional form, confusion of similar sounding letters and other possibly dialectically-based variants, and the writing of -ots‘ where -wots‘ is expected in the genitive-dative plural form of some nouns. As examples one might cite the following:

4:4 ամենեքեան] ամենեքին 8-13

The reading amenek'in ("all") of mss 8 and 13 is an optional spelling of amenek'ean.

4:9 որդւոց 1°] որդոց 61-74-81-229 157
113-176-202-223 153-eIII^{-83}

Some mss tend to reduce the genitive-dative plural ending -wots' to -ots' (so also the singular -woy to -oy). This variant may be dialectically based or simply due to scribal abbreviation. In any case this type of variant is not significant for the question of textual relations.

16:7 դարձցիս] դարձցես 4-28-61-74^{c}-96
b^{-139c}-157

The form dardzts'is ("you will turn, return") is the usual aorist form of darṇam, dardzay. The aorist dardzay is middle mood. The form dardzts'es has the aorist subjunctive active ending. The difference between the two forms is perhaps dialectical and is of no importance for the question of the textual relations of the Armenian.

16:8 *բաղարջ*] *բաղարճ* 28-74'-96-229-aII^{-81}
165 220 170

Here the j or <u>ch</u> at the end of the word for "unleavened bread" is an insignificant variation in spelling.

The term "neutral" reading is also used to refer to readings whose originality it was not possible to determine. This is true of cases where the textual tradition is almost equally split. For example:

16:7 *երթիցես*] pr *եւ* a$^{-13\ 74'}$ 33-112-
bII$^{-169^c\ 189^c}$ 143*-147^c-156-162
142^c-174-216-231

Here the textual tradition is almost equally divided between those witnesses which have <u>ew</u> ("and") and those which do not. In cases such as this where the tradition is rather evenly split and, consequently, a decision about originality was rendered very difficult the reading in question was simply regarded as neutral.

When all the variant readings collected in the course of collation against Zohrab had been analyzed they were placed in lists of superior, inferior, and neutral readings. Those lists are given in the Supplement to this study.

C. The Text Groups of Armenian Deuteronomy

In the course of the collation of the sample passages against Zohrab's text and the subsequent analysis of the variant readings it became clear that the mss represent identifiable text groups. The effect of this discovery upon the methodology employed for choosing mss for an edition was as follows: 1) the question now became not one of selecting the best ms but of locating the best group of mss, i.e., that group of mss having the largest number of superior readings and the fewest inferior readings. 2) It became clear that the base ms for collation should be the most suitable ms, in terms of superior and inferior readings, from the best group of mss. 3) The discovery of text groups meant that the supporting mss for an edition should come a) from the same group as the base ms for collation so as to correct the unique and shared mistakes of that ms and b) from the other textual families in order to provide a picture of the textual tradition as a whole and thus pave the way toward a critical text.

From within the text tradition of Armenian Deuteronomy five text groups emerge. These groups have been designated by the letters a b c d e. Groups a b c each contain two subgroups; group e is comprised of three subgroups. These relationships have been given the following designations:

a = aI + aII

b = bI + bII

c = cI + cII

d

e = eI + eII + eIII

eI' = eI + eII

eI′ = eI + eIII

eII' = eII + eIII

The mss comprising these text groups are given below. With each group is provided a list of variants which demonstrates that its member mss do form a group.

<u>Group a</u>

aI: 4-8-9-13-17-28-61-69-70-74-95-96-116-160-229

aII: 81-144-159-165-171-220-233

Within group aI mss 4 and 69 are sister mss, apparently deriving from the same parent text. This is true also of mss 74 and 160 and of mss 95 and 116. These relationships may be designated as follows: 4' = 4 + 69; 74' = 74 + 160; 95' = 95 + 116.

The following readings show that aI and aII together form a text group.

4:10 *ի քորէր*] post *ա̄յ* tr 229; post *ձերոյ* tr a^{-229} 112

4:14 om *եւ* 3° $a^{-17\ 74'}$

4:15 *տ̄ր*] post *խօսեցաւ* tr $a^{-95\ 159}$ 112 138''; > 95

Group a is composed of two subgroups, aI and aII. The following readings show that aI is a text subgroup.

16:10 *ընչին*] *ընքին* (*ինքնին* 13; *ինքեան* 28-70) aI^{-17}

30:9 *աճեցուցէ*] *յաճախեցուցէ* (*-եցուց* 160) $aI^{-17\ 69}$

30:19 *ձեզ*] *քեզ* $aI^{-8\ 69}$

The following readings show that aII is a text subgroup.

4:4 *յայսմիկ*] *յայնմիկ* aII

4:6 om *իմաստուն եւ* aII

4:10 *կենդանի*] pr *եւ* aII

Group aI is an early group of mss and consistently has its origin in Armenia proper. Group aII is made up of a group of seven closely related 17th century mss which evidently derive from a single old exemplar which had the character of aI. At least three mss of group aII come from Isfahan.

<u>Group b</u>

bI: 14-26-33-112

bII: 40-115-121-131-138-139-157-173-199-200-218

138'' = 138 + 139 + 173; 138' = 138 + 139; 139' = 139 + 173; 138′ = 138 + 173

The following readings show that bI and bII together form a text group.

4:2 *բանն*] *բան* 17 b^{-139^c}

4:15 *անծանց*] pr *վն̅* 17 b eI'^{-153}

16:16 *լիցի*] *լինիցի* 74^c-160 b^{-26^c} eI'

Group b is composed of two subgroups, bI and bII.

The following readings show that bI is a text subgroup.

4:18 *ի ներքոյ* bI] pr *եւ* $a^{-8\ 17\ 28\ 70\ 96\ 229}$ bII^{-139c}

16:7 *տացէ*] *տայցէ* 9-13 26*-112

30:1 *կամ* 2°] pr *եւ* $a^{-17*\ 28\ 96}$ bI^{-14}

The following readings show that bII is a text subgroup.

4:17 *հաւու*] *հաւոյ* bII^{-40} 56 143

16:16 om *այ̄ քում* bII

30:16 om *նորա* 1° bII^{-139c}

Group bI is a small group containing three 13th century mss and one 17th century ms whose scribe, a refugee, copied from different exemplars as he moved about from one place to another.

Except for ms 40, a 14th century Cilician ms whose text is somewhat mixed, group bII is made up of a closely related group of 17th century Constantinopolitan mss.

Groups a and b are somewhat closely related to each other and frequently a b stand over against c d e.

Group c

cI: 21-22-38-44-50-55-56-63-65-72-94-114-122-182-217-230

122'' = 122 + 182 + 217; 122' = 122 + 182; 182' = 182 + 217; 122′ = 122 + 217

cII: 42-57-59-108-132-136-141-149-170-232

108' = 108 + 132

The following readings show that cI and cII together form a text group. The readings in question appear to the left of the square brackets because Zohrab's edition is based on a group c ms.

4:2 *զհրամանս* 220 40 21^{txt}-22-38-42-44-
50^{txt}-55-56^{txt}-57^{txt}-59^{txt}-63^{txt}-65-
72^{txt}-94-108'-$122'^{txt}$-136-141-149^{txt}-
170^{txt}-230-232^{txt} 67^{txt}-73-85^{txt}-
93^{txt}-151*-176-223 eIII]
զպատուիրանս (*պատ-* 113) rell

16:3 *յիշիցէք* 4-8*-61-116-229 26-33 21-38-
44-56-63-65-72-$cII^{-42\ 141\ 170}$]
յիշեցի 13; *յիշեցէք* rell

16:3 *ղուք* $c^{-22\ 38\ 50\ 114}$] om rell

16:4 ցայգ 131-173 $c^{-21^{c}}$ 22^{c} 38 44^{c} 56* 63^{c} 72mg 122'' 149mg 232 eIII Zoh; ցյայգ 159 232; զցայգ 70; այգ 21^{c}-22^{c} 113-123'] om 9-13-229 26^{c}; յայգ rell

The following readings show that cII is a separate text group within the larger c complex.

4:5 յորում cII Zoh; յի 61; զոր 95] յոր rell

16:4 եւս cII^{-149}] om rell

30:13 առ 44^{c}-cII] om rell

Group c is representative of the type of text which comes to dominate the textual tradition. Though also attested in Armenia proper, this type of text is associated especially with Cilicia and with vigorous scribal activity there in the late 13th and in the 14th century.

Group cII, made up of one 13th-14th (origin unknown), two 14th (likely Cilician), and seven 17th century mss is a closely knit group of mss. Group cII is differentiated from cI by a substantial number of secondary readings which cII alone attests.

Group c is frequently supported by groups d e in reading against groups a b.

Oskan's edition of the Bible was based on ms 22 from cI; Zohrab's edition was based on ms 57 from cII.

Group d

67-73-85-93-102-113-118-123-143-146-147-148-151-156-162-176-193-202-219-223

67' = 67 + 113

123' = 123 + 202

143' = 143 + 162

148' = 148 + 193

The following readings show that d is a text group.

4:3 om *մարդ* $d^{-85\ 113^{c}}$

16:8 *մի*] pr *եւ* d^{-93}

30:7 *որք*] *որ* 13-70-95-165 d^{-162}

30:18 om *ընդ յորդանան* $d^{-113^{c}}$

Group d contains twenty mss, only five of which predate the 17th century. Of the ten 17th century mss of known origin, eight were copied in Isfahan. There are five mss of the 14th and 15th centuries and four of these are of known origin: 67 was copied in Maragha (a city to the southeast of Greater Armenia in Atrpatakan [Azerbaijan]); 73 and 102 are from the area of Lake Van; 85 is a Cilician ms.

Group d is closely related to group c. Group d, along with e, frequently agrees with c against a b.

Group e

eI: 130-135-142-161-174-216

eII: 153-188-194-224-231

eIII: 83-158-164-178-213

The following readings show that eI, eII, and eIII together form a text group.

4:5 *յերկրին*] pr *ի* 50 e

16:2 *անդ*] *անդր* e

30:16 *մտանելոց ես*] *մտանիցես* e

The following readings show that eI is a text subgroup.

4:6 *իրաւունս*] + *դ* eI^{-142}-194-231

16:3 om *եւ* 1° — fin 74' 22* eI^{-130}-231

30:4 *զքեզ*] post *քո* 2° tr eI

30:13 *անցանիցէ*] *յելանիցէ* (*ելանիցէ* 216)
96 eI

The following readings show that eII is a text subgroup.

4:11 om *դուք* 70 132 eII^{-231}

16:4 *առաջնոյ*] *յառաջնոյն* eII^{-231}

30:5 om init — *քո* 1° 28-159*-171 eII

30:12 *ելանիցէ*] -*իցես* eII^{-153c}

The following readings show that eIII is a text subgroup.

4:5 om *տ̄ր* eIII

16:20 om *եւ* 61 $eIII^{-213}$

30:9 *քեւ*] *քո* eIII

Group e is the most developed of the five text groups. It is comprised of sixteen mss, all of which apparently derive from the 17th century. As a group, e is more closely related to c d than to a b. Within e, eI' sometimes splits from eIII and, in these cases, eI' usually reads with bII while eIII reads with c.

Of the eleven mss in eI' only four are of

definitely known origin and of these three were written in Constantinople. The relationship of eI' to bII, itself a Constantinopolitan group of mss, is therefore understandable.

From group eIII three mss are of known origin and two of these are connected with the Crimea and the third is connected with the Crimea and Italy.

D. The Results of the Evaluation of Variant Readings

When the five text groups had been identified attention was turned again to the classification of variants.

The variant readings collected in the course of collating against Zohrab were placed in lists according to their value as superior, inferior, or neutral. The numbers of superior and inferior readings were totalled. For these totals only original readings (as opposed to corrections) were counted. In the counting of inferior readings a second step was taken: in order to establish to what extent a ms's inferior readings were representative of a larger text tradition the number of instances was calculated in which a reading was unique to a ms or shared only by a ms and its one or two sister mss. This figure was recorded separately.

In the lists below the mss are given in their respective text groups. The lists have three columns. In the first column the total number of superior readings is given; in the second column the total number of inferior readings is given; in the third column is given the total number of inferior readings unique to a particular ms or shared only by a ms and its one or two sister mss. For example, ms 4 has 23 superior readings, a total of 30 inferior readings; of these 30 inferior readings 10 are attested only by ms 4 or 4'. The numbers of those mss eventually chosen for use in the edition are underlined.

Group a

aI	4	24	30	10
	8	36	67	28
	9	36	72	20
	13	30	64	21
	17	29	44	8
	28	31	86	32
	61	36	43	11

aII	81	31	37	5
	144	32	48	0
	159	30	54	0
	165	31	48	1
	171	30	63	4
	220	32	60	6
	233	33	48	5

69	24	40	9
70	30	71	31
74	28	90	43
95	28	61	24
96	32	63	17
116	31	59	21
160	28	113	56
229	26	98	36

Ms 4 begins at 1:12 and breaks off at 28:1. Ms 9 breaks off at 33:5 and also lacks 27:1-28:7 and 28:67-29:27.

Group b

bI	14	5	2	2
	26	21	23	5
	<u>33</u>	<u>21</u>	<u>18</u>	<u>3</u>
	112	28	51	17

bII	40	24	33	9
	115	26	27	1
	121	27	32	3
	131	26	24	1
	138	27	41	12
	139	24	65	29
	157	24	27	4
	173	23	44	18
	199	24	36	5

200	26	30	4
218	27	25	0

Ms 14 lacks 2:7-20:20. Ms 112 begins at 2:25.

Group c

cI	21	9	0	0
	22	12	4	0
	38	13	3	2
	44	11	11	1
	50	11	7	0
	55	10	8	2
	56	11	7	3
	63	9	7	1
	65	11	2	1
	72	9	2	0
	94	9	15	3
	114	13	13	0
	122	11	24	13
	182	10	23	14
	217	12	24	13
	230	10	18	8

cII	42	4	35	13
	57	2	8	2
	59	5	4	0
	108	5	13	3
	132	5	16	6
	136	5	8	2
	141	3	13	7
	149	6	16	6
	170	5	11	2
	232	4	10	3

Group d

67	13	34	7
73	12	16	3
85	12	9	1
93	11	14	1
102	13	19	8
113	12	70	28
118	14	20	2
123	12	32	9
143	15	31	11
146	16	23	3
147	15	18	2
148	15	23	3
151	13	25	5
156	15	18	2
<u>162</u>	<u>16</u>	<u>31</u>	<u>10</u>
176	13	33	10
193	16	26	5
202	14	60	23
219	15	17	0
223	12	13	1

Group e

eI	130	19	35	0
	135	18	38	0
	142	17	33	0
	161	16	42	4
	<u>174</u>	<u>18</u>	<u>37</u>	<u>4</u>
	216	16	59	13

eII	153	15	47	8

eIII	83	11	25	2
	158	13	32	2
	164	13	37	0
	178	12	46	5
	213	12	38	2

188	18	37	0
194	16	38	0
224	16	43	4
231	17	45	4

The results tabulated in these lists permit one to make some general comments about the nature of the various text groups and about the textual tradition as a whole.

First, one notices that within the various text groups there is considerable uniformity. The difference between the ms with the most superior readings in a group and the ms with the fewest is usually not great. For example, in group aII ms 233 has the most superior readings, 33, while mss 159 and 171 have the fewest, 30. The difference is only three readings. Similarly, group cI contains 16 mss and the variation in the number of superior readings is only 4, i.e., between 13 and 9. This uniformity means that, based on the number of superior readings, a number of mss in a group might be suitable for use in an edition.

Second, the lists show that groups a b have substantially higher numbers of superior readings than do groups c d e. The mss of group a on the whole have higher numbers of superior readings than the mss of group b. Among groups c d e, the mss of groups d and e on the whole have higher numbers of superior readings than those of group c. Group e on the whole has slightly more than group d. The average number of superior readings in each of the five major groups is:

a	30.7	(does not include ms 4)
b	24.9	(does not include ms 14)
c	8.3	
d	13.7	
e	15.4	

There is considerable variation in the averages among the c and e subgroups. The averages are given below in descending order. Group d is added for comparative purposes.

eI	17.3
eII	16.4
d	13.7
eIII	12.2
cI	10.7
cII	4.4

Within group e the subgroups eI and eII preserve a somewhat higher number of superior readings than eIII; eI is slightly better in this respect than eII. Group c preserves the fewest superior readings of the five major groups. A sizable margin exists between cI and cII. With an average of only 4.4 cII has the fewest superior readings of all the subgroups. One may conclude from this that cII preserves a comparatively poor type of text.

From this discussion concerning superior readings it is clear that group a preserves a form of text that is better than the form of text preserved by the other text groups. Therefore, an edition should be based on the group a form of text.

E. The Mss Chosen for Use in an Edition

The first task was to choose from group a one ms which would serve as the base ms for collation.

In group a there is considerable uniformity in the numbers of superior readings shared by the various mss. However, in subgroup aI there are three mss which stand out beyond all the other mss of group a. These mss are 8, 9, and 61. Each has 36 superior readings.

Unfortunately ms 8 has been somewhat damaged by climate and ms 9 lacks a number of folios of text. In any case ms 61 has significantly fewer shared inferior and unique inferior readings than either 8 or 9. Ms 61 therefore seems to satisfy most fully the criteria that govern the choice of the base ms for collation: it has a high number of superior readings and has relatively few shared inferior and unique inferior readings. For these reasons ms 61 was chosen to serve as the base ms for collation.

Ms 61 (i.e., Venice 1007(12)) was copied in 1338 at Gayledzor (Gladzor), south of Lake Sevan, and at the monastery of Ghazar or of the Apostles in Tarōn, an area located west of Lake Van. It was copied in a fine, small <u>bologir</u> ("round script") on cotton paper. The text of the OT, partly because of dampness and partly because of the weakness of the paper, has deteriorated and has been repaired several times. Sometimes patches were used to repair the text. While this patċhing is probably responsible for the preservation of the ms it has, for some books, destroyed the text-critical value of the ms and made examination of the ms itself imperative. Ms 61 was first owned by Nersēs of

Sasun, son of Vahram; then by monks at the monastery of Ghazar, more particularly by Poghos the monk and Hovhannēs the vardapet; then by Grigoris of Khlatʿ and others. Since 1845 it has been in the collection at San Lazzaro.[21]

Ms 61 offers a generally reliable text but, like any other ms, it has mistakes. Therefore, two other mss from group a were chosen for full collation. These mss serve the purpose of correcting the errors of ms 61, to present the group a form of text when ms 61 is corrupt. Several mss in group a might have served this purpose well. Ms 13 was chosen from aI and 233 from aII.

Not only are individual mss susceptible to error: an entire text group is affected by the errors of a common parent ms. For this reason it is not enough simply to present the group a form of text. Mss from the other text groups must be collated in order to act as a check upon the group a form of text. The collation of mss from groups b c d e also serves to fill

---

[21] Dashian, Catalog der armenischen Handschriften in der Mechitharisten-Bibliothek zu Wien, cols. 117-119.

out the picture of the text tradition as a whole.

Group b preserves the second best type of text. Its mss average 24.9 superior readings for the sixty verses of sample text. This is just six less than the average for the group a mss. Two mss were chosen from group b, the one from bI and the other from bII. In subgroup bI mss 14 and 112 are incomplete. Ms 26 has been extensively corrected and this renders its use difficult. Therefore, ms 33 was chosen as a representative of bI. In subgroup bII there are several mss which have approximately the same qualifications. Mss 115, 121, 131, 138, 200, and 218 are all good mss. Among these 218 is the best by a slight margin in terms of the number of superior and/or inferior readings. Ms 218 was chosen for use in the edition as a representative of bII.

Group c preserves the poorest type of text among the five text groups. Two mss from cI have 13 superior readings (38 and 114), two have 12 (22 and 217), and five have 11 (44, 50, 56, 65, 122). The remainder of the mss of cI have only 9 or 10 superior readings. Ms 38 is the best of the two mss with 13 superior readings since it has 10 fewer inferior readings than ms

114. For this reason ms 38 was chosen as a representative of group c for use in the edition.

Ms 38 is a cI ms. No ms was chosen from cII. The mss of subgroup cII average only 4.4 superior readings, the fewest of any subgroup. cII seems to differ from cI only in its greater number of secondary readings. Therefore, its collation would not likely aid in the restoration of the original text. As for the place of cII in the textual tradition, that is already clear from the collation of the sample passages.

In group d there are ten mss which have from 14 to 16 superior readings. Any one of several of these might have been chosen as a representative of the d type of text. Ms 162 was chosen. Like mss 146 and 193, also Isfahan mss, 162 has 16 superior readings; it has a somewhat higher number of inferior readings than those two mss. Ms 162 is a sister ms of 143 and nine of the ten inferior readings recorded in column three for 162 (see section D, above) are shared only with 143.[22]

----

[22] Based on initial calculations ms 162 appeared to have a slight edge over mss 146 and 193 in terms of the number of superior and/or inferior readings.

In group e a division in textual affinities exists between eI' and eIII. The former seems to be related to group b and the latter to group c. Perhaps it is for this reason that eIII has significantly fewer superior readings than eI or eII. The average number of superior readings for the mss of eI is 17.3, for eII 16.4, and for eIII 12.2.

From eI' any one of several mss might have been chosen for use in an edition. Ms 174 was chosen as a typical representative of the e type of text. This ms is an eI ms. No ms was chosen for full collation from eII because eI and eII seem to be quite closely related. Very little would be gained by collating a ms from eII as well as one from eI. Similarly, no ms was chosen for full collation from eIII: its textual relations are generally clear and its collation would add very little to an edition that already has representation from eI' and group c.

Besides mss 13, 233, 33, 218, 38, 162, and 174, one other ms was collated. Ms 9 from group a is cited when it preserves a potentially superior reading not attested by the other mss used for the edition (e.g., <u>andr</u> at 30:1) or when it helps to clarify the textual relations within group a (e.g., when the reading of 61 appears to be unique). However, ms 9 has a high number of inferior readings. For this reason, in the apparatus, unless specifically stated, the presence or absence of ms 9 is not to be presumed and rell does not include it.

In summary, the mss used in the edition and their familial relationships are:

9-13-61-233 = a
33-218 = b
38 = c
162 = d
174 = e

F. Principles Governing the Setting Up of the Edition

This edition of Armenian Deuteronomy closely follows the base ms for collation, ms 61. Where the text of 61 is badly corrupted or incomprehensible the edition follows 13 and 233; the same mss are followed if the punctuation of 61 is unclear. The capitalization is that of ms 61 and differences in this regard are not recorded. Unless germane to the variants, uncials are not recorded in the apparatus.

As for final *յ* (e.g., *արքայ* as opposed to *արքա* , 1:4), the text follows ms 61.

Differences in spelling between *աւ* and *օ* (e.g., between *այսաւր* and *այսօր* , "today") are not noted.

The edition of the text follows ms 61 in the matter of abbreviation: *ա̅ծ̅* for *աստուած* ("God"), *տ̅ր̅* for *տէր* ("Lord"), *ն̅ր̅* for *նորա* ("his"), *ն̅ց̅* for *նոցա* ("their"), *ո̅պ̅* for *որպէս* ("in order that"), *ս̅ր̅* for *սուրբ* ("holy"), *վ̅ն̅* for *վասն* ("on account of"), and *-թ̅ի̅* for *-թիւն* and *-թ̅ի̅ն* for *-թիւնն* at the end of nouns like *ժառանգութիւն* ("inheritance"). *օ̅հնութ̅ի̅* appears for *օրհնութ̅ի̅* ("blessing"). In ms 61 *մ̅* obtains as a ligature abbreviation for *ամենայն*; this has been standardized throughout the edition by the wellknown *ա̅մ̅* .

Occasional numerical abbreviations occur in ms 61. These are *լ̅* (= *երեսուն* = "thirty") and *ը̅* (= *ութ* = "eight") (2:5), *խ̅* (= *քառասուն* = "forty") (9:11, 18), and *ռ̅* (= *հազար* = "thousand") (2:14).

The scribe sometimes reduces *ու* to *ւ* at the beginning of a non-initial syllable: e.g., *չւեցէք* (1:7), *տւէ* (1:33), *լւաւ* (1:34), *լւիցին* (2:25). In such cases the edition follows ms 61 without providing the fuller form of other mss.

The genitive-dative-ablative plural ending of some Armenian nouns is *-ւոց* . For this the scribe of 61 usually wrote the shorter *-ոց* : e.g., *որդոց* instead of *որդւոց* ("of sons"). Similarly, the singular case ending *-ւոյ* is shortened to *-ոյ* . Since this could be understood as a mixing of declensions,[23] differences in this regard are always given in the apparatus.

Among the scribal traits of other mss used it may be noted that ms 13 often lacks *յ* when it begins a non-initial syllable: e.g., *սկաից* instead of *սկայից* ("of the giants," 1:29). This type of variant is not recorded except in the case of proper names.

Beneath the text on each page there follow two apparatuses. The purpose of the first apparatus is to record what are merely blunders in the base ms for collation. Also included here are mistakes deriving from those who repaired the ms. These are designated

----

[23] Cf. Thomson, pp. 15, 25f.

61^s, i.e., 61 suppletor.

The purpose of the second apparatus is to record the variants found in the mss collated against the base ms. All meaningful variants and all but a few insignificant mistakes are recorded here from mss 13, 233, 33, 218, 38, 162, and 174.

In the apparatus the mss are designated by number in the order of their respective text groups, from a to e:

a	aI	13
	aII	233
		13' = 13 + 233
b	bI	33
	bII	218
		33' = 33 + 218
c		38
d		162
e		174

When ms 9 is cited in the apparatus it is cited with group a in the following way: e.g., 9-13'. Similarly, when there is occasion to cite 61 in the apparatus it is cited with group a: e.g., 13'-61.

THE TEXT OF ARMENIAN DEUTERONOMY

Երկրորդումն Աւրինաց

1 Այս են պատգամք զոր խօսեցաւ մովսէս ընդ ա̅մ իղ̅ի յայն-
կոյս յորդանանու յանապատին յարեւմուտս մերձ ի ծովն
կարմիր: ի մեջ փառանտափողայ եւ ղոբոնայ եւ հան-
2 զրուանացն եւ ոսկեկայ: մետասանօրեայ ճանապարհ ի
3 քորեբայ ցլեառն սեիր մինչեւ ցկադէսբառնեայ: Եւ
եղեւ ի քառասներորդում ամի յամսեանն մետասներորդում
որ օր մի էր ամսոյն: Խօսեցաւ մովսէս ընդ ա̅մ որդիսն
իղ̅ի ըստ ա̅մի որպէս պատուիրեաց նմա տ̅ր առ նոսա:
4 յետ հարկանելոյ զսեհովն արքա ամուրհացւոց զբնակեալն
յեսեբովն: եւ զովգ արքայ բասանու զբնակեալն յաստա-
5 րովթ եւ յեդրային յայնկոյս յորդանանու յերկրին
մովաբու: Սկսաւ մովսէս մեկնել զօրէնս զայսոսիկ եւ ասէ:
6 տ̅ր ա̅ծ մեր խօսեցաւ ընդ մեզ ի քորէբ եւ ասէ: շատ
7 լիցի ձեզ բնակել ի լերինս յայսմիկ, դարձարուք
եւ չուեցէք դուք աստի: եւ մտանիցէք ի լեառնն ամուր-

1. են] է 61^{s}: իէղ̅ի 61^{s}: ղոբանու 61^{s}

Երկրորդումն] -դում 13, -դու 162, Երկրորդ 174
1. om մովսէս ընդ ա̅մ 218: իլ̅ի 38 174, որդիսն իղ̅ի 13 162: մերձ]pr ի 13*: փառանտոփողա 13, փառանտիփո-
ղայ 233 38, փառարանտապովղեայ 33', փառարանտափողեա 174, փառարանտիփողայ 162: ղոբոնա 13, ղոբանայ 38 162
2. քորէբայ 33: սէիր 13' 38 162, սուր 33' 174: եւ մինչեւ 13
3. ցամսեանն 13: իլ̅ի 38 174: որպէս] զոր 13: om նմա 13
4. հարկանելոյն 13: զսեհոն 13' 38 162: արքա] արքայն 13: ամովրհացւոց 33' 38 174, ամօրհացւոց 162: յեսեբոն 233 38 162: զզովգ 61-233, զովգք 13: om եւ 2° 233: յեդրացին 13
5. յերկիրն 33' 38 162 174: զօրէնսս 218 174
6. քորեբ 13' 162: լիցին 218: բնակել 13, բնա-
կեալդ 233: յայսմ 38
7. om դուք 174: լեառն 233: ամուրհացւոց 13' 162, ամովրհացւոց 33' 38 174

հացոց, եւ առ ամենեսին որ շուրջ բնակեալ իցեն զարա-
բացովք ի լերինս եւ ի դաշտս։ եւ ընդ հարաւ եւ ընդ
ծովեզրն քանանացւոց։ եւ յաներն լիբանանու մինչեւ
8 զգետ մեծ. զգետն եփրատ։ տեսէք զի ահա մատնեցի
առաջի ձեր զերկիրն՝ մտէք ժառանգեցէք զերկիրն զոր
երդուա ես հարցն ձերոց։ աբրահամու, եւ սահակայ՝
եւ յակովբու՝ տալ նոցա եւ զաւակի նոցա յետ նոցա։
9 զերկիր որ բղխէ զկաթն եւ զմեղր։ Եւ խօսեցա ընդ
ձեզ ի ժամանակին յայնմիկ եւ ասեմ։ ո՛չ կարեմ միայն
10 հանդարտել ձեզ. տ̅ր ա̅ծ մեր բազմացոյց զձեզ։
եւ ահա ա՛ւադիկ էք դուք այսօր իբրեւ զաստեղս երկնից
11 բազմութ̅ք՝ տ̅ր ա̅ծ հարցն մերոց յաւելցէ ի ձեզ եւս
քան որչափ էքդ ռ̅ապատիկ եւ ո̅հեսցէ զձեզ որպէս եւ
12 խօսեցաւ ընդ ձեզ։ եւ զիարդ կարիցեմ կրել միա՛յն
զաշխատութ̅ի ձեր։ եւ զաղխս ձեր՝ եւ զհակառակութ̅իս
13 ձեր։ արդ տուք ի ձէնջ ձեզ արս իմաստունս, եւ
խորհրդականս, եւ հանճարեղս ի վերայ ցեղից ձերոց։ եւ
14 կացուցից ի վերայ ձեր զիշխանսն ձեր՝ եւ պատաս-

ամենիսին 33, ամենեսեան 162։ om շուրջ 233։ զարաքաց-ւովք 38 162, զարաքացւովքն 13'։ եւ 4° 13'-61] om 9 rell։ ընդ 2°] + ծով եւ ընդ 162։ ծովեզեր 13, ծովեզերն 174։ եւ յաներն] ցան- 162, om եւ 13։ զգետ] + ն 9 rell

8. ահա մատնեցի] ամատնեցի 13*։ ես] + տալ 13։ աբ-րաամու 233 33 162 174։ om եւ 1° 162։ իսահակայ 162։ յակովբա 13, յակովբայ 233 33', յակոբայ 38 162։ om հետ նոցա 38 162։ զերկիր 9-61-233] + ն rell ։ բխէ 233

9. ժամանակի 33' 174

10. ահա աւաղիկ] ահաւասիկ 233, ահաւադիկ rell

11. om եւ 2° 13։ խօսեցաւն 162

12. կրել միայն 9-61] tr rell։ զաշխատութ̅իդ 13

13. om ձեզ 174։ om եւ 1° 13։ հանճարեղս] իմաս-տունս 233։ իշխանս 13 33' 38 162 174։ ձեր 2°] ձեզ 33' 38 162 174

1:14-19

խանի ետուք ինձ եւ ասացէք: բարիոք է բանդ զոր խօ-
15 սեցար առնել: եւ առի ի ձէնջ զցեղապետսն՝ արս
իմաստունս, եւ հանճարեղս եւ խորհրդականս. եւ կացուցի
զնոսա ի վերայ ձեր առաջնորդս: հազարապետս, եւ հար-
իւրապետս, եւ յիսնապետս, եւ տասնապետս. եւ ատենա-
16 դպիրս դատաւորացն ձերոց, եւ պատուիրեցի դատաւոր-
ացն ձերոց ի ժամանակի յայնմիկ եւ ասեմ: լուարուք
ատեան ի մէջ եղբարց ձերոց: եւ դատեցարուք արդար-
ութք̅ ի մէջ առն եւ եղբօր իւրոյ, եւ ի մէջ եկին իւր-
17 ոյ: եւ մի՛ առնուցուս ակն ի դատաստանի, ըստ
փոքուն եւ ըստ մեծի դատեսցիս: եւ մի՛ խորշիցիս յե-
րեսաց մարդոյ զի դատաստանն ա̅յ է: եւ բան ինչ որ
ծանրագոյն քան զձեզ իցէ հասուսջիք առ իս եւ լուայց:
18 եւ պատուիրեցի ձեզ ի ժամանակին յայնմիկ զա̅մ զբանս
19 զոր առնիցէք: Եւ չւեալ ի քորեբայ շրջեցաք ընդ
ա̅մ անապատն ընդ մեծ եւ ընդ ահագին: զոր դուք իսկ
տեսէք զճանապարհ լերինն ամուրհացւոցն: որպէս պատ-
ուիրեաց տ̅ր ա̅ծ մեր մեզ, եւ եկաք մինչեւ ցկադէս-

14. ետուք ինձ եւ] տուեալ 38 162 174: ինձ] ի ձէնջ 33': ասացէք] + ցիս 38 162 174: բարւոք 233 38 162

15. զցեղապետս ձեր 13: հազարապետս] pr եւ 162: յսնապետս 13' 162

16. om init— ձերոց 233txt 218: ժամանակին 61* (c pr m) 13' 38 162 174: ատենի 33' 38 162 174: եղբարցն 13

17. մեծի 61-233] + ն 9 rell: դատիցիս 38 174, դատիցես 162: խորշեսցիս 33: մարդւոյ 13: դատաստան 13: իցէ (է 13)] tr post ծանրագոյն 13 162: հատուսջիք 218

18. բանս 13 38 162 174

19. քորէբայ 33: ամուրհացւոց 13', ամովրհացւոց 38, ամովրհացւոցն 33' 174, ամօրհացւոց 162

20 բանեա.   եւ ասացի ցձեզ: եկայք մինչ ցլեառն
21 ամուրհացոց զոր տ̅ր ա̅ծ մեր տացէ ձեզ: տեսէք զի
մատնեաց տ̅ր ա̅ծ մեր առաջի երեսաց ձերոց զերկիրն:
ելէք ժառանգեցէք որպէս ասաց տ̅ր ա̅ծ հարցն մերոց
22 ձեզ: մի երկնչիջիք, եւ մի՛ զանգիտիցէք.   եւ
մատեայք առ իս ամենեքեան եւ ասացէք: առաքեսցուք
յառաջագոյն քան զմեզ արս եւ դիտեսցեն մեզ զերկիրն
եւ պատմեսցեն մեզ զհանգամանս ճանապարհին ընդ որ
ելանիցեմք անդր: եւ զքաղաքացն յոր մտանիցեմք,
23 եւ հաճոյ թւեցա̀ւ առաջի իմ բանն: եւ առի ի ձէնջ
24 երկոտասան այր՝ այր մի ըստ ցեղի: եւ գնացին
ելին ի լեառնն եւ հասին մինչեւ ի ձորն ողկուզի եւ
25 լրտեսեցին զնա: եւ առին ի ձեռս իւրեանց ի պտղոյ
երկրին եւ իջին առ մեզ եւ բերին մեզ զրոյց: ասեն
26 բարի՛ է երկիրն զոր տ̅ր ա̅ծ մեր տալոց է մեզ: եւ
ոչ կամեցայք ելանել եւ հեստեցէք բանին տ̅ն ա̅յ ձեր-
27 ում: եւ տրտնջեցէք ի վրանս ձեր եւ ասացէք: առ
ատելութե̅ տ̅ն զմեզ, հան յերկրէն եգիպտացոց մատնել

20. ասացից 13: մինչ] մինչեւ 9 rell : ցլեառնն 9-13' 33' 162: ամուրհացւոց 13', ամովրհացւոց 33' 38 174, ամօրհացւոց 162
21. մատնեաց] tr post մեր 38 162 174: երկնչիցիք 13 38 162
22. մատեաք 13: զիտեսցեն 174: զհանգամայնս 13: om եւ 5° 13: յորս 13' 33' 162 174
23. բանքն 233(|): om եւ 2° 174: առ 218*vid(c pr m) 162: այր 1°] այրս 13
24. լեառն 233 162
25. մեր 61-233] om 9 rell
26. ձերում 61-233] մերում 33', մերոյ 9 rell
27. զմեզ հան 9] tr 13 33' 38 162 174: հան 9-61] էհան 233, եհան rell: եգիպտացւոց 13' 33' 38 162 174

1:27-34

28 զմեզ ի ձեռս ամուրհացոց սատակել զմեզ`   արդ յո՞
ելանիցեմք: եւ եղբարք ձեր զանգիտեցուցին զսիրտս
ձեր: ասեն ազգ մեծ եւ բազում եւ զօրագո՛յն է քան
զմեզ: եւ քաղաքք մեծամեծք եւ պարսպաւորք մինչեւ
ցերկինս. այլ եւ որդիս սկայից տեսաք մեք անդ.
29 եւ ասացի ցձեզ. մի զանգիտէք եւ մի՛ զարհուրիք ի
30 նոցանէ.   տ̅ր ա̅ծ մեր որ երթա առաջի երեսաց ձերոց
նա՛ տա պատերազմ ընդ նոսա փոխանակ ձեր: ըստ ա̅մի
զոր արար ձեզ յերկրին եգիպտացոց առաջի աչաց մերոց.
31 եւ յանապատի յայսմիկ զոր տեսէք: զի սնոյց զքեզ տ̅ր
ա̅ծ քո որպէս սնուցանիցէ ոք զորդի իւր. ըստ ա̅մ ճա-
նապարհին զոր գնացէք մինչեւ եկիք ի տեղիս յայս:
32 եւ ի բանի յայսմիկ ո՛չ հաւատացէք տ̅ն ա̅յ ձերում
33 որ երթա առաջի ձեր ի ճանապարհիդ ընտրել ձեզ զտեղին:
առաջնորդել ձեզ հրով ի գիշերի ցուցանել ձեզ զճանա-
34 պարհն ընդ որ գնայցէք եւ ամպով ի ւէ: Եւ լուաւ

ամուրհացուոց 13', ամովրհացուոց 33' 38 174, ամօրհացուոց 162

28. init] pr եւ 233: եղբարքն 162: զանգիտացուցին 33': ասեն] pr եւ 9 rell : om եւ 3° 218 (|) : om է 13: քաղաք 162 (|): մեծամեծ 13: ցյերկինս 13', յերկինս 38 162:

29. ձեզ 162: զանգիտէք 9-61-233] -իցէք rell: զար-հուրիցիք 174

30. om տ̅ր ա̅ծ 162: եգիպտացոց] -ւոց rell : ձերոց 233 33 38 162

31. յանապատի] + ս 9 rell : սնուցանէ 162txt: գնացէք] pr եւ 13: գնայցէք 13 38: մինչ 218

32. om ի 1° 13: բանիս 38 162, բանիցս 174: հաւա-տայցէք 233: ձերոյ 162, մերոյ 38

33. ընդրել 13: ձեզ 1°] զձեզ 33: om ձեզ 2° 233: ցուցանել]pr եւ 174: ձեզ 3°] + հրով 233: ճանապարհ 38 162

տ̅ր զձայն բանիցն ձերոց եւ բարկացեալ երդուաւ եւ
35 ասէ· եթէ՛ տեսանիցէ ոք յարանցդ յայդցանէ զեր-
36 կիրն բարի զոր երդուա տալ հարցն նոցա: բայց
քաղէբ որդի յեփովնեայ նա՛ տեսցէ զնա: եւ նմա՛ տաց
զերկիրն յոր եհաս եւ որդոց նորա, վ̅ն յարեւլո՛յ նորա
37 ի տ̅ր: եւ ինձ բարկացաւ տ̅ր վ̅ն ձեր եւ ասէ· եւ
38 դո՛ւ մի մտցես անդր: այլ յիսու որդի նաւեայ սպա-
սաւոր քո նա մտցէ անդր: զնա՛ զօրացո՛յ զի նա՛ ժառան-
39 գեցուցէ զնա ի̅ղ̅ի: եւ ծնունդք եւ որդիք ձեր զոր-
ոց ասացէք թէ ի յափշտակութ̅ի լինիցին: եւ ա̅մ մանուկ
մատաղ որ ոչ գիտիցէ այսօր զբարի կամ զչար: նոքա՛
մտցեն անտր եւ նոցա տաց զնա, եւ նոքա ժառանգեսցեն
40 զնա: Եւ դուք դարձարուք եւ չուեցէք յանապատ
41 ընդ ճանապարհ կարմիր ծովուն: եւ պատասխանի՛
ետուք ինձ եւ ասացէք՝ մեղաք առաջի տ̅ր ա̅յ մերոյ ել-
ցուք մեք տացուք պատերազմ որպէս պատուիրեաց մեզ տ̅ր
ա̅ծ մեր: եւ առեալ իւրաքանչիւր զգործի պատերազմի
42 իւրոյ զումարեցայք ելայք ի լեառնն· եւ ասէ՛ցիս
տ̅ր ասա՛ ցնոսա՝ մի՛ ելանէք եւ մի՛ մարտնչիք զի չե՛մ

40. դարձարուք եւ sup lin

34. զձայն] ձայնի 13
35. թէ 9 33' 38 162 174: նոցա] ձերոց 174
36. քաղեբ 13 162 174vid: յեփոնեայ 233 33 38 162: յոր] որ 174: որդւոց 13' 162 174, որդւոցն 33' 38
37. անդ 162
38. այդ 218: յեսու 13 33' 38 162 174: om որդի 174: զօրացոյց 38: ի̅լ̅ի 38 174
39. ծնունդք] ծնունդ 162, + ձեր 13: կամ] եւ 13: անտր] անդր 9 rell
40. ճանապար 13, ճանապարհն 33' 174
41. om ինձ 13(|): om մեք 13: ելայք] ելէք 9 rell

1:42-2:4

ընդ ձեզ` ցուցէ խորտակիցիք առաջի թշնամեաց ձերոց:
43 եւ խօսեցայ ընդ ձեզ, եւ ոչ լուարուք ինձ եւ անցէք
44 զբանիւ տ̅ն եւ անսաստեցէք ելէք ի լեառնն եւ ելեալ
ամուրհացին որ բնակեալ էր ի լերինն յայնմիկ ընդդէմ
ձեր հալածեաց զձեզ ո̅պ պատիցի մեղու եւ խոցոտեցին
45 զձեզ ի սէիրայ` մինչեւ ցհերմայ. եւ նստեալ
լայիք առաջի տ̅ն եւ ոչ լուաւ տ̅ր ձայնի ձերում: եւ
46 ոչ անսաց ձեզ: եւ նստայք ի կաղէս աւուրս բա-
զումս որչափ աւուրս երբեմն նստայք անդ:

2

1 եւ դարձաք չուեցաք յանապատն ընդ ճանապարհ կարմիր
ծովուն զոր օրինակ խօսեցաւ տ̅ր ընդ իս. եւ պատեցաք
2 զսէիր լերամբ աւուրս բազումս: Եւ ասէ ցիս տ̅ր
3 շատ լիցի ձեզ պատել զլերամբդ: արդ դարձարուք ընդ
4 կողմն հիւսւսոյ եւ ժողովրդեանն պատուէր տուր
եւ ասասցես: դուք աւաղիկ անցանէք առ սահմանօք եղ-

42. (խորտա)կիցիք — (45) init 61^{s} 43. եւ 2°⌒3° 61^{s} : լեառն 61^{s}, 61*inc 44. յայնմ 61^{s}, 61*inc: պարտիցէ 61^{s} 3. դարձարուք] շրջեցարուք 61^{s} 4. ասասցեն 61*(c pr m) : դու 46. երբն 61*(c pr m) 3. իցի 61*(c pr m)

43. om եւ 4° 33: ելէք] pr եւ 13
44. ամովրհացին 33' 38 174, ամօրհացին 162: բնակ-եալն 33' 174: էր] է 33': հալածեաց] pr եւ 174: պա-տիցէ 162(|), պատմիցի 233: սաիրա 13
45. անսայց 13
46. նստայք 1°] նստաք 33': նստայք 2°] նստաք 33' 38: անդր 38 162 174
1. յանապատն] ընդ անապատն 13
3. կողմ 13: հւսւսոյ 38, հիւսիսոյ 233 218
4. ժողովրդեանդ 38 162: ահաւաղիկ 218: անցէք 162: եղբարցն 13:

քարց ձերոց որդոց եսաւայ· որ բնակեալ են ի սէիր
5 եւ երկնչիցին ի ձէնջ: եւ զգուշանայցէք յոյժ մի՛
գրգռիցէք ընդ նոսա պատերազմ: զի ո՛չ տաց ձեզ յերկ-
րէն նոցա եւ ո՛չ քայլ մի ոտին. քանզի վիճակա՛ւ ետու
6 իսաւայ զլեառնն սէիր: կերակուրս գնեսջիք ի նո-
ցանէ եւ կերիջիք: եւ ջուր չափով արծաթոյ առջիք ի
7 նոցանէ եւ արբջիք: զի տ̅ր ա̅ծ մեր ն̅հեաց զքեզ յա̅մ
գործս ձեռաց քոց: ծանի՛ր զիարդ անցեր ընդ անապատն
մեծ եւ ընդ ահագին: ահա քառասուն ամ տ̅ր ա̅ծ քո ընդ
8 քե՛զ է: եւ ո՛չ իւիք կարօտացար: Եւ անցաք առ եղ-
բարքք մերովք որդովքն եսաւայ բնակելովք ի սէիր առ
ճանապարհաւն արաբացոց յեղ̓ովմայ եւ ի զասիովն զաքե-
րայ: եւ դարձեալ անցաք ընդ ճանապարհ անապատին մո-
9 վաքու: եւ ասէ՛ցիս տ̅ր՝ մի՛ թշնամիցիք ընդ մո-
վաքացիսն. եւ մի՛ գրգռիցէք ընդ նոսա պատերազմ զի ո՛չ

որդոց] -ուոցն 13, -ուոց rell: են] էին 13* 162
5. գրգռիցիք 38 162, գրգռեցէք 174: պատերազմ] pr ի 38 162 174, պատերազմաւ 13: տացի 162: իսաւայ] եսաւեա 13, եսաւայ rell: զլեառն 9-13 38 162 174
6. կերակուր 233 (|)
7. om մեր 13': աւրհնեսցէ 13: om ընդ 2° 13 38 162 174: om քո 218: իւիք] իմիք 38: կարօտեցար 33' 38 162
8. ձերովք 174: որդուովքն 13' 218 38 162 174: բնակելովքն 9-233 33' 38 162 174: արաբացուոց 13' 33' 38 162 174: յելոնայ 233, յելովմայ 33, յեղոմայ 38, եղոմայ 162, յեղովմայ 174: զասիոն 233 38 162, զա-նիովն 13: յանապատին 233
9. թշնամանիցիք 33 38 174, թշնամանիցէք 218: գրր-գռիցիք 13 162txt, գրգռեցէք 174: ի պատերազմ 13:

2:9-16

տաց ձեզ յերկրէն նոցա վիճակ: քանզի որդոցն ղովտայ
10 ետու զսէիր ի ժառանգութի̅. եւ ոմմինքն նախ բնա-
կեալ էին ի նմա, ազգ մեծ եւ բազում եւ հզօր: որպէս
11 ենակիմքն ընդ ռափայինսն համարիցին: նոյնպէս
եւ նոքա որպէս զենակիմս, եւ մովաբացիք անուանեն
12 զնոսա ոմմինս: եւ ի սէիր նախ բնակեալ էր քոռե-
ցին. եւ որդիքն իսաւայ կորուսին զնոսա: եւ սատակե-
ցին զնոսա յերեսաց իւրեանց եւ բնակեցան փոխանակ
նոցա: զոր օրինակ արար իէղ̅ զերկիր ժառանգութե̅ իւրոյ
13 զոր ետ նոցա տ̅ր: եւ արդ արիք չուեցէք եւ անցէք
14 ընդ ձորն զարեդ: եւ աւուրք որչափ անկան մեզ ի
գնալն մեր ի կադէսբառնեայ մինչեւ անցաք ընդ ձորն
զարեդ. լ̅ը. ամ: մինչեւ անկաւ ա̅մ ազգ արանց պատերազ-
մողաց ի բանակէ անտի. որպէս երդուաւ նոցա ա̅ծ,
15 եւ ձեռն ա̅յ էր ի վերայ նոցա սատակել զնոսա ի բանակէն
16 մինչեւ անկան: եւ եղեւ իբրեւ անկան ա̅մ արք պա-

10. ոմմինքն 61*inc 12. յերեաց 61*(c pr m) 16. անկա 61*(c pr m)

յերկրէ 13 162: նոցա] նորա 13: վիճակ] pr ի 33' 38 162 174: որդոցն] -ւոցն rell: զսէիր] ի սէիր 162
10. ոմմինք 9-13, ոմմիքն 233: ենակիմք 38 162
11. ռափայինս 13' 33', հռափայինս 9: համարեցին 174: որպէս] իբրեւ 9 rell: զենակիմսն 13: մովաբացիքն 13 38 162 174
12. որդիք 162: եսաւա 13, եսաւայ 233 33' 162 174, էսաւայ 38: յերեսացն 13: բնակեցին 174: իէլ 13' 38 174: տ̅ր ա̅ծ 174
13. om եւ անցէք 13: ընդ] ի 33' 174
14. մեր 61-233] մեզ 9 rell: լ̅ը] լ̅ եւ ը̅ 162, երեսուն եւ ութ 13' 33 38: անզաւ 233: ազգք 13: տ̅ր ա̅ծ 162
15. ի ձեռն 233: ա̅յ] տ̅ն 162 174: անզամ 233
16. անզան 233: պատերազմօղք 38 162:

17 տերազմողք անկեալք ի́ մի ջոյ ժողովրդեանն: խօսեցաւ
18 տ̅ր ընդ իս եւ ասէ՝ դու անցանես այսօր առ սահ-
19 մանօք մովաբու ի́ սէիր. եւ մօտ հասանիցէք յոր-
դիսն ամովնայ մի՛ թշնամիցիք ընդ նոսա, եւ մի՛ գրգռի-
ցէք ընդ նոսա պատերազմ: զի ո՛չ տաց ձեզ զերկիր որ-
դոցն ամովնայ ի́ վիճակ. քանզի որդոցն ղովտայ ետու
20 զնա վիճակաւ: երկիր որ ռափայան համարեսցի՝
քանզի նախ հռափայինք բնակեալ էին ի́ նմա. եւ ամով-
21 նացիք անուանեն զնոսա զոմինս ազգ մեծ եւ բա-
զում եւ զօրաւոր իբրեւ զենակիմսն եւ կորոյս զնոսա տ̅ր
յերեսաց նոցա եւ ժառանգեցին եւ բնակեցին փոխանակ
22 նոցա: որպէս արար որդւոցն եսաւայ բնակելոց ի́

20. զնոսա — (22) նոցա 61^s: om զնոսա 61^s 21. ազգ] + զաւրաւոր 61^s: բզւմ 61^s: զենակիմս 61^s, 61* inc: om եւ 3° 61^s, 61*inc: զն̅ս 61^s, 61*inc: նոցա 1°] ն̅ց 61^s, 61*inc: բնակէին 61^s: փխնակ 61^s, 61*inc 22. om որպէս 61^s, 61*inc: որդոց 61^s, 61*inc: եսաւայ 233 33' 38 162 174, եսաւա 13] նոցա 61^s, 61*inc: բնակելոցս 61^s:

անկեալք] մեռեալք 9 rell: ժողովրդեան 174
17. տ̅ր] tr post իս 13
18. դու անցանես] դարձուցանես 38 162: սահմանօքն 13 174
19. ամովնայ 1°] ամոնայ 233 38 162: թշնամիցէք 162, թշնամանիցիք 218 38 174: գրգռիցիք 233*(c pr m): ի պատերազմ 13': զերկիրն 218 174: որդոցն 1° 2° 61 174] որդւոցն rell: ամովնայ 2°] ամոնայ 233 38 162 174: զնա] զնոսա 33' 162 174
20. ռափայն 13, ռափանայ 33' 38 174, ռափանաւ 162: ռափաինք 13, ռափայինք 9-233 38 162: բնակեալ էին] բնակէին 9 rell: ամոնացիք 233 38 162: զոմինս 13-61^s] զոմմինս 233 162 174, զոմզոմինս 33', զոմզոմմինս 9 38, 61*inc
21. զէնակիմսն 233, զենակիմոն 174
22. որպէս] այսպ̅ս 233: բնակելոց 9-61* 174] բնակե-լոցն 13 33' 38 162, բնակելոյ 233:

2:22-28

սէիր: զոր աւրինակ սատակեաց տ̅ր զքոռեցին յերեսաց
նոցա: եւ ժառանգեցին եւ բնակեցին փոխանակ նոցա
23 մինչեւ ցայսօր: եւ խեւացիքն որ բնակեալ էին յա-
սերովթ մինչեւ գազա: եւ գամիրքն որ ելեալ էին ի
գամրաց սատակեցին զնոսա եւ բնակեցան փոխանակ նոցա:
24 արդ արիք չուեցէք եւ անցէք ընդ ձորդ առնովնայ ահա
մատնեցի ի ձեռս քո զսեհովն արքայ եսեբովնայ զամուր-
հացի եւ զերկիր նորա սկսիր ժառանգել եւ գրգռել ընդ
25 նմա պատերազմ: յօրէ յայսմանէ սկսիր տալ զահ եւ
զերկիւղ քո առաջի ա̅մ ազգաց որ են ի ներքոյ երկնից:
զի որք լուիցեն զանուանէ քումմէ խռովեսցին: եւ եր-
26 կունք կալցին զնոսա յերեսաց քոց: Եւ առաքեցի
հրեշտակս յանապատէն կեդմովթայ առ սեհովն արքայ եսե-
27 բովնայ բանիւք խաղաղութե̅ եւ ասեմ՝ անցից ընդ
երկիր քո. զճանապարհայն գնացից՝ ո՛չ խոտորեցայց յաջ
28 եւ ոչ յահեակ. կերակուր արծաթոյ վաճառեսցես ինձ

զքեռեցին 61^{s}: յերս̅ց 61^{s}, 61*inc: բնկե̅ցին 61^{s}, 61* inc 24. զսեհով 61*

զքոռացին 9-233 33'
23. յասիրովթ 38 162 174: գազա] ցգազա 13, ցգազայ 9 rell: ելեալ էին] ելանէին 174: բնակեցին 13: փո-խան 33
24. անցիք 13: ձորն 13 33' 38 162 174: առնոնայ 233: զսէհովն 33, զսեհոն 233 38 162: om արքայ 33': եսեբոնայ 233 38 174, եսեբոյայ 162: զամովրհացի 33' 38, զամովրհացին 174, զամօրհացի 162: զերկիրն 13 33': նորա] նց̅ 233: նմա] նոսա 13
25. սկսիր] pr եւ 174: զերկիւղ 13 33' 162 174, զերկեղ 233: են] իցեն 13: լուիցենն 13, լսիցեն 38 162 174
26. կեթմովթայ 174: սեհոն 233 38 162: եսեբոնայ 233 38 162, եսբովնեա 13: խաղաղութեամբ 13
27. զճանապարհն 13: ոչ] pr եւ 13: խոտորեցից 33

եւ կերայց եւ ջուր արծաթոյ վաճառեսցես ինձ եւ ար-
29 բից: բայց զի ոտիւք եւ եթ անցից, որպէս արարին
ինձ որդիքն իսաւայ բնակեալք ի սէիր: եւ մովաբացիքն
բնակեալք յարոյեր մինչեւ անցից ընդ յորդանան յեր-
30 կիրն զոր տ̅ր ա̅ծ տալոց է մեզ՝ եւ ոչ կամեցաւ
սեհովն արքայ եսեբովնի անցանել մեզ առ նովաւ: զի
խստացոյց տ̅ր ա̅ծ մեր զոգի նորա եւ կարծրացոյց զսիրտ
31 նորա զի մատնեսցի ի ձեռս քո յաւուրս յայսմիկ: Եւ
ասէ ցիս տ̅ր. ահա սկսեալ եմ մատնել առաջի երեսաց քոց
զսեհովն արքայ եսեբովնի զամուրհացի եւ զերկիր նորա:
32 սկսիր վիճակաւ ժառանգել զերկիր նորա: եւ ել
սեհովն ընդդէմ մեր ինքն եւ ժողովուրդ իւր պատերազ-
33 մաւ ի սիասար՝ եւ մատնեաց զնա տ̅ր ա̅ծ մեր ի ձեռս
մեր. եւ հարաք զնա եւ զորդիս նորա, եւ զա̅մ զժողո-
34 վուրդ նորա: եւ յաղթեցաք ա̅մ քաղաքաց նորա ի

29. յարոյեր (vid)

28. եւ 1°⌒3° 174: om զի 218
29. իսաւայ] եսաւայ (-ւա 13) rell : բնակեալք 1°]+ ն 33' 38 162 174: բնակեալք 2°] + ն 162, բնակեալն 13(|): յարոյէր 174, յարո'էր 233, յարոէր 33' 38, յարուէր 13: մինչ 162: տացէ 33' 38 162 174
30. սէհովն 33, սեհոն 13' 38 162: էսէբովնի 33, եսեբոնի 233, եսբովնի 13, եսեբոնայ 38 162, եսեբովնայ 174: զոգի et զսիրտ tr 162: յաւուրն յայնմիկ 38 174, յաւուր յայնմիկ 162
31. զսէհովն 33, զսեհոն 233 38 162: էսէբովնի 33, եսեբոնի 233 38 162, եսբովնի 13: զամովրհացի 33' 38 174, զամօրհացի 162: զերկիր 1°] + ն 33' 38 162 174: զերկիր 2°] + ն 38 162 174: om զերկիր նորա 13
32. սեհովն] սէհովն 33, սեհոն 233 38 162, + արքայ 174, + արքայ եսեբոնի 233mg 38 162: սիասաար 33
33. ժողովուրդ 233 33 38 162 174, ժողուրդ 13
34. ա̅մ] յա̅մ 233: քաղաքացն 13 38 162: om նորա 13:

2:34-3:2

ժամանակին յայնմիկ: եւ սատակեցաք զա̅մ քաղաքս մի
ըստ միոջէ՝ եւ զկանայս նոցա, եւ զմանկունս իւրեանց՝
35 եւ ոչ թողաք ի նոցանէ ապրեալ. բայց զի զխաշինսն
36 ածաք յաւարի, եւ զկապուտ քաղաքացն զոր առաք յա-
րոյերայ որ է առ եզերբ ձորոյն առնովնայ եւ զքաղաքն
որ է ի ձորն մինչեւ ցգաւմանն գաղայադու: եւ ո՛չ էր
քաղաք որ ապրեցաւ ի մէնջ այլ զա̅մ մատնեաց տ̅ր ա̅ծ մեր
37 ի ձեռս մեր: բայց յերկիր որդւոցն ամովնայ յոր
ոչ մերձեցաք. զա̅մ արուարձանս ձորոյն յաբովկայ եւ
զա̅մ քաղաքսն լեառնականս որպէս պատուիրեաց մեզ տ̅ր ա̅ծ
մեր:

3

1 Եւ դարձաք ելաք ընդ ճանապարհն բասանու՝ եւ ել ովգ
արքայ բասանու ընդդէմ մեր. ինքն եւ ա̅մ ժողովուրդ
2 նորա պատերազմաւ ի սեդրային: Եւ ասէ ցիս տ̅ր՝

34. om եւ 4° 61^s 36. այլ] այսաւր 61^s 37. յեր-
կրէն 61^s : յորդոցն

ժամանակի 33': եւ 2°⁀3° 13: քաղաքս] + ն̅ր 38 162
174:
35. om զի 13: զխաշինս 13 174: քաղաքացն] քաղա-
քաց այն 174
36. յարոերայ 33', յարոէրա 13, յարո'էրայ 233, յա-
րոէրայ 38: առնոնայ 233, առնօնայ 162: մինչեւ 9] pr
եւ 13' 33' 174: ցգաւմանս 38 162: գաղաադու 13 33'
38 174: այդ 33': om տ̅ր 13
37. երկիր 233 33: ամոնայ 233 33 38 162: յարբով-
կայ 162, արբովկայ 33', յռաբովկայ 174, յակովբա 13,
յակովբայ 233, յակոբայ 9: քաղաքս 13: լեառնականս]
լեռնա- 9 rell: մեզ] tr post մեր 13, om 162
1. բասանու 1°⁀2° 218*(|): ոգ 13*, ովք 218:
արքայն 33' 174: ընդդէմդէմ 233(|): ժողովուրդն 174,
ժողով 13: սեդրաին 13

մի՛ երկնչիցիս ի նմանէ զի ի ձեռս քո մատնեցի զնա.
եւ զա̅մ զժողովուրդն նորա եւ զա̅մ զերկիրն նորա: եւ
արասցես նմա որպէս արարեր սեհովնի արքայի ամուրհա-
3 ցոց որ բնակեալ էր յեսեբովն: եւ մատնեաց զնա տ̅ր
ա̅ծ մեր ի ձեռս մեր: եւ զովգ արքայ բասանու եւ զա̅մ
ժողովուրդ նորա, եւ հարաք զնա մինչ ո՛չ թողուլ նմա
4 զաւակ: եւ յաղթեցաք ա̅մ քաղաքաց նորա ի ժամանակի
յայնմիկ. եւ ո՛չ էր քաղաք զոր ոչ առաք ի նոցանէ: վա-
թսուն քաղաք զա̅մ շուրջ զգաւառաւն արգովբայ թագա-
5 ւորին ովգայ ի բասան: ա̅մ քաղաքք ամուրք բարձ-
րապարիսպք դրամբք եւ ղոնափակօք. թող զքաղաքսն փե-
6 րեզացոց բազում յոյժ: եւ սատակեցաք զնոսա. որ-
պէս արարաք ընդ սեհովն արքայ եսեբովնի: եւ սատա-

4. առաք] աք 61*: վաթսուն քաղաք] եւ զքաղաք 61^{s}, Կ քաղաք 61*vid: թագաւորիաք 61^{s}, 61*inc 5. բարձրապարիսպ 61^{s} 6. զն̅ս 61^{s}, 61*inc: արքայն 61^{s}

2. երկնչիք 13(|), երկնչիցես 162(|): մատնեցից 13: զժողովուրդն] ժողովուրդ 9-13 38 162 174, զժողովուրդ 218: նորա 1°⌒2° 33: երկիր 218 38 162 174: սեհոնի 233 38 162: ամուրհացւոց 13', ամովրհացոց 33, ամովրհացւոց 218 38 174, ամօրհացւոց 162: յեսէբովն 33, յեսեբոն 233 38 162
3. om եւ 2° 13: զգովգ 174: ժողովուրդ 9-61*] զժողովուրդն 61c pr m-233 33', զժողովուրդ 38 174: նորա] իւր 162txt: մինչեւ 13: զաւակ] + նմա 162
4. յա̅մ 233: քաղաքացն 13 33' 38 162 174: ժամանակին 13 174: նոցանէն 13: om զա̅մ 233: արբովկայ 38 162: ովբա 13
5. բարձրապարիսպք] պարսպաւորք բարձր 13: դրամք 38: զքաղաքսն] + արձակաքաղաքս (+ ն 162) 33' 38 162 174: փերեզացոց] -ւոց rell: բազում 61-233] բազումս 9 rell
6. om արարաք — եւ 2° 13: ընդ սեհովն (սեհոն 233)] զսեհովն 33' 174, զսեհոն 38 162: եսէբովնի 33, եսեբոնի 233 38 162

3:6-12

կեցաք զա̅մ̅ քաղաքսն մի ըստ միոջէ. եւ զկանայս եւ
7 զմանկունս եւ ո՛չ թողաք մազապուր: եւ զա̅մ̅ զանա-
8 սուն եւ զկապուտ քաղաքացն ածաք մեզ յաւարի. եւ
առաք ի ժամանակի յայնմիկ զերկիրն ի ձեռաց երկուց
թագաւորացն ամուրհացոց որ էին յայնկոյս յորդանանու
9 յառնովնայ մինչեւ ցհերմովն: եւ փիւնիկեցիք
անուանեցին զահերմովն սանիովր: եւ ամուրհացին ա-
10 նուանեաց զնա սանիր: ա̅մ̅ քաղաքք միսովրայ. եւ
ա̅մ̅ զաղայաղ եւ ա̅մ̅ բասան մինչեւ ցեղ́քայ եւ ցեղրային.
11 քաղաքք թագաւորութե̅ էին ովգայ ի բասան: զի ովգ
միայն արքայ բասանու մնաց յռափայնոց անտի: եւ զա-
հոյք նորա զահոյք երկաթիք՝ եւ ահա է՛ այն յամրոցի
որդոցն ամովնայ. ինն կանգուն երկայնութ̅ի նորա, եւ
12 չորք կանգունք լայնութ̅ի նորա սկայից կանգնով: եւ
զերկիրն զայն ժառանգեցէք ի ժամանակի յայնմիկ յարո-

7. յաւարի (vid)

7. զկապուտակ 13: յաւար 9(|) 33' 38 162 174
8. ժամանակին 13 174: ամուրհացւոց 13', ամովր-
հացւոց 33' 38 174, ամօրհացւոց 162: յառնոնայ 233 38:
ցհերմովն (-մոն 9) 9-13-61*] ցահերմովն (-մոն 233 38
162) rell
9. զահերմովնն 33', զահերմոնն 233 38 162, զնա
հերմոնն 9, զհերմովն 13: անիովր 233: ամովրհացին 33'
38 174, ամօրհացին 162: անիր 233
10. init] pr եւ 233: քաղաքք 1°] քաղաք 13 33':
զաղաաղ 13 33' 174, զաղաղ 38: ցելքայ 233 38 162 174:
ցեղրաին 13: քաղաքք 2°] քաղաք 13: թագաւորութե̅ էին]
:r 174
11. նորա 1°] նգ̅ 162: զահոյք 2°] զայոյք 33: որդ-
ւոցն 13' 33' 38 162 174: ամոնայ 233 38 162, ամմով-
նայ 33' 174: կանկուն 13: չորք] դ̅ 174: կանգունք]
կանգուն 233 33 38 162, կանկուն 13 (|): սկայից] առն
33mg: կանկնով 13
12. ժառանգեցաք 33' 38 162 174: ժամանակին 13 33
174: յարոերայ 33 38, յարոէրա 13, յարոէրայ 233 218:

յերայ որ է առ եզերբ ձորոյն առնովնայ. եւ զկէս
ձորոյն գաղայաղու, եւ զքաղաքս նորա ետու ռոբենի եւ
13 գադայ եւ զաւելորդ գաղայաղու եւ զա̅մ զբասան
զթագաւորութի̅ ովգայ ետու կիսոյ ցեղին մանասէի: եւ
զա̅մ զաւառն արբակայ եւ զա̅մ բասանն որ երկիր ռափայ-
14 նոցն համարիցի: եւ յայիր որդի մանասէի առ զա̅մ
զաւառն արգովբայ մինչեւ ի սահմանսն գարգասեայ եւ
ոմքատեայ: եւ անուանեաց զնա յիւր անուն, զբասան.
15 աւովթիէր մինչեւ ցայսօր ժամանակի: եւ մաքիրայ
16 ետու զգաղայաղ: եւ ռոբենի եւ գադա ետու ի գա-
ղայաղէ մինչեւ ցձորն առնովնի ընդ մէջ ձորոյն սահ-
ման, մինչեւ ցյաբովկ. ձորն սահման որդոցն ամովնայ:

14. զագառեայ 61(|) 16. ընդ մէջ] ըմէջ 61*vid(c pr m)

ձորոյն 1°] ձորուն 174: առնոնայ 233, առնօնայ 162: զաղաադու 13 33' 38 174: ռովբենի 13, ռուբենի 33' 162 174, ռուբէնի 9-233

13. զաւելորդն 13' 38 162 174: զաղաադու 13 33' 38 174: զթագաւորութի̅] pr եւ 233, + ն 13' 38 162 174: արբոկայ 233 33, արբովկայ 218 38 162 174: զբա-սանն 13, բասան 233: որ — ռափայնոցն] որ է երկիր ռափայ ի նոյն 233: համարեսցի 218, համամիցի 162

14. յաիր 13: զգաւառն 218 174: արբովկայ 162, արբոկայ 38: ի սահմանսն] ցսահմանս 38 162 174: սահ-մանս 13: զարգասեա 13: ասքատեայ 233: զբասան] զի բասան 162: աւովթիէլ 233, աւովթայիր 218mg

15. զգաղաադ 13 33' 38 174

16. ռովբենի 13, ռուբենի 33c-218 38 162 174, ուբենի 33*: զաղաադէ 13 33' 38 174: ցձորն] ի ձորն 38 162 174: առնոնի 233, առնոնայ 38, առնօնայ 162: մինչեւ — սահման 2° bis scr 174: ցյաբոկ 13, ցյակոբ 233(|), ցյաբբովկ 33, ցաբբովկ 218 174, ցաբբոկ 38 162: որդոցն] -ւոցն rell: ամոնայ 233 38 162, ամմովնայ 33'

3:17-21

17 եւ արաբայ եւ յորդանան սահմանօք անարաթայ մին-
չեւ ցծովն արաբայ ծով աղի. յասեդովթա յարեւելից
18 փասգայ: Եւ պատուիրեցի ձեզ ի ժամանակի յայն-
միկ եւ ասեմ՝ տ̅ր ա̅ծ մեր ետ ձեզ զերկիրս զայս ի վի-
ճակ. վառեցարուք անցէք առաջի երեսաց եղբարց ձերոց
19 որդոցն ի̅ղ̅ի: ա̅մ զօրաւոր՝ բայց կանայք ձեր եւ
մանկունք ձեր, եւ անասուն ձեր: գիտեմ զի անասուն
բազում է ձեր, բնակեսցեն ի քաղաքս ձեր զոր ետու
20 ձեզ: մինչեւ զետեղեսցէ տ̅ր ա̅ծ մեր զեղբարս ձեր՝
որպէս եւ զձեզ զի ժառանգեսցեն եւ նոքա զերկիրն՝
զոր տ̅ր ա̅ծ մեր տացէ նոցա յա́յնկոյս յորդանանու: եւ
դարձջիք այսրէն յիւրաքանչիւր ժառանգութ̅ի̅ իւր զոր
21 ետու ձեզ: եւ յիսուայ պատուիրեցի ի ժամանակի
յայնմիկ եւ ասեմ: աչք ձեր իսկ տեսին զա̅մ զոր արար
տ̅ր ա̅ծ քո ընդ երկուս թագաւորսն ընդ այնոսիկ: նո́յն-
պէս արասցէ տ̅ր ընդ ա̅մ թագաւորութ̅ի̅ յորոց վերայ

17. արաբայ 1°] արաբիա 38 162: սահմանօք] սահման (+ է 38 162) նմա (om 218mg) ի 9-233 218mg 38 162, սահմաննմա ի 13, սահմանաւ 33-218txt 174: անարաթայ] քէնէր- 38, քեներ- 162, քանարաթայ (-թա 13) rell : արաբայ 2°] արաբիա 38, արաբիայ 162 174: ծով] + ն 38 162 174: յասէդովթա 33: յարեւելի 13(|): փասգեայ 33' 174
18. ժամանակին 13' 38 162 174: om յայնմիկ 233: ձեզ] մեզ 13, om 162: վաղեցարուք 174: om երեսաց 13 38 162: որդոցն] -ւոցն rell: իլի 38 174: զա̅մ 162
19. անասուն 1°] անասունք 13 162
20. զերկիր 33^{c}-218, om 33*: դարձցիք] դարձջիք 9 rell : իւրաքանչիւր 233
21. յեսուա 13, յեսուայ 33' 38 162 174: ժամանակին 13' 38 162 174: om զա̅մ 233: արարասցէ 33*: տ̅ր 2°] + ա̅ծ 13: թագաւորութ̅ի̅ 9] -թ̅ի̅ս 13 38 162 174: որոց 174, յորոյ 33':

22 դիմիցես դու․ մի՛ զանգիտիցէք զի տ̅ր ա̅ծ ձեր ինք-
23 նին պատերազմեսցի փոխանակ ձեր։ Եւ աղաչեցի զտ̅ր
24 ա̅ծ ի ժամանակի յայնմիկ եւ ասեմ․ տ̅ր տ̅ր դու սկսար
ցուցանել ծառայի քում զսաստկութ̅ն քո եւ զզօրութ̅ն
քո. եւ զձեռն հզօր եւ զբազուկ բարձր, քանզի ո՞վ է
ա̅ծ յերկինս կամ յերկրի որ առնիցէ՛ որպէս դու արարեր
25 ըստ զօրութ̅ն քում։ արդ անցեալ տեսից զերկիրն
բարի որ է յա՛յնկոյս յորդանանու զլեառնն զբարի եւ
26 զերկրորդն լիբանան. եւ անտեսա՛ արար զիս տ̅ր վ̅ն
ձեր եւ ո՛չ լուաւ ինձ։ եւ ասէ ցիս տ̅ր՝ շա՛տ լիցի քեզ
27 մի՛ եւս յաւելուցուս խօսել զբանդ զայդ։ ե՛լ ի
կատար կոփուածոյին։ Եւ հայեցեալ աչօք քովք ընդ ծո-
վակողմն եւ ընդ հւսւսի, եւ ընդ հարաւ եւ ընդ արե-
ւելս՝ տես աչօք քովք քանզի ոչ անցանիցես ընդ այդ
28 յորդանան։ եւ պատուիրեայ յեսուայ եւ զօրացուցես
զնա եւ մխիթարեսցես զնա․ զի նա անցցէ առաջի ժողո-
վրրդեանդ իմոյ այդորիկ եւ նա՛ ժառանգեցուցէ դոցա
29 զերկիրն զոր տեսեր։ եւ նստէաք ի հովիտսն մերձ

28. դոցա] նոցա 61* (c pr m)

դիմիցես] դիմեսցես 9 rell: դուք 162*
22. ձեր 1°] մեր 38 162
23. ժամանակին 233 38 162 174
24. ցուցանել] tr post քում 1° 174: om քո 1° 174: om եւ 2° 13 38 162 174: արար 33*
25. զլեառն 9-13 162 174: զբարի 61 33] բարի 9 rell: om եւ 38 162: զլիբանան 233
26. om տ̅ր 1° 13: խօսել] + այլ 13
27. կոփածոյին 13 33', կոփածոյիդ 38 162 174: քովք 1°] քով 13: հիւսւսի 13 33 38 162, հիւսիսի 233 174, հիւսիւսի 218: յարեւելս 174: om այդ 162
28. om նա 2° 13
29. նստաք 33' 38 162 174, նստայք 233:

ի տունն փոգորայ:

4

1 Եւ այժմ իէ̅ղ. լո՛ւր իրաւանց եւ դատաստանաց զոր ես
ուսուցանեմ քեզ այսօր առնել: զի կեցջիք եւ մտանի-
ցէք ժառանգիցէք զերկիրն զոր տ̅ր ա̅ծ մեր տացէ ձեզ:
2 եւ մի՛ յաւելուցուք ինչ ի բանն զոր ես պատուիրեմ
ձեզ, եւ մի հատանիցէք ի նմանէ: պահեսջիք զպատուի-
3 րանս տ̅ն ա̅յ մերոյ զոր ես պատուիրեմ ձեզ: աչք
ձեր տեսին զոր ինչ արար տ̅ր ընդ բեեղ̊փեգովր: զի զա̅մ
մարդ որ չոգաւ զհետ բեեղ̊փեգովրայ սատակեաց զնա՛ տ̅ր
4 ա̅ծ մեր ի ձէնջ. բայց դուք՛ որ յարեցայքդ ի տ̅ր ա̅ծ
ձեր կենդանի՛ էք դուք ամենեքեան յաւուր յայսմիկ:
5 տեսէք զի ուսուցի ձեզ զիրաւունս եւ զդատաստանս որ-
պէս պատուիրեաց ինձ տ̅ր առնել զայն յերկրին յոր դուք
6 մտանիցէք ժառանգել զնա եւ պահեսջիք եւ արասջիք
զի ա՛յն է իմաստութ̅ի ձեր եւ հանճար առաջի ա̅մ ազգացն՝
որ լսիցեն զա̅մ զիրաւունս զայսոսիկ եւ ասիցեն. ահա

փոգորայ] փոգովրայ (-րա 13) rell
1. իէլ 13 38 174: իէ̅ղ լուր] tr 174: իրաւանց] աւրինաց 13: ժառանգեցէք 233
2. om եւ 1° 233 38 162: բան 33': զպատուիրանս] զհրամանս 38
3. տ̅ր 1°] + ա̅ծ 13: բեեղփեգովր] բէեղ- 33, բէել- 233, բել- 38, բելբեքովր 162, փեղ- 174, փեղբեգովր 13: զա̅մ 61-233] ա̅մ 9 rell: om մարդ 162: բեեղփեգովրայ] բէել- 233, բեղփեգովրա 33, բեղ- 218, բել- 38 174, բելբեքովրայ 162, փեղբեգովրա 13: om զնա 13
4. յարեցայքդ 61-233] -ցայք 9 rell: ամենեքին 13: յաւուրս 13 38 162 174
5. զիրաւունս et զդատաստանս tr 13: ի յերկրին 174: ի ժառանգել 174:
6. զհանճար 233: զիրաւունս] իրաւունս (+ դ 174) rell

ժողովուրդ իմաստուն եւ հանճարեղ ազգս այս մեծ.
7 քանզի ո՞վ իցէ ազգ մեծ որոյ իցէ ի նմա ա̅ծ մօտ ի նո-
սա. որպէս տ̅ր ա̅ծ մեր յա̅մի որովք կարդասցուք առ նա.
8 եւ ո՞ր ազգ մեծ որոյ իցեն իրաւունք եւ դատաստանք ար-
դարք ըստ ա̅մի օրինացս այսոցիկ զոր ես տամ այսօր
9 առաջի ձեր: Հայեաց ի քեզ եւ զգուշ լեր անձին
քում յոյժ: մի՛ մոռանայցես զա̅մ բանս զոր տեսին աչք
քո: եւ մի՛ մերժեսցին ի սրտէ քումմէ զա̅մ աւուրս
կենաց քոց: եւ խելամուտ արասցես որդոց քոց եւ որ-
10 դոց որդոց քոց զօրն յորում կացէք դուք առաջի տ̅ն
ա̅յ ձերոյ ի քորէբ յաւուրն եկեղեցւոյ: յորժամ ասաց
ցիս տ̅ր թէ եկեղեցացոյ առ իս զժողովուրդդ: եւ լւի-
ցեն զպատգամս իմ զոր ուսցին երկնչել յինէն. զա̅մ
աւուրս որչափ կենդանի իցեն դոքա ի վերայ երկրի եւ
11 ուսուսցեն զորդիս իւրեանց. եւ մատուցեալ կայիք
դուք առ ստորոտով լերինն: եւ լեառնն բորբոքէր
հրով մինչեւ ցերկինս. եւ խաւար եւ մէգ եւ մառախուղ
12 էր: եւ խօսեցաւ տ̅ր ընդ ձեզ ի միջոյ հրոյն. զձայն
պատգամացն լւարուք դուք եւ նմանութ̅ի ինչ ոչ տեսէք

7. որոյ] որով 13: ի նմա] om 38, om ի 13: ա̅մի 162: որով 38'

8. այսօր] tr post ձեր 13

9. բանս] pr զ$_{o}$ 174, + զայսոսիկ 38 162 174: քո] ձեր 174: որդոց 1° 2°] որդւոց rell: որդոց 3°] քոց-ւոց 233, որդւոց rell

10. կացէք] կայցէք 162, ասացէք 13: ի քորէբ] tr post դուք 38' 38 162 174: քորեբ 13' 38' 162: յեկե-ղեցւոյ 233: յորժամ] յորում 218 174: եթէ 38'174: յեկեղեցացւոյ 233: ժ̅ղվդ 174: ուսցին 9-61-233] ու-սուցին 13, ուսուցից rell: կենդանի] pr եւ 233

11. լեառն 13 174: բորբոքեալ էր 13: յերկինս 174 մառախ 13*(|)

12. հրոյ 162, հորոյն 233*: ի նմանութ̅ի 174

4:12-19

13 բայց միայն զբարբառն: եւ պատմեաց ձեզ զուխտն
իւր զոր պատուիրեաց ձեզ առնել զտասն պատգամսն: եւ
գրեաց զնոսա ի վերայ երկուց քարեղէն տախտակաց:
14 եւ պատուիրեաց ինձ ի ժամանակին յայնմիկ ուսուցանել
իրաւունս ձեզ եւ դատաստանս: առնել ձեզ՝ զնոսա յեր-
15 կրին յոր դուք մտանիցէք ժառանգել զնա: եւ զգու-
շացարուք յոյժ անձանց ձերոց զի նմանութ̅ի̅ ինչ ո՛չ տե-
սէք յաւուր յայնմիկ յորում խօսեցաւ տ̅ր ընդ ձեզ ի
16 քորէբ լերին ի միջոյ հրոյ: մի՛ անօրինիցիք եւ մի՛
առնիցէք ձեզ դրօշեալ նմանութ̅ի̅ ա̅մ պատկերի: նմանութ̅ի̅
17 արուական կամ իգական.   նմանութ̅ի̅ ա̅մ անասնոյ որ
իցեն յերկրի: նմանութ̅ի̅ ա̅մ հաւու թռչնոց որ թռչիցին
18 ի ներքոյ երկնից: նմանութ̅ի̅ ա̅մ սողնոյ որ սողիցի
ի վերայ երկրի: նմանութ̅ի̅ ա̅մ ձկան որ իցեն ի ջուրս
19 եւ ի ներքոյ երկրի: եւ մի՛ հայեցեալ ընդ երկինս
տեսանիցես զարեգակն եւ զլուսին. եւ զաստեղս եւ զա̅մ
զարդ երկնից եւ մոլորեալ երկիր պագանիցես նոցա: եւ

16. դրօշեալ (|) 17. յերկրի] ի վերայ երկրի 61*(c pr m) 19. զարդս 61* (c pr m)

13. զուխտ 13(|): երկուս 233: տախտակացն 13
14. առնել] pr եւ 33' 38 162 174: յոր] յորում 162: մտանելոց էք 13
15. անձանց] pr վ̅ն 33' 174: յաւուրն 38 162 174: տ̅ր] tr post ձեզ 33' 38 162 174: քորեբ 13 218 162 174: լերին 61(|) 33'] + ն 9 rell: հրոյն 13 38 162 174, հորոյ 233*
16. անօրինիցիք] -իցէք 233 33, -եցիք 162, + եւ առնուցուք 33: մի 2°] om 9 rell : ի նմանութ̅ի̅ 38
17. անասնոյ] -ոց 9 rell: հաւոյ 218, հաւուց 9-13: թռչնոյ 33 38 162: որ 2°] որք 162: թռչիցի 9 218
18. սողնոց 13 218 38 162 174: սողիցին 233 38 174, սողիցեն 162, սողին 13, սողի 218: ձկանց 13 33 38 162 174: om եւ 33 38 162 174
19. յերկինս 233: զլուսինն 174:

պաշտիցես զնոսա զոր բաժանեաց տ̅ր̅ ա̅ծ̅ ա̅մ̅ ազգաց որ ի
20 ներքոյ երկնից: եւ զձեզ առ ի ձեռն ա̅ծ̅, եւ եհան
զձեզ յերկաթեղէն հնոցէն յեգիպտոսէ լինել նմա ժողո-
21 վուրդ վիճակաւ որպէս եւ յաւուր յայսմիկ: Եւ տ̅ր̅
բարկացաւ ինձ վ̅ս̅ բանիցն ասացելոց ի ձէնջ: եւ եր-
դուաւ զի մի՛ անցից ընդ այդ յորդանան: եւ զի մի՛
մտանիցեմ յերկիրն զոր տ̅ր̅ ա̅ծ̅ քո տացէ քեզ ի ժառան-
22 գութ̅ի̅: եւ արդ ես ա՛ւասիկ մեռանիմ յերկրի յայս-
միկ եւ ո՛չ անցանիցեմ ընդ յորդանան: բայց դուք ան-
23 ցանէք եւ ժառանգէք զերկիրն զբարի: զգո՛ւշ լերուք
զուցէ մոռանայցէք զուխտն տ̅ն̅ ա̅յ̅ մերոյ զոր ուխտեաց
ընդ ձեզ եւ առնիցէք ձեզ դրօշեալ նմանութ̅ի̅ յա̅մ̅է յո-
24 րոց պատուիրեաց քեզ տ̅ր̅ ա̅ծ̅ քո: զի տ̅ր̅ ա̅ծ̅ քո հուր
25 ծախի՛չ է ա̅ծ̅ նախանձոտ: Եւ եթէ ծնանիցիս որդիս
եւ զորդիս որդոց քոց, եւ յամիցէք յերկրին եւ անօ-
րինիցիք, եւ առնիցէք դրօշեալ նմանութ̅ի̅ ա̅մ̅ի եւ առ-
նիցէք չար առաջի տ̅ն̅ ա̅յ̅ ձերոյ բարկացուցանել զնա:
26 ունիմ ձեզ այսօր վկայ զերկինս եւ զերկիր զի կորըս-

պաշտեսցես 13' 174
20. էհան 233: om եւ 3° 218 174: յաւուրս 13 174
21. բանից 13: ասացելոցն 233 162: մտանիցիմ 174
22. om ես 13: ահաւասիկ 218 174: յերկրիս 13 33 38 162 174: անցանիցեմ] անցանեմ 9 rell: բայց] pr եւ 233: զբարի 9-61-233] բարի rell
23. լերուք] կացէք 233: զուխտ 13 218: յամենայն որոյ 13*, յամենայնէ որոյ 13[c]
25. որդի 233: որդւոց 13' 33' 38 162: բարկուցանել 33*
26. ունիցիմ 13: այսօր վկայ] tr 38 162 174: վկայս 9 33 38 162

4:26-31

տեամբ կորնչիջիք յերկրէն յոր դուք անցանէք ընդ յոր-
դանան ժառանգել զնա: եւ ո՛չ բազմացուցանիցէք զժա-
մանակս աւուրց ի վերայ նորա՝ այլ սատակելով սատա-
27 կեսջիք: եւ ցրուեսցէ տ̅ր զձեզ ընդ ա̅մ ազգս եւ
մնայցէք սակաւք թւով ի մէջ ազգացն յորս տարցի զձեզ
28 տ̅ր անդր. եւ պաշտիցէք անդ զա̅ծս օտարս զձեռա-
գործս մարդկան զփայտեղէնս եւ զքարեղէնս: որք ոչ
տեսանիցեն եւ ո՛չ լսիցեն. եւ ոչ ուտիցեն եւ ոչ հոտո-
29 տիցեն: եւ խնդրիցէք անդ զտ̅ր ա̅ծ ձեր. եւ գտանի-
ցէք յորժամ խնդրիցէք զնա յա̅մ սրտէ ձերմէ եւ յա̅մ
30 անձնէ ձերմէ ի նեղութե̅ ձերում: եւ գտանիցեն
զքեզ ա̅մ բանքս այսոքիկ ի վախճանի աւուրց՝ եւ դարձ-
31 ցես դու առ տ̅ր ա̅ծ քո եւ լուիցես ձայնի նորա. զի
ա̅ծ ողորմած է ո՛չ թողցէ զքեզ: եւ ո՛չ սատակեսցէ զքեզ.
եւ ո՛չ մոռասցի զուխտ հարցն քոց զոր երդուաւ նոցա:

28. ոչ 1° sup lin

կորնչիջիք 13-61] -իցէք 174, -իցիք 9 rell: յոր] զոր 218 174: դուքն 33 38 174: անցանիցէք 233: ընդ] ի 13: զնա] զնն̅ 218 174: զժամանակ 162: om աւուրց 13: նորա] նոցա 13: այդ 33
27. տ̅ր 1°/զձեզ] tr 13 218 174: զձեզ 1°] զքեզ 218: սակաւ թուովք 13: մէջ] մեզ 233 174: տարցէ 162, տա-նիցի 218: om տ̅ր 2° 218
28. փայտեղէնս 233: լուիցեն 13: հոտոտիցին 218 174
29. անդր 162: ձեր] քո 13: զնա] tr post գտանիցէք 233: ձերմէ 1°] քումմէ 13: ձերմէ 2°] + եւ յամենայն զաւրութենէ ձերմէ. եւ յամենայն մտաց ձերոց 13: նեղու-թեանն 13 (|)
30. զքեզ] զձեզ 218 174: դարձցիս 9-13 218 38 162 174
31. մոռասցէ 162 (|): om քոց — fin 13

32 Հարցէք զաւուրսն առաջինս եղեալս յառաջագոյն քան
զքեզ: յօրէ յորմէ հաստատեաց ա̅ծ մարդ յերկրի. եւ ի
ծագաց երկնից մինչեւ ի ծագս երկնից եթէ եղեալ իցէ
ըստ բանիս մեծի այսորիկ՝ եթէ ազդեալ իցէ լուր այս-
33 պիսի՝ եթէ լւեալ իցէ ազգի զձայն ա̅յ կենդանոյ
բարբառելոյ ի միջոյ հրոյ ո̅րպ եւ լուար դու եւ կեցեր
34 եթէ յօժարեալ իցէ ա̅յ մտանել առնուլ իւր ազգ ի մի-
ջոյ ազգի: փորձութ̅ք եւ նշանօք եւ արուեստիւք. եւ
պատերազմաւ, հզօր ձեռամբ եւ բարձր բազկաւ՝ եւ մեծա-
մեծ տեսլեամբք ըստ ա̅մի զոր արար տ̅ր ա̅ծ մեր յեգիպ-
35 տոս յանդիման քով իսկ տեսանելով. զի գիտասցես
36 թէ տ̅ր նա՛ է ա̅ծ եւ չիք այլ ոք բաց ի նմանէ. յերկ-
նից լսելի՛ եղեւ բարբառ նորա խրատել զքեզ. եւ յեր-
կրի եցոյց քեզ զհուր իւր զմեծ. եւ զպատգամս նորա
37 լուար ի միջոյ հրոյ վ̅ն սիրելոյն նորա զհարսն
քոյ. եւ ընտրեաց զզաւակն նոցա յետ նոցա զձեզ քան

32. յառաջագոյ 34. om ազգի 61^{s}: ա̅ծն 61^{s} 37. քան] եւ 61^{s}

32. զաւուրս 233: առաջինս եղեալս 61-233] զառաջինս զեղեալս 9 rell: զքեզ 9c pr m-13-61] զձեզ rell: հաս-տեաց 33*: om ա̅ծ 13: զմարդ 218 162 174: յերկրի] ի վերայ երկրի 38 162 174: om եւ 13 33 38 162: երկնից 1°] երկրի 38 162, երկրէ 33' 174: երկնից 2°] երկրի 233: բանի 218 174: լուրս 33
33. ազգ 218 174: ձայնի 13: կենդանւոյ 13' 218 38 162 174: բարբառեալ 13: ո̅րպ եւ 61 (|)] om եւ rell: լուար դու] tr 13
34. եթէ] pr եւ 13: ա̅յ] ա̅ծ 162: առնել 13: միջւոյ 13: փորձութքք 218 174: զոր] + ինչ 218: քով] քո 33' 38 162 174
35. տ̅ր] tr ante ա̅ծ 174: բաց] բայց 13
36. om քեզ 233: զմեծ] մեծ 218 162 174: հրոյն 13
37. սիրելոյն] -ոյ rell: զզաւակ 233 218 38 162 174:

4:37-43

զա̅մ ազգս: եւ եհան զքեզ ինքնին զօրութ̅ք իւրով մե-
38 ծաւ յեգիպտոսէ սատակել քեզ զազգս մեծամեծս եւ
զզօրազոյնս քան զքեզ յերեսաց քոց տանել զքեզ եւ
տալ քեզ զերկիրն նոցա ի ժառանգութ̅ի ո̅րպ եւ ունիս
39 իսկ այսօր: եւ ծանիցես այսօր եւ դարձցիս մտօք
զի տ̅ր ա̅ծ քո, նա́ է ա̅ծ յերկինս ի վեր եւ յերկիր ի
40 խոնարհ եւ չիք այլ ոք բայց ի նմանէ: եւ պահես-
ցես զիրաւունս նորա եւ զպատուիրանս նորա զոր ես պատ-
ուիրեմ քեզ այսօր զի բարի լինիցի քեզ եւ որդւոց
քոց յետ քո. զի երկայնակեաց լինիցիս յերկրին զոր տ̅ր
41 ա̅ծ տացէ քեզ զա̅մ աւուրս: Յոյնժամ զատոյց մովսէս
երիս քաղաքս յայնկոյս յորդանանու յարեւելից կողմանէ
42 փախչել անդր սպանողին: որ ոք սպանանիցէ զնկեր՝ իւր
եւ ոչ գիտութ̅ք. եւ ինքն ոչ ատեայր զնա յերէկն եւ
յեռանտն անկցի ի մի քաղաքացն այնոցիկ եւ կեցցէ.
43 զբոսոր յանապատին ի դաշտային երկրին ռոքենի. եւ
զռամովթ ի գաղայաղ զգաղա. եւ զգօղովն ի բասան զմա-

43. զագաղայ

հան 233 33: om իւրով 33: ի յեգիպտոսէ 33
38. զաւրազոյնս 13 33, հզօրազոյնս 233c 38 162
74: զերկիրը 38 162 174: om եւ 3° 33' 38 162 174
39. om ած 2° 38: յերկիր] յերկրի 174: բայց 9-13-
1] բաց rell
40. զա̅մ զիրաւունս 174: քոց] քեզ 233: զի 2°] եւ
-13 33' 38 162 174: երկրին 233: ա̅ծ 9] + քո 13'
42. սպանողի 13: զընկեր 13' 33' 38 162: յեռանտն]
անդն 13' 174, -անդ rell : քաղաքացն] pr ի 13' 218 174
43. զբոսովր 13: դաշտային երկրին 9-61-233] դաշտի
յն երկրին 33, դաշտին երկրին 13 162, դաշտին յերկրին
18 38 174: ռովբենի 13, ռոբինի 38, ռուբենի 233 33'
62 174, ռուբէնի 9: զռամովթ ի] զռամովթի 233: գաղաադ
3'33' 38 162 174: զգաղայ 33' 38 162 174: om եւ
174: զգօղոն 233, զգաւղոն 13, զգաւղոնն 218, զգո-
ղնն 174, զգողնով 162(|)

44 նասէի: Եւ այս օրէն է զոր եդ մովսէս առաջի որ-
45 դոցն իղ̅ի: եւ այս են վկայութ̅իք եւ իրաւունք եւ
դատաստանք զոր խօսեցաւ մովսէս ընդ որդիսն իղ̅ի յելա-
46 նել նոցա յերկրէն եգիպտացոց յա́յնկոյս յորդանա-
նու ի ձորն որ մերձ ի տունն փոգովրա յերկրին սե-
հովնի արքայի ամուրհացոց որ բնակեալ էր յեսեբովն
զորս եհար մովսէս եւ որդիքն իղ̅ի յելանելն իւրեանց
47 յերկրէն եգիպտացոց եւ ժառանգեցին զերկիր նորա
եւ զերկիր ովգայ թագաւորին բասանու: եւ զերկուց
թագաւորացն ամուրհացոց որ էին յայնկոյս յորդանանու
48 ընդ արեւելս յարոյերա որ է առ եզերբ ձորոյն
առնովնայ մինչեւ ցլեառնն սեհովնի որ է ահերմովն
49 զ̅ա̅մ զարաբայ որ է յայնկոյս յորդանանու ընդ արեւելս

46. ի ձորն sup lin: փոքորա 48. յաքովերայ

44. որդոցն] -ւոցն rell: իլ̅ի 38 174
45. իլի 38 174: յելանելն 162: եգիպտացւոց 13' 33' 38 162 174
46. որ 1°] + է 9 33 38 162, + էր 233: փոգովրայ 233 162, փոգովրայ է 218, փեգովրայ 38, փեգորայ 33: սիհովնի 33, սեհոնի 233 218 38, սեհօնի 162: արքային 9 233 38 162: ամուրհացւոց 13', ամովրհացւոց 33' 38 174, ամօրհացւոց 162: յեսեբոն 233 38 162: էհար 33, եհան 13(|): իլի 38 174: յելանելն 61* -233 162] -ել 9 rell: եգիպտացոց] pr ի 233, եգիտց 162, -ւոց rell
47. զերկիր 1°] + ն 13 33' 38 174: նորա] նոցա 38txt 162: զերկիր 2°] + ն 13: թագաւորի 33: եւ 3°] om 9 rell: ամուրհացւոց 13', ամովրհացւոց 33' 38 174, ամօր-հացւոց 162: էին] են 13 162: ընդ արեւելս] յարեւելս 13: յարեւելս 162
48. յարոյերայ 162 174, յարոերայ 233 33' 38: առ-նոնայ 233: ցլեառն 162 174: սէհովնի 33, սեհոնի 233 38, սեհօնի 162: ահերմոն 233 38 162, ահերովն 13
49. զարաքիայ 33 174, զարաբայիա 233*, արաքիայ 162, արաքիա 233c, զարիաբայ 38, զարաբացիս 218:

4:49-5:8

մինչեւ ցծովն արաբացոց ի ներքոյ ասեղովթայ կոփածո-
յին:

5

Եւ կոչեաց մովսէս զա̅մ իէ̅ղ եւ ասէ ցնոսա. Լո՛ւր իէ̅ղ
զիրաւունս եւ զդատաստանս զոր խօսիմ յականջս ձեր յա-
ւուրյայսմիկ եւ ուսջիք զնոսա: եւ զգոյշ լինիջիք
առնել զնոսա. տ̅ր ա̅ծ մեր ուխտեաց ձեզ ուխտ ի
քորէբ. ոչ եթէ հարցն ձերոց ուխտեաց տ̅ր զուխտն
զայն. այլ ձեզ. եւ դուք ամենեքեան կենդանի էք այ-
սօր: դէմ յանդիման խօսեցաւ տ̅ր ընդ ձեզ ի լերինն
ի միջոյ հրոյն: եւ ես կացի ի մէջ տ̅ն եւ ձեր ի
ժամանակին յայնմիկ պատմել ձեզ զպատգամսն տ̅ն զի զար-
հուրեցայք յերեսաց հրոյն եւ ո՛չ ելէք ի լեառնն: Ասէ
ե՛ս եմ տ̅ր ա̅ծ քո որ հանի զքեզ յերկրէն եգիպտոսէ ի
տանէ ծառայութե̅ն: մի՛ լինիցին ձեզ ա̅ծք օտարք
առաջի աչաց իմոց. եւ մի առնիցես դու քեզ դրօ-
շեալ եւ մի՛ զնմանութի̅ ա̅մի որ ինչ յերկինս ի վեր եւ

49. կոփռաածոյին (|) 6. որ sup lin 8. om քեզ (|)

ինչ 218: արաբացուց 13' 33' 38 162: ասերովթայ 162, սէզովզայ 174: կոփածոյին 33' 38 162 174, կոփածուին 33] կափածոյն 13*, կափուածոյն 13c
1. մօսէս 162: իէ̅ղ 1°] իէ̅լ 13' 38 174: իէ̅ղ 2°] է̅լ 13 38 174: զոր] + ես 9 rell: յայնմիկ 174: տուսջիք 218(|): լիջիք 33 38: առնելոյ 218 174
2. ձեզ] քեզ 218 174: քորեբ 13' 162 174
3. այդ 218: ամենեքին 233 38 162
4. om ի լերինն 218 38 162 174
5. կայի 13': om ի 1° 33*: զպատգամս 13: տ̅ն] ա̅յ 33: զարհուրեցաք 218
6. եգիպտացուց 13 218 38 162 174
7. լիցին 218: ձեզ] քեզ 9 rell
8. յամի 174:

որ ինչ յերկիր ի խոնարհ. եւ որ ինչ ի ջուրս ի ներ-
9 քոյ երկրի: մի՛ երկիր պագանիցես նոցա եւ մի
պաշտիցես զնոսա. զի ե՛ս եմ տ̅ր ա̅ծ քո ա̅ծ նախանձոտ:
հատուցանեմ զմեղս հարանց որդոց իւրեանց յերիս եւ ի
10 չորս ազգս ատելեաց իմոց: եւ առնեմ ողորմութի̅ ի
հազար ազգս սիրելեաց իմոց եւ որոց պահիցեն զհրա-
11 մանս իմ. մի՛ առնուցուս զանուն տ̅ն ա̅յ քո ի վերա
սնոտեաց: զի ոչ սրբեսցէ տ̅ր ա̅ծ քո զայն որ առնու-
12 ցու զանուն նորա ի վերայ սնոտեաց. զգուշասջիր
աւուրն շաբաթուց սրբել զնա որպէս պատուիրեաց քեզ տ̅ր
13 ա̅ծ քո: զվեց օր գործեսցես եւ արասցես զա̅մ գործ
14 քո: յաւուրն եւթներորդի շաբաթ տ̅ն ա̅յ քո մի՛ գոր-
ծեսցես. ի նմա զա̅մ գործ քո: դու եւ ուստր քո եւ
դուստր քո. եւ ծառա քո եւ աղախին քո, եւ եզն քո. եւ
էշ քո եւ ա̅մ անասուն քո. եւ եկն որ ի ներքոյ դրանց
քոց: զի հանգիցէ ծառայն քո եւ աղախին քո որպէս եւ
15 դու: եւ յիշեսցես դու զինչ եւ առնէիր յերկրին
եգիպտացոց: եւ եհան զքեզ տ̅ր ա̅ծ քո անտի հզօր ձեռամբ
եւ բարձր բազկաւ: վս̅ այնորիկ պատուիրեաց քեզ տ̅ր ա̅ծ

10. ազգ 14. ուստր] դուստր 61*(vid)

յերկիր] յերկրի 233, ի յերկրի 218 174: ի 4°] pr որ 13
9. պաշտեսցես 13' 38 162 174: հարանց] հարց 13: որդոց] -ւոց rell: յատելեաց 162
10. զողորմութի̅ 13: ազգս] ամս 218 174: պահեն 13 218 174
12. շաբաթու 33' 38 162 174: որպէս եւ 33' 38 162
13. գործ 61 162] զգործս 233, զգործ 9 rell
14. յաւուրն] pr եւ 162 174: զգործ 13, զգործս 233: om եւ 8° 13 218 174: om եւ 5° 9-13 38 162: om որ 162: ծառայն] ծառայ 13 218:
15. դու — առնէիր] զի եւ դու ծառայ էիր 9, դու զի ծառայ էիր rell: երկրին 174: եգիպտացոց] -ւոց rell: անդի 13: բազկաւ] + եւ մեծամեծ տեսլեամբք 13: այսո-րիկ 33 38 174

5:15-24

16 քո պահել զօրն շաբաթուց եւ սրբել զնա: պատուել
զհայր քո եւ զմայր որպէս պատուիրեաց քեզ տ̄ր ա̄ծ քո.
զի բարի՛ լինիցի քեզ եւ զի երկայնակեաց լինիցիս ի
17 վերայ երկրին զոր տ̄ր ա̄ծ քո տացէ քեզ: մի՛ շնայ-
18 19 ցես.   մի՛ սպանանիցես.   մի զողանայցես.
20 21 մի վկայեսցես զնկերէ քումմէ վկայութի̄ սուտ: եւ
մի՛ ցանկանայցես կնոջ ընկերի քո: եւ մի՛ ցանկանայ-
ցես տան ընկերի քո: եւ մի՛ անդոյ նորա. եւ մի՛ ծա-
ռայի նորա եւ մի աղախնոյ նորա. եւ մի՛ եզին նորա եւ
մի՛ իշոյ նորա. եւ մի ա̄մ անասնոյ նորա. եւ մի ա̄մի
22 զինչ ընկերի քո իցէ: Զայս պատգամս խօսեցաւ տ̄ր
ընդ ժողովրդեան ձերում ի լերինն ի միջոյ հրոյն ուր
խաւարն, մէգ եւ մառախուղ էր. մեծաւ բարբառով եւ ո՛չ
եւս յաւել: եւ գրեաց զնոսա ի վերայ երկուց քարեղէն
23 տախտակացն եւ ե՛տ ցիս: Եւ եղեւ իբրեւ լուայք
զբարբառն ի միջոյ հրոյն եւ լեառնն բորբոքեալ էր
հրով: եւ մատուցեալ առ իս իշխանաց ցեղիցն ձերոց
24 եւ ծերակուտին ձերոյ   ասէին: ահա եցոյց մեզ տ̄ր

16. պատուել] պատուեա (ատ- 162) rell : զմայր] + քո
rell : քեզ 1°] զքեզ 233: լիցի 218: om զի 38 162
18. մի] pr եւ 13
19. մի] pr եւ 13
20. մի] pr եւ 13: վկայիցես 9-13 33 38 162 174:
նկերէ] զընկերէ rell : քումմ 13
21. om եւ 1° 13 218 38 162 174: քո 2°] քում 33:
om եւ 3° 13: անդւոյ 13 33: om ա̄մ 233: ա̄մի] ա̄մ
74: ընկերի 3°] եւ ընկերին 13
22. ժողովրդեանն 13 33' 38 174: լերինն] + բորբք
3: խաւար 13': մէզ] pr եւ 9-13 33' 38 162 174: մէզն
62: մառախուղն 162: քաղեղէն 218: տախտակաց 13
23. լուայ 33: լեառն 174: իշխանք 218 174: ցեղից
3

ա̅ծ զփառս իւր եւ զմեծութի̅ իւր: եւ զբարբառ նորա
լուաք ի միջոյ հրոյ՝ յաւուր յայնմիկ տեսաք եթէ խօ-
25 սիցի ա̅ծ ընդ մարդոյ եւ կեցցէ. եւ մի մեռցուք զի
մի սատակեսցէ զմեզ հուրս այս մեծ եթէ յաւելուցումք
մեք. լսել զձայն տ̅ն ա̅յ մերոյ միւսանգամ եւ մեռանի-
26 ցիմք: զի Ո ոք որ մսեղի իցէ որ լուաւ զձայն ա̅յ
կենդանոյ բարբառելոյ ի միջոյ հրոյ որպէս մեքս եւ
27 կեցցէ՝ մատիր դու եւ լուր զոր ինչ ասիցէ տ̅ր ա̅ծ
մեր եւ դու խօսեսցիս ընդ մեզ զա̅մ ինչ զոր խօսիցի տ̅ր
28 ա̅ծ մեր ընդ քեզ. լուիցուք եւ արասցուք. եւ լուաւ
տ̅ր զբարբառ բանիցն ձերոց խօսելոյ ընդ իս՝ եւ ասէ՛
ցիս տ̅ր՝ լուա զբարբառ բանից ժողովրդեանն զոր խօսեցան
29 ընդ քեզ. ուղիղ խօսեցան զա̅մ ո՛ տացէ լինել այն-
պէս սրտի նոցա ի նոսա եւ երկնչել յինէն եւ պահել
զա̅մ պատուիրանս իմ զա̅մ աւուրս զի բարի լինիցի նոցա
30 եւ որդոց նոցա յաւիտեան: արդ երթ ասա ցնոսա՝
31 դարձարուք դուք ի տունս ձեր եւ դու աստ կաց առ

25. յաւելուցուք

24. ※ եւ զմեծութի̅ իւր 33txt(※ in mg) : լուայք 174: հրոյն 33: յայսմիկ 9-13 218 38 162 174: թէ 13 218: խօսեսցի 13 174: ա̅ծ 2°] տ̅ր 162: մարդւոյ 13
25. եւ 1°] + արդ 233mg 33' 38 162 174
26. ո] ով 13 218: որ 1° 61-233] om 9 rell: կեն-դանւոյ 13' 33' 162 174: որպէս] + եւ 13 218 174: կեցէ 33
27. զոր ինչ] զինչ 13: ինչ 2°/զոր] tr 218 162: խօսիցի] -եսցի 13 33': լուիցուք 61 162] pr եւ 9 rell
28. բանիցն] ձայնիցն 13: խօսելոյ ձեր 13: բանից] ձայնից 13: ուղեղ 33
29. լինել այնպէս] tr 233 218: սրտի 9-61-233] սրտից rell: om եւ 1° 218 162 174: զա̅մ պատուիրանս 9] զպատուիրանս 33 38 162: լինիցին 218: որդոց 61-233] -ւոց rell

5:31-6:3

իս եւ խօսեցայց ընդ քեզ: զպատուիրանս եւ զիրաւունս,
եւ զդատաստանս, զոր ուսուցանիցես նոցա եւ արասցեն
32 յերկրին զոր ես տաց նոցա ի ժառանգութ̄ի̄: զգոյշ
լերուք առնելոյ որպէս պատուիրեաց քեզ տ̄ր ա̄ծ քո: եւ
33 մի՛ խոտորիցիս յաջ եւ մի՛ յահեակ ըստ ա̄մ ճանա-
պարհին զոր պատուիրեաց քեզ տ̄ր ա̄ծ մեր գնալ զի հան-
գուսցէ զքեզ եւ բարի արասցէ քեզ: եւ երկայնօրեայք
լինիցիք յերկրին զոր ժառանգիցէք:

6

1 Եւ ա՛յս են պատուիրանք եւ իրաւունք եւ դատաստանք զոր
պատուիրեաց ձեզ տ̄ր ա̄ծ մեր ուսուցանել զձեզ առնել
2 այսպէս յերկրին յոր դուք մտանիցէք ժառանգել: Զի
երկնչիջիք ի տ̄է ա̄յ մերմէ պահել զա̄մ իրաւունս նորա
եւ զպատուիրանս նորա զոր ես պատուիրեմ ձեզ այսօր
դու եւ որդիք քո եւ որդիք որդոց քոց զա̄մ աւուրս կե-
3 նաց քոց: զի երկայնօրեայք լինիցիք: Եւ լուր

5:33—6:4 61s in partim 33. ժառանգիցիք 61s
1. զձեզ] ձեզ 61s, 61*inc 2. պմենայն իրաւունս 61s, ա̄մ իրաւունս նորա 61*vid: այսօր 233] այսաւր 13 61s

31. ուսուցանիցեմ 218 mg 174
32. om եւ 1° 13 218: խոտորեսցիս 13 162 174: յաջ] or մի 13'
33. քեզ 1°] մեզ 13: երկայնակեաց 233(|): երկրին 233
1. զձեզ] ձեզ 162: այնպէս 38 162: երկրին 174, երկիրն 38 162
2. երկնչիցիք 33' 38 162 174: մերմէ] մերոյ 13, երմէ 162: դու] դուք 174: որդիք 1°] որդի 13: քո] եր 162: որդոց] -ւոց rell: քոց 1° 2°] ձերոց 162: րկայնակեացք 218 174

իէղ եւ զգոյշ լեր առնելոյ. զի բարի՛ լինիցի քեզ եւ
բազմանայցէք յոյժ որպէս խօսեցաւ ա̅ծ հարցն քոց տալ
4 քեզ զերկիրն որ բղխէ զկաթն եւ զմեղր՝ Այս իրա-
ւունք եւ դատաստանք են զոր պատուիրեաց մովսէս իղ̅ի
յանապատին յելանել նոցա յերկրէն եզիպտացոց՝ Լու́ր
5 իէղ̅ տ̅ր ա̅ծ մեր տ̅ր մի է։ եւ սիրեսցես զտ̅ր ա̅ծ քո
յա̅մ սրտէ քումմէ եւ յա̅մ անձնէ քումմէ, եւ յա̅մ զօ-
6 րութենէ քումմէ։ եւ եղիցին պատգամքս այսոքիկ
զոր ես պատուիրեմ քեզ այսօր՝ ՚ի սրտի քում եւ յանձին
7 քում։ եւ իմացուսցես զայս որդոց քոց. եւ խօսես-
ցիս սոքօք ՚ի նստել ՚ի տան եւ գնալ ՚ի ճանապարհ. եւ
8 ՚ի ննջել եւ ՚ի յառնել. եւ արկցես զսոսա նշան ՚ի
ձեռին քում. եւ եղիցի անշարժ առաջի աչաց քոց։
9 եւ գրեսցես զսոսայ ՚ի վերայ սեմոց տանց քոց եւ ՚ի դր-
10 րունս քո։ եւ եղիցի յորժամ տանիցէ զքեզ տ̅ր ա̅ծ
քո յերկիրն զոր երդուաւ տ̅ր հարցն քոց աբրահամու եւ

4. Լուր] ուր 7. ՚ի ննջել] նստել

3. իէ̅ղ 33 162] 61*inc, իէ̅լ 61^{s} rell : լինիցի] լիցի 233 218: քեզ 1°] ձեզ 13: խօսեցաւ] խոստացաւ 218mg 38 162: ա̅ծ] pr տ̅ր 218 174

4. են] tr post այս 38 162 174: զոր] bis scr 218: մօսէս 162: իղ̅ի] pr որդւոցն 9 rell : իլ̅ի 38 174: եզիպտացոց] -ւոց rell : իէ̅լ 13' 38 174: մեր] քո 233

5. om եւ 1° 13: յա̅մ 2°] ա̅մ 233: fin] + եւ յամե-նայն մտաց քոց 13 162mg

6. եղիցին] + քեզ 233

7. որդոց]-ւոց rell: գնալ]pr ՚ի 9 33' 38 162 174: ճանապարհ] ճանապարհի 9 rell: om եւ 4° 38

8. զսոսա] զնոսա 233 218 174: եղիցին 233

9. զսոսայ] զնոսա 218 38 162 174

10. տանիցի 13' 33' 38 174: աբրաամու 233 33 162:

6:10-18

սահակայ եւ յակովբու տալ քեզ զքաղաքս մեծամեծս եւ
11 զեղեցիկս զոր ո՛չ շինեցեր. եւ տունս լի ա̅մ բա-
րութ̅ք զոր ոչ լցեր, եւ ջրհորս փորեալս զոր ոչ փորե-
ցեր: եւ այգիս եւ ձիթենիս զոր ոչ տնկեցեր եւ ուտի-
12 ցես եւ յագիցիս· զգոյշ լինիջիր անձին զուցէ մո-
ռանայցես զտ̅ր ա̅ծ քո որ եհան զքեզ յերկրէն եգիպտացոց
13 ՚ի տանէ ծառայութ̅ե: ՚ի տ̅է ա̅յ քումմէ երկիցես եւ
զնա պաշտեսցես եւ ՚ի նա՛ յարեսցիս, եւ յանուն նորա
14 երդնուցուս: մի՛ երթայցէք զհետ ա̅ծոց օտարաց եւ
15 զհետ ա̅ծոց ազգացն՚ որ շուրջ զձեօք իցեն: զի ա̅ծ
նախանձոտ տ̅ր ա̅ծ ՚ի միջի քում զուցէ բարկացեալ սրտ-
16 մըտիցի տ̅ր ա̅ծ քո սատակել զքեզ յերեսաց՚ երկրէ: Մի՛
փորձեսցես զտ̅ր ա̅ծ քո որպէս փորձեցէք ՚ի փորձութեն:
17 պահելով պահեսցես զպատուիրանս տ̅ն ա̅յ քո: զվկայու-
18 թ̅իս եւ զիրաւունս զոր պատուիրեաց քեզ: եւ արաս-
ցես զհաճոյն եւ զբարի առաջի տ̅ն ա̅յ քո զի քեզ բարի

սահակայ 162: յակովբա 13, յակովբայ 33' 38 174, յա-
ոբայ 233 162: քեզ] զքեզ 233*: քաղաքս 38 162:
եծս 218: զոր 2°] զորս 13
11. բարութ̅ք 9-233 33' 38 162 174: զոր 1°] զորս
3: զոր 2°] զորս 13': ձիթենիս] թզենիս 13: զոր 3°]
որս 13' 38 162: յագեսցիս 13 174, յագիցես 162, յա-
եսցես 218
12. լինիջիր] լեր 233: անձին] pr ՚ի 162, + քում
33mg 33 38 162: էհան 33: եգիպտացոց] -ւոց rell
13. պաշտիցես 218
14. երթայցես 174: զձիւք 13 33, զձեոք 174
15. նախանձոտ] + է 162: ա̅ծ 1° 61 38 162] + քո 9
ell: սրտմտիցէ 233 (|)
17. զիրաւունս] + եւ զդատաստանս 13
18. զհաճոյ 218 (|), զհաճոյսն 9 33 38 162 174: զհա-
ոյն et զբարի tr 218 38 162 174: զբարի] + ն 13 218 38
62 174:

լիցի եւ մտցես եւ ժառանգեսցես զերկիրն բարի զոր եր-
19 դուաւ տ̄ր հարցն մերոց հալածել զա̄մ թշնամիս յե-
20 րեսաց քոց որպէս եւ խօսեցաւ. Եւ եղիցի յորժամ
հարցանիցէ ցքեզ վաղիւ որդին քո եւ ասիցէ, զինչ են
վկայութիք̄ն եւ իրաւունք եւ դատաստանք զոր պատուի-
21 րեաց տ̄ր ա̄ծ մեր մեզ: եւ ասասցես ցորդին քո. ծա-
ռայք էաք փարաւովնի յեգիպտոս եւ եհան զմեզ տ̄ր անտի
22 հզօր ձեռամբ եւ բարձր բազկաւ եւ ետ տ̄ր նշանս եւ
արուեստս մեծամեծս եւ չարաչարս յերկրին եգիպտացոց՝ ի
23 փարաւովն եւ ի տուն նորա. առաջի մեր եւ զմեզ
եհան անտի զի ածցէ այսր տալ մեզ զերկիրս զայս զոր
24 երդուաւ տալ հարց մերոց: եւ պատուիրեաց մեզ տ̄ր
առնել զա̄մ զիրաւունս զայսոսիկ, երկնչել ի տ̄է ա̄յ մեր-
մէ զի բարի լիցի մեզ զա̄մ աւուրս, զի կեցցուք որպէս
25 եւ այսօրս. եւ ողորմածութ̄ի եղիցի մեզ եթէ զգու-
շասցուք առնել զա̄մ պատուիրանս զայսոսիկ առաջի տ̄ն ա̄յ
մերոյ որպէս եւ պատուիրեաց մեզ:

6:25—7:5 61^s in partim 25. ողորմածութ̄ի] -թ̄ին
61^s, 61*inc : պատուիրեᴦեաց 61^s, 61*inc

լինիցի 38 162 174: om տ̄ր 162
19. խօսեցաւ] + տ̄ր 233 162
20. ցքեզ 9-61-233] զքեզ rell : իրաւունքն 13 174:
դատաստանքն 13: պատուիրեաց] + մեզ 233
21. ծառայ 218 174: փարաւոնի 233 33 38 162: յե-
գիպտոսէ 13: էհան 33, հան 38 162: տ̄ր] + ա̄ծ 38 162
174: անդի 13 38: fin] + եւ մեծամեծ տեսլեամբք 13'
22. տր] նր̄ 218: յեգիպտացւոց 233, եգիպտացւոց 13
33' 38 162 174: փարաւոն 13' 218 38 162 174
23. զմեզ եհան] tr 13: հարց] + ն 9 rell
24. իրաւունս 33' 38 162 174: լինիցի 218 38 162
174: այսօրս 9-61-233] այսօր rell
25. om եւ 1° 218: ողորմութ̄ի 13: զպատուիրանս 162:
om եւ 2° 218

7

1 Եւ եթէ տարցի զքեզ տ̅ր̅ ա̅ծ̅ քո յերկիրն յոր դու մտանե-
լոց ես ժառանգել. եւ բարձցէ զազգսն մեծամեծս եւ
զքագուժս յերեսաց քոց. զքետացին եւ զգերգեսացին,
եւ զամուրհացին, եւ զքանանացին, եւ զփերեզացին, եւ
զխեւացին, եւ զեբուսացին եւթն ազգս մեծամեծս եւ
2 զօրագոյնս քան զձեզ․ եւ մատնեսցէ զնոսա տ̅ր̅ ա̅ծ̅
քո ի ձեռս քո հարցես զնոսա եւ եղծանելով եղծցես
զնոսա։ մի դնիցես ընդ նոսա ուխտ։ եւ մի՛ ողորմես-
3 ցիս նոցա. եւ մի առնիցէք խնամութի̅ ընդ նոսա,
զդուստր քո մի տայցես ուստեր նորա, եւ զդուստր նորա
4 մի՛ առնուցուս ուստեր քում զի մի՛ ապըստամբե-
ցուցանիցէ զորդին քո յինէն. եւ պաշտիցէ զա̅ծս օտարս
եւ բարկասցի սրտմտութե̅ տ̅ր̅ ի ձեզ. եւ սատակեսցէ զքեզ
5 վաղվաղակի․ այլ այսպէս արասջիք նոցա։ զբագինս
նոցա կործանեսջիք, եւ զարձանս նոցա փշրեսջիք. եւ
զանտառս նոցա կոտորեսջիք. եւ զդրօշեալս նոցա այ-
6 րեսջիք հրով զի ժողովուրդ ս̅ր̅ ես դու տ̅ն̅ ա̅յ̅ քում.

2. հարցես] pr եւ 61^s, 61*inc : նոցայ 61^s, 61*inc 3. առնի̅ցէք 61^s, 61*inc : տայցես] տա̅ր 61^s, 61*inc: առնուցուս] առնիցես 61^s, 61*inc : ուստեր 2°] ուտեր 61^s, 61*inc 4. ապըստամբեցուցանիցէ] -ուցանէ 61^s, 61*inc

1. տարցէ 162(|): յոր] զոր 162: om դու 218: մըտանելոց ես] մտանիցես 38 162: ժառանգել] + զնա 233: զազգսն] զազգս 13, զազգն 162: զամովրհացին 33 38 174, զամօրհացին 162: զեբուսացին 61 174] զյեբ- 9 rell: ազգս] ազգ 218: մեծամեծ 218 174: զձեզ 61^s] զքեզ 233 38, 61*inc

2. հարցցես 233

3. տացես 9-233 218 162 174: ուստեր 1°] ուսեր 218

4. զորդի 233: զա̅ծսն 218: սատակիցէ 218: զքեզ] զձեզ 13 38 162

5. զանտառ 13

եւ զքեզ ընտրեաց տ̅ր ա̅ծ քո լինել նմա ժողովուրդ սեպ-
7 հական քան զազգս ա̅մ որ ի վերայ երեսաց երկրի: ոչ
զի բազում էք դուք քան զա̅մ ազգս: հաճեցաւ տ̅ր ընդ
ձեզ եւ ընտրեաց զձեզ զի դուք սակաւաւորք էք քան զա̅մ
8 ազգս, այլ վ̅ս սիրելոյ զձեզ տ̅ն եւ պահելոյ զեր-
դումնն զոր երդուաւ հարց ձերոց: եհան զձեզ տ̅ր հզօր
ձեռամբ եւ բարձր բազկաւ, եւ փրկեաց զձեզ ի տանէ ծա-
ռայութ̅ե ի ձեռաց փառաւովնի արքային եգիպտացոց.
9 եւ ծանիցես զի տ̅ր ա̅ծ քո նա́ է ա̅ծ: ա̅ծ հաւատարիմ որ
պահէ զուխտ եւ զողորմութ̅ի սիրելեաց իւրոց: եւ որոց
10 պահեն զպատուիրանս նորա ի· ռ̅· ազգ· եւ հատուցանէ
ատելեաց յանդիման սատակել զնոսա եւ ոչ՝ յամեցուցէ
11 յատելեաց այլ յանդիման հատուցէ նոցա: Եւ պա-
հեսցես զպատուիրանս եւ զիրաւունս եւ զդատաստանս զոր
12 ես պատուիրեմ քեզ առնել: եւ եղիցի յորժամ լուիցէք
զա̅մ իրաւունս զայսոսիկ, եւ պահիցէք եւ առնիցէք զնո-
սա· պահեսցէ քեզ տ̅ր ա̅ծ քո զուխտն եւ զողորմութ̅ի

6. ընդրեաց 13: սեփհական 162, սեփական 33
7. ոչ զի] զի ոչ եթէ 233: հաճեցաւ] pr եւ 33: ընդ-րեաց 13: սակաւաւորք (-աւաւուրք 9) 9-61-233] սակաւաւոր 13(|) rell
8. սիրելոյն 218 174: տ̅ն] տ̅ր 162 174: զերդումն 174: հարց] + ն 9 rell : եհան] pr եւ 13 174: ի ձե-րոց] pr եւ 38: փարաւոնի 233 38 162: եգիպտացոց] -ւոց rell
9. ա̅ծ 2°] pr տ̅ր 174: զուխտս 218: նորա] ն̅գ 174: ազգս 13 174
10. ատելեաց] + իւրոց 38 162: յատելեաց] ատելեաց 233 174: այդ 218
11. պահեսցեն 233
12. եղիցի] + քեզ 174: լուիցէք] լսիցէք 9-13' 218 174: զիրաւունս 233 218: զնոսա] զսոսա 38 162 174: զուխտ 13 162

7:12-19

13 որպէս երդուաւ հարցն մերոց: եւ սիրեսցէ զքեզ եւ
օ̅հեսցէ զքեզ. եւ բազմացուսցէ զքեզ: եւ օ̅հեսցէ զծը-
նունդս որովայնի քո եւ զպտուղ երկրի քո, զցորեան քո
եւ զգինի քո, եւ զեղ՛ քո, զանդեայս արջառոց քոց. եւ
զհօտս ոչխարաց քոց յերկրին զոր երդուաւ տ̅ր հարցն
14 քոց տալ զնա քեզ.   օ̅հնեալ լիցիս դու քան զազգս
ա̅մ մի՛ լիցի ի քեզ՝ անծնունդ. եւ մի՛ ամուլ եւ մի՛
15 յանասունս քո՝   եւ բարձցէ ի քէն տ̅ր զա̅մ ախտ եւ
զա̅մ ցաւս չարաչարս եգիպտացոցն զորս տեսերն եւ զորս
գիտացեր եւ մի՛ ածցէ զնոսա ի վերայ քո: այլ ածցէ
զնոսա ի վերայ թշնամեաց քոց եւ ի վերայ ա̅մ ատելեաց
16 քոց: եւ կերիցես զա̅մ զկապուտ ազգացն զոր տ̅ր ա̅ծ
քո տացէ քեզ: եւ մի՛ խնայեսցէ ակն քո ի նոսա. եւ
17 ոչ պաշտեսցես զդիս նոցա զի խոչ է այն քեզ: Ապ՛ եթէ
ասիցես ի մտի քում զի բազո՛ւմ է ազգն այն քան զիս
18 զիարդ կարացից սատակել զնոսա   մի՛ երկնչիցիս ի
նոցանէ յիշելով յիշեսցես զոր ինչ արար տ̅ր ա̅ծ քո ընդ
19 փարաւովն եւ ընդ ա̅մ եգիպտացիսն   զփորձանս մեծա-

16. պատեսցես 61*(c pr m) 19. զփորձութիսն զմեծս 61^{s}

13. յորովայնի 233: զպտուղս 233: եւ 6°] tr ante
զցորեան 162: զեղ] զիւղ 162, զեւղ rell: զանդեայս] pr
եւ 13 218 162 174: քոց 3°] ձերոց 13: քեզ] զքեզ 233
14. լիցի ի] լինիցի ի 33, լինիցի 233: քեզ 61-
233] ձեզ 9 rell: անծնունդ — ամուլ] ամուլ եւ անծը-
նունդ 38 162 174: յանասուն 13 33 38 162
15. ախտս 174: եգիպտացոցն] -ւոցն rell: om զորս
2° 13: գիտացերն 218: om եւ 4° 13
16. կապուտ 13 218: om քո 1° 233
17. Ապ եթէ 61-233] ապա եթէ 9, ապա թէ rell: մտի]
սրտի 9-13 218: է] են 218 174
18. երկնչիցես 162: փարաւովն] փարաւոն 233 218 38
162, + եւ ընդ ծառայս նորա 218 38 162 174
19. զփորձանս] + ն 9-233 33: մեծամեծս] pr զ 233:

մեծս զոր տեսին աչք քո: զնշանսն եւ զարուեստս մեծա-
մեծս զձեռն հզօր եւ զբազուկն բարձր: որպէս եհան
զքեզ տ̅ր ա̅ծ քո անտի: նո՛յնպէս արասցէ տ̅ր ա̅ծն մեր
ընդ ա̅մ ազգսն յորոց դու երկնչիցիս յերեսաց նոցա:
20 եւ զձիաստացն առաքեսցէ տ̅ր ա̅ծ քո ի նոսա՝ մինչեւ
21 սատակեսցին մնացորդքն եւ թաքուցեալքն ի քէն: մի
զանգիտիցես յերեսաց նոցա զի տ̅ր ա̅ծ քո ի միջի քում
22 է մեծ եւ հզօր: եւ ծախեսցէ տ̅ր ա̅ծ քո զազգսն
զայնոսիկ յերեսաց քոց առ սակաւ սակաւ: ոչ կարասցես
սատակել զնոսա վաղվաղակի զի մի՛ լինիցի երկիրն աւե-
րակ՝ եւ բազմանայցեն ի վերայ քո գազանք անապատի:
23 եւ մատնեսցէ զնոսա տ̅ր ա̅ծ քո ի ձեռս քո եւ կորուսցէ
զնոսա կորըստեամբ մեծաւ մինչեւ սատակեսցէ զնոսա:
24 եւ մատնեսցէ զթագաւորս նոցա ի ձեռս ձեր եւ կորու-
ջիք զանունն նոցա ի տեղւոջէն յայնմանէ եւ մի ոք կեց-
25 ցէ ընդդէմ քո մինչեւ սատակեսցես զնոսա: զդրօ-
շեալս դից նոցա այրեսցես հրով: եւ մի՛ ցանկանայցես
արծաթոյ եւ ոսկոյ ի նոցանէ եւ մի առնուցուս քեզ եւ
մի յանցանիցես նովաւ զի զարշելի՛ է այն տ̅ն ա̅ծ քում՝

21. om ա̅ծ 61*(c pr m)

զնշանս 9-13 218 38 162 174: զարուեստսն 13: զձեռնն 38: զբազուկ 13' 218: որպէս] + եւ 174: անդի 13: ա̅ծն 9-61-233] ա̅ծ rell: ա̅մ ազգսն] ազգն ա̅մ 13: երկընչիցես 162

20. զձիաստանացն 174: մինչ 33*: մնացորդն 33: թագուցեալքն 13

21. om մեծ եւ հզօր 33: հզօրն 13

22. om վաղվաղակի 13: լինիցի] լիցի 13 162: բազմանայցէ 33: յանապատի 233

23. մատուսցէ 218: om քո 1° 218

24. զանուանս 218 174: կեցցէ 9] կայցէ 13' 174, կացցէ 33' 38 162

25. զդրօշեալ 218 162: զդիս 162: om եւ 1° 233: ցանկայցես 218: արծաթոյ et ոսկոյ tr 13: ոսկւոյ 13' 218 38 162 174: յանցանիցես] pr եւ 174

7:26-8:4

26 եւ մի՛ տանիցիս զզարշելին ի տուն քո՝ եւ լինիցիս
նզովք իբրեւ զնոյն, այլ զարշելո՛վ զարշեսցես եւ պղծե-
լո՛վ պղծեսցես զի նզովեալ է:

8

1 Ա̄մ պատուիրանաց զոր ես պատուիրեմ քեզ այսօր զգոյշ
լինիջիք առնելլոյ զի կեցցէք եւ բազմապատիկք լինիցիք.
եւ մտանիցէք ժառանգիցէք զերկիրն զոր երդուաւ տ̄ր
2 հարցն մերոց: Եւ յիշեսցես զա̄մ ճանապարհն զո՛ր
ած զքեզ տ̄ր ընդ անապատն զի լլկիցէ զքեզ եւ փորձիցէ
զքեզ, եւ ճանաչիցի թէ զինչ կացցէ ի սրտի քում. եթէ
3 պահիցես զպատուիրանս նորա եւ եթէ ոչ եւ չարչա-
րեաց զքեզ եւ սովաքեկ արար զքեզ՝ եւ կերակրեաց
զքեզ մանանայն զոր ոչ գիտէիր. եւ ոչ գիտէին հարքն
քո զի յայտ արասցէ քեզ: եթէ ոչ հացիւ միայն կեց-
ցէ մարդ այլ ա̄մ բանիւ որ ելանէ ի բերանոյ ա̄յ կեցցէ
4 մարդ՝ հանդերձք քո ո՛չ մաշեցան ի քէն եւ ոտք քո

1. Ամ] եւ 61*: ինիջիք 61*(c pr m)

26. նզովք 9-13-61] նզովս 162, ի նզովս rell : զար-
շեսցիս 233: պղծեսցես] + զնոսա 38 162 174
1. քեզ 9] ձեզ 61^c-233^c 33 38 162: առնելոյ 13'
33' 38 162: om առնելլոյ զի կեցցէք 174: կեցէք 9
33' 38 162 (|): բազմապատիկ 218: ժառանգիցէք] pr եւ
13, ժառանգեցէք 33 38 174, ժառանգել 233
2. զճանապարհն 218: զոր] + է 33' 174: ճանաչիցի]
-իցէ 9 rell: կացցէ] կայցէ 9 rell : քումէ թէ 174:
պահիցես 61-233] -եսցես 9 rell: om նորա եւ 218: om
եւ 4° 13: եթէ 2°] թէ 33 38 162 174
3. մանանայն] մանանաիւ 13, մանանայիւն 9 rell:
※ զոր ոչ գիտէիր: 33: հարք 13 218 174: om քեզ 13':
եթէ] թէ 13 38 162: կեցցէ 61 162] կեա 13, կեայ 9
rell : om մարդ այլ 218 174: այդ 162: բերանւոյ 13

5 ո՜չ փապարեցան զայն ամս քառասուն. եւ ծանիցես ի
սրտի քում թէ որպէս այր ոք որ խրատէ զորդի իւր՝
6 այնպէս տ̄ր ա̄ծ քո խրատեսցէ զքեզ. եւ պահեսցես
զպատուիրանս տ̄ր ա̄ծ քո գնալ ի՛ ճանապարհս նորա եւ
7 երկնչել ի՛ նմանէ զի տ̄ր ա̄ծ քո տարցի զքեզ յերկիրն
ի՛ բարի եւ ի՛ յաղթ ուր վտակքն ջրոց եւ աղբերք անդըն-
8 դոց բղխեն ընդ դաշտս եւ ընդ լերինս: երկիր ցո-
րենոյ եւ գարոյ այգեաց եւ նռնենեաց. երկիր ձիթե-
9 նեաց եղու եւ մեղու: երկիր յորում ոչ աղքատութ̄ք
ուտիցես զհաց քո եւ ոչ կարօտանայցե՛ս իմիք ի՛ նմա.
երկիր որոյ քարինք իւր երկաթ, եւ ի՛ լերանց նորա հա-
10 տանիցես պղինձ: եւ կերիցես եւ յագեսցիս եւ օ̄հնե-
ցես զտ̄ր ա̄ծ քո ի՛ վերայ երկրին բարութ̄ն զոր ետ քեզ:
11 Հայեաց՝ յանձն քո զուցէ մոռանայցես զտ̄ր ա̄ծ քո չպա-
հել զպատուիրանս նորա. եւ զդատաստանս եւ զիրաւունս
12 նորա զոր ես քեզ պատուիրեմ զուցէ յորժամ ուտիցես

8. եւ 2° tr ante եղու 61s, 61*inc: եղու] խորիս (խ supra lin.) 61s, 61*inc 9. ուտիցես զհաց] ուտիցեն ազգն 61s, 61*inc

4. փապարեցին 9-13 33' 38 162 174
5. թէ] եթէ 218 174: տ̄ր ա̄ծ քո] tr post զքեզ 233
7. տարցի] pr նա 233, տարցէ 162: om ի 1° 13 38 162: om ի 2° 38 162: վտակք 13' 218(|): ջուրց 13 218: աղբերք] աղբեւրք 218 38 174, աղբիւրք 162
8. ցորենւոյ 13 33: գարոյ] pr գինոյ եւ 174, գարւոյ 9-233 218, գինւոյ 13, գարւոյ եւ գինւոյ 33 38, + եւ գինւոյ 162: եղւու 13, իւղոյ 218 38 162 174
9. ուտիցես] ուտես 13, կերիցես 38 162 174: հատանի 33: պղինձ] պղինձ rell
10. յագիցիս 38 162: օ̄հնեսցես զտ̄ր] աւրհնեսցէ զքեզ տ̄ր 218
11. Հայեա 162: անձն 233: զդատաստանս et զիրաւունս tr 13: զդատաստանս] + նորա 13: քեզ պատուիրեմ] tr 233 218
12. ուտիցիս 162:

8:12-18

եւ յագիցիս եւ տունս գեղեցիկս շինիցես եւ բնակիցես
13 ի նոսա եւ բազմանայցէ արջառ եւ ոչխար քո եւ յա-
ճախիցէ քեզ արծաթ եւ ոսկի: եւ ա̅մ ինչ որ քո իցէ
14 բազմանայցէ եւ հպարտանայցես ի սրտի քում եւ մո-
ռասցիս զտ̅ր ա̅ծ քո որ եհան զքեզ յերկրէն եգիպտացւոց ի
15 տանէ ծառայութե̅ե̅ եւ ած զքեզ ընդ անապատն մեծ եւ
ընդ ահագին ուր օձն խածանէր եւ կարիճն, եւ ծարաւ եւ
ո՛չ գոյր ջուր եւ եհան քեզ յապառաժ վիմէն աղբեր ջը-
16 րոյ: որ կերակրեացն քեզ մանանա յանապատին զոր
ոչ գիտէին հարք քո, զի չարչարեսցէ զքեզ եւ փորձեսցէ
17 զքեզ եւ բարի արասցէ քեզ ի վախճանի քում: մի՛
ասիցես ի սրտի քում թէ զօրութի̅ իմ եւ ուժգնութի̅ ձե-
18 ռին իմոյ արար ինձ զզօրութի̅ին զայն զմեծ: այլ
յիշեսցես զտ̅ր ա̅ծ քո զի նա տա քեզ ոյժ առնել զօրութի̅

18. om տա 61*(c pr m)

յագեսցիս 9-13, յագիցես 162: շինեսցես 9-13 33 38 162
174: բնակեսցես 13 33 38 162 174, բնակեսցիս 9
13. արջառ] + քո 9 218 174: յաճախեսցէ 38: յարծաթ
ւ յոսկի 174: ինչ—իցէ] որ ինչ իցէ քո 13: քո] ոք
174
14. եւ 1°] om 9 rell: եգիպտացւոց 13' 33' 38 162
174
15. ած] էած 13: անապատն] pr ի 233, անապատ 13:
կարիճ 33 38 162: քեզ] զքեզ 174: վիմէ 38 162: աղ-
ւեր] աղբեւր 218 38 174, աղբիւր 233 33 162: ջրոյ 9-61]
ջրոց 233 218 174, ջուրց 13 33 38 162
16. կերակրեացն]-եաց 9 rell: քեզ մանանա 61-233*]
զքեզ մանանաիւ 13, քեզ մանանաիւն 233[c], զքեզ մանանայիւն
rell: հարքն 33 38 162 174
17. մի] pr եւ 218 174: թէ] եթէ 13: զօրութի̅] pr
զ 162: զզօրութի̅ին]-թի̅ս 33 38 162, զօրուի̅ս 174: զայն
61 sup lin 218txt] զայս 33-218mg 38 162 174: զմեծ]
մեծ 9 rell
18. այղ 162: ոյժ] յոյժ 233:

զի հաստատեսցէ զուխտն իւր զոր երդուաւ հարցն քոց
19 որպէս եւ այսօր: Եւ եղիցի եթէ մոռանալով մոռա-
ցիս զտ̄ր ա̄ծ քո եւ երթիցես զհետ ա̄ծոց օտարաց, եւ
պաշտեսցես զնոսա եւ երկիր պագանիցես նոցա, ունիմ
ձեզ վկա այսօր զերկինս եւ զերկիր զի կորստեամբ կորն-
20 չիցիք որպէս եւ ազգն զորս տ̄ր կորուսցէ յերեսաց
ձերոց ա́յնպէս կորնչիջիք փոխանակ զի ոչ լուարուք ձայ-
նի տ̄ն ա̄յ ձերոյ:

9

1 Լու́ր իէղ̄ դու անցանես այսօր ընդ յորդանան մտանել եւ
ժառանգել զազգսն մեծամեծս եւ զօրագոյնս քան զձեզ.
եւ քաղաքս մեծամեծս եւ պարսպեալս մինչեւ ցերկինս
2 զժողովուրդն մեծ եւ զբազում եւ զյաղթանդամ զորդիսն
ենակայ զորս դու իսկ գիտես եւ լուար. թէ ով կայցէ
3 ընդդէմ որդոցն ենակայ. եւ ծանիցես այսօր զի տ̄ր
ա̄ծ քո նա ինքնի́ն երթիցէ առաջի քո. որ հուրն ծախիչ

զի 2°] եւ 13: զոր] որպէս 13
19. երթայցես 33' 38 162 174: պաշտիցես 218 38 162 174, պաշտիցէք 33(|): պագցես 233, պագանիցէք 33 38 162 174: ձեզ վկա] tr 233: կորնչիջիք 13
20. ազգքն 33 38: կորուսցէ] կացուսցէ 174: կորիջիք 233 33 38 162: ձերոյ] մերոյ 233
1. իէլ 13' 38 174: om եւ 1° 38 162 174: մեծամեծս 1°] + ն 38mg: զօրագոյն 174: եւ 3°] եւս 233: մեծամեծս 2° et պարսպեալս tr 13 : պարսպաւորս 13 218 174: om մինչեւ ցերկինս 13: յերկինս 33 38 162
2. զմեծ 233: բազում 38: ենակայ 1°] ենեկայ 162mg: զոր 13 218: դուն 174: եթէ 13 33 38 162 174: Ռ 33' : կացցէ 218 38 162: որդւոցն 13' 33' 38 162: ենակայ 2°] ենեկայ 162
3. քո 1°] + նայ է 13(|): ինքն 218 38 162 174: երթայցէ 33 38 162 174: հուր 162

9:3-8

է նա սատակեսցէ զնոսա. եւ նա կործանեսցէ զնոսա առաջի
երեսաց քոց եւ սատակեսցէ զնոսա եւ կորուսցէ զնոսա
4 վաղվաղակի որպէս եւ ասաց քեզ տ̅ր. մի՛ ասիցես ի
սրտի քում ի ծախել զնոսա տ̅ն ա̅յ քո յառաջոյ քումմէ.
թէ վ̅ս արդարութ̅ն իմոյ ած զիս տ̅ր ժառանգել զերկիրս
զայս զբարի. այլ վ̅ս ամբարշտութ̅ն ազգացն այնոցիկ.
5 սատակեսցէ զնոսա տ̅ր յառաջոյ քումմէ. քանզի ոչ
վ̅ս արդարութ̅ն քո եւ ո՛չ վ̅ս ամբծութ̅ն սրտի քո մտանես
ժառանգել զերկիր նոցա: այլ վ̅ս անօրէնութ̅ն ազգացն
այնոցիկ տ̅ր ա̅ծ քո սատակեսցէ զնոսա յերեսաց քոց: զի
հաստատեսցէ զուխտն զոր երդուաւ տ̅ր հարցն մերոց աբ-
6 րահամու եւ սահակայ եւ յակովբու: եւ ծանիցես
այսօր զի ո՛չ վ̅ս արդարութ̅ն քո տ̅ր ա̅ծ քո տացէ քեզ
զերկիրն զբարի ժառանգել զի ժողովուրդ խստապարանոց
7 ես: յիշեա՛յ մի մոռանայցես որչափ բարկացուցեր
զտ̅ր ա̅ծ քո յանապատին յօրէ յորմէ ելէք յերկրէն եգիպ-
տացւոց մինչեւ եկիք ի տեղիս յայս խեռութ̅ք վարէիք ի
8 տ̅նակողմն կոյս եւ ի քորեբ բարկացուցէք զտ̅ր եւ

4. սատակեսցէ] pr եւ 61s 5. մբծութ̅ն 61*(c pr m)

4. մի] pr եւ 218: ասիցիս 33: քո] քում 218 174: յառաջոյ 1°] առ յաջոյ 162: թէ] եթէ 33': տ̅ր 1°] + ա̅ծ 233: բարի 13 33 38 162 174: այլ] pr զի ոչ վ̅ս արդա-րութ̅ն քո(յ) 38 162 174, այդ 218: ամպարշտութ̅ն 13: տ̅ր 2°] + ա̅ծ 233, + ա̅ծ քո 33 38 162 174
5. անբծութ̅ն 38 162 174: քո 2°] քում 162: մտանել 233, տանեսցէ 162: զերկիրն 13' 33' 174: սատակեաց 13: զի 61-233] pr եւ rell: զուխտն] զուխտ իւր 218 174: om տ̅ր 2° 174: աբրաամու 233 33 162 174: om եւ 233: սահակայ 162: յակովբա 13, յակովբայ 33 38 174, յակո-բայ 233 218 162
6. om քո 2° 218: զբարի 9-61] բարի rell
7. տ̅նկողմն 13, տեռնակողմ 233, տնակողմ 38
8. քորեբ 13-233 vid 162 174

9 բարկացաւ տ̅ր̅ սատակել զձեզ   յելանելն իմում ի
լեառնն առնուլ զտախտակսն քարեղէնս զտախտակսն ուխտի
զոր ուխտեաց տ̅ր̅ ընդ ձեզ: եւ եղէ ի լերինն զքառա-
սուն տիւ եւ զքառասուն գիշեր. հաց ոչ կերա եւ ջուր
10 ո՛չ արբի.   եւ ետ ինձ տ̅ր̅ զերկոսին տախտակսն քա-
րեղէնս գրեալս մատամբն ա̅յ̅: եւ ի նոսա գրեալ էին ա̅մ̅
պատգամքն զոր խօսեցաւ տ̅ր̅ ընդ ձեզ ի լերինն յաւուրն
11 եկեղեցոյ: Եւ եղեւ յետ քառասուն տուընջեան եւ.
խ̅. գիշերոյ ետ ինձ տ̅ր̅ զերկուս տախտակսն քարեղէնս.
12 տախտակս ուխտի   եւ ասէ ցիս տ̅ր̅՝ արի է՛ջ վաղվա-
ղակի աստի զի անօրինեցաւ ժողովուրդն քո զոր հաներ
յերկրէն եգիպտացոց: անցին արդէն զճանապարհաւն զոր
պատուիրեցեր նոցա եւ արարին իւրեանց ձուլածոյ:
13 Եւ ասէ ցիս տ̅ր̅՝ խօսեցա ընդ քեզ միանգամ եւ երկիցս
եւ ասեմ: տեսի զժողովուրդդ զայդ եւ ահա ժողովուրդ
14 խստապարանոց է   թոյլ տուր ինձ սատակել զդոսա.
եւ ջնջեցից զանուն դոցա ի ներքոյ երկնից եւ արարից
զքեզ յազգ մեծ եւ ի հզօր եւ ի բազում առաւել քան
15 զայդ: եւ դարձեալ իջի ի լեռնէ անտի եւ լեառնն

14. տուր sup lin

9. յելանել 13(|): քարեղէն 233: զտախտակս 13' 218: ուխտին 13
10. տ̅ր̅ 1°] ա̅ծ̅ 13: տախտակս 13, տախտակնն 218: գրեալս 1°] գրեալ 13 218 174: յաւուր 162: եկեղեցւոյ 13' 33' 38 162
11. գիշերւոյ 233: զերկոսին տախտակս 174
12. եգիպտացոց] -ւոց rell: ձուլածոյս 13' 33 38 162 174, ձոյլածոյս 9
13. խօսեցայց 38
14. om ի 2° 218 174: հզօր] pr բազուկ 13: om ի 3° 174: առաւել] pr եւ 174: զայդ] զդա 174
15. իջի] էջ 218: լեառնն] լեառն 13:

բորբոքէր հրով. եւ երկոքին տախտակքն յերկոսին ի ձեռս
16 իմում: եւ տեսեալ եթէ մեղայք առաջի տ̅ն ա̅յ մերոյ
եւ արարէք ձեզ ձուլածոյ եւ անցէք զճանապարհաւն զոր
17 պատուիրեաց տ̅ր՝ առեալ զերկոսին տախտակսն ի ձե-
18 ռաց իմոց խորտակեցի յանդիման ձեր: Եւ աղաչեցի
առաջի տ̅ն կրկին անգամ իբրեւ զառաջինն. զխ̅. տիւ եւ
զքառասուն գիշեր հաց ոչ կերայ եւ ջուր ո́չ արբի վս̅
ա̅մ մեղաց ձերոց զոր մեղայք առնել զչար առաջի տ̅ն ա̅յ
19 մերոյ բարկացուցանել զնա: եւ զահի հարեալ եմ վս̅
բարկութեն եւ սրտմտութե̅ զի բարկացաւ տ̅ր ի վերա ձեր
սատակել զձեզ: եւ լուաւ տ̅ր ինձ եւ ի ժամանակի յայն-
20 միկ. եւ ահարովնի բարկացաւ տ̅ր յոյժ սատակել զնա:
եւ արարի աղօթս եւ վս̅ ահարովնի ի ժամանակի յայնմիկ:
21 եւ զմեղսն ձեր զոր արարէք զորթն. առի եւ այրեցի զնա
հրով. եւ կոտորեցի եւ խորտակեցի զնա յոյժ մինչեւ
եղեւ մանր իբրեւ զփոշի՝ եւ ընկեցի զփոշին ի վտակն
22 որ իջանէր ի լեռնէ անտի: Եւ ի հրայրեացսն եւ

15. ի ձեռս] ի sup lin

երկոքին] երկուս 174, երկու rell : ի ձեռս] om ի 13, ձեռին 174
16. om ձեզ 13: ձուլածոյս 13 33 38 162 174
17. զերկոսին] զերկուս 218: ձեր] ձեզ 162
18. զառաջին 174: մեղացն 13 218: om ձերոց 13: մեղաք 174: om առնել զչար 13: չար 218 174: մերոյ] ձերոյ 13
19. բարկութե̅ 233: om եւ սրտմտութե̅ 218: սրտմտու-թեն 13 162: ի վեր ձեր 13*, ի վեր ձերայ 13^{c}: ինձ] :r post լուաւ 13 218 38 162 174: om եւ 4° 13 218 162 174: ժամանակին 162 174
20. ահարովնի 1°] -րոնի 233 38 162: om եւ 2° 13': ահարովնի 2°] -րոնի 233 38 162 174: ժամանակին 13 38 174
21. զմեղս 13: որթ 218: լեռննէ 33: om անտի 218

ի՛ փորձութե̅ն եւ ի՛ գերեզմանսն ցանկութե̅ բարկացուցէք
23 զտ̅ր ա̅ծ մեր: Եւ յորժամ առաքեաց զձեզ տ̅ր ի կա-
դէսբառնեայ: ասէ ելէք ժառանգեցէք զերկիրն զոր տա-
լոց եմ ձեզ: հեստեցէք բանին տ̅ն ա̅յ ձերում եւ ո՛չ
24 հաւատացէք նմա եւ ո՛չ լուարուք ձայնի տ̅ն զի հես-
տեալ կայիք տ̅նակողմանն յօրէ յորմէ ծանուցաւ ձեզ.
25 եւ աղաչեցի առաջի տ̅ն զքառասուն տիւ եւ զքառասուն
գիշեր զորս աղաչեցին: քանզի ասաց տ̅ր սատակել զձեզ.
26 եւ կացի յաղօթս առ տ̅ր եւ ասեմ: տ̅՛ր տ̅ր՝ թագաւոր ա̅ծոց
մի՛ սատակեր զժողովուրդ քո եւ զբաժին քո զոր փրկե-
ցեր զօրութ̅ք քով մեծաւ զորս հաներ յեգիպտոսէ զօրու-
թ̅ք քով մեծաւ եւ վարող ձեռամբ եւ բարձր բազկաւ:
27 յիշեա՛ դու զաբրահամ եւ զիսահակ եւ զյակովբ զծառայս
քո որոց երդուար քեւ. մի՛ հայիր ի՛ խստութի̅ ժողովըր-
դեանդ այդորիկ եւ յամբարշտութի̅ն եւ ի՛ մեղս դոցա:
28 զուցէ խօսիցին բնակիչք երկրին ո̀ւստի հաներ զմեզ եւ
ասիցեն առ ի՛ չկարելոյ տ̅ն տանել զնոսա յերկիրն զոր

26. թաթաւոր (|)

22. զերեզմանս 33' 38 162 174: ցանկութե̅ն 13 33 38 162 174: մեր] ձեր 13 33 38 162

23. ասէ] pr եւ 233 33: հեստեցէք] pr զի 233: բանի 13: ձերում] ձերոյ 33' 38 162 174: հաւատայցէք 174 (|)

24. տ̅նակողմանն] pr ի 38 162 174, ի տ̅ն կողմանն 218, ի տ̅նակողմն կոյս 13

25. աղաչեցի 13

26. կացի] կայի 162: տ̅ր 3°] ա̅ծ 174: ա̅ծոյ 218: քով 1°] քո 13 33' 38: զորս] pr եւ 33' 174: քով 2°] քո 218 38: վարող 38

27. զաբրաամ 233 33 38 162 174: զյակոբ 162: այդ-միկ 174: յամբարշտութի̅ն] յամպարշ- 218 174, յամբարշ-տութի̅ (յամպարշ- 9-13) 9-13'

28. om ի 13: չկամելոյ 33' 174: om զնոսա 218 174:

խոստացաւ նոցա եւ առ ատել զնոսա եհան կոտորել զնոսա
29 *յանապատին: եւ սոքա ժողովուրդ քո եւ ժառանգութի̅*
քո զոր հաներ յերկրէն եգիպտացոց զօրութբ̅ քով մեծաւ
եւ բարձր բազկաւ:

10

1 *Ի ժամանակի յայնմիկ ասաց ցիս տ̅ր, կոփեայ դու քեզ եր-*
կուս տախտակս քարեղէնս իբրեւ զառաջինսն եւ ել ի լե-
2 *առնն եւ արասցես դու քեզ տապանակս փայտեղէն   եւ*
գրեցից ի տախտակսն զնոյն պատգամսն որ էին յառաջին
տախտակսն զորս դու խորտակեցեր: եւ դիցես զնոսա ի
3 *ներքս ի տապանակին.   եւ արարի տապանակ յանփուտ*
փայտից եւ կոփեցի երկուս տախտակս քարեղէնս իբրեւ զա-
ռաջինսն եւ ելի ի լեառնն եւ երկոքին տախտակքն յեր-
4 *կուսին ի ձեռս իմում: եւ գրեաց յերկուսին տախտակսն*
ըստ առաջին գրոյն զտասն պատգամսն զոր խօսեցաւ ընդ
ձեզ տ̅ր ի լերինն ի միջոյ հրոյն եւ ետ զնոսա ցիս տ̅ր.
5 *եւ դարձայ իջի ի լեռնէ անտի եւ եդի զտախտակսն ի*

28. *հան* 1. *արասցես*] *կոփեսցես* 61^s

խոստացաւ] *խաւսեցաւ* 33: *առ* 2°] *առեալ* 13^c: *ատել*] pr *զի* 162, *ատեալ* 13* 33 38mg, *տատեալ* 13^c: *զնոսա*] + *տ̅ն* 38 162 174: *զնոսա եհան*] tr 13 218: *եհան*] *էհան* 33, + *զն̅ս̅* 38 162 174: *կոտորել*] *սատակել* 218 174
29. om *քո* 2° 33: *եգիպտացւոց* 13' 33' 38 162 174: *քով*] *քո* 38
1. *ժամանակի*]+*ն* 233 218 38 162 174, 33 inc (|): *ասաց*] *ասէ* 13: *տապանակս*] *տապանակ* 9 rell
2. *պատգամս* 33 (|): *տախտակսն* 2°] *տախտակին* 13: *զոր* 233 162 (|) 174: *դուն* 33' 38 174: *ներքոյ* 218
3. *զառաջին* 218: *ելի*] *ել* 218: *երկոքին*] *երկու* rell: *ի ձեռս*] om *ի* 13, *ձեռին* 174
4. *տ̅ր* 1°] tr post *խօսեցաւ* 233
5. *լեռնէն* 13: om *անտի* 13:

ներքս ի տապանակին եւ էին անդ որպէս եւ պատուիրեաց
6 ինձ տ̄ր: Եւ որդիքն իհ̄ի չւեցին ի բերովթայ որ-
դոցն յակիմայ ի սաղայի, եւ ա́նդ մեռաւ ահարովն եւ
անդէն թաղեցաւ․ եւ քահանայացաւ եղէազար որդի նորա
7 ընդ նորա․ անտի չուեցին ի գաղգադ եւ ի գաղգադայ
8 յետեկա յերկիր վտակաց ջուրց: Յայնմ ժամանակի
զատոյց տ̄ր զցեղն ղեւեայ բառնալ զտապանակ ուխտին տ̄ն:
կալ առաջի տ̄ն պաշտել եւ աղօթս մատուցանել յանուն
9 նորա մինչեւ ցայսօր: վ̄ն այնորիկ ոչ գոյ ղեւտա-
ցոցն բաժին եւ ժառանգութ̄ի ի մէջ եղբարց իւրեանց զի
տ̄ր ինքնին՛ է ժառանգութ̄ի նոցա որպէս եւ ասաց նոցա
10 եւ ես կայի ի լերինն զքառասուն տիւ եւ զքառասուն
գիշեր եւ լուաւ ինձ տ̄ր ի ժամանակի յայնմիկ եւ ո́չ կա-
11 մեցաւ տ̄ր սատակել զձեզ, եւ ասէ ցիս տ̄ր գնա չւեայ
առաջի ժողովրդեանդ այդորիկ եւ մտցեն եւ ժառանգես-
12 ցեն զերկիրն զոր երդուա հարցն դոցա տալ դոցա: Եւ

ներքոյ 218: om եւ 4° 13
6. ի̄լի 38 174: որդւոցն 13' 33' 38 162 174: ահա-
րոն 233 33 38 162: անդէն] անդ 233: եղեազար 38 218,
եղիազար 13 174: նորա 2°] նմա 13
7. անտի] pr եւ 233: գաղգադ] գաղգադա 13, գազգադ
61: գաղգադայ] գաղգադ 13, գազգադա 61: յետեկա 13-61]
յետեկաց 9, յեղակայ 162, յետակայ rell: երկիր 13 162,
յերկիրն 218: ջրոց 33' 174
8. կալ] pr եւ 174: տ̄ն 2°] ն̄ր 218 174: մատուցել
33: ցյայսաւր 233
9. այսորիկ 13: ղեւտացւոցն 13' 33' 38 162 174: om
եւ 1° 233: զի] քանզի 233: om է 13: ժառանգութ̄ի] pr
մասն եւ 33' 38 162: om եւ 2° 233
10. կայի] կացի 33' 38 162 174: ժամանակին 13' 38
162 174: տ̄ր 2° 9-61-233] om rell
11. չւեայ] + դու 218 174: om եւ 2°—զերկիրն 13:
om եւ 3° 218: հարց 218: դոցա 1° 2°] ն̄ց 218 174

10:12-20

արդ իէ̅ղ զինչ խնդրէ ի քէն տ̅ր ա̅ծ քո: այլ երկնչել ի
տ̅է ա̅յ քումմէ եւ գնալ յա̅մ ի ճանապարհս նորա, եւ սի-
րել զնա եւ պաշտել զտ̅ր ա̅ծ քո յա̅մ սրտէ քումմէ, եւ
13 յա̅մ անձնէ քումմէ: եւ պահել զպատուիրանս տ̅ն ա̅յ
քո եւ զիրաւունս նորա զոր ես պատուիրեմ քեզ այսօր
14 զի բարի՛ լիցի քեզ. ահաւասիկ տ̅ն ա̅յ քո երկինք եւ
15 երկնից երկինք. երկիր եւ ա̅մ որ է ի նոսա՝ բայց
ընդ հարսն ձեր յառաջագոյն հաճեցաւ տ̅ր սիրել զնոսա
եւ ընտրեաց զզաւակ նոցա յետ նոցա. զձեզ քան զազգս
16 ա̅մ ըստ աւուր ըստ այսմիկ: Եւ թլփատեցէք զխստա-
սրտութի̅ ձեր. եւ զպարանոցս ձեր մի՛ եւս խստացուցա-
17 նէք. զի տ̅ր ա̅ծ մեր նա՛ է ա̅ծ ա̅ծոց եւ տ̅ր տէրանց:
ա̅ծ մեծ հզօր եւ ահաւոր որ ո՛չ աչառի երեսաց եւ ոչ
18 առնու կաշառ: եւ առնէ իրաւունս եկին եւ որբոյ
եւ այրոյ: եւ սիրէ զնշդեհն տալ նմա հաց եւ հան-
19 դերձ: եւ սիրեցէք զպանդուխտն զի եւ դուք պանդուխտք
20 էիք յերկրին եգիպտացոց: ի տ̅է ա̅յ քումմէ երկնչի-

13. զպատիրանս 15. նոցա 1°] նոցայ նոցա

12. իէ̅լ 13' 38 174: ի ճանապարհս] om ի 13' 218
13. լիցի] լինիցի 13 218 174
14. քո] + են 233: երկիր] pr եւ 33 38 162 174
15. տ̅ր bis scr 218(|): ընդրեաց 13: աւուր 9-61
218(|)] աւուրս 13' 33 38 162 174
16. պարանոցս 174
17. տերանց 13' 33 162: հզօր] pr եւ 33 38 162:
om եւ 2° 13: յերեսաց 233 162 174
18. om եւ 1° 33 38 162: որբոյ] + ն 13 162, սրբոյ
218: եւ 3°⌒4° 218: այրւոյ 233 33 38, այրոյն 13,
այրւոյն 162: om եւ 4° 38 162 174: զնշտեհն 218,
զնժդեհն 13 33 174, զնժդիհն 38: տալ] տա 13
19. om եւ 2° 218: պանդուխտ 174: եգիպտացւոց 13'
33' 38 162 174
20. երկիցես 38 162:

ցիս. եւ զնա՛ պաշտեսցես եւ ի՛ նա յարեսցիս: եւ յա-
21 նուն նորա երդնուցուս զի նա՛ է պարծանք քո՝ եւ
նո՛յն ա̅ծ քո որ արար ի՛ քեզ զմեծամեծսն եւ զփառաւորս
22 զոր տեսին աչք քո: Եւթանասուն ոգովք իջին հարքն
քո յեգիպտոս եւ արդ ահա արար զքեզ տ̅ր ա̅ծ քո իբրեւ
զաստեղս երկնից բազմութ̅ք̅:

11

1 եւ սիրեսցես զտ̅ր ա̅ծ քո եւ պահեսցես զպահպանութ̅իս
նորա. եւ զիրաւունս նորա եւ զպատուիրանս նորա՝ եւ
2 զդատաստանս նորա զա̅մ աւուրս կենաց քոց. եւ ծա-
նիջիք այսօր թէ ոչ վ̅ն որդոց քոց որք ո՛չ գիտեն եւ ո՛չ
տեսին զխրատ տ̅ն ա̅յ քո եւ զմեծամեծս նորա: եւ զձեռն
3 հզօր եւ զբազուկ բարձր եւ զնշանս նորա եւ զգործս
նորա զոր արար ի՛ մէջ եգիպտոսի ի՛ փարաւովն արքայ ե-
4 գիպտացոց եւ յա̅մ երկիր նորա: եւ զոր ինչ արար
ընդ զօրսն եգիպտացոց զկառս նոցա եւ զերիվարս իւրե-
անց որպէս ծփեաց զջուր կարմիր ծովուն ի՛ վերայ երե-
սաց նոցա յարձակելն նոցա զկնի մեր կորոյս զնոսա տ̅ր

22. յեգիսպտոս 3. փարաւտվն

զնա] + միայն 13: յարեսցիս] յուսասցիս 38
21. արարն 233: զմեծամեծս 13 218
22. եօթանասուն 162: ոգովք 61 38] -ւովք rell
2. թէ 9-61-233] եթէ rell: որդոց] -ւոց rell:
որ 38 162: եւ 4° 9-61-233] ⌒ 1° (3) 13, om rell
3. om եւ 1° 38 162: զգործս նորա] զարուեստս 38 162 174: փարաւոն 233 38 162: արքային 174: եգիպտացւոց 13' 38' 38 162: յա̅մ] ամենայն 233
4. զոր bis scr 174: եգիպտացւոց 13' 38' 38 162mg 174, եգիպտոսի 162txt: զերիւարս 13 38: զջուր] զջուրս rell: յարձակելն 61-233]յարձակել 9-13, ի յարձակել rell

11:4-11

5 մինչեւ ցայսօր ժամանակի. եւ զոր ինչ արար ձեզ
6 յանապատի անտ մինչեւ եկիք ի տեղիս յայս: եւ որ
ինչ արար ընդ դաղան եւ ընդ աբիրոն ընդ որդիս եղիաբու
որդոյ ռոբենի որոց բացեալ երկրի զբերան իւր եկուլ
զնոսա եւ զտունս նոցա եւ զվրանս նոցա եւ զա̅մ ինչս
7 նոցա ընդ նոսա ի միջոյ ա̅մ իլ̅ի. զի ձեր իսկ աչք
տեսին զա̅մ զործս տ̅ն զմեծամեծս զոր արար ձեզ մինչեւ
8 ցայսօր: եւ պահեցէք զա̅մ պատուիրանս նորա զոր ես
պատուիրեմ ձեզ այսօր զի կեցէք եւ բազմապատիկք լինի-
ցիք եւ մտանիցէք ժառանգիցէք զերկիրն յոր դուք անցա-
9 մէք ընդ յորդանան ժառանգել զնա զի երկայնօրեայք
լինիցիք ի վերայ երկրին զոր երդուաւ տ̅ր հարցն ձերոց
տալ նոցա եւ զաւակի նոցա յետ նոցա երկիր որ բղխէ
10 զկաթն եւ զմեղր: Քանզի է երկիրն յոր մտանելոց
էք ժառանգել զնա. ոչ իբրեւ զերկիրն եգւպտացոց է
ուստի ելէք դուք անտի: յորժամ սերմանեն սերմանս եւ
11 առոգանեն ոտիւք իբրեւ զպարտէզ բանջարոյ. այլ

6. նոցա 1°] նոց 10. մտանելոյ

5. ձեզ] ք̅ 162: յանապատին 13: անտ] om 13, անդ rell
6. որ 9-13 61] զոր rell: դաղան 13'-61] դաթան 9 rell: աբիրովն 13 218, աբիւրովն 33: եղաբու] եղկաբու 13, եղիաբու 9 rell: որդոյ] -ւոյ rell: ռոբենի] ռով-ենի 13, ռոբինի 38, ռուբենի (-էնի 9 33) 9 rell: իղի 13' 33'
7. զգործս 33' 38 162: ձեզ] pr ընդ 13, pr ի 33' 38 162 174
8. պահիցէք 38 162: զպատուիրանս 233 218: կեցցէք 13(|): բազմապատիկ 33' 38 174: ժառանգեցէք 38 174: նգանիցէք 233c
9. յետ] ետ 174: յերկիր որ բխէ 233
10. է 1° 61 33] om 9 rell: երկիրն] pr ի 218: յոր] որ 233 218: եգւպտացոց] եգիպտացւոց rell: ելէքն 9-233 33': անդի 13: յորժամ] pr որ 233: om եւ 162: առոգանեն 13' 33 38 162:

երկիրն յոր դուք մտանելոց էք ժառանգել երկիր լեառ-
նային եւ դաշտային է. յանձրեւոյ երկնից ըմպէ ջուր
12 երկիր զոր տ̅ր ա̅ծ քո դարմանէ զնա. հանապազ աչք տ̅ն
ա̅յ քո ի վերայ նորա ի սկզբանէ տարոյն մինչեւ ցկատա-
13 րումն տարոյն: Եւ եթէ լսելով լուիցես ա̅մ պատուի-
րանաց նորա զոր ես պատուիրեմ քեզ այսօր՝ սիրել զտ̅ր
ա̅ծ քո եւ պաշտել զնա յա̅մ սրտէ քումմէ. եւ յա̅մ անձնէ
14 քումմէ եւ տացէ անձրեւ երկրին ձերոյ ի ժամանակի
իւրում զկանուխ եւ զանագան եւ ժողովեսցես զցորեան
15 քո եւ զգինի քո եւ զեղ քո. եւ տացէ խոտ յանդս
16 քո անասնոյ քում. եւ կերիցես եւ յագեսցիս: Հա-
յեցարուք յանձինս ձեր գուցէ յուլանայցէ սիրտ ձեր եւ
յանցանիցէք եւ պաշտիցէք զա̅ծս օտարս եւ երկիր պագա-
17 նիցէք նոցա եւ սրտմտեալ բարկանայցէ տ̅ր ի վերայ
ձեր: եւ արգելուցու զերկինս եւ ո՛չ լինիցի անձրեւ.
եւ երկիր ո՛չ տացէ զպտուղ իւր եւ կորնչիցիք արագարագ
18 յերկրէն բարութ̅ն զոր ետ ձեզ տ̅ր: եւ դիջիք զբանս

11. om դուք 13: ժառանգել] + զնա 13: լեառնային] լեռնային 9 rell: om եւ 218: դաշտային 61 162] դաշ-տական 9 rell: յերկնից 233
12. զնա] զքեզ 233: om քո 2° 162: տարոյն 1°] -ւոյն 233 218 38 162: ի կատարումն 218: տարոյն 2°] -ւոյն 13 218 38
13. յա̅մ 2°] ա̅մ 233: fin] + եւ յամենայն զաւրութենէ քումմէ 13
14. om եւ 1° 33 38 162: ձերոյ] ձերում 9 33 38 162, քում 13: ժամանակին 13: զգինի et զեղ tr 218: զեղ] զեւղ 13' 33 38 174, զիւղ 162
16. յագիցիս 174: յուլանայցեն սիրտք 13 38 162
17. ոչ լիցիցի] չլինիցի 13: տայցէ 218: om իւր 233(|): կորնչիք 13: տ̅ր 2°] tr ante ետ 13
18. զբանս] զբերանս 233*:

11:18-25

զայս ի սիրտս ձեր եւ յանձինս ձեր. եւ արկջիք զնոսա
նշան ի ձեռս ձեր, եւ եղիցին անշարժ առաջի աչաց ձե-
19 րոց եւ ուսուսջիք որդոց ձերոց խօսել զսոսա ի
նստել ի տան եւ ի գնալ ի ճանապարհի եւ ի ննջել եւ
20 ի յառնել: եւ գրեսջիք զսոսա ի վերայ սեմոց տանց
21 ձերոց եւ ի դրունս ձեր զի բազմօրեայք լինիցիք
եւ աւուրք որդոց ձերոց ի վերայ երկրի զոր երդուաւ
տ̅ր հարցն քոց տալ քեզ ըստ աւուրց երկնից ի վերայ
22 երկրին: Եւ եղիցի եթէ լսելով լւիցէք ա̅մ պատուի-
րանացս այսոցիկ զոր ես պատուիրեմ ձեզ այսօր առնել.
սիրել զտ̅ր ա̅ծ գնալ ի ճանապարհս նորա եւ յարել ի նա:
23 մերժեսցէ տ̅ր զա̅մ ազգսն զայնոսիկ յերեսաց ձերոց: եւ
ժառանգեսջիք զազգս մեծամեծս եւ հզօրագոյնս քան զձեզ:
24 ա̅մ տեղի որ կոխիցեն գնացք ոտից ձերոց ձեզ լիցի յա-
նապատէ անտի մինչեւ ցաներն լիբանանու: եւ ի գետոյն
մեծէ գետոյն եփրատայ մինչեւ ցծովն արեւմտից եղիցին
25 սահմանքն ձեր եւ ո՛չ ոք դառնայցէ ընդդէմ ձեր զահ

24. եփրատայ (-տա 13)] եփատոյ

զայսոսիկ 13: զնոսա 61-233] զսոսա 9 rell: ձեռս] + քո 13*: եղիցի 218

19. որդոց] -ւոց rell: om ի 3° 13: om եւ 3° 13 162

21. որդոց] -ւոց rell: երկրի] + ն 218 38 162 174: ձերոց տալ ձեզ 13: աւուրցն 33: երկրին] երկրի 9 rell

22. թէ 162: լսիցէք 233: պատուիրանացս 33: զոր ես] զորս 33: սիրել] pr եւ 33: ա̅ծ] + քո 218 38 162 174

23. զա̅մ ազգսն] զազգսն 13 33 38 162: ձերոց] քոց 13: զազգս] + ն 13 218: զաւրագոյնս (զօր- 218) 13 218

24. զա̅մ 13: որ 9-13-61] ուր rell: կոխիցեն] հասանիցեն 218 174: լիցին 233 218 174: մեծ 13: գետոյն 2°] pr ի 174: սահմանք 13 33' 38 162

25. զահ] pr եւ 233 218 174:

եւ զերկիղ ձեր արկցէ տ̅ր ա̅ծ ձեր ի վերայ երեսաց ա̅մ
երկրին զոր կոխիցէք որպէս խօսեցաւ ընդ ձեզ տ̅ր։
26 Եւ ես ահաւասիկ տամ այսօր առաջի ձեր օ̅հութիւ̅ եւ ա-
27 նէծս։ օ̅հութի̅ եթէ լւիցէք պատուիրանաց տ̅ն ա̅յ ձե-
28 րոյ զոր ես պատուիրեմ ձեզ այսօր։ եւ անէծս եթէ
ոչ լսիցէք պատուիրանաց տ̅ն ա̅յ ձերոյ զոր ես պատուիրեմ
ձեզ այսօր։ եւ մոլորիցիք ի ճանապարհէն զոր պատուի-
րեցի ձեզ երթալ պաշտել զա̅ծս օտարս զորս ոչ ճանաչի-
29 ցէք։ եւ եղիցի յորժամ տարցի զքեզ տ̅ր ա̅ծ քո յեր-
կիրն յոր անցանես ընդ յորդանան ժառանգել զնա։ եւ
տացես դու զօ̅հութի̅ն ի լերինն զարեզին. եւ զանէծս ի
30 լերինն զեբաղ։ ոչ ապաքէն այն յայնկոյս յորդանա-
նու է յետոյ ճանապարհին արեւմտից յերկրին քանանա-
ցոց որոյ նիստն ընդ արեւմուտս է մերձ ի զողզող առ
31 կաղնեաւն բարձու։ եւ դուք անցանէք ընդ յորդանան
մտանել ժառանգել զերկիրն զոր տ̅ր ա̅ծ տալոց է ձեզ ի
ժառանգութի̅ զա̅մ աւուրս եւ ժառանգեսջիք զնա եւ բնա-

29. ըն 61*(c pr m) 30. կաղեաւն

զերկիւղ 233 33' 162 174։ om ձեր 3° 13։ om ա̅մ 233։
որպէս եւ 233
26. աւասիկ 233
27. օ̅հութի̅] -թի̅ս 13'։ լւիցէք 9-61] լսիցէք rell
28. լսիցէք] լուիցէք 9 33'38 174։ ձերոց 218։ զոր
1°] զորս 233։ պատուիրեցի 9-13'-61(|)] pr ես rell ։
զորս] զոր 13 218
29. տարցէ 162։ անցանիցես 233 174։ զնա] զերկիրն
զայն 162։ զօ̅հութի̅ն] -թի̅ս 13։ զարեզին] pr ի 233,
զարիզին 9 rell
30. այն] tr post է 1° 33' 38 162 174։ յերկիրն 33'
38 162 174։ քանանացւոց 13' 33' 38 162 174։ որոց
174։ արեւմուտսն 174։ զողզողն 174, զաղզաղ 233 38
162
31. om մտանել 13։ ձեզ] քեզ 33' 38 162 174

11:31-12:6

32 կեսջիք ի նմա: Եւ զգուշասջիք առնել զա̅մ հրամանս
նորա եւ զդատաստանս զայսոսիկ զոր ես տամ առաջի ձեր
այսօր:

12

1 Եւ այս են հրամանք եւ դատաստանք զոր զգուշանայցէք
առնել յերկրին զոր տ̅ր ա̅ծ հարցն ձերոց տալոց է ձեզ ի
ժառանգութիւն զա̅մ աւուրս զոր կեցէք դուք ի վերայ
2 երկրի. կորուսանելով կորուսջիք զա̅մ տեղիսն յորս
պաշտեցին ի նոսա ա̅մ ազգքն զդիս իւրեանց զորս դուք
ժառանգիցէք զնոսա ի վերայ լերանց բարձանց եւ ի վե-
3 րայ բլրոց եւ ի ներքոյ վարսաւոր ծառոց եւ կոր-
ծանեսջիք զբագինս նոցա եւ փշրեսջիք զարձանս նոցա.
եւ կոտորեսջիք զանդառս նոցա: եւ զդրօշեալս դից նո-
ցա այրեսջիք հրով եւ կորուսջիք զանուանս նոցա ի տե-
4 ղոջէն յայնմանէ: եւ մի՛ առնիցէք նոյնպէս տ̅ն ա̅յ
5 ձերում: Այլ ի տեղոջն զոր ընտրեսցէ տ̅ր ա̅ծ ձեր ի
միում ի ցեղից ձերոց անուանել զանուն իւր եւ կոչել
6 ի նմա: խնդրեսջիք եւ մտջիք անդր եւ մատուսջիք

2. յոր 61*(c pr m)

32. զհրամանս 218
1. յերկրին] երկրին 233, յերկիրն 174: զոր 3°] om 233*(|)(homoiot), զորս 233c rell : երկրին 233
2. պաշտիցեն 12: ազգն 162 174: զորս] յորս 33' 38 62 174: ժառանգեցէք 218 162
3. զանդառս 13-61] զանտառս 9 rell: զդրօշեալս դից] դրաւշեալ զդիս 38, զդրօշեալ դիս 162: om դից 233 (|): om եւ 5° 13: զանունս 33', զանաւունս 174: տեղոջէն] -ւոջէն 13' 218 38 162 174
5. Այլ] Այդ 33, Եյդ 162, + եւս 233sup lin(vid): տեղոջն] -ւոջն rell: ընդրեսցէ 13: ի ցեղից] om ի -233 162 174

զողջակէզս ձեր եւ զզոհս ձեր: եւ զտասանորդս ձեր,
եւ զպտուղս ձեր, եւ զուխտս ձեր, եւ զկամայականս ձեր,
եւ զխոստովանութ՟իս ձեր: եւ զանդրանիկս արջառոյ եւ
7 ոչխարի ձերոյ: եւ կերիջիք անդ առաջի տ՟ն ա՟յ ձե-
րոյ եւ ուրա՟խ լինիցիք ի վերայ ա՟մի յոր մխեցէք զձեռս
ձեր դուք եւ տունք ձեր որպէս եւ օ՟հեաց զքեզ տ՟ր ա՟ծ
8 քո: Մի առնիցէք զա՟մ ինչ զոր այսօր մեք աստ ոչ
9 առնեմք, իւրաքանչիւր զհաճոյն առաջի իւր՝ քանզի
ոչ հասէք մինչեւ ցայժմ ի հանգիստն եւ ի ժառանգութ՟ի
10 զոր տ՟ր ա՟ծ մեր տալոց է ձեզ եւ անցջիք ընդ յոր-
դանան եւ բնակեսջիք յերկրին զոր տ՟ր ա՟ծ մեր ժառանգե-
ցուցէ ձեզ եւ հանգուցէ զձեզ յա՟մ թշնամեաց ձերոց
որ շուրջ զձեւք իցեն: եւ բնակեսջիք զզուշութ՟ք
11 եւ եղիցի տեղին զոր ընտրեսցէ տ՟ր ա՟ծ մեր կոչել զա-
նուն իւր ի վերայ նորա անդ եւ մատուսջիք զա՟մ զոր ես
պատուիրեմ ձեզ այսօր զողջակէզս ձեր եւ զզոհս ձեր,

6. om ձեր 1° 218 174: ※ եւ տասանորդս ձեր̇ 33txt (※ in mg): եւ 3°] ※ pr 218txt(※ in mg) 174: ÷ եւ զխոստովանութ՟իս ձեր̇ 33txt(÷ in mg): ձերոյ] ձերոց 13
7. անդ 9-61-233] om rell: լինիջիք 33 38 162 174: յոր] որ 162: մխեցէք] մխիցէք 9 rell : om եւ 4° 13
8. այսօր մեք] tr 13: յիւրաքանչիւր 233: զհաճոյսն 174
9. մինչեւ ցայժմ] մինչեւ ցայսօր et tr post ձեզ 33' 38 162 174: հանգիստսն 233(|): om ի 2° 13: ժառանգութ՟ին 13 218 38 162 174: ձեզ] մեզ 13
10. ընդ] ի 13: յերկրին] յերկիրն 38 174: ձեզ] զձեզ 233: om ձեզ եւ հանգուցէ 174: զձեօք 233 162 174, զձեաւք 218, զձիւք 33
11. եղիցին 233: ի տեղին 162: ընդրեսցէ 13: եւ 2°] tr ante անդ 233, om 9 rell: ձեզ] քեզ 13:

եւ զտասանորդս ձեր. եւ զպտուղս ձեռաց ձերոց. եւ
զղահամունս եւ զա̄մ ընդիրս պատարազաց ձերոց զոր ուխ-
2 տիցէք ա̄յ ձերում: եւ ուրախ լիջիք առաջի տ̄ն ա̄յ
մերոյ: դո́ւք. եւ ուստերք ձեր եւ դստերք ձեր: եւ
ծառայք ձեր եւ աղախնայք ձեր եւ ղեւտացին որ ի դրու-
նըս ձեր զի ո́չ զոյ նոցա բաժին եւ ո́չ ժառանգութ̄ի ընդ
3 ձեզ: Զգոյշ լեր անձին քում զուցէ մատուցանիցես
4 զողջակէզս քո յա̄մ տեղոջ զոր տեսանիցես: այլ ի
տեղոջն զոր ընտրեսցէ տ̄ր ա̄ծ քո իւր ի միում ի քաղա-
քաց քոց անդ մատուցանիցես զողջակէզս քո եւ ա́նդ արաս-
5 ցես զա̄մ զոր ես պատուիրեմ քեզ այսօր: այլ եւ
ըստ ա̄մ ցանկութե քո զենցես եւ կերիցես միս ըստ օ̄հնու-
թե տ̄ն ա̄յ քո զոր ետ́ քեզ յա̄մ քաղաքս: անս̄ըն որ ի
քեզ եւ ս̄ըն որ ի քեզ ի միասին կերիցեն զայն իբրեւ
զայծեամն եւ զեղջերու: Բայց արիւն մի́ ուտիցէք.
այլ յերկիր հեղուցուք զնա իբրեւ զջուր: մի́ ժը-
տիցիս ուտել ի քաղաքս քո. զտասանորդ ցորենոյ քո եւ

ռաց] ծառոց 38mg: զղահամունս] + ձեր 9: ընդիրս
-61] ընտիրս rell : ուխտեցէք 13 162
12. լինիջիք 33' 38 162 174: աղախնեայք 13' 162:
ռանգութե 38 162
13. om քո 233(|): տեղոջ]-ւոջ rell: տեսանիցես]
տուցանիցես 13
14. տեղոջն]-ւոջն rell: ընդրեսցէ 13: om ի 3°
162 174
15. այդ 218: քո 1°] քում 33'38 162 174: կերի-
ս] ուտիցես 33' 38 162 174: յա̄մ] ա̄մ 233: քաղաքս]
քո 233: om որ ի քեզ 2° 9-13' 38 162: զեղջեւրու
, զեղջիւրու 233 33, զեղջիւրոյ 218
16. երկիր հեղուցու 233: զջուրն 174
17. ժտիցիս 9-61]-եցիս 233, -իցես rell : զտասան-
դ 13-61]-որդս 9 rell: om քո 2° 162:

զգինոյ քո եւ զեղւոյ քո։ զանդրանիկս արջառոյ քո եւ
զոչխարի եւ զա՟մ ուխտս զոր ուխտիցէք եւ զխոստովանու-
18 թ՟իս ձեր եւ զպտուղս ձեռաց ձերոց։ այլ առաջի տ՟ն
ա՟յ քո կերիցես զայն ի տեղւոջն զոր ընտրեսցէ տ՟ր ա՟ծ
իւր։ դու եւ ուստր քո եւ դուստր քո եւ ծառա քո. եւ
աղախին քո եւ եկն որ ի քաղաքս քո։ եւ ուրա՛խ լինի-
ցիս առաջի տ՟ն ա՟յ քո ի վերայ ա՟մի յոր մխեսցես զձեռն
19 քո զգոյշ լեր անձին քում զուցէ թողուցուս զղեւ-
տացին զա՟մ ժամանակս որչափ եւ կեցես ի վերայ երկրին։
20 եւ եթէ ընդարձակեսցէ տ՟ր ա՟ծ քո զսահմանս քո որպէս եւ
խոստացաւ քեզ։ եւ ասիցես եթէ կերայց միս եթէ ցան-
կանայցէ անձն քո ուտելոյ միս ըստ ա՟մ ցանզութ՟ե անձին
21 քո կերիցես միս. ապա եթէ հեռագոյն իցէ ի քէն
տեղին զոր ընտրեսցէ տ՟ր ա՟ծ քո անուանել զանուն իւր ի
վերայ նորա եւ զենուցուս յարջառոյ քումմէ եւ յոչ-
խարէ քումմէ յորոց տացէ քեզ ա՟ծ զոր օրինակ պատուի-
րեցի քեզ կերիցես ի քաղաքս քո ըստ ցանկութ՟ե անձին
22 քո որպէս ուտիցի այծեամն եւ եղջերու. ա՛յնպէս

զգինւոյ 13' 33' 38 162։ զեղոյ 13 218, զեւղոյ 33, զիւղոյ 233 38 162 174։ զոչխարի] + քո 9 174
18. տեղւոջն 13' 33' 38 162, տեղւոջ 174։ ուստրն 162։ դուստրն 162։ եւ 3° 61-233] om 9 rell։ ծառայն 9-233 33' 38 162 174։ եւ եկն որ ի քաղաքս քո] bis scr 13*։ լիցիս 13։ մխեսցես 9-61-233] մխիցես rell
19. ժամանակս] + քո 33' 38 162 174։ եւ] որ 218։ կեցես 9-61 33] կեցցես rell
20. ընդարձակեսցէ] + քեզ 233։ եթէ 1°] թէ 233 33' 38 162։ ուտել 38 162։ ցանզութե] ցանկ- rell
21. ապա եթէ 9-61-233] ապա թէ rell ։ ընդրեսցէ 13։ յառջառոյ 13։ յոչխարոյ 38։ տայցէ ձեզ 13
22. ուտիցէ 162 174։ եղջեւրու 38, եղջիւրու 218։

կերիցես եւ զայն: անս̅բն ի քեզ եւ ս̅բն նո՛յնպէս կե-
23 րիցեն: Զգո՛յշ լեր ի չուտելոյ զարիւն զի արիւն
24 նորա է շունչ իւր մի՛ ուտիցի շունչ ընդ մսոյ յեր-
25 կի՛ր հեղուցուս զնա իբրեւ զջուր եւ մի՛ ուտիցես
զնա զի բարի լիցի քեզ եւ որդոց քոց յետ քո: եթէ
26 առնիցես զբարին եւ զհաճոյ առաջի տ̅ն ա̅յ քո: Բայց
զսրբութ̅իւն քո որ լինիցին քեզ եւ զուխտսն քո առեալ
եկեսցես ի տեղին զոր ընտրեսցէ տ̅ր ա̅ծ քո իւր կոչել
27 զանուն իւր ի վերայ նորա եւ արասցես զողջակէզսն
քո. զմիսն ի վերայ սեղանոյն տ̅ն ա̅յ քո. եւ զարիւն զո-
հիցն հեղցես առ յատակաւ սեղանոյ տ̅ն ա̅յ քո եւ զմիսն
28 կերիցես: Զգո՛յշ լեր եւ լուր եւ արասցես զա̅մ զբա-
նըս զոր ես պատուիրեմ քեզ զի բարի լիցի քեզ եւ որ-
դոց քոց յաւիտեան: եւ արասցես զբարին եւ զհաճոյ
29 առաջի տ̅ն ա̅յ քո: Եւ եթէ սատակեսցէ տ̅ր ա̅ծ քո զազգ-
սըն յերեսաց քոց յորս դու մտանելոց ես ժառանգել զեր-

22. կերիցես] կերից

ո եւ 2° 162(|)
23. ի չուտելոյ] ուտելոյ 162, om ի 218 38 174:
ունչ 1°] pr ի 162: ուտիցես 33' 38 162 174
25. om եւ 1° 233: լինիցի 9 174: որդոց] -ւոց
ell: առնիցես] արասցես 33' 38 162 174: զհաճոյն
3 162
26. որ] զոր 162: զուխտս 13, զուխտն 162: քո 2°]
զոր ուխտիցես 33' 38 162 174: om քո 3° 174
27. քո 1°]233sup lin, om 33' 174: զմիսն 1°] + հան-
ս 233 33' 38 162 174: սեղանոյն]-ւոյն 13, -նոյ 38
62 174: om քո 2° 233: հեղցես] հեղուցուս 38 162
'4: սեղանոյ]-ւոյն 13, + ն 9 rell
28. init] pr Յայս վայր 13*: քեզ 1°] ձեզ 218 174:
նիցի 9 218: որդոց]-ւոց rell : զհաճոյ] + ն 13'
' 38 162, զհաճոյսն 9 174
29. եթէ] թէ 218: զազգս 174: յոր 33' 38 162 174:
ւն 174: զերկիրն 13' 33:

կիր նոցա եւ ժառանգեսցես զնոսա եւ բնակեսցես յերկրի
30 նոցա: զգոյշ լինիջիր անձին քում զուցէ խնդրիցես
երթալ զհետ նոցա յետ սատակելոյ զնոսա յերեսաց քոց:
մի՛ քննիցես զդիս նոցա եւ ասիցես զի̂արդ առնիցեն ազգ-
31 քըս այսոքիկ դիցն իւրեանց զի եւ ես արարից: մի՛
առնիցես նոյնպէս տ̅ն ա̅յ քում, զի զգարշելիսն զոր ատե-
այր տ̅ր արարին դիցն իւրեանց զի զուստերսն իւրեանց
32 եւ զդստերս այրեն հրով դիցն իւրեանց: Ամենայն
բանի զոր ես պատուիրեմ քեզ այսօր զգուշանայցես առ-
նելոյ: մի՛ յաւելուցուս ի̓ նա եւ մի՛ հատանիցես ի̓
նմանէ:

13

1 Եւ եթէ յառնիցէ ի միջի քում մարգարէ կամ երազահան
2 երազոյ եւ տացէ քեզ նշան կամ արուեստ, եւ լինիցի
նշան կամ արուեստ զոր խօսեցաւ առ քեզ եւ ասիցէ եր-
թիցուք եւ պաշտեսցուք զա̅ծս օտարս զորս ոչ ճանաչի-
3 ցէք: մի՛ լսիցէք բանից մարգարէին այնմիկ կամ
երազահանին երազոց զի փորձէ զձեզ տ̅ր ա̅ծ ճանաչել եթէ

30. դից 61*(c pr m)

յերկիր 162
30. զգուշ լեր 38 162 174: քննեսցես 13: զդիսն 33': առնիցես 218: ազգքն 233, ազգք 162, ազգս 13 174: արարից 9] + տ̅ն 233 33' 38 162 174
31. ատեայ 33 38 162, ատեա 9 218 174, ատեաց 13: զուստերսն]-տերս 9 rell: զդստերս] + իւրեանց 9-13
1. կամ 1°] pr եւ 33': երազոյ] երազոց 9 rell: նշանն 162, նշանս 233: արուեստս 233 38
2. նշանն 218 38 162 174: արուեստն 33' 38 162 174: om առ 13: երթուցուք 218: om եւ 3° 33' 38 162 174: զորս] զոր 218* 174
3. այնմիկ 9-13'-61] այնորիկ rell: երազոյ 13 174: թէ 33' 38 162 174:

13:3-8

սիրեցէք զտ̅ր ա̅ծ մեր յա̅մ սրտէ ձերմէ եւ յա̅մ անձնէ
4 ձերմէ: Զկնի տ̅ն ա̅յ ձերոյ երթիջիք եւ ի նմանէ
երկնչիջիք: եւ զպատուիրանս նորա պահեսջիք. եւ
5 ձայնի նորա լուիջիք. եւ ի նա յաւելջիք՝ եւ մար-
գարէն այն կամ երազահանն այն երազոց մեռցի զի խօ-
սեցաւ ապստամբեցուցանել զքեզ ի տէ ա̅յ քումմէ որ
եհան զքեզ յերկրէն եգիպտացոց որ փրկեաց զքեզ յերկ-
րէն ծառայութն մերժել զքեզ ի ճանապարհէն զոր պատ-
ուիրեաց տ̅ր ա̅ծ քո գնալ ընդ նմա եւ բարձցես զչարն
6 ի միջոյ ձերմէ: Եւ եթէ աղաչեսցէ զքեզ եղբայր քո
առ ի հօրէ կամ առ ի մօրէ քումմէ կամ ուստր քո կամ
դուստր քո կամ կին ծոցոյ քո կամ բարեկամ հանգոյն
անձին քո զաղտ եւ ասիցէ. երթիցուք եւ պաշտեսցուք
7 զա̅ծս օտարս զորս ո՛չ ճանաչիցես դու եւ հարք քո յա̅-
ծոց ազգաց որ շուրջ զձեւք իցեն ի մերձաւորացն քոց
կամ ի հեռաւորաց ի ծագաց երկրի մինչեւ ի ծագս երկ-
8 րին՝ մի՛ հաւանեսցիս նմա եւ մի՛ լուիցես նմա եւ

4. Զկնի 33' 38 162 174, զկնի 18'] Եկնի
6. երթուք 61*(c pr m)

իրիցէք 9-18' 33' 38 174
4. երկնջիջիք 174: եւ 2° ⌒ 3° 174: յաւելջիք] յա-
հեսջիք 33' 38 162 174
5. om այն 33' 38 162 174: երազոյ 162: էհան 33:
գիպտացւոց 18' 33' 38 162 174: փրկեացն 33' 38 162
174: պատուիրեաց] + քեզ 18 33' 38 162 174: om քո 18:
մա] նա 9 33' 38 162 174: ձերմէ] ձերոյ 162txt,
ումմէ 18
6. om քո 2° 162: om հանգոյն 18: om եւ 2° 9-18
33' 38 162 174: զոր 218, որ 18: հայր 33' 174
7. ազգացն 9 33' 38 162: զձեօք 233^c (vid) 162,
ձեւաւք 218, զձիւք 33, զձեոք 233* 174: իցեն] են et
r post շուրջ 18: մերձաւորաց 33' 174: քոց — ի 3°
m 218*(|): քոց] նց̅ 33-218^c 174: երկրի] + ն 33'
38 162 174
8. հաւանիցիս 9 38 174, հաւանիցես 162:

մի՛ խնայեսցէ ակն քո ի նա. եւ մի՛ զթասցես ի նա եւ
9 մի՛ ծածկեսցես զնա պատմելո՛վ պատմեսցես զնմանէ.
եւ ձեռն քո նախ լիցի ի նմա սպանանել զնա եւ ապա
10 ձեռն ա̅մ ժողովրդեանն: եւ քարկոծեսցեն զնա քա-
րամբք եւ մեռցի զի խնդրեաց զքեզ ապստամբեցուցանել ի
տ̅է ա̅յ քումմէ որ եհան զքեզ յերկրէն եգիպտացող ի տա-
11 նէ ծառայութ̅ե̅: եւ լուեալ ա̅մ ի̅ղ̅ի զարհուրեսցի եւ
ո՛չ եւս յաւելուցուն առնել ըստ բանին այնմիկ չարի ի
12 միջի ձերում: եւ եթէ լւիցես ի միում քաղաքացն
13 զորս տ̅ր ա̅ծ քո տալոց է քեզ բնակել անդ ասել եթէ
ելին արք անօրէնք ի մէնջ եւ ապստամբեցուցին զա̅մ բնա-
կիչս քաղաքին իւրեանց: ասեն երթիցուք եւ պաշտես-
14 ցուք զա̅ծս օտարս զորս ոչ գիտիցէք· եւ քննեսցես
եւ հարցցես եւ յուզեսցես յոյժ եւ ահա ստոյգ հաւաս-
15 տեաւ է բանն եւ եղեալ իցէ զարշութ̅ի̅ն ի ձեզ կո-
տորելո՛վ կոտորեսջիք զա̅մ բնակիչս երկրին այնորիկ կո-
տորմամբ սրոյ եւ նզովելո՛վ նզովեսջիք զնա եւ զա̅մ ինչ
16 որ ի նմա եւ զանասուն նոցա ի բերան սրոյ: եւ

15. նզրվելով

նա 1°] նմա 13: զթացիս 33' 38 162 174
9. եւ ձեռն] ձեռք 38 162: լիցին 38 162, լինին 174: նմա] նա 13 33' 38 162 174
10. մի մեռցի 162: զքեզ ապստամբեցուցանել] tr 38 162 174: էհան 33: եգիպտացող]-ւող rell
11. ի̅ղ̅ի 38 162 174: բանիդ 233: այնմիկ 9-61] այդ-միկ 233, այնորիկ rell: չարի 9] չար 13' 218 38
12. լսիցես 13 38 162 174: քաղաքացն] քաղաքաց քոց 233, pr ի 9 rell: զոր 13: տացէ 38 162: եւ ասել 174
13. ասեն 9-13-61]pr եւ rell : եթէ երթիցուք 13: դաշտեսցուք 174: զոր 13
14. հարցես 38 174: է] իցէ rell : զարշութ̅ի̅ 174
15. կոտորեսջիր 162: զանասունս 218 (|)

13:16-14:5

զա̅մ կապուտ նորա ժողովեսցես յելս նորա եւ այրեսցես
հրով զքաղաքն եւ զա̅մ զաւար նորա համօրէն առաջի տ̅ն
ա̅յ քո եւ եղիցի աւերակ յաւիտեան եւ ո՛չ եւս շինես-
17 ցի: եւ մի՛ կռուեսցի ի ձեռին քում ի նզովից նո-
րա զի դարձցի տ̅ր ի բարկութենէ սրտմտութ̅ե իւրոյ եւ
տացէ քեզ ողորմութ̅ի եւ ողորմեսցի քեզ եւ բազմացուս-
18 ցէ զքեզ զոր օրինակ երդուաւ տ̅ր հարցն քոց եթէ
լւիցես ձայնի տ̅ն ա̅յ քո պահել զա̅մ զպատուիրանս նորա
զոր ես քեզ պատուիրեմ այսօր առնել զբարին եւ զհաճոյ
առաջի տ̅ն ա̅յ քո:

14

զի որդիք էք դուք տ̅ն ա̅յ ձերոյ: Մի՛ զտիցէք՝ եւ մի
2 հարկանիցէք ճակատ ի վերայ մեռելոյ զի ժողովուրդ
ես դու ս̅ր տ̅ն ա̅յ քո. եւ զքեզ ընտրեաց տ̅ր ա̅ծ քո լի-
նել քեզ նմա ժողովուրդ սեպհական յա̅մ ազգաց որ ի
3 վերայ երեսաց երկրի: Մի՛ ուտիցէք զա̅մ զարշելիս.
4 այս անասունք են զոր ուտիցէք. արջառ եւ ոչխար ի
5 հօտից եւ նոխազ յայծեաց՝ զեղջերու եւ զայծեամն.

16. նորա 1°] ն̅գ 233: զքաղաքսն 13: աւար 13: om
ւս 9 (I)-13
17. կռուիցի 33' 38 162 174: ի ձեռին] ձեռն 13:
եզ 1°] + տ̅ր 233: զօր օրինակ 174
18. լսիցես 38 162: պատուիրանս 9-13' 33 38 162:
որս 174: քեզ պատուիրեմ] tr 13': om այսօր 218:
հաճոյն 13 33' 162, զհաճոյսն 174
1. զտիցիք 9-233 33' 38 162: զճակատ 233 33' 38
62 174
2. ժողովուրդ 1°] ժողովուրդս 13: ընդրեաց 13: om
եզ 38 162: սեփհական 38 162 174, սեփական 33
4. անուանք 13 174: զորս 33 38 174: om ի 13
5. զեղջեւրու 38:

եւ զգօմէշ եւ զխարբուզ. եւ զայծքաղ եւ զյամոյր եւ
6 զանալութ եւ զա̅մ անասուն զթաթահերձ եւ զկճղակա-
7 բաշխ եւ զորոճող յանասնոյ ուտիցէք: եւ զայն մի՛
ուտիցէք որ որոճեն եւ թաթահերձ եւ կճղակաբաշխ ոչ
իցեն. ուղտ եւ նապաստակ եւ ճագար զի որոճեն եւ
8 կճղակահերձ ո՛չ են. անսբ̅ք իցեն նոքա ձեզ եւ խոզ
զի թաթահերձ եւ կճղակաբաշխ է եւ որոճէ ոչ անսբ̅ իցէ
նա ձեզ. ի մսոյ նոցա մի՛ ուտիցէք եւ ի մեռեալ նոցա
9 մի՛ մերձանայցէք: Եւ ա՛յս է որ ուտիցէք յա̅մէ որ
ի ջուրս են. ա̅մի որոյ իցեն թեւք եւ թեփ ուտիցէք.
10 եւ ա̅մի որոյ ոչ իցեն թեւք եւ թեփ մի՛ ուտիցէք անսբ̅
11 իցեն նոքա ձեզ: Զա̅մ հաւ սբ̅ ուտիցէք եւ ա՛յս
12 է զոր·ոչ ուտիցէք ի նոցանէ. զարծուի եւ զկորճ եւ
13 զանգղ եւ զգետարծուի եւ զցին եւ որ ինչ նման է
14 նոցա. եւ զորի եւ որ ինչ նման իցէ նմա եւ զջայ-
15 լամն եւ զբու եւ զճայ եւ զարագիլ եւ զփոր եւ

6. զկճշակաբաշխ 7. om որ 61*(c pr m) 11. ու-տիցէքէք 61^{s} 13. ինչնչ 61^{s}

զգոմէշ 13' 38 162 174: զխարբուղ 218, զխարաբուզ 13: զայծքազ 218 (|), զայծաքաղ 233 (|), այծաքաղ 162: զա-մոյր 218

6. զթաթահերձ] pr եւ 233: զորոճօղ 162 174: յա-նասնոյ] յանասնոց 9 rell

7. որոճեն 1°] որոճին 233, որոշեն 174: կճղակաբաչխ 233, կճղակն 13: իցեն 1°] բաժանիցի 13: անսուրբ 13

8. նոցա 1° 2°] նորա 13: մերձենայցէք 233 218 162 174

9. է] են 9 rell: որ 1°] զոր 38 162 174: որոյ] որ 13: թեփք 162 174

10. որոյ] որ 13: թեփք 162

12. om եւ 2° 13: զանկղ 38' 38 162 174

13. է] են 13

14. իցէ] են 13: նմա] նց̅ 162: զջայլամն 61] զջա-լամն 9-13, զջայլեամն rell

14:15-23

16 զհողամաղ. եւ զքաջահաւ եւ զսոխակ եւ զագռաւ.
17 եւ զհաւալուսն: եւ զքարադր եւ որ ինչ նման է նոցա:
18 եւ զյոպոպ եւ զչիղչ: եւ ա̅մ սողուն ի թռչնոց անս̅ք՛
19 լիցի ձեզ եւ մի՛ ուտիցէք ի նոցանէ. եւ զա̅մ թըռ-
20 չուն ս̅ք կերիջիք: Եւ զա̅մ մեռելոտի մի՛ ուտիցէք
այլ պանդխտին որ իցէ ի քաղաքս քո տացես զնա եւ կե-
րիցէ կամ վաճառեսցես օտարոտոյն զի ժողովուրդ ս̅ք ես
դու տ̅ն ա̅յ քո: Մի՛ եփեսցես զգառն ի կաթն մօր իւրոյ:
21 Տասանորդս տասանորդեսցես յա̅մ արմտեաց սերմանց քոց.
22 զարմտիս անդոց քոց ամ ըստ ամէ եւ կերիցես զայն
առաջի տ̅ն ա̅յ քո: ի տեղոջն զոր ընտրեսցէ տ̅ր ա̅ծ անու-
անել զանուն իւր ի վերայ նորա: ա՛նդ մատուսցես զտա-
սանորդս ցորենոյ քո եւ զգինոյ քո եւ զեղոյ քո, եւ
զանդրանիկս արջառոյ քո եւ զոչխարի քո զի ուսցիս եր-
23 կընչել ի տ̅է ա̅յ քումմէ զա̅մ աւուրս: Ա՛պ եթէ հեռի
իցէ ի քէն ճանապարհն եւ ո՛չ կարիցես տանել զայն վ̅ս

17. եւ զոպոտ sup lin 21. Զասանորդս

15. զհողոմազ 174
16. զքաջահու 218
17. եւ զհաւալուսն tr post զբու (15) 13: զքարարդ 33', զքաղադր 38 174, զքաղարդ 162: զհոպոպ 162: զջիղջ 38 174, զջեղջ 218, զջղիջիկան 13, զչիղջ 9-233 33
18. om եւ 2° 13
20. պանտխտին 233: իցէ] է 13 33' 38 162, om 174: կերիցէ զնա կամ վաճառեսցես զնա 13: օտարոտւոյն 13 33' 38 162: om դու 13: քո 2°] քում 13: կաթին 13
21. սերմանեաց 38: զարմտից 233: անդւոց 13: յամէ 162 174
22. տեղոջն] -ւոջն rell: ընդրեսցէ 13: ա̅ծ 9-13-61] + քո rell: նորա] նոցա 162: ցորենւոյ 13 33: զգինւոյ 13 33' 162: զեւղոյ 33', զեւղւոյ 13, զիւղոյ 233 162 174, զիւղո 38: քո 4°] քոց 233*: ոչխարի 13
23. ապ եթէ] ապա եթէ 9-233, ապա թէ rell: իցէ 1° 2°] իցեն 174: ի քէն 1°⌒2° 33*:

զի հեռի իցէ ի քէն տեղին զոր ընտրեսցէ տ̅ր ա̅ծ քո
անուանել զանուն իւր անդ զի ա̅հեաց զքեզ տ̅ր ա̅ծ քո
24 վաճառեսցես զայն արծաթոյ եւ առցես զարծաթն ի ձեռին
քում եւ երթիցես ի տեղին զոր ընտրեսցէ տ̅ր ա̅ծ քո
25 եւ տարցես զարծաթն ընդ ա̅մի որում ցանզանայցէ անձն
քո արջառոյ եւ ոչխարի. կամ գինոյ կամ ցքոյ կամ ա̅մի
որում ցանզանայցէ անձն քո եւ կերիցես անդ առաջի տ̅ն
26 ա̅յ քո եւ ուրա́խ լինիցիս դու եւ ուստր քո. եւ
ղեւտացին որ ի քաղաքս քո: մի́ թողուցուս զնա զի
27 ո́չ զոյ նոցա բաժին եւ ոչ ժառանգութի̅ ընդ քեզ: յետ
երից ամաց հանցես զա̅մ տասանորդս արմտեազ քոց յամի
28 յայնմիկ դիցես զայն ի քաղաքս քո եւ եկեսցէ ղեւ-
տացին: քանզի ոչ զոյ նորա բաժին եւ ոչ ժառանգութի̅
ընդ քեզ: եւ եկն եւ ո́րբ, եւ այրի ի քաղաքս քո կերի-
ցեն եւ յագեսցին զի օ̅հեսցէ զքեզ տ̅ր ա̅ծ քո յա̅մ գործս
քո զոր առնիցես:

28. առնից

ընդրեսցէ 13: քո 2°] քոց 233
24. ընդրեսցէ 13
25. տարցես] տացես 9 rell: ցանզանայցէ 1°] ցանկա-
նայցէ 13' 33 38 162 174, ցանկայցէ 218: քո 1°⁀2°
38txt: յարջառոյ 162: եւ 2°] կամ 33' 38 174: գինւոյ
13' 33' 38 162: ցքւոյ 13' 33' 38: ցանզանայցէ 2°]
ցանկ- rell: անդ] զայն 233: առաջի տ̅ն] արջառ ի տուն
13*: լիցիս 13: fin] + եւ դուստր քո 13 174
26. մի թողուցուս զնա]+ : 38txt (※ in mg), ※ ad
mg 218: նոցա] նորա 9 33' 38 162 174
27. հանիցես 33' 38 162 174: յամի 9-13-61 218] եւ
յամին 174, pr եւ rell
28. եկեսցէ 9-61] կերիցէ rell : om ոչ 2° 33' 38
174: որբն 13 174: այրին 13: կերիցես 218

15:1-7

15

1 Յեւթներորդ եւթներորդ ամի արասցես թողութ̅ի՝ եւ
2 այս իցէ հրաման թողութ̅են: թողցես զա̅մ պարտս քո զոր
պարտիցի քեզ ընկեր քո եւ մի պահանջեսցես յը՛նկերէ եւ
յեղբօրէ քումմէ զի թողութ̅ի կոչեցեալ է տ̅ն ա̅յ քո:
3 յօտարոտոյն պահանջեսցես որ ինչ իցէ քո առ նմա բայց
4 եղբօրն քում թողութ̅ի արասցես զպարտուցն քոց եւ
մի լինիցի ի միջի քում կարօտեալ զի օ̅հելով օ̅հեսցէ
զքեզ տ̅ր ա̅ծ քո. յերկրին զոր տ̅ր ա̅ծ քո տալոց է քեզ ի
5 ժառանգութ̅ի ժառանգել զնա: եւ եթէ լսելով լսիցէք
ձայնի տ̅ն ա̅յ ձերոյ. պահել եւ առնել զա̅մ պատուիրանս
6 զոր ես պատուիրեմ քեզ այսօր: զի տ̅ր ա̅ծ քո օ̅հես-
ցէ զքեզ որպէս եւ խոստացաւ քեզ: եւ տացես փոխ ազ-
գաց բազմաց եւ դու ո՛չ առնուցուս փոխ եւ տիրեսցես
7 ազգաց բազմաց եւ քեզ մի՛ տիրեսցեն. եւ եթէ լի-
նիցի ի միջի քում կարօտեալ յեղբարց քոց ի միում ի
քաղաքաց քոց յերկրին զոր տացէ քեզ տ̅ր ա̅ծ քո: մի՛
դարձուցանիցես զսիրտ քո եւ մի կծկիցես զձեռն քո

5. պահել] եւ լըսել 61^{s} 6. տայցես 61^{s}: եւ 4°] այլ 61^{s}

1. Յեւթն 33' 38 174, Ջեօթն 162
2. om մի 233*: պահանջիցես 13 218 162 174
3. յօտարոտւոյն 218 38 162: պահանջիցես 233 33' 38 162 174
4. om քո 2° 13 162*: քեզ] + տ̅ր ա̅ծ քո 218: ժառանգութ̅ին 174
5. լուիցէք 9, լուիջիք 33', լուիցես 13 38 162 174: ձերոյ] քո 13, քոյ 38 162, մերոյ 174: պատուիրանս] + նորա 13
6. օրհնեաց 9 33' 38 174: om ազգաց 233txt : առնիցես 13
7. om ի 3° 13 162(|): տացէ քեզ] tr post քո 1° 233

8 յեղբօրէ քումմէ կարօտելոյ՝ այլ ընդարձակելով
ընդարձակեսջիր նմա զձեռն քո եւ տալով տացես նմա փոխ
9 որչափ եւ խնդրիցէ ի կարօտութ̅ե իւրում. զգոյշ
լեր անձին քում զուցէ լինիցի բան ծածուկ անօրէնութ̅ե
ի սրտի քում եւ ասիցես, մե՛րձ է ամ̅ն եւթներորդ ամ̅ն
թողութ̅ե. եւ չարակնեսցէ ակն քո ի վերայ եղբօր քո
կարօտելոյ եւ ո՛չ տացես նմա եւ բողոքեսցէ զքէն առ տ̅ր
10 եւ լինիցին քեզ այն մեղք մեծամեծք: այլ պարգե-
ւելով պարգեւեսցես նմա եւ տալով տացես նմա փոխ որ-
չափ եւ պիտոյ իցէ՝ եւ մի՛ տրտմեսցիս ի սրտի քում
զկնի տրոցն քոց նմա զի վ̅ս բանին այնորիկ օ̅հնեսցէ
զքեզ տ̅ր ա̅ծ քո յա̅մ գործս քո եւ յա̅մի յոր ինչ մխես-
11 ցես զձեռն քո: զի ո՛չ պակասէ կարօտեալ յերկրէ՝
վ̅ս այնորիկ ես պատուիրեմ քեզ զբանս զայս եւ ասեմ:
ընդարձակելով ընդարձակեսցես զձեռն քո յեղբայր քո
12 յաղքատն եւ ի կարօտեալ որ իցէ յերկրին քում: Եւ
եթէ վաճառեսցի քեզ եղբայր քո եբրայեցի կամ կին եբ-

9. եւթներրորդ 61^{s}, 61* inc

8. արձակեսջիր 233, ընդարձակեսցես 38 162: նմա 1°] tr post քո 13: խնդրեսցէ 13 174: կարօտութեանն 13

9. ծածուկ անօրէնութ̅ե] tr 233: թողութ̅են 174: չարակնիցէ 13: տայցես 33' 38: բողոքիցէ 13: լինիցի 174: om այն 162

10. տայցես 233: om փոխ 38: տրտմիցիս 233 218 162: ի սրտի քում] tr post քոց 13: om նմա 2° 13: յա̅մ ի գործս 33' 38 162 174: յա̅մի] յա̅մ 162: մխես-ցես] pr եւ 38 162 174, մխիցես 38 162

11. այսորիկ 13 218: om քեզ 33' 38 162 174: զայ-սոսիկ 13: յեղբայր քո] եղբայր (յեղբայր 174) քո et tr post կարօտեալ 33' 38 162 174: յաղքատ 33' 38 162 174: կարօտեալն 13, տառապեալ 33' 38 162 174: իցեն 233: յերկրի 13, յերկիրն 174

12. վաճառեսցէ 174: եբրայեցի 1°⌒2° 162

15:12-18

րայեցի ծառայեսցէ քեզ զվեց ամ եւ յամին եւթներորդի
13 արձակեսցես զնա ազատ ի քէն: եւ յորժամ արձակի-
ցես զնա ազատ ի քէն. ոչ արձակեսցես զնա ունայն՝
14 այլ համղերձելո՛վ համղերգեսցես զնա յոչխարաց քոց եւ
ի ցորենոյ քումմէ եւ ի հնձանէ քումմէ որպէս օ̅հեաց
15 զքեզ տ̅ր ա̅ծ քո. տացես նմա: եւ յիշեսցես զի եւ
դու ծառա էիր յերկրին եգիպտացոց եւ փրկեաց զքեզ տ̅ր
ա̅ծ քո անտի եւ վն̅ այնորիկ ես պատուիրեմ քեզ առնել
16 զբանս զայս: ա՛պ եթէ ասիցէ ցքեզ ո՛չ ելանեմ ի քէն
զի սիրեաց զքեզ եւ զտուն քո զի բարի իցէ նմա առ քեզ
17 առցես հերիուն եւ ծակեսցես զունկն նորա ի վերայ սե-
մոց տանն եւ եղիցի քեզ ստրուկ յաւիտեան: եւ զաղա-
18 խինն քո նո՛յնպէս արասցես եւ մի՛ խիստ թուեսցի
առաջի քո յորժամ արձակիցես զնուսա ազատս ի քէն զի
ամի ամի վարձովք վարձկանի ծառայեաց քեզ զվեզ ամ:
եւ օ̅հեսցէ զքեզ տ̅ր ա̅ծ քո յա̅մի զինչ եւ զործիցես:

18. Ազատս (|)

13. արձակիցես] -եսցես 9 rell: om ազատ ի քէն 233 33' 38 162 174
14. յոչխարէ քումմէ 13: ցորենւոյ 13'33' 174: որ-պէս եւ 33' 38 162 174
15. եգիպտացոց] յեգիպտացւոց 233, -ւոց rell: om քո 13: անդի 13: om եւ 4° 33' 38 162 174: այսորիկ 13
16. ապ եթէ] ապա եթէ 9-233, ապա թէ rell
17. ծածկեսցես 233: զունգն 33: om նորա 233: տան-րն] դրանցն 174, դրանն rell: զաղախին 13 33' 38 162 174
18. թուիցի 162: արձակիցես] -եսցես 9 rell: ամի յամի 174: վարձովք] վարձուք 9 rell: վարձականի 174: զքեզ վեց 233: om քո 2° 13: զինչ] զոր ինչ 233* 33' 174: զործիցես 9-61 218] -եսցես rell

19 Զա̅մ անդրանիկս որ ծնանիցի յանդեայս քո եւ ի հօտս
քո, զարուն ի նոցանէ սրբեսցես տ̅ն ա̅յ քում, ոչ գոր-
ծեսցես անդրանկաւ եզին քո: եւ մի կտրեսցես զանդրա-
20 նիկս հօտից քոց: ամ յամէ կերիցես զնա առաջի տ̅ն
ի տեղոջն զոր ընտրեսցէ տ̅ր ա̅ծ քո դու եւ տուն քո՝
21 եւ եթէ արատաւոր իցէ, կաղ կամ կոյր եւ կամ ա̅մ արատ
չար զինչ եւ զուցէ ի նմա մի զենցես զնա տ̅ն ա̅յ քում
22 այլ ի քաղաքս քո կերիցես զնա: անս̅բն ի քեզ եւ ս̅բն
ն՛յնպէս կերիցեն իբրեւ զայծեամն կամ զեղջերու.
23 բայց զարիւն մի՛ ուտիցէք՝ յերկիր հեղուցուք զնա
իբրեւ զջուր:

16

1 Զզուշասջիր ամսոյն կանխոց եւ արասցես զզատիկ տ̅ն ա̅յ
քո զի յամսեանն կանխոց ելէք յեգիպտոսէ ի գիշերի
2 եւ զենցես զզատիկն տ̅ն ա̅յ քում ոչխարս եւ արջառս ի
տեղոջն զոր ընտրեսցէ տ̅ր ա̅ծ քո անուանել զանուն իւր

19. ծնանիցին 13 33' 38 174, ծնանիցեն 162: ի հօ-
տից 38: զարուն] զարուսն 9 rell
20. զնա] զայն 13: ի տեղոջն —քո 1° om 13 : տեղոջն]
տեղւոջն 233 33' 38 162 174: դուն 174
21. կաղ] pr կամ 33' 38 162 174: զինչ եւ զուցէ ի
նմա bis scr 233*
22. այդ 218: կամ] pr եւ 162, կալ 174, եւ 13: զեղ-
ջեւրու 38
23. զարիւնն 13: ուտիցէք 61-233]-իցես 9 rell:
հեղուցուք 61- 233]-ուցուս 9 rell: իբրեւ] որպէս 13
1. զգուշացիր 162: ամսւոյն 13: կանխոց 1°] զար-
նայնոյ 33mg : զատիկ 13' 33 38 162: քո] քում 9-233:
ամսեանն 162: ի գիշեր] om ի 13
2. զզատիկ 174, զատիկ 13: ոչխար 13: տեղւոջն 13'
33' 38 162: ընդրեսցէ 13:

16:2-9

3 անդ մի ուտիցէք՝ ի նմա խմորուն զեւթն օր բաղարջ
կերիցես ընդ նմա հաց չարչարանաց քանզի տագնապաւ
ելէք յեգիպտոսէ: զի յիշիցէք զօրն ելի ձերոյ յերկ-
4 րէն եգւպտացւոց զա̅մ աւուր կենաց ձերոց: եւ մի՛
երեւեսցի ի քեզ խմոր յա̅մ սահմանս քո զեւթն օր. եւ
մի՛ ագցի ի մսոյն զոր զենուցուս յերեկորեայ յաւուրն
5 առաջնոյ յայգ եւ մի՛ ժտեսցիս զենուլ զատիկն ի
6 միում քաղաքաց քոց զորս տ̅ր ա̅ծ քո տացէ քեզ. այլ
ի տեղոջն զոր ընտրեսցէ տ̅ր ա̅ծ քո անուանել զանուն
իւր ի նմա. անդ զենցես զզատիկն առ երեկսն ընդ արեւ-
7 մուտս ի ժամանակին յորում ելեր յեգիպտոսէ եփես-
ցես եւ խորովեսցես եւ կերիցես ի տեղոջն զոր ընտրես-
ցէ տ̅ր ա̅ծ քո եւ դարձցես ի վաղիւն եւ երթիցես ի տուն
8 քո: զվեց օր կերիցես բաղարջ եւ յաւուրն եւթն-
երորդի ելք տօն տ̅ն ա̅յ քո մի՛ գործեսցես ի նմա զա̅մ
9 գործ բայց որ ինչ գործիցի անձին: Եւթն եւթն-

3. երկր 61*(c pr m) 4. ագցիս: աւուրն (|) 6. ընդ արեւմուտս sup lin : յեգիպտոտոսէ 61[s] (|) 7. կերիցեն: տունս (ս sup lin)

անդր 174
3. ի նմա] ընդ նմա rell: բաղարճ 233: քանզի] զի 13: յիշիցէք 61 33]-եցի 13, -եցէք 9 rell: ելին ձերոյ 233, ելից ձերոց 38 162 174: յերկրին 233: եգւպտաց-ւոց] եգիպ- rell : աւուր] աւուրս rell: կենաց քոց 13
4. om ի 1° 9-233: ագցէ 162: յերեկաւրեա (-րեայ 174) 13 174: յաւուրն bis scr 233: յառաջնոյ 162: om յայգ 13
5. ժտիցիս 233 33, ժտեսցես 162: զզատիկն 13' 33' 38 162 174: քաղաքաց] ի քաղաքացն 13
6. այդ 218: տեղւոջն 13' 33' 38 162: զորս 162: ընդրեսցէ 13: երեկսն] երեկս rell :
7. տեղոջն]-ւոջն rell: ընդրեսցէ 13: դարձցիս 13 38 162 174: om եւ 4° 38
8. բաղարճ 233: մի] pr եւ 162: գործիցես 233 218: om զա̅մ 162txt: գործիցէ 13, գործեսցի 174: անձինն 13
9. եւթն] եօթն 162:

երորդս համարեսցես քեզ ի սկսանելոյ մանկաղի քո յոճ
10 սկսանիցիս համարել եւթն եւթներորդս. եւ արասցես
տօն եւթներորդաց տն այ քում որչափ կարող իցէ ձեռն
քո ըստ ընքին զորս տացէ քեզ որպէս զիարդ օհեսցէ
11 զքեզ տր ած քո եւ ուրախ լիցիս առաջի տն այ քո
դու եւ ուստր քո եւ դուստր քո: ծառա քո եւ աղախին
քո եւ ղեւտացին որ ի քաղաքս քո. եւ եկն եւ որբն եւ
այրի որ ի ձեզ ի տեղոջն զոր ընտրեսցէ տր անուանել
12 զանուն իւր անդ եւ յիշեսցես զի ծառա էիր յերկ-
րին եգիպտացոց եւ զգուշասցիս եւ արասցես զպատուի-
13 րանս զայսոսիկ: Տօն տաղաւարահարաց արասցես զեւ-
թըն օր ի ժողովել քեզ ի կալոց քումմէ եւ ի հնձանէ
14 քումմէ եւ ուրախ լիցիս ի տօնի քում դու եւ ուս-
տրր քո եւ դուստր քո եւ ծառայն քո եւ աղախին քո եւ
ղեւտացին եւ եկն եւ որբն եւ այրին որ իցեն ի քաղաքս
15 քո զեւթն օր տօնեսցես տն այ քում ի տեղոջն զոր
ընտրեսցէ տր ած քո ի նմա եւ եթէ օհեսցէ զքեզ տր ած
քո յամ արմտիս քո եւ յամ գործս ձեռաց քոց՝ եւ լինի-

15. օհեսցէ sup lin

համարեսցես] -եսցիս 9 rell: սկսանել 13: մանզաղի 33' 174
10. եւթն եւթներորդաց 13: կարօղ 162 174, կարաւղ 218: ընքին 9-61] ինքնին 13, ընչին rell: զորս] զոր 9 rell: տայցէ 9-13
11. լինիցիս 233: որք 218 174: այրին 13' 38 162: om որ ի ձեզ 233: տեղոջն] -ւոջն rell: ընդրեսցէ 13: տր] + ած 9-233 38 174
12. եգիպտացոց] -ւոց rell
13. կալոց] կալոյ 9 rell: քումմէ 1° ⌒ 2° 174
14. լիցես 233 218 38 162: տօնի] տան 13: քո 1° ⌒ 2° 162: om եւ 4° 9-13 33' 38 174: ծառայն] ծառայ 9 rell
15. տեղոջն] -ւոջն rell: ընդրեսցէ 13

16:15-22

16 ցիս ուրա՛խ: զերիս ժամանակս ի՛ տարոջ յանդիման
լիցի ա̅մ արու քո առաջի տ̅ն ա̅յ քո ի տեղոջն զոր ընտ-
րեսցէ տ̅ր ի՛ տօնի բաղարջակերացն եւ ի՛ տօնի եւթներոր-
դաց՝ եւ ի տօնի տաղաւարահարացն. եւ ո՛չ երեւեսցիս
17 առաջի տ̅ն ա̅յ քո ունայնաձեռն: իւրաքանչիւր ըստ
կարի ձեռաց ձերոց ըստ օ̅հութե̅ տ̅ն ա̅յ քո զոր ետ քեզ:
18 Դատաւորս եւ ատենադպիրս կացուսցես յա̅մ ի քաղաքս քո
զոր տ̅ր ա̅ծ տացէ քեզ ըստ ցեղիցն եւ դատեսցին զժողո-
19 վուրդն դատաստան արդար   եւ մի՛ աչառիցին երեսաց:
եւ մի՛ առնուցուն կաշառս, քանզի կաշառ կուրացուցանէ
20 զաչս իմաստնոց եւ ապականէ զբանս արդարոց: Արդա-
րութք̅ վարեսցես զիրաւունս զի կեցէք եւ մտանիցէք ժա-
21 ռանգիցէք զերկիրն զոր ա̅ծ տալոց է ձեզ: Մի՛ տնկի-
ցես քեզ անտառ ա̅մ փայտի առ սեղանով տ̅ն ա̅յ քո: Եւ
22 մի արասցես ինչ քեզ ծօնի   եւ մի՛ կանգնեսցես քեզ
արձան զոր ատեաց տ̅ր ա̅ծ քո:

16. տաղաւարահացն   19. մի 2° sup lin

16. ի տարոջ] om 13, ի տարւոջ rell: լինիցիս 38' 74: om քո 1° 233: տեղոջն]-ւոջն rell: զորս 1̲62: նդրեսցէ 13: եւթներորդաց 9-61] + ն rell: om ա̅յ ո 2° 218
17. ձերոց] իւրոց 38'38 162 174
1̲8. օրինադպիրս 233: ի քաղաքս] om ի 13 38 162: ր ա̅ծ 9-13-61] + քո rell: ցեղից 38' 38 162 174: ատեսցին 9-61-233]-եսցեն rell
19. աչառիցին 9-61]-եսցեն 162, -իցեն rell: յերե-աց 233
20. վարեսցես] արասցես 38 162 174: կեցցէք 1̲3: ժա-անգիցէք 9-13-61]-եցէք 233, -ել rell: ա̅ծ] pr տ̅ր rell: տալոց է 61-233*] տացէ 9 r̲ell: ձեզ] քեզ 13
21. տնկիցես]-եսցես 9 rell: զա̅մ 38' 38 162 174: այտ 38 (|): սեղանաւ 13: om քեզ 2° 218 174
22. կանկնեսցես 13: արձանս 218

17

1 եւ մի՛ զոհեսցես տ̅ն ա̅յ քում արջառ կամ ոչխար յորում
իցէ արատ ինչ ըստ ա̅մ արատաւոր բանի. զի պի՛ղծ է այն
2 տ̅ն ա̅յ քո: Եւ եթէ գտցի ի միջի քում ի միում ի
քաղաքացն զորս տ̅ր ա̅ծ քո տացէ քեզ՝ այր կամ կին որ
առնիցէ զչար առաջի տ̅ն ա̅յ քո անցանել զուխտիւ նորա.
3 եւ երթեալ պաշտիցեն զա̅ծս օտարս եւ երկի՛ր պագանիցեն
նոցա արեգական կամ լուսնի կամ ա̅մի որ իցէ ի զարդու
4 երկնից զորս ոչ հրամայեցի եւ պատմեցի քեզ եւ
քննեսցես յոյժ՝ եւ ահա ճշմարտիւ լիեալ իցէ բանն եւ
5 եղեալ իցէ պղծութի̅ն այն ի մէջ իղ̅ի հանցես զայրն
զայն կամ զկին որ արարին զբանն չար ի դրունս ձեր
եւ քարկոծիցէք զնոսա քարամբք: եւ սատակեսցին՝
6 երկուք եւ երիւք վկայիւք մեռցի որ մեռանիցին եւ մի՛
7 մեռցի միով վկայիւ: եւ ձեռն վկայիցն եղիցի նախ
ի նմա սպանանել զնա: եւ ապա ձեռն ա̅մ ժողովրդեանն:
8 եւ բարձցես զչարն ի միջոյ ձերմէ: Եւ եթէ վրի-

5. om եւ 1° 61^{s}

1. զոհիցես 233 33' 38 162: կամ] եւ 233: ամենայ-
նի 13: այն] bis scr 233*(|): տ̅ն 2°] pr առաջի 33'
38 162 174: քո] քում 233
2. զտանիցի 13: om ի 3° 13 174: զորս] զոր 33'
38 162 174: անցանելով 233
3. նոցա] նոքա 13: յա̅մի 174: զարդու 13-61(|)]
զարդուէ 9 rell: զոր 162: հրամաեաց տ̅ր 13
4. պատմեսցի 13, պատմիցի 162: քեզ] ձեզ 33: լեալ
13' 38 162 174: ի̅լի 38 174
5. om զայն 233txt: զկինն 9-13' 162: որ — ձեր]
+ : 33txt(※ in mg), ※ ad mg 218: քարկոծիցէք]-եցէք
33' 38 162 174: զնա 13: սատակեսցին] մեռցին 38 162
6. երկու 233
7. նմա] նա 33' 38 162 174: ձեռն 2°] + ն 38 162
174: բարձջիք 13

17:8-14

պեսցէ ի քէն բան ի դատաստանի ի մէջ արեան եւ արեան։
եւ ի մէջ դատաստանի եւ դատաստանի։ եւ ի մէջ զրզռու-
թ̅ն̅ եւ զրզռութ̅ն̅։ եւ ի մէջ հակառակութ̅ն̅ եւ հակառա-
կութ̅ն̅ բան դատաստանի ի քաղաքս քո։ եւ յարուցեալ
ելցես ի տեղին զոր ընտրեսցէ տ̅ր ա̅ծ քո անուանել զա-
9 նուն իւր անդ եւ երթիցես առ քահանայսն ղեւտացիս
եւ առ դատաւորն որ լինիցի յաւուրսն յայնոսիկ։ եւ
10 քննեալ պատմեսցեն քեզ զդատաստանն եւ արասցես
ըստ հրամանին զոր պատմեսցեն քեզ որք ի տեղւոյն իցեն
զոր ընտրեսցէ տ̅ր ա̅ծ քո եւ զգուշասջիր յոյժ առնել
11 ըստ ա̅մի որպէս օրինադրեսցի քեզ ըստ օրինաց եւ
ըստ դատաստանի զորս ասասցեն քեզ արասցես եւ մի́ խո-
տորիցիս ի բանէն զոր պատմեսցեն քեզ մի́ յաջ եւ մի
12 յահեակ․ եւ մարդ ոք որ առնիցէ հպարտութ̅ք̅ առ ի
չլսելոյ քահանային որ կայցէ պաշտել յանուն տ̅ն̅ ա̅յ քո
կամ դատաւորի որ իցէ յաւուրսն յայնոսիկ մեռցի մարդն
13 այն։ եւ բարձցես զչարն յիէ̅ղ̅է․ եւ ա̅մ ժողովըր-
14 դեանն լուեալ երկիցէ եւ մի́ եւս ամբարշտեսցի։ Եւ

12. չը̀սելոյ

8. դատաստանի 1°] պատասխանի 174։ բան 2°] pr եւ
33։ ընդրեսցէ 13
9. երթայցես 33' 38 162 174։ ղեւտացիս] pr եւ 38
62 174, + ն 13։ յաւուրն յայնմիկ 13*, յաւուրսն
այնմիկ 13c։ քննել 13
10. արասցեն 13։ զոր 1°] զորս 13։ om ի 33'։ տե-
ղյն] -ւոյն rell։ ընդրեսցէ 13։ օրինադրեմ 33mg
11. օրինաց 61-233] + ն 9 rell։ դատաստանին 13։
որս 9-61-233] զոր rell։ ասիցեն 174։ խոտորիցիս
-61-233] -իցես 13, -եսցիս rell
12. կայցէ] կացցէ 38։ դատաւորին 9-233 33' 38 162
74։ դատաւոր իցէ որ 13։ յիէլէ 13 38 174
13. ամպարշտեսցի 174, ամպարշտիցէ 13

եթէ մտանիցես յերկիրն զոր տ̅ր ա̅ծ քո տացէ քեզ եւ ժա-
ռանգեսցես զնա եւ բնակեսցես ի նմա եւ ասիցես, կա-
ցուցից ի վերայ իմ իշխան որպէս եւ այլ ազգք որ շուրջ
15 զինեւ են: կացուցանելով կացուսցես ի վերայ քո
իշխան զոր ընտրեսցէ տ̅ր ա̅ծ քո յեղբարց քոց կացուսցես
քեզ իշխան: եւ մի իշխեսցես կացուցանել քեզ զայր
16 օտար որ ոչ իցէ եղբայր քո զի մի յաճախիցէ իւր
երիվարս եւ մի՛ դարձուսցէ զժողովուրդն իւր յեգիպտոս
զի տ̅ր ասաց թէ մի՛ եւս յաւելուցուք դառնալ ընդ նոյն
17 ճանապարհ՝ եւ մի՛ յաճախեսցէ իւր կանայս զի մի
խոտորեսցի սիրտ նորա. եւ արծաթ եւ ոսկի մի կարի
18 յաճախեսցէ իւր. եւ եղիցի յորժամ նստիցի յիշխա-
նութե̅ իւրում գրեսցես նմա զերկրորդումն օրինացս այ-
սոցիկ ի մատենի. առ ի քահանայիցն ղեւտացոց
19 լինիցի առ նմա եւ ընթերձցի զսա զա̅մ աւուրս կենաց
իւրոց զի ուսցի երկնչել ի տ̅է ա̅յ քումմէ պահել զա̅մ
պատուիրանս զայսոսիկ եւ առնել զիրաւունս զայսոսիկ:
20 զի մի հպարտանայցէ սիրտ նորա ի վերայ եղբարց իւրոց
զի մի՛ յանցանիցէ զպատուիրանօքս յաջ կամ յահեակ զի
երկայնակեաց լինիցի յիշխանութե̅ իւրում ինքն եւ որդիք

19. պատիրանս (|)

15. զայր] այր 13: ոչ իցէ] չիցէ 38
16. om մի 1° 233txt: յաճախեսցէ 9-13 33 38 162 174: իւր 2°] om 9 rell
17. om կարի 13
18. իշխանութե 233: գրեսցէ ի 13: զերկրորդում 13 174: առ] եւ 38 162 174: ղեւտացոց] -ւոցն 13, -ւոց rell
19. լիցի 38 162 174: ընդ նմա 233: ընթերձցի] ըն-թերցի 9, ընթերցցի rell: զսա] զնա 233: քումմէ] + զա̅մ աւուրս 233: զպատուիրանս 13
20. յանցանիցէք 13, անցանիցէ 233 33' 38 174: պատ-ուիրանօքս 13: լիցի 13' 38 162: իշխանութե̅ 233: ինքն] pr եւ 38: որդիքն 162:

իւր ի մէջ որդոցն ի̅ղ̅ի:

18

1 Եւ մի՛ լինիցի քահանայիցն ղեւտացոց յորդոցն ղեւեայ
բաժին եւ ժառանգութի̅ ընդ ի̅ղ̅ի: երախայրիքն տ̅ն վիճակ
2 նոցա զա՛յն կերիցեն: եւ վիճակ մի՛ լիցի նոցա ի
մէջ եղբարց իւրեանց զի տ̅ր է վիճակ նոցա որպէս ասաց
3 նոցա: Եւ ա՛յս են իրաւունք քահանայից ի ժողովրր-
դենէն: որք զենուցուն զենլիս եթէ արջառ իցէ եւ եթէ
ոչխար, տացէ քահանային զերին եւ զծնօտսն եւ զխախա-
4 ցոցն: եւ զպտուղս ցորենոյ եւ զգինոյ քո եւ զե-
ղոյ քո, եւ զպտուղ կտրոց խաշանց քոց տացես նո-
5 ցա: զի զնա ընտրեաց տ̅ր յա̅մ ցեղիցն քոց կալ առա-
ջի տ̅ն ա̅յ քո պաշտել եւ օ̅հել յանուն նորա նա եւ որ-
6 դիք իւր զա̅մ աւուրս: Ապ եթէ եկեսցէ ղեւտացին ի
մի քաղաքացն քոց յա̅մ որդոցն ի̅ղ̅ի ուր իցէ ինքն բնա-

3. զծնօտն 61*(c pr m)

րդոցն] -ւոցն rell: ի̅լ̅ի 38 174
1. լիցի 233 38 162: ղեւտացոց] om 233txt, -ւոց
ell: յորդւոցն 162, որդւոցն 13' 38' 38 174: ի̅լ̅ի 38
74: om տն 162
2. լինիցի 13: իւրոց 13: վիճակ 2°] վճակ 13
3. քահանայից] քահանային 38 162 174: ժողովրդենէն]
ողովրդենէ անտի 38' 38 162 174: տաց 233: զխախաց-
ոցն 13 38' 162, զխարացոցն 233
4. ցորենւոյ 13, ցորենւոյ քո 38', ցորենոյ քո 233c
8 162 174: զգինւոյ 13' 38' 38 162: om քո 1° 233:
եղոյ] զեղւոյ 13, զեւղոյ 218, զիւղոյ 9 rell
պտուղս 9-13: խաշանց] pr ի 13: նոցա] նմա 9-13'
5. զնա] նա 218: ընդրեաց 13: ցանուն 233*, զանուն
38c 162: նա] pr եւ 218 174
6. ապ եթէ] ապա եթէ 9-233 218 174, ապա թէ rell:
ւղաքացն 9-13-61] pr ի rell: որդոցն] -ւոցն rell:
ի̅ 38 174

կեալ եւ եկեսցէ ըստ ցանկութե̅ անձին իւրոյ ի տեղին
7 զոր ընտրեսցէ տ̅ր. պաշտել զանուն տ̅ն ա̅յ իւրոյ
իբրեւ զա̅մ եղբարսն իւր ղեւտացիս որ կայցեն անդ առա-
8 ջի տ̅ն կերիցէ զմասն հասեալ. բայց իւրաքանչիւր
9 ազգական վաճառէն: Եւ եթէ մտանիցես յերկիրն զոր
տ̅ր ա̅ծ տացէ քեզ մի ուսանիցիս առնել ըստ զարշելեաց
10 ազգացն այնոցիկ: մի գտանիցի ի քեզ որ ածիցէ
զուստր իւր կամ զդուստր իւր զբոցով եւ դիւթիցէ դիւ-
11 թութի̅ եւ հմայիցէ եւ հաւահարց լինիցի եւ կախար-
դիցէ կախարդանօք եւ վհուկ եւ նշանագէտ լինիցի առ ի
12 զմեռեալս հարցանելոյ: քանզի պի́ղծ է տ̅ն ա̅մ որ
առնէ զայն զի վա̅ այսպիսի զարշելեաց սատակեսցէ զնոսա
13 տ̅ր ի քէն: կատարեալ լինիցիս առաջի տ̅ն ա̅յ քո
14 զի ազգքն այնոքիկ զորս դու ժառանգելոց ես նոքա հմա-
յից եւ դիւթութ̅ց անսան: բայց քեզ ոչ այնպէս ետ տ̅ր
15 ա̅ծ քո: մարգարէ յեղբարց քոց իբրեւ զիս յարուսցէ
16 քեզ տ̅ր ա̅ծ քո եւ նմա́ լուիջիք ըստ ա̅մի զոր խնդրե-

10. զուստ 61*(c pr m) 15. յեղբարց քոց sup lin

եւ — իւրոյ] pr ※ et + ⁚ 33txt (※ in mg), pr ※ 218txt (※ in mg) 174: ընդրեսցէ 13
7. եղբայրսն իւր ղեւտացին 174: կացցեն 9 33 162, կալցեն 174: om անդ 9-13': fin] + ա̅յ 162 33vid, + ա̅յ քո 174
8. զմասն 9-13-61] + ն rell: ազգական 61-233] pr ի 9 rell: վաճառէ 162
9. երկիրն 162: ա̅ծ] + քո 9-13'
10. գտցի 13: om ի 233: զդիւթութիւնն 13
11. վոհուկ 9-233 33': նշանագէտ 13'-61] -դէտ 9 rell: լիցի 33': om ի 13 174: յարուցանելոյ 13
12. այնպիսի 9-13'
14. ազգն 218: ժառանգելոցս ես 218: om այնպէս 162: ետ 9-13-61] pr հրաման 233, + հրաման rell
15. յեղբարց — զիս tr post ա̅ծ 13: եղբարց 174: քոց] ծերոց 233: om քո եւ 13: om եւ 33 162: լուիցիք 233

ցեր ի տ̅է ա̅յ ի քորէբ. յաւուրն եկեղեցոյ ասէիք ոչ յա-
ւելցուք լսել զձայն տ̅ն ա̅յ մերոյ եւ զհուրդ զմեծ զայդ
17 ո՛չ եւս տեսցուք զի մի՛ մեռանիցիմք։ Եւ ասէ ցիս
18 տ̅ր ուղի՛ղ է ա̅մ ինչ զոր խօսեցան։ մարգարէ յարու-
ցից նոցա յեղբարց իւրեանց իբրեւ զքեզ եւ տաց զպատ-
գամս իմ ի բերան նորա։ եւ խօսեսցի ընդ նոսա որպէս
19 եւ պատուիրեցից նմա։ եւ մարդ որ ոչ լւիցէ զոր
ինչ խօսեսցի մարգարէն յանուն իմ ե՛ս խնդրեցից վրէժ ի
20 նմանէ։ բայց մարգարէն եթէ ամբարշտեսցի խօսել յա-
նուն իմ բան ինչ զոր ես ոչ հրամայեցի խօսել։ եւ
կամ թէ խօսիցի յանուն ա̅ծոց օտարաց՝ մեռցի մարգարէն
21 այն։ Ապա թէ ասիցէք ի սրտի զիարդ գիտասցուք
22 զբանն զոր ոչ խօսեցաւ տ̅ր զոր ինչ խօսիցի մար-
գարէն յանուն տ̅ն եւ ոչ լինիցի բանն եւ ո՛չ դիպիցի.
ա՛յն բան է զոր ոչ խօսեցաւ տ̅ր։ ամբարշտութ̅ք խօսեցաւ
մարգարէն մի թողուցուք նմա։

16. ի 2° sup lin

16. ա̅յ 1° 9cpr m-13-61] 9*inc , + քումմէ rell :
որեք 13' 218vid 162: եկեղեցոյ 61 162]-ւոյ rell:
չ 1°] + եւս 38 162: յաւելուցուք 218, յաւելուցումք
38 162 174: զմեծ զայդ 9^c-61] մեծ զայդ 9*, զայդ մեծ
զմեծ 13 38) rell
18. յեղբարձ 174(|)
19. լսիցէ 13: զոր խօսիցի 38' 38 162 174: խնդրեցի
74
20. ամբարշտեսցի] յամբար- 233, ամպար- 13 174: om
ւ 13: խօսեսցի 13
21. եթէ 9: ասիցէ ոք 9-13: սրտի] + ձեռում 233
22. խօսիցի] խաւսեցաւ 13, խօսեսցի 233: դիպեսցի 233:
յն] այլ 233: խօսեցաւ 1°⌒2° 218*(|) : ամպարշտութք
3 174: մարգարէն 2°] + այն 13

19

1 Եւ եթէ սատակեսցէ տ̅ր ա̅ծ քո զազգսն զորոյ ա̅ծ տացէ
քեզ զերկիր նոցա եւ ժառանգեսցես զնոսա եւ բնակեսցես
2 ի քաղաքս եւ ի տունս նոցա   երիս քաղաքս զատու-
ցես քեզ ի միջոյ երկրին զոր տ̅ր ա̅ծ քո տացէ քեզ
3 նկատեսցես քեզ զճանապարհն եւ ընդ երիս բաժանեսցես
զսահմանս երկրին քո զոր բաժանեսցէ քեզ տ̅ր ա̅ծ քո եւ
4 եղիցի անդ ապաստան ա̅մ սպանողի.   այս հրաման եղիցի
սպանողի որ փախիցի անդր եւ ապրեսցէ որ ոք հարկանի-
ցէ զնկեր իւր ակամա եւ նա ոչ ատեայր զնա յերէկն եւ
5 յեռանտ: եւ որ ոք մտանիցէ ընդ ընկերի իւրում ի
մայրի հարկանել փայտ եւ ամբարձցէ զձեռն իւր փայտա-
տաւն հարկանել փայտ, եւ անկանիցի երկաթն ի մեղեխէ
անտի եւ դիպիցի ընկերին եւ մեռանիցի: փախիցէ նա
6 եւ անկցի ի մի քաղաքացն այնոցիկ եւ կեցցէ   զի մի՛
պնդեսցի մերձաւոր արեանն զկնի սպանողին մինչդեռ այ-
րիցի սիրտ նորա. եւ հասանիցէ նմա եթէ հեռազոյն իցէ

1. ա̅ծ 2°] tr post քեզ 61* 3. երիս] երի: զսահ-
մանք 61*vid, զսահման 61^{c} 4. ոչ ատեայր]61* inc

1. զորոյ] զոր 233, զորոց rell: ա̅ծ 2° 9] pr տ̅ր 13
38 162 174, om 233: զերկիրն 13 33' 38 162 174: զնո-
սա] զնա 38 162
3. բաժանեսցես] + քեզ 33' 38 162 174
4. om init— սպանողի 9-13-233txt: հրաման] սահման
38, սահմանք 233mg 162: սպանողի] pr պ̅մ 233mg 33' 38
162 174: անդ 33' 38 162 174: om եւ 1° 13: ապրեսցի
13 38 162: հարկանիցի 162: զնկեր] զընկեր rell: յե-
րէկն] եւ յերէկ 13, յերեկն 174: յեռանտ]-անդ rell
5. ամբարձեալ 13, ամբառնայցէ 38 162: փայտատովն
162: մաղխէ 13: դիպեցի 33: մեռանիցէ 162: փախիցէ]
-խիցէ 9 rell: om նա եւ 13: քաղաքացն] pr ի 9 33' 38
6. մերձաւորն 13: om արեանն 13: եթէ] pr եւ 233:
իցէ] + ի նմանէ 13:

ճանապարհն։ եւ հարկանիցէ զանձն նորա եւ նմա չէ դա-
տաստան մահու։ զի ոչ ատեայր զնա յերէկն եւ յեռանտ։
7 վ̅ն այնորիկ ես պատուիրեմ քեզ զբանս զայս եւ ասեմ.
8 երիս քաղաքս զատուցես քեզ։ Եւ եթէ ընդարձակես-
ցէ քեզ տ̅ր ա̅ծ քո զսահմանս քո որպէս եւ երդուաւ տ̅ր
հարցն քոց։ եւ տացէ քեզ տ̅ր զա̅մ երկիրն զոր խոստա-
9 ցաւ տալ հարցն քոց։ եւ եթէ լսիցես առնել զա̅մ պատ-
ուիրանս զայսոսիկ զոր ես պատուիրեմ քեզ այսօր. սի-
րե՛լ զտ̅ր ա̅ծ քո եւ գնալ յա̅մ ի ճանապարհս նորա զա̅մ
աւուրս եւ յաւելցես քեզ այլ եւս երիս քաղաքս յայնս
10 յերիսն. եւ մի՛ հեղցի արիւն անպարտ յերկրին քում
զոր տ̅ր ա̅ծ քո տացէ քեզ ի ժառանգութի̅ եւ մի՛ ոք լիցի
11 ի միջի քո պարտական արեան։ Եւ եթէ լինիցի այր
որ ատիցէ զնկեր իւր եւ դարան գործիցէ նմա եւ յարիցէ
ի վերայ նորա եւ հարկանիցէ զանձն նորա եւ մեռանիցի
12 եւ փախչիցի ի մի ի քաղաքացն այնոցիկ։ առաքեսցեն
ծերակոյտ քաղաքի նորա եւ առցեն զնա անտի եւ մատնես-
13 ցեն զնա ի ձեռս մերձաւորի արեանն։ եւ մեռցի եւ
մի՛ խնայեսցէ ակն քո ի նա եւ սրբեսցես զարիւն ան-

9. այլ եւս sup lin : յանս երիսն 61*(c pr m)

է] չէր 233: յերեկն 174: յեռանտ] յեռանդ 33 38 162
74, յեռանդն 13 218
7. om ես 162
8. om եւ 2° 9-13 162
9. զպատուիրանս 13': om եւ 2° 13: ի ճանապարհս]
m ի 13' 38 162: յերիսն] յերեսին 13
10. արիւնն 162: քո 2°] քում 9-233 38 162
11. որ] ոք 174: ատիցէ] ատեայ 33: զընկեր 13' 33'
8 162: դարան] դարձան 174: փախչիցէ 233: յայնոցիկ
3
12. քաղաքին 233: առիցեն 162: մերձաւոր 13
13. զարիւնն 13':

14 պարտ յիէ̅ղ̅է եւ բարի՛ լիցի քեզ: Մի փոխեսցես
զսահմանս ընկերի քո զոր հաստատեցին հարք քո ի ժա-
ռանգութ̅ե̅ քում: զոր ժառանգեսցես յերկրին զոր տ̅ր ա̅ծ
15 տացէ քեզ ի ժառանգութ̅ի̅: Ոչ հաստատեսցի մի վկայ՝
վկայել զմարդոյ ըստ ա̅մ ապիրատութ̅ե̅ եւ ըստ ա̅մ յանցա-
նաց եւ ըստ ա̅մ մեղաց զոր մեղանչիցէ: Ի բերանոյ
16 երկուց եւ երից վկայից հաստատեսցի ա̅մ բան: Եւ
եթէ կայցէ յառաջ սուտ վկա զմարդոյ եւ չարախօսեսցէ
17 զնմանէ ամբարշտութ̅ի̅ ինչ. կացցեն երկոքին արքն
որոց իցէ հակառակութ̅ի̅ն առաջի տ̅ն, եւ առաջի քահանա-
յիցն եւ առաջի դատաւորացն որ իցեն յաւուրսն յայնո-
18 սիկ: եւ քննեսցեն դատաւորքն ճշմարտութ̅ե̅: եւ ահա
վկա անիրաւ վկայեաց զանիրաւութ̅ի̅ եկաց հակառակ եղբօր
19 իւրում: արասջիք նմա որպէս խորհեցաւ չար առնել
20 եղբօր իւրոյ եւ բարձջիք զչարն ի միջոյ ձերմէ՝ եւ
այլոցն լուեալ զահի հարկանիցին եւ մի՛ եւս յաւելցեն
21 առնել ըստ բանին այնմիկ չարի ի միջի ձերում. մի՛

15. վկայել] վկա եւ 18. հակակ

յիէ̅ղ̅է] յիէ̅լ̅է 13', ի միջոյ ի̅ղ̅ի 162, ի միջոյ ի̅լ̅ի 38 174
14. հարքն 174: ա̅ծ 9] + քո 174
15. om վկայ 13: om զմարդոյ 162: մեղանչէ 33' 38 162 174
16. թէ 33: կացցէ 38 162 174: ամպարշտութ̅ի̅ 13 174
17. կայցեն 13 33': երկոքեան 233: որոց] որ 33': իցէ] կայցէ 33', tr post հակառակութ̅ի̅ն 38 162 174
18. եկաց 9-13-61] pr եւ rell
19. խորհեցաւ] խաւսեցաւ 13: չար առնել] tr 233: եղբօր] ընկերի 33' 38 162 174: իւրոյ] իւրում rell : բարձէք 13 33' 38 162 174
20. յաւելցին 33', յաւելուցուն 13 38 162 174: այնմիկ] pr ըստ 13: չար 38 162

խնայեսցէ ակն քո ի նա։ անձն ընդ անձին, ակն ընդ ական, ատամն ընդ ատաման, ձեռն ընդ ձեռին ոտն ընդ ոտին։

20

1 Եւ եթէ ելանիցես ի պատերազմ ի վերայ թշնամեաց քոց.
եւ տեսանիցես երիվարս եւ հեծեալս եւ ազգ բազում
քան զքեզ։ մի՛ երկնչիցիս ի նոցանէ զի տր ած քո ընդ
2 քեզ է որ եհան զքեզ յերկրէն եգիպտացոց։ եւ եղի-
ցի յորժամ մերձանայցես ի պատերազմ. մատուցեալ քահա-
3 նայն խօսեսցի ընդ ազգիդ եւ ասասցէ ցդոսա։ լո՛ր
իէղ դուք դիմեալ երթայք աւադիկ այսօր ի պատերազմ ի
վերայ թշնամեաց ձերոց. մի լքանիցին սիրտք ձեր մի՛
երկնչիջիք եւ մի՛ զարհուրիցիք եւ մի՛ խուսիցէք յե-
4 րեսաց նոցա։ զի տր ած մեր երթայ առաջի ձեր՝ ընդ
ձեզ տալ պատերազմ վն ձեր ընդ թշնամիս ձեր ապրեցու-
5 ցանել զձեզ։ Եւ խօսեսցին դպիրքն ընդ ժողովրդեանն
եւ ասասցեն՝ այր ոք որոյ շինեալ իցէ տուն նորաշէն
եւ ոչ իցէ արարեալ նմա նաւակատիս, գնասցէ եւ դարձցի

3. երթայք այսաւր ի պատերազազմ ի 61^{s} (|), 61*inc։ արհուրիք 61^{s}։ խաւսիցէք 61^{s}

21. նա] նմա 13։ ձեռն] + ընդ ձեռն 218(|)։ ձեռին] եռան 233
1. ելանիցիս 174։ ի վերայ] ընդդէմ 13։ երիւարս 13։ զզք 13 33։ երկնչիցես 38։ սոցանէ 233։ եգիպտացւոց 3' 33' 38 162 174
2. մերձենայցես 233 33' 38 162 174։ ազգին 38 162
3. ցնոսա 13 38 162։ իէլ 13' 218 38 174։ աւադիկ] c post պատերազմ 38 162 174։ ձերոց] քոց 13։ լքանի-են 162։ մի 2°] pr եւ 13 33' 38 162 174։ երկնչիջիք] իցիք rell։ խուսիցէք] խուսիցիք 233։ նոցա] նր 174
5. խօսեսցեն 162։ դպիրք 233։

ի տուն իւր զուցէ մեռանիցի ի պատերազմի եւ այլ այր
6 առնիցէ նմա նաւակատիս: Եւ այր ոք որոյ տնկեալ
իցէ այգի եւ չիցէ ուրախ լիեալ ի նմանէ գնասցէ եւ
դարձցի անդրէն ի տուն իւր: զուցէ մեռանիցի ի պատե-
7 րազմի եւ այլ այր ուրախ լինիցի ի նմանէ: Եւ այր
ոք որոյ խօսեալ իցէ կին եւ չիցէ առեալ զնա, գնասցէ
ի տուն իւր զուցէ մեռանիցի ի պատերազմի եւ այլ այր
8 առնուցու զնա: Եւ յաւելցեն դպիրքն խօսել ընդ ժո-
ղովրդեանն եւ ասասցեն: այր ոք որ երկնչիցի եւ վատա-
սիրտ սրտիւ իցէ գնասցէ եւ դարձցի ի տուն իւր զի մի՛
զանգիտեցուսցէ զսիրտ եղբօր իւրոյ իբրեւ զիւրն:
9 Եւ եղիցի յորժամ դադարեսցեն դպիրքն ի խօսելոյ ընդ
ժողովրդեանն: կացուսցեն իշխանս զօրուն առաջնորդս
10 ժողովրդեանն: Եւ եթէ մերձանայցես ի քաղաք տալ
պատերազմ ընդ նմա: կոչեսցես զնոսա ի խաղաղութի̅:
11 եւ եղիցի եթէ տայցեն խաղաղութե̅ պատասխանի եւ բացցեն
քեզ: եղիցի ա̅մ ժողովուրդն որ գտանիցի ի նմա հարկա-
12 տուք եւ հնազանդեալ քեզ: Ապա թէ ոչ հնազանդես-
ցին քեզ՝ եւ արասցեն ընդ քեզ պատերազմ, պաշարեսցես

6. այլ] + ոք 61* 7. մեռԱնիցի (|)

առնիցէ — fin] ուրախ լիցի ի նմանէ 13
6. իցէ] + նմա 233: լեալ 13' 38 162 174: նմանէ
1°] նմա 13: մեռանիցէ 13: լիցի 13 218 38 162 174
7. գնասցէ] + եւ դարձցի անդրէն 233, + եւ դարձցի
33' 38 162 174: եւ այր առնիցէ զնա 233
8. դարձցի] + անդրէն 233: զի] եւ 13: եղբօրն 233
9. դադարիցեն 33': ժողովրդեանն 2°] -եան 174
10. մերձենայցես 233 218 38 162mg 174, մտանիցես
162txt: om ի քաղաք 218: զնոսա] զնա 13
11. տացեն 13(|): բայցցեն 13(|): գտանիցին 233
33' 38 162: հնազանդեալք 9-13 33' 38 162 174
12. ապա եթէ 233:

20:12-18

13 զնա   եւ մատնեսցէ զնա տ̅ր ա̅ծ քո ի ձեռս քո․ եւ
14 հարցես զա̅մ արու նորա կոտորմամբ սրոյ: բայց ի
կանանց եւ ի կահուէ եւ յա̅մ անասնոյ եւ զա̅մ ինչ զինչ
զտանիցի ի քաղաքին եւ զա̅մ աղխ առցես քեզ յաւարի:
եւ կերիցես զա̅մ զաւար թշնամեաց քոց զոր տ̅ր ա̅ծ տացէ
15 քեզ: նոյնպէս արասցես ընդ քաղաքս ընդ յոյժ հե-
ռաւորս որք ոչ ի քաղաքաց՝ ազգացն այնոցիկ իցեն:
16 Բայց ի քաղաքաց ազգացն այնոցիկ զոր տ̅ր ա̅ծ քո տացէ
քեզ զերկիրն նոցա ի ժառանգութի̅․ մի ապրեցուցանէք ի
17 նոցանէ զամ շնչաւոր: այլ նզովելով նզովեսջիք
զնոսա: զքետացին եւ զամուրհացին եւ զքանանացին եւ
զփերեզացին եւ զխեւացին եւ զյեբուսացին եւ զգերգե-
18 սացին զոր օրինակ պատուիրեաց տ̅ր ա̅ծ քո: զի մի՛
ուսուցանիցեն զձեզ առնել զա̅մ զարշութի̅ս իւրեանց զոր
արարին դիցն իւրեանց եւ մեղանչիցէք առաջի տ̅ն ա̅յ մե-

զնա] զնս̅ 233
13. հարցցես 233*: նորա] նոցա 13 218
14. բայց] բաց 233 33 38 162 174: անասնոց 13-233*: զտանիցի] pr եւ 162 174: քաղաքի 162: առնեսցես 162: աւարի 162: զաւար] աւար 13 162: տ̅ր ա̅ծ քո 13 38 162 174: տաց 218(|)
15. քաղաքս ընդ] pr ա̅մ 233 sup lin 38 162 174, քաղաքսն 13: ազգաց 162: են 162
16. զերկիր 38 162 174: ապրեցուցանիցէք 13' 33 38 174
17. այդ 33: նզելով 233(|): զամովրհացին 33' 38 174, զամօրհացին 162: om եւ 4° 233(|): զխեւացի 33' 38: զյեբուսացի 33' 38: զգերգեսացի 33' 38: պատուիրեաց քեզ 233 174
18. զձեզ] ձեզ 33 vid-218 38 c pr m 162 174: զարշութիս 218 38 162 174: իւրեանց $1^{o} \frown 2^{o}$ 13 33: ձերոյ 33' 38 162 174

19 րոյ՝ եւ եթէ նստեալ պաշարիցես զքաղաք աւուրս բա-
զումս մարտնչել ընդ նմա առնուլ զնա: մի՛ հարկանի-
ցես զծառատունկ նորա արկանելով ի նա երկաթ, այլ կե-
րիցես ի նմանէ եւ զնա մի՛ հարկանիցես: միթէ մա՞րդ
իցէ ծեռատունկն որ ի յանդի անդ իցէ մտանել յերեսաց
20 քոց ի պատնէշ: այլ զփայտ զոր գիտիցես եթէ չիցէ
պտղաբեր զայն հարցես եւ կոտորեսցես եւ շինեսցես պատ-
նէշ շուրջ զքաղաքաւն որ տայցէ ընդ քեզ պատերազմ մին-
չեւ մատնեսցի:

21

1 Եւ եթէ գտանիցի վիրաւոր յերկրի քում զոր տ̅ր ա̅ծ քո
տացէ քեզ ժառանգել անկեալ ի դաշտի եւ ոչ գիտիցեն
2 զայն որ խոցեացն զնա. ելցէ ծերակոյտն քո եւ դա-
տաւորքն քո եւ չափեսցեն շուրջ զվիրաւորաւն զվայրս
3 քաղաքացն: եւ եղիցի քաղաք որ հուպ իցէ ի վիրա-
ւորն առցէ ծերակոյտ քաղաքին այնորիկ երինջ մի յար-
ջառոց որ ընդ գործ չիցէ մտեալ եւ ի լուծ չիցէ ձգեալ:
4 եւ իջուսցեն ծերակոյտ ժողովրդեանն զերինջն ի ձոր մի

20. պատերազ

19. պաշտեսցես 33' 38 162 174: զքաղաքս 233 174: առնուլ] pr ի 233 33' 38 174: նա] նմա 33' 38 162 174: այղ 218: մարթ 174: ի յանդի] om ի 9 rell : անդ] անտ 162, անդի 233
20. այղ 218: փայտ 13: թէ 13' 38 162: հարցես] հարկանիցես 13: եւ շինեսցես] bis scr 13: տացէ 33(|): պատերազմն 218
1. անկեալ 13' 61*inc , զանգեալ 9mg] om 9txt,pr եւ 61^{s}vid rell: ի] pr դնիցի 33 38 162 174, դնի 218: խոցեաց 13, խոցոտեացն 33' 174
3. վիրաւորաւն 233: ի լուծ] om ի 13 33' 38 162 174

21:4-11

ապառաժ որ չիցէ գործեալ եւ ոչ սերմանեալ: եւ կար-
5 *թակոտոր արասցեն զերինջն ի ձոր անդ. եւ մատիցեն*
քահանայքն ղեւտացիք զի զնոսա ընտրեաց տ̅ր ա̅ծ քո կալ
առաջի իւր եւ օ̅հել յանուն նորա եւ ըստ բերանոյ նոցա
6 *վճարիցի ա̅մ հակառակութի̅ եւ ա̅մ գզրութի̅: եւ ա̅մ*
ծերակոյտ քաղաքին այնորիկ որ հուպ իցեն ի վիրաւորն
լուասցեն զձեռս իւրեանց ի վերայ գլխոյ երինջուն կար-
7 *թահարելոյ ի ձորն եւ պատասխանի տուեալ ասասցեն*
ձեռք մեր ոչ հեղին զարիւնս զայս եւ աչք մեր ոչ տե-
8 *սին. քաւեա՛ զժողովուրդ քո զի̅է̅ղ̅ զոր փրկեցեր տ̅ր*
զի մի եկեսցէ արիւնս անպարտ ի վերայ ժողովրդեան քո
9 *ի̅ղ̅ի եւ քաւեսցի ի նոցանէ արիւնն: եւ բարձցես*
դու զարիւն անպարտ ի ձէնջ: Եթէ արասցես զբարին եւ
10 *զհաճոյ առաջի տ̅ն ա̅յ քո: եւ եթէ ելանիցես ի պա-*
տերազմ ի վերայ թշնամեաց քոց եւ մատնեսցէ զնոսա տ̅ր
11 *ա̅ծ քո ի ձեռս քո եւ աւարեսցես զաւար նոցա եւ*
տեսանիցես յաւարին կին գեղեցիկ տեսլեամբ եւ ցանկա-

6. *գլոյ* 61*(c pr m) 7. *պատասխննի* (|) : *զարինս* 61*(c pr m)

4. *յապառաժ* 233: *որ*] *ուր* 33' 38: *կարթատոր* 218: *անդ*] *անդր* 13 38 162 174
5. *ընդրեաց* 13: *յա̅հել* 174: *բերանւոյ* 13: *նոցա*] *ն̅ր* 218 174: *վճարեսցի* 13 33' 38 162 174
6. *որ հուպ իցեն*] *եկեսցեն* 33', pr *եկեսցեն* 174: *իցէ* 38 162 174: *լուասցեն*] pr *եւ* 174: om *գլխոյ* 13: *երընջոյն* 13' 218 162, *երնջոյն* 33, *երընջոցն* 174: *կարթահարելոյն* 233, *կարթակոտորելոյ* 162
8. *զժողովուրդս* 9-13' 33' 174: *զի̅է̅լ* 13' 38 174: *զոր*] *որ* 162: *արիւնս*] *արիւն* 13' 162: *ամպարտ* 33: *ի̅լ̅ի* 38 174
9. *զարիւն*] + *ն* 13 33' 38 174: *ամպարտ* 33: *Եթէ*] pr *եւ* 38 162 174: *զհաճոյն* 13' 174: om *առաջի* 218
10. om*քո* 1° 233: *աւարեսցես*] *արասցես* 13*vid, *առցես* 13c
11. om*կին* 13: *տեսանելով* 233: *ցանկասցես* 174:

12 ցիս նմա եւ առցես զնա քեզ կնութն   եւ տարցիս
զնա ի տուն քո: գերծցես զգլուխ նորա եւ սրբեսցես
13 զանգունս նորա   եւ հանցես զհանդերձ գերութն նո-
րա. եւ նստցի ի տան քում եւ լացցէ զհայր եւ զմայր
իւր զաւուրս ամսոյ միոյ եւ ապա մտցես առ նա եւ բնա-
14 կեսցես ընդ նմա եւ եղիցի քո կին.   եւ եղիցի թէ
ո՛չ հաճեսցիս ընդ նա արձակեսցես զնա ազատ եւ վաճառե-
լով մի՛ վաճառեսցի ընդ արծաթոյ եւ մի անարգեսցես
15 զնա քանզի լլկեցեր զնա: Եւ եթէ լինիցին առն եր-
կու կանայք մին ի նոցանէ սիրելի եւ մին ատելի: եւ
ծնանիցի նմա որդի սիրելին եւ ատելի եւ լինիցի որդի
16 անդրանիկ ատելոյն: եւ եղիցի յաւուր յորում ժա-
ռանգեցուցանէ որդոց իւրոց զինչս իւր: մի՛ իշխեսցէ
անդրանկացուցանել զորդի սիրելոյն անտես արարեալ զոր-
17 դի ատելոյն զանդրանիկ՝   այլ զանդրանիկ ատելոյն

ի կնութն 33*

12. գերծցես] pr եւ 38, եւ գերծես 162: զանգունս] զեղընգունս 233, զեղընկունս 162, զղնգունս 218, զղընգունս 38 174

13. om եւ 2° 33': զհայր] + իւր 13': ամսւոյ 13: միոյ] իւրոյ 13

14. եթէ 13 33' 38 174: նա] նմա 13 162: վաճառեսցի ընդ] -եսցես զնա 38 162 174: om ընդ 2° 13

15. լինիցէ 233: առն] + ն 218, + միում 233mg 38 162 174: մին — սիրելի] եւ լինիցի ի նոցանէ մին սիրելի 38 162 174: մին 2°] միւսն 38 162, մեւսն 174: ծնանիցի 9-61 162] -իցին rell: որդի 1° sup lin] որդիս 9 rell: ատելի 2° 9-61] + ն rell: ատելւոյն 218 162

16. յաւուր յորում] յորժամ յաւուր 33: ժառանգեցուցանէ] -գեցուցէ 233, -գեցուցանիցէ 9 rell: որդւոց 13' 33' 38 174, որդց 162: մի] pr եւ 174: անդրանկացուցանել] -կացուցուցանել 233, ժառանգեցուցանել 33': սիրելւոյն 218 38 162: ատելւոյն 33' 162

17. ատելւոյն 13 33' 162:

21:17-23

ծանիցէ տալ նմա կրկին յա̅մէ որ ինչ գտանիցի նորա:
զի նա́ է սկիզբն որդոց նորա եւ նմա անկ է անդրան-
18 կութ̅ին: Եւ եթէ իցէ ուրուք որդի խեռ եւ անզգամ
եւ ոչ լւիցէ ձայնի հօր եւ մօր իւրոյ եւ խրատիցեն
19 զնա եւ ոչ անսայցէ կալցին զնա հայր եւ մայրն
իւր եւ տարցին առ ծերակոյտ քաղաքին իւրեանց եւ ի
20 **դուռն տեղոյն իւրեանց** եւ ասասցեն ցարս քաղաքին
իւրեանց որդիս մեր այս խեռ է եւ անզգամ է եւ ոչ լսէ
21 ձայնի մերում՝ հանզանակող է եւ արբշիռ. եւ քար-
կոծեսցեն զնա արք քաղաքին նորա քարամբք եւ մեռցի եւ
բարձցիք զչարն ի միջոյ ձերմէ եւ լւեալ այլոցն զահի՛
22 հարկանիցին: Եւ եթէ հասանիցեն ումեք մեղք մահա-
23 պարտութ̅ե եւ մեռանիցի կախեսջիք զնա զփայտէ. եւ
մի ազանիցի մարմին նորա ի փայտին: այլ թաղելով թա-
ղեսջիք զնա ի նմին աւուր զի անիծեալ յա̅յ է ա̅մ որ
կախիցի զփայտէ: եւ մի́ պղծիցէք զերկիրն զոր տ̅ր ա̅ծ
քո տացէ քեզ ի ժառանգութ̅ի:

17. անդանկութ̅ին 61*(c pr m) 20. որդիս մեր այս sup lin 21. ի bis scr (|)

որդւոց 13' 33' 38 162 174: նմա անկ] նմանակ 218: անկ է] անկանի 162: աղկ 38mg
18. խեռ] հեռ 33txt: լւիցէ 9-61] լսիցէ rell: իւրում 13: խրատեցին 174: անսայցէ] + նց 233 33' 38 162 174
19. om զնա 174: մայր իւր 13, մայր ն̅ր 38 162 174: տարցին] տարցեն 13, + զնա 38 162 174: տեղւոյն 13' 33' 38 162: om իւրեանց 2° 13
20. ցար 13: մեր այս] tr 13': հեռ 33: om է 1° 9-13 33': om է 2° 233 38 162 174: հանզանակող] հարկա-յող 233, հանկանակող rell
21. քաղաքի 13: բարձցիք 9*-61] բարձջիք 9c pr m rell: հարկանիցեն 13
22. հասանիցին 174
23. ազանիցին 233

22

1 Գուցէ տեսեալ զարջառ եւ զոչխար եղբօր քո՝ մոլորեալս
ի ճանապարհի անտես առնիցես զնոսա. այլ դարձուցանե-
լով դարձուսցես զնոսա եւ ածցես առ եղբայրն քո:
2 Ապ եթէ չիցէ մօտ եղբայրն քո առ քեզ եւ ո՛չ ճանաչիցես
զնա ժողովեսցես զնոսա ի տուն քո եւ եղիցին առ քեզ
մինչեւ խնդրեսցէ զնոսա եղբայր քո եւ տացես գնա:
3 Նո՛յնպէս արասցես զէշ նորա, նո՛յնպէս արասցես եւ
զհանդերձ նորա: նո՛յնպէս արասցես եւ զա̅մ կորուստ
եղբօր քո: որ ինչ կորնչիցի ի նմանէ եւ գտանիցես՝
4 մի իշխեսցես անտես առնել զայն: Գուցէ տեսանիցես
զէշ եղբօր քո կամ զեզն նորա անկեալ ի ճանապարհի
եւ զանց առնիցես զնոքօք, այլ յարուցանելով յարուս-
5 ցես ընդ նմա: Մի՛ եղիցի հանդերձ առնացի զկանամբք
եւ մի՛ զգեցցի այր զգեստ կանացի զի պի՛ղծ է տ̅ն ա̅յ
6 քում ա̅մ որ առնէ զայն: Եւ եթէ դիպեսցիս բունոյ
հաւուց առաջի քո ի ճանապարհի, եթէ ի ծառ եւ եթէ ի
գետնի ձագուց կամ ձուոց եւ մայրն ջեռեալ նստիցի ի
վերայ ձագուց կամ ձուոց, մի՛ առնուցուս զմայրն հան-
7 դերձ որդովքն արձակելո՛վ արձակեսցես զմայրն եւ

1. եւ 1°] կամ 13': անտես 9-13-61] pr եւ rell : զնոսա 1°] զնա 13: դարձուցանիցես 162: եղբայր 38 162

2. Ապ եթէ] ապա եթէ 9, ապա թէ rell : ճանաչիցիս 162: om զնոսա 1° 233: տունս 38: զնոսա 2°] զնա 233: եղբայրն 13'

3. om եւ 1° 38 162 174: om եւ 2° 13

4. զզեզն 13

5. զզեսցի 13 (|)

6. դիպեսցես 162: ի գետնի] om ի 13: ձագուց 1°] + ն 218: նստցի 162: ձագուց 2°] + ն 33' 38: որդւովքն 13' 218 38 162 174

22:7-16

զորդիսն առցես ի քեզ զի բարի լիցի քեզ եւ բազմօրեայ
8 լինիցիս ի վերայ երկրի: Եւ եթէ շինեսցես զտուն
նորաշէն արասցես պսակ շուրջ զտանեաւքն եւ մի՛ սպա-
նումն գործեսցես ի տան քում զի մի անկանիցի որ ան-
9 կանելոցն իցէ ի նմանէ: Մի՛ վարեսցես զայգի քո
այլ եւ այլ զի մի՛ սրբեսցին արմտիքն եւ սերմն զոր
10 սերմանիցես ընդ բերից այգոյն քո. Մի վարիցես
11 զէշ եւ զեզն ի միասին: Եւ մի զգենուցուս այլ-
12 այլախառն զասր եւ զկտաւ ի միասին. Ծոպս մանուա-
ծոյս արասցես ի վերայ չորեցունց տտնոց հանդերձից
13 քոց զոր եւ զգենուցուս: Եւ եթէ առնուցու ոք կին
14 եւ ամուսնասցի ընդ նմա եւ ատեսցէ զնա եւ դիցէ ի
վերայ նորա պատճառս բամբասական բանից եւ անուն չար
հանիցէ զնմանէ: եւ ասիցէ զկինս զայս առի եւ մերձե-
15 ցեալ ի սա ոչ գտի զկուսութի սորա: եւ առեալ
հայր եւ մայր աղջկանն հանցեն զկուսութիս աղջկանն առ
16 ծերակոյտն ի դուռնն: Եւ ասասցէ հայր աղջկանն

14. բամբաս 61*(c pr m)

ʼ քեզ 9-61] առ քեզ 233, om ի rell : լիցի] լինիցի 13 62

8. զտուն] տուն rell : զտանեւքն 33, զտանիւքն 174: ործիցես 233 218: նմանէ] նմա 33' 38 162 174

9. սերմն 33' 38 162: սերմանեսցես 233: այգւոյն 33 33' 162 174, այգւոյ 13

10. վարիցես 61 218mg] վարեսցես 9 218txt rell : էշ et զեզն tr 233: զէշն 218

11. Եւ 61-233] om 9 rell : այլախառն 233txt, այլ եւ յլ խառն 33'

12. տտանց 233

14. om նորա 38 162: բամբասականս 174: հանցէ 33: ցկինս 218: մերձեալ 13*-233

15. հօր եւ մօր 233: դուռնն 9-13-61] pr զ 233, ուռն rell

ցծերակոյտն: զղուստր իմ զայս ետու առնդ այդմիկ կը-
17 նութ̄ե եւ ատեցեալ զսա դնէ ի վերայ պատճառս բամ-
բասական բանից ասէ ոչ գտի զկուսութ̄ի դստեր քո եւ
անհաւասիկ կուսութ̄իք դստեր իմոյ եւ բացցեն զհանդերձն
18 առաջի ծերոց քաղաքին: եւ առցէ ծերակոյտ քաղաքին
19 այնորիկ զայրն զայն եւ խրատեսցեն զնա եւ տու-
ժեսցեն ի նմանէ հարիւր սիկղ եւ տացեն հօր աղջկանն
փոխանակ զի եհան անուն չար զկուսէն իէ̄ղացոց եւ նո-
րին լիցի կինն եւ մի՛ իշխեսցէ զնա արձակել զա̄մ ժա-
20 մանակս: Ապ՛ եթէ ճշմարտեսցի բանն եւ ոչ գտցին
21 կուսութ̄իք աղջկանն հանցեն զաղջիկն առ դուրս հօր
իւրոյ եւ քարկոծ արասցեն զնա արք քաղաքին իւրոյ եւ
մեռցի. զի արար անզգամութ̄ի ի մէջ որդոցն իղ̄ի պոռն-
կել ի տան հօր իւրոյ եւ բարձջիք զչարն ի ձէնջ:
22 Եւ եթէ գտցի այր շնացեալ ընդ առնակնոջ սպանջիք զեր-
կոսին զայրն զշնացեալ ընդ կնոջն եւ զկինն եւ բարձջիք

16. առ ծերակոյտն 233: զդուստրս 13 33 38: om զայս 13: om ետու 233: ատեալ 174: զդա 13
17. պատճառ 218: բամբասաւոր 9 33' 38 162 174, բամբասանաց 13: ասէ] pr եւ 38 162: կուսութիք] -թիւն 13: զհանդերձսն 233: fin] + այնորիկ 33' 38 162 174
18. առցեն 13: om այնորիկ 13
19. տուժեսցին 174: իսրաէլացւոյ 13, իէլացւոյ 233, իէղացւոյ 33', իէղացւոց 162, իէլացւոց 38 174: կին 33 38 162: զնա արձակել 9] tr 13' 38 162 174
20. ապա եթէ 9-233, ապա թէ 13 33' 38 162 174: ճըշմարիտ իցէ 38 162 174: գտին 174
21. om init — եւ 1° 13: քարկոծ արասցեն] քարկոծեսցեն 233: իւրոյ 2°] իւրեանց 13: որդւոցն 13' 33' 38 162 174: իլի 38 174
22. զերկոսին 9] + ն 13, զերկոսեան 233 33' 38 174, զերկոսեանն 162: զշնացեալ] շնացեալ 9 rell: բարձէք 174:

22:22-30

23 զչարն յիէղ̄:   Եւ եթէ եղիցի աղջիկ կոյս խօսեալ
առն եւ գտանիցէ զնա այր ոք ի քաղաքի եւ ննջեսցէ
24 ընդ նմա   հանջիք զերկոսին ի դուռն քաղաքին իւրե-
անց եւ քարկոծեսցին քարամբք եւ մեռցին: զաղջիկն զի
ոչ բողոքեաց ի քաղաքին: եւ զայրն որ լլկեաց զկին
ընկերի իւրոյ. եւ բարձջիք զչարն ի միջոյ ձերմէ:
25 ա՛պ եթէ ի դաշտի գտցէ այր զաղջիկ ոք խօսեալ առն եւ
բռնաբար ննջեսցէ ընդ նմա. սպանջիք զայրն որ ննջեաց
26 ընդ նմա   եւ աղջկանն մի՛ ինչ առնիցէք զի ո՛չ է
աղջկանն վնաս մահու: զի որպէս յառնիցէ մարդ ի վե-
րայ ընկերի իւրոյ եւ սպանանիցէ զնա, ա՛յնպէս է իրն
27 զի ի բացի՛ եգիտ զնա եւ բողոքեաց աղջիկն խօսեալ եւ
28 ո՛չ ոք էր որ օգնէր նմա: եւ եթէ գտանիցէ ոք աղ-
ջիկ կոյս որ չիցէ խօսեալ առն եւ բռնաբար ննջիցէ ընդ
29 նմա: տացէ այրն որ ննջեաց ընդ նմա հօր աղջկանն
յիսուն երկդրամեան արծաթոյ: եւ նորա լիցի կինն եւ
30 մի՛ իշխեսցէ արձակել զնա զա̄մ ժամանակս իւր.   Մի՛

յի̄էղէ 233 33' 162, յի̄էլ 13, յի̄էլէ 38 174
23. եղիցի] լիցի 13: խօսեցեալ 233 174: զնա այր
ոք] այր զնա որ 174: ննջիցէ 13: om ընդ 174c
24. զերկոսինն 162: քարկոծեսցին 9-61-233] -եսցեն
rell, + զնոսա 33' 38 162 174: զկինե 13(|): ձերոյ
233
25. ապա եթէ 9-233, ապա թէ 13 33' 38 162 174: om
ոք 13: խօսեցեալ 174: առնն 13
26. աղջկանն 1°⌒2° 174: առնիցէ 174, յարիցէ 13
27. բացէ 13: էգիտ 33
28. գտանիցի 218: զաղջիկ 38 162 174: առն] tr
ante չիցէ 233: ննջիցէ 9-13-61(|)] -եսցէ rell
29. յսուն 233: երկդրամեանն 162: արծաթւոյ 13:
լինիցի 162: ժամանակս] աւուրս 233

առցէ այր զկին հօր իւրոյ եւ մի յայտնեսցէ զծածուկս
հօր իւրոյ:

23

1 2 մի՛ մտցէ մալեալն եւ կրճատեալ յեկեղեցի ա̅յ: Մի՛
3 մտցէ պոռնկորդի յեկեղեցի տ̅ն: Մի՛ մտցէ ամովնացի
եւ մովաբացի յեկեղեցի տ̅ն: մինչեւ ցտասն ազգ մի՛
4 մտցեն յեկեղեցի տ̅ն եւ մինչեւ ցյաւիտեան վ̅ն զի
ո՛չ ելին ընդ առաջ ձեր հացիւ եւ ջրով ի ճանապարհի
ելանելոյն ձերոյ յեգիպտոսէ: եւ զի ի վարձու կալան
վ̅ն քո զբաղայամ որդի բէովրայ ի միջագետաց անիծանել
5 զքեզ: եւ ո՛չ կամեցաւ տ̅ր ա̅ծ քո լսել բաղայամու:
եւ դարձոյց տ̅ր ա̅ծ քո զանէծսն յօհնութիս, զի սիրեաց
6 զքեզ տ̅ր ա̅ծ քո: մի՛ խօսեսցիս ընդ նոսա խաղաղու-
7 թ̅ք զա̅մ աւուրս քո մինչեւ ցյաւիտեան: մի զարշե-
ցուցանիցես զեդովմայեցին զի եղբայր քո է: Մի զար-
շեցուցանիցես զեգիպտացին զի պանդուխտ ելեր յերկրի

1. մալեան 61*(c pr m) 2. տ̅ 7. է sup lin

30. om այր 218: իւրոյ 1°⌒2° 13
1. կրճատեալն 13' 38 1̅62 1̅74
2. պոռնկորդին 233: տ̅ն] ա̅յ 218 174
3. ամովնացի et մովաբացի tr 13: ամոնացի 233 38 162: ցտասն] զԺ 162: om մի 2° — տ̅ն 162: մտցեն] մտցէ 13: om եւ 2° 13: յաւիտեան 162
4. ելին] ել 13: յառաջ 218: ճանապարհին 13: ելանելոյ 13: ձերոյ] ձեր 38 162: ի վարձու] om ի 162: զբաղաամ 9-13 33' 38 162 174: որդի] pr զ 162, om 13: բէովրեա 13, բեովրայ 174
5. բաղաամու 13 33' 38, զբաղաամու 174
6. յաւիտեան 13, ցյաւիտեանս 162
7. զարշեցուցանիցես 1°] -եսցես 218: զեդոմայեցին 233 38 162: եղեր] էիր 38 162: յերկրին 33'

23:7-16

8 նորա։ եթէ լինիցին նորա որդիք յերրորդ ազգի մըտ-
9 ցեն յեկեղեցի տն։ Եւ եթէ ելանիցես բանակել ի վե-
րայ թշնամեաց քո զգոյշ լինիջիր յամ բանէ չարէ։
10 եթէ իցէ ի քեզ արու որ չիցէ սք ի յայգութն բղխմանէ,
11 ելցէ արտաքոյ բանակին եւ մի́ մտցէ ի բանակն. եւ
ընդ երեկս լուասցէ զմարմին իւր ջրով եւ ընդ մտանել
12 արեւու մտցէ ի բանակն։ Եւ տեղի յայտ լիցի քեզ
13 արտաքոյ բանակին եւ ելցես դու արտաքս եւ ցից
լինիցի քո զգօտոյ քումմէ։ եւ եղիցի յորժամ նստիցիս
արտաքս փորեսցես նովաւ եւ ածեալ ծածկեսցես զաղտե-
14 ղութի քո։ զի տր ած քո շրջի ընդ բանակն քո փըր-
կել զքեզ եւ մատնել զթշնամին քո առաջի երեսաց քոց
եւ եղիցի բանակն քո սք եւ ոչ երեւեսցի ի միջի քում
15 աղտեղութի իրացն եւ դառնայցէ ի քէն։ Մի մատնես-
ցես զծառա տն իւրում որ յաւելուցու ի քեզ ի տէ իւր-
16 մէ։ ընդ քե́զ բնակեսցէ եւ ընդ ձեզ զետեղեսցի յամ

8. նորա] նմա 13: յերրորդ] յերկրորդ 162
9. om եթէ 13: ելանիցես] -իցիս 38, + ի պատերազմի (պատերազմ 38) 233mg 33' 38 162 174: բանակել] pr ի 38 162, բանակեալ 13: քո] քոց 9 rell: լինիջիք 218, լեր 13: յամենայնէ 38
10. ի քեզ] om ի 13: արու] այր 38 162: չիցէ] ոչ իցէ 162: յայգութն 61(|)] ցայգութն 9-13-233* 33' 38, ցանգուն 233^c, ցանկութն 162: բխմանէ 233^c
11. երեկսն 13 218 38 162 174: արեւուն 13 38 162, արեւոյն 174
13. քո զգօտոյ] քեզ գօտոյ 233, om քո 38 162: զգօտւոյ 218 38: նստիցի 13: զաղտեղութին 9-13'
14. զթշնամիս 13 38 162 174: երեսաց] աչաց 13: ի միջի քո 33' 174
15. ի քեզ] om ի 13
16. init] pr եւ 174: ձեզ 9-13-61] քեզ rell:

տեղոջ ուր եւ համոյ իցէ նմա եւ մի՛ նեղիցէք զնա.
17 Մի լինիցի բոզ ի դստերաց իղ̅ի եւ մի պոռնիկ յուստե-
րաց իղ̅ի: մի լինիցի ծօնի ի դստերաց իղ̅ի եւ մի նուի-
18 րեալ ոք յուստերաց իղ̅ի: Մի՛ տարցիս զկապէնս
պոռնկի եւ մի զշանսխուրս ի տուն ա̅յ քո յա̅մ ուխտս զի
19 պի՛ղծ են առաջի տ̅ն ա̅յ քո երկոքեան: Մի տայցես եղ-
բօր քում արծաթ վաշխիւ. եւ մի զկերակուր շարիատիւ
20 եւ մի՛ տոկոսէօք զա̅մ ինչ զոր փոխ տայցես օտարին,
եւ եղբօր քում զի օ̅հեսցէ զքեզ ա̅ծ քո յա̅մ գործս քո ի
21 վերայ երկրին յոր մտանելոց ես ժառանգել զնա: Եւ
եթէ ուխտիցես ուխտս տ̅ն ա̅յ քում մի՛ յամեսցես հատու-
ցանել զայն զի պահանջելով պահանջեսցէ տ̅ր ա̅ծ քո ի
22 քէն. եւ լինիցի քեզ ի մեղս: ապա թէ ոչ կամիցիս
23 ուխտել ոչ լինիցին քեզ մեղք: որ ինչ ելանէ ընդ
շրթունս քո զգոյշ լինիջիր եւ արասցես որպէս ուխտե-
ցեր ա̅յ քում: զտուրսն զոր խոստացար բերանով քով:
24 Եւ եթէ մտանիցես ի հունձս ընկերի քո քաղեսցես ձեռօք
քովք զհասկն եւ մանկաղ մի՛ արկանիցես յոճ ընգերի

17. յուստերաց 2°] յուտերաց 23. արասասցես (|)

տեղոջ] -ւոջ rell: om եւ 3°— fin 13
17. իղ̅ի 1°2°3°] ի̅լ̅ի 38 174: յուստերաց 2°] ուս-
տերաց 233: իղ̅ի 4°] իլ̅ի 38 162 174
18. տարցես 233: զշան եւ սխուրս 13: ի տան 38 174:
om քո 2° 162
19. տայցես 1°] տացես 13 38 162 174: զարծաթ 38
174: om զոր 33' 38 162 174: տայցես 2°] տացես 13
20. զքեզ ա̅ծ] զտ̅ր ա̅ծ 13*, զքեզ տ̅ր ա̅ծ 9-13c rell:
գործս] pr ի 33' 38 162 174: ժառանգել] pr ի 218
21. ուխտիցես 9] -եսցես 233 218 162 174: ուխտս 9]
ուխտ 13 33vid-218 38 162 174: պահանջելով] pr մի 233
22. չլինիցի 33' 38 162 174
23. ընդ] ի 13: որպէս] ուխտ զոր 174
24. քոովք 13: մանգաղ 33' 162 174: ընկերի 13' 33'
38 162 174

23:24-24:5

25 քո: Եւ եթէ մտանիցես յայգի ընկերի քո կերիցես
խաղող մինչեւ ցյագել անձին քո. բայց յաման մի՛ ամա-
նայցես:

24

1 Եւ եթէ առնուցու ոք կին եւ մտանիցէ առ նա: եւ եղի-
ցի եթէ ոչ գտանիցէ շնորհս առաջի նորա զի եգիտ ի նմա
իրս անարգութե̅: գ՛րեսցէ նմա գիր ապահարզանի տացէ ի
2 ձեռս նորա եւ արձակեսցէ զնա ի տանէ իւրմէ եւ
3 գնացեալ լինիցի առն այլում. եւ ատեսցէ զնա այրն
վերջին: գրեսցէ նմա գիր մեկնելոյ եւ տացէ ի ձեռս
նորա եւ արձակեսցէ զնա ի տանէ իւրմէ: ապա եթէ մե-
ռանիցի եւ վերջին այրն նորա որ առ զնա կնութե̅:
4 մի կարասցէ այրն առաջին որ արձակեաց զնա դառնալ առ-
նուլ զնա իւր կնութե̅ յետ պղծելոյն նորա զի պի՛ղծ է
այն առաջի տ̅ն ա̅յ քո: եւ մի՛ պղծիցէք զերկիրն զոր
5 տ̅ր տացէ ձեզ ի ժառանգութի̅: Եւ եթէ առնուցու ոք
կին նորոգ: մի՛ մտցէ ի պատերազմ եւ մի՛ անկցին ի

25. ընկերի 13' 33' 38 162 174: զխաղողն 162, խաղով 33: աման 174

1. առնուցու ոք] առնու ոք 162, առնուցուք 218 174: նմա 2°] pr ի 162: ապահարձանի 13 33txt: տացէ 61-233] pr եւ 9 rell: ի ձեռն 174

2. եւ 9] + եթէ 233 38 162, + թէ 33' 174: լինիցի] լիցի 162, om 233

3. եւ 1°] + թէ 13: ատիցէ 9-13 33' 38 162 174: այրն վերջին] tr 13: ապա թէ 13 33' 38 162 174: եւ 4° 61-233] om 9 rell: վերջին] tr post նորա 38 162 174: այրն 2°] այր 162: om նորա 2° 13

4. այրն առաջին] tr 233: արձակեացն 233: պղծելոյ 13: տ̅ր] + ա̅ծ 9 rell

5. om մի 2° 13: անկանիցին 233:

վերայ նորա մի՛ մի ինչ իրք այլ անպարտ լիցի: ի տան
6 իւրում ուրախ արասցէ զկին իւր զոր առ: Մի՛ գրա-
ւեսցես զվերին եւ զներքին երկան զի զոգիս գրաւէ այն-
7 պիսին. Եւ եթէ ըմբռնեսցի այր ոք մարդագող յեղ-
բարց իւրոց յորդոցն ի̅ղ̅ի եւ բռնաբարեալ վաճառիցէ զնա
մեռցի՛ գողն եւ բարձցիք զչարն ի միջոյ ձերմէ.
8 Զգոյշ լեր անձին քում յարածէ բորոտութե̃ զգոյշ լինի-
ջիս առնելոյ ըստ ա̅մ̅ի օրինին զոր պատմիցեն ձեզ քա-
հանայքն ղեւտացիք զոր օրինակ պատուիրեցի ձեզ զգու-
9 շանալ առնելոյ: Յիշեցէք զոր ինչ արար տ̅ր̅ ա̅ծ̅ քո
ընդ մարիամ ի ճանապարհի ելանելոյն ձերոյ յեգիպտոսէ:
10 Եթէ պարտելով պարտիցի ընկեր քո զինչ եւ իցէ մի՛ մը-
11 տանիցես ի տուն նորա գրաւել ինչ գրաւ: այլ ար-
տաքոյ կացցես եւ այրն առ որում պարտքն քո իցեն հան-
12 ցէ զգրաւն արտաքոյ: Եւ եթէ աղքատ իցէ այրն մի՛
13 ագցի ընդ գրաւաւն իւրով. դարձուցանելով դարձու-

9. մաղիամ 11. աքոյ 61*(c pr m)(|) 13. դարձ-
դարձուսցես (|)

մի մի] pr եւ 233 33 162, եւ մի 9-13 218 38 174: այղ 218: ամպարտ 33: ուրախ 9-13-61] pr եւ rell: զկինն 233

7. om եւ 1° 33' 38 162 174: այր ոք] tr 13: յոր-դոցն] -ւոցղ 233, -ւոցն rell: ի̅լ̅ի 38 174: վաճառեսցէ 38 162 174: բարձցիք] բարձջիք 9 rell

8. լինիջիր 33' 38 162 174, լիցիս 13: առնելոյ 61-233] առնել 9 rell: ա̅մ̅ի] ա̅մ̅ 9 rell: պատմեսցեն 233: ձեզ 1°] քեզ 233 162

9. om տ̅ր̅ 162: ելանելոյ 162, ելանոյ 13: ձեր 174

10. init] pr եւ 38 162 174: պարտիցի] պարտիցէ 162, + քեզ 13

11. այղ 218: կայցես 38 162 174: զգրաւն] + քո 13: արտաքոյ] արտաքս 9 rell

12. այրն] այն 13: գրաւանաւն 13, գրաւն 174

13. init] pr այլ 13:

24:13-19

ցես զգրաւ նորա ընդ մտանել արեւու եւ ննջեսցէ հան-
դերձիւն իւրով: եւ օ̅հեսցէ զքեզ եւ եղիցի քեզ յողոր-
14 մածութ̅ե̅ առաջի տ̅ն ա̅յ քո: Մի զլասցիս զվարձս
տնանգին եւ զկարաւտելոյ յեղբարց քոց կամ յեկաց քա-
15 ղաքաց քոց. Նոյն օրին հատուսցես զվարձս նորա
եւ մի՛ մտանիցէ արեգակն ի վերայ այնորիկ զի տնանկ է
եւ ա՛յն է յոյս նորա եւ մի բողոք հարկանիցէ զքէն առ
16 տ̅ր եւ լինիցի այն քեզ ի՛ մեղս: Մի մեռցին հարք
ընդ յորդոց. եւ մի որդիք մեռանիցին ընդ հարանց:
17 իւրաքանչիւր ոք ի՛ մեղս իւրում մեռցի: Մի խոտո-
րիցես զիրաւունս զեկին եւ զորբոյ եւ զայրոյ: Մի
18 զրաւեսցես զձորձս այրոյն քանզի ծառա էիր դու
յերկրին եգիպտացոց եւ փրկեաց զքեզ տ̅ր ա̅ծ քո անտի:
վ̅ն այնորիկ ես պատուիրեմ առնել քեզ զբանս զայս:
19 Եւ եթէ հնձիցես հունձս յանդի քում եւ մոռացիս որա

17. Մի 1°] ի

զգրաւն 13: արեւուն 13, արեւոյ 174: հանդերձիւ 233:
ողորմածութ̅ե̅ 218 174
14. տնանգին 61-233] pr զ 38, զտնանկին 88, տնանկին
rell: զկարաւտելոյն 13: քաղաքաց] աղքատաց 174
15. օրին] աւրն 38, աւրինակ 13: հաստուսցես 233:
om է 2° 13: om յոյս 233: լինիցի] pr մի 9*-13 38'
38 162 174: այն քեզ] tr 13
16. մեռցին et մեռանիցին tr 33: ընդ յորդոց] վասն որդ-
ւոց 13, ընդ որդւոց rell: հարանց] հարց 38 162: մեռ-
ցի] մեռանիցի 13 38 162 174
17. Մի 1°] Զի 174: խոտորեսցես 233 218: եկին 13:
որբւոյն 13: զայրւոյ 233 38' 88 162, այրւոյն 13:
մի 2°] pr եւ 233 218 38 162 174: այրւոյն 13' 218 88
162, արւոյն 38
18. om յերկրին 13: եգիպտացոց] յեգիպտոս 13, -ւոց
rell: անդի 13: առնել քեզ 9-61] tr rell
19. հնձիցես 9-13-61 38] հնձես 162, հնձեսցես rell:
զհունձս 38' 38 162 174: մոռացիս 9-61] -ցի rell:

յանդի քում մի դառնայցես անդրէն առնուլ զնա: աղքա-
տին եւ եկի եւ այրոյ եւ որբոյ եղիցի այն զի օ̄հեսցէ
20 զքեզ տ̄ր ա̄ծ քո յա̄մ գործս ձեռաց քոց եւ եթէ կթիցես
զայգի քո. մի ճռաքաղ առնիցես զկնի քո. եկին եւ որ-
բոյ եւ այրոյ եղիցի այն եւ յիշեսցես զի ծառա էիր
յերկրին եգիպտացոց վն̄ այնորիկ ես պատուիրեմ քեզ առնել
21 զբանս զայս: եւ եթէ կթիցես ձէթ մի՛ դարձցես
անդրէն պտղաքաղ առնել զկնի քո: եկին եւ որբոյ եւ
22 այրոյ եղիցի այն, եւ յիշեսցես զի եւ դու ծառա
էիր յերկրին եգիպտացոց՝ վն̄ այնորիկ ես պատուիրեմ
քեզ առնել զբանս զայս.

25

1 Եւ եթէ լինիցի հակառակութ̄ի ի մէջ մարդկան. մատիցեն
յատեան եւ դատեսցին եւ արդարացուսցեն զարդարն, եւ
2 պարտաւորեսցեն զամբարիշտն: Եւ եղիցի եթէ արժանի
իցէ գանի ամբարիշտն նստուցանիցեն զնա առաջի դատա-
ւորացն. եւ հարցեն զնա առաջի նոցա ըստ ամբարշտութե̄

22. առնել sup lin

եկին 13': այրւոյ 233 33' 38 162, այրւոյն 13: այրոյ et որբոյ tr 13: որբւոյ 38, որբւոյն 13: գործս] pr ի 33' 38 162 174: քոց] քո 13
20. կթիցես 9-61-233] կթեսցես rell: զկնի] զայգի 174: որբւոյն 13: այրւոյ 233 33' 38 162, այրւոյն 13: զի] + եւ դու 13: եգիպտացոց] -ւոց rell
21. init — (22) fin] bis hab 233(txt et mg), om 13: կթեսցես 233mg 38 162 174: դարձցիս 9-233mg 33' 38 162 174: որբւոյ 233txt 38: այրւոյ 33' 38 162
22. եգիպտացւոց 13-233txt 33' 38 162 174
1. դատեսցեն 162: պատաւորեսցեն 13, պարտաւորեցուս-ցեն 233: զամպարիշտն 13 174
2. ամպարիշտն 13 174: նստուցանեն 233, նստուսցեն 9-13 33' 38 162 174: om առաջի նոցա 162: ամպարշտու-թե̄ 13 174

25:2-8

3 նորա թւով քառասուն. եւ այլ մի՛ յաւելուցուն.
ա՛պ եթէ յաւելուցուն հարկանել զնա աւելի քան զայն,
4 անարգութի̅ լինիցի եղբօր քում առաջի քո: Մի՛ կա-
5 պեսցես զցռուկ եզին կալուտոյ: Եւ եթէ բնակեսցեն
եղբարք ի միասին եւ մեռանիցի մի ոք ի նոցանէ եւ զա-
ւակ ոչ իցէ նորա: մի լինիցի կին մեռելոյն արտաքոյ
առն ումեք որ չիցէ մերձաւոր նորա: այլ եղբայր առն
իւրոյ մտցէ առ նա եւ առցէ զնա իւր կնութե̅ եւ բնա-
6 կեսցէ ընդ նմա. եւ եղիցի մանուկն որ ծնանիցի՝
հաստատեալ յանուն վախճանելոյն՝ եւ մի՛ ջնջեսցի
7 անուն նորա յիէղ̅է. Ապ եթէ ոչ կամիցի այրն առ-
նուլ զկին եղբօր իւրոյ. ելցէ կինն ի դուռն անդր առ
ծերակոյտն եւ ասասցէ: ոչ կամի եղբայր առն իմոյ կանգ-
8 նել զանուն եղբօր իւրոյ ի մէջ իղ̅ի: եւ կոչես-
ցեն զնա ծերակոյտ քաղաքին իւրոյ եւ խօսեսցին ընդ
նմա. եւ նա կայցէ եւ ասիցէ՝ ոչ կամիմ առնուլ զդա:

3. յաւելուցուն 1°] աւելուցուն 174, ⌒ 2° 13, + հար-
կանել զնա 233: ապա եթէ 233, ապա թէ 33' 38 162 174:
հարցանել 174: զի անարգութի̅ 13: լինիցի 9-61-233] լի-
ցի 13 (|) rell: եղբօրն 38

4. ցռուկ 162: կալուտոյ] կալոտոյ 9 33, կալոտւոյ
rell

5. բնակեսցին 174: եղբարք] + քո 33 174, + ոք 218
38mg (s ind in txt) : մեռանիցի] tr post նոցանէ 174:
կինն 13: արտաքս յառն ումեք 13, արտաքս յառննւմէք
233: om առն 38txt: չիցէ մերձաւոր] tr 33' 38 162
174

6. հաստատել 233 (|) 162: յիսրաէլէ 13, յիէ̅լէ 38 174

7. ապ եթէ 61-233] ապա թէ 9 rell : om կինն 233:
կանկնել 13: om իւրոյ 2° 233: իլ̅ի 38 174

8. զնա] tr post իւրոյ 174: խօսեսցեն 218: կացցէ
233 38 162 174: ասասցէ 162

9 եւ մատուցեալ կին եղբօր նորա առաջի ծերոցն հանցէ
զկօշիկ մի յոտանէ նորա եւ թքցէ ընդ երեսս նորա եւ
պատասխանի տուեալ ասասցէ. ա՛յսպէս արասցեն առն որ ոչ
10 շինեսցէ զտուն եղբօր իւրոյ եւ կոչեսցի անուն նո-
11 րա ՚ի մէջ իղ̅ի տուն բոկացելոյ: Եւ եթէ կռուեսցին
արք ընդ միմեանս այր ընդ եղբօր իւրում. եւ մատու-
ցեալ կին միոյ ՚ի նոցանէ թափել զայր իւր ՚ի ձեռաց
այնորիկ որ հարկանիցէ[ն] զնա եւ ձգեալ զձեռն բուռն
12 հարկանիցէ զերկուորեաց նորա: հատանիցես զձեռնն
13 եւ մի՛ խնայեսցէ ՚ի նա ակն քո: Մի՛ լինիցի յամա-
14 նի քում կշիռ եւ կշիռ մեծ կամ փոքր: եւ մի՛ լի-
15 նիցի ՚ի տան քում չափ եւ չափ. մեծ կամ փոքր: կշիռ
ստոյգ եւ արդար եղիցի քեզ եւ չափ ստոյգ եւ արդար
եղիցի քեզ զի բազմօրեա լինիցիս ՚ի վերայ երկրին զոր
16 տ̅ր ա̅ծ քո տացէ քեզ ՚ի ժառանգութ̅ի զի պիղ́ծ է տ̅ն
ա̅յ քում ա̅մ որ առնէ զայն եւ ա̅մ որ առնէ զանիրաւութ̅ի:
17 Յուշ լիցի քեզ զոր արար քեզ ամաղէկ ՚ի ճանապարհի ելա-
18 նելոյն քո յեգիպտոսէ: զիարդ ընդդէմ կաց քեզ ՚ի
ճանապարհին եւ կրճատեաց զվերջն քո եւ զաշխատեալսն

9. om առն

9. ասացէ 218: շինիցէ 9-233 33' 162 174
10. ի̅լի 38 162 174
11. կռուիցին 233, կռուեսցեն 162: միոյ] մի 162:
թափեալ 13: om որ — բուռն 13: հարկանիցէ[ն]] -իցեն
38, -իցէ 233
12. զձեռն 233 162
13. Մի] Զի 174: լիցի 13: կշիռ 1°] կշիււն 174:
փոքր] ⌒ (14) 13
15. եղիցի 1°] լինիցի 233: քեզ 1°⌒2° 38txt : լի-
նիցիս] եղիցիս 33' 162 174, եղիցես 38
16. քում] քո 13
17. արարն 33' 38 162 174: om քեզ 2° 233 38 162
18. դէմ 233: եկաց 13 33' 38 162 174: զվերջսն 233:

զկնի քո. եւ դու քաղցեալ եւ աշխատեալ էիր եւ ո՛չ եր-
19 կեաւ յա̅յ   եւ եղիցի յորժամ հանգուցանիցէ զքեզ տ̅ր
ա̅ծ քո յա̅մ թշնամեաց քոց որ շուրջ զքեւ իցեն յերկրի՛ն
զոր տ̅ր ա̅ծ քո տացէ քեզ վիճակաւ ի ժառանգութ̅ի: ջըն-
ջեսցես զանուն ամաղեկայ ի ներքոյ երկնից եւ մի՛ մո-
ռասցիս:

26

1 Եւ եղիցի եթէ մտանիցես յերկիր զոր տ̅ր ա̅ծ քո տացէ
քեզ ի ժառանգութ̅ի. եւ ժառանգեսցես զնա եւ բնակես-
2 ցես ի նմա.   առցես զառաջին պտղոց երկրին քո զոր
տ̅ր ա̅ծ քո տացէ քեզ եւ արկցես ի կողովի եւ գնասցես ի
տեղին զոր ընտրեսցէ տ̅ր ա̅ծ քո անուանել զանուն իւր
3 անդ   եւ երթիցես առ քահանայն որ կայցէ յաւուրսն
յայնոսիկ եւ ասասցես ցնա: զոհանամ այսօր զտ̅է ա̅յ
իմմէ զի մտի յերկիրն զոր երդուաւ տ̅ր հարցն մերոց
4 տալ մեզ: եւ առցէ քահանայն զկողովին ի ձեռաց քոց
5 եւ դիցէ զնա առաջի սեղանոյն տ̅ն ա̅յ քո: եւ պա-
տասխանի տուեալ ասասցես առաջի տ̅ն ա̅յ քո: զասորիս
եթող հայր իմ եւ էջ յեգիպտոս եւ պանդխտեցաւ անդ

3. (երթից)ես] sup lin

յերկեաւ 174

1. թէ 33: մտանիցես] յառնիցես 38: յերկիրն 13' 33' 38 162 174

2. զառաջինս 38: զերկրին 9-13 33' 162 174: քո 1°] քոց 233: om քո 2° 218: ընդրեսցէ 13-61* (c pr m), ընտրեաց 162: om քո 3° 38 162

3. երթիցէ 13: ասասցէ 13: երդու 13

4. զկողովսն 33' 174: զնա] զնոսա 13: սեղանւոյն 13 218, սեղանոյ 233

5. իմ] մեր 174: պանտըխտեցաւ 233:

սակաւ ինչ թուով եւ եղեւ անդ ազգ մեծ եւ բազմացաւ
6 յո́յժ յոյժ։ եւ չարչարեցին զմեզ եգիպտացիքն.
լլկեցին զմեզ եւ եդին ի վերայ մեր գործ խստութե̅։
7 եւ աղաղակեցաք առ տ̅ր ա̅ծ հարցն մերոց եւ լուաւ տ̅ր
ձայնի մերում. եւ ետես զտառապանս մեր եւ զաշխա-
8 տութ̅ի մեր եւ զնեղութ̅ի մեր եւ եհան զմեզ տ̅ր յե-
գիպտոսէ ինքնին զօրութ̅բ մեծաւ եւ հզօր ձեռամբ եւ
բարձր բազկաւ. եւ մեծամեծ տեսլեամբք եւ նշանօք եւ
9 արուեստիւք եւ ա́ծ զմեզ ի տեղիս յայս եւ ե́տ մեզ
զերկիրս զայս՝ երկիր որ բղխէ զկաթն եւ զմեղր։
10 եւ արդ աւասիկ բերի զպտուղ արդեանց երկրին զոր ետ
ինձ տ̅ր երկիր որ բղխէ զկաթն եւ զմեղր եւ երկիր պագ-
11 ցես անդ առաջի տ̅ն ա̅յ քո եւ ուրախ լիցես յա̅մ բա-
րութիւ̅ն զոր ետ քեզ տ̅ր ա̅ծ քո եւ տան քում։ դու եւ
12 ղեւտացին եւ պանդուխտն որ ի քեզ՝ Եւ եթէ կարաս-
ցես տասանորդել զա̅մ տասանորդս երկրի քո. յամին
երկրորդի կրկին տասանորդեսցես ղեւտացոյն եւ եկին եւ

եւ 4° ⌒ init (6) 13: ազգ] յազգ 9-233 33' 38 162 174: բազմացաւ] + անդ 33' 38 162 174

6. եգիպտացիք 38 162: լլկեցին] pr եւ 13

7. om տ̅ր 1° 38 162: լուաւ] լուեալ 13: զաշխատութիս 13: զնեղութիս 13': om մեր 3° 33' 38 162 174

8. տեսլեամբ 13

9. էած 13: զերկիրս] զերկիրն 218: բխէ 233

10. ահաւասիկ 33: բղէ 233:

11. լիցես] լիցիս 13 33' 38 162 174, + անդ 233mg 218 38 162 174: եւ 2°] ի 13: om եւ 3° 174: պանտուխտն 233

12. կարասցես] կատարեսցես (tr post տասանորդել 13) 9 rell: յերկրին 233: յամին] pr եւ 13: կրկին] pr յա̅մէն 233: տասանորդեսցիս 33' 38 174: ղեւտացոյն] -ւոցն 13, -ւոյն rell:

26:12-17

որբոյ եւ այրոյ եւ կերիցեն ի քաղաքս քո եւ յագե-
13 ցին.   եւ ասասցես առաջի տ̄ն ա̄յ. սրբեսցի ի բաց
զսրբութի̄ն ի տանէ իմմէ եւ ետու զայն ղեւտացոյն եւ
եկին եւ որբոյ եւ այրոյ ըստ ա̄մ պատուիրանաց տ̄ն ա̄յ
զոր պատուիրեալ էր ինձ ո՛չ անցի զպատուիրանաւ քով եւ
14 ո՛չ մոռացա.   եւ ո՛չ կերա ի վիշտս ի նոցանէ եւ ո՛չ
ընծայեցի ի նոցանէ պղծոյն: եւ ոչ ետու ի նոցանէ
մեռելոյ. լուա ձայնի տ̄ն ա̄յ իմոյ եւ արարի որպէս
15 պատուիրեցեր ինձ: Արդ հայեաց ի սրբոյ բնակութե-
նէ քումմէ յերկնից եւ օ̄հեա զժողովուրդ քո իէ̄ղ. եւ
զերկիրն զոր ետուր նոցա որպէս երդուար հարց մերոց
16 տալ մեզ զերկիր որ բղխէ զկաթն եւ զմեղր: Յա-
ւուր յայնմիկ պատուիրեաց քեզ տ̄ր ա̄ծ քո առնել զա̄մ
իրաւունս զայսոսիկ եւ զդատաստանս եւ պահեսջիք եւ
արասջիք զսոսա յա̄մ սրտէ ձերմէ եւ յա̄մ անձնէ ձերմէ:
17 Զտ̄ր ա̄ծ քո ընտրեայ այսօր լինել քեզ ա̄ծ՝ եւ գնասջիք
ի ճանապարհս նորա եւ պահեսջիք զիրաւունս եւ զդատաս-

որբւոյն 13, որդոյ 233: այրւոյ 33' 38 162, այրւոյն 13

13. ա̄յ 1°] + քո 9-13' 38, + քոյ 33' 162 174: սրբեսցի 13-61] -եցի 9 rell: իմմէ] իւրմէ 162: ղեւտացոյն] -ւոյն rell : եւ 3° ⁀ 4° 233: որբոյն 174, որբւոյն 13: այրոյ 61 174] -ւոյն 13, -ւոյ rell : ա̄յ 2°] + իմոյ 13

14. պղծւոյն 13: մեռելւոյն 13: պատուիրեցեր] -եաց 9*-13

15. ի սրբոյ] om ի 233: բնակութենէ] pr ի 33': իէ̄ղ] pr զ 233 33' 162, զիէ̄լ 13 38 174: երդուաւ 162: հարց] + ն 9-13 33^c 38 162: մերոց] ն̄ց 218 174: զերկիր] + ն 13: բխէ 233

16. քեզ] մեզ 38: քո] մեր 38 162: զսոսա] զնոսա 13: յա̄մ] ա̄մ 218

17. Զտ̄ր] Զոր 162: ընտրեայ] ընդրեալ 13(|):

18 տանս նորա լսել ձայնի նորա: եւ տ̅ր̅ ընտրեաց զքեզ
այսօր լինել նմա ժողովուրդ սեպհական որպէս եւ խոս-
19 տացաւ քեզ պահել զա̅մ̅ պատուիրանս նորա եւ լինել
քեզ ի վեր քան զա̅մ̅ ազգս: որպէս արար զքեզ անուանի
եւ բարգաւաճ եւ փառաւոր լինել քեզ ժողովուրդ ս̅ր̅ տ̅ն̅
ա̅յ̅ քում որպէս եւ խօսեցաւ:

27

1 Եւ պատուիրեաց մովսէս եւ ծերակոյտն ի̅ղ̅ի̅ եւ ասեն,
պահեցէք զա̅մ̅ պատուիրանս զոր ես պատուիրեմ ձեզ այսօր:
2 Եւ եղիցի յաւուր յորում անցանիցէք ընդ յորդանան
յերկիրն զոր տ̅ր̅ ա̅ծ̅ քո տացէ քեզ: կանգնեսցես անդ
3 քարինս մեծամեծս եւ բռեսցես զնոսա բռով, եւ զը-
րեսցես ի վերայ քարանցն զա̅մ̅ զպատգամս օրինացս այսոր-
ցիկ: յորժամ անցանիցէք ընդ յորդանան ի ժամանակի
իբրեւ մտանիցէք յերկիրն զոր տ̅ր̅ ա̅ծ̅ հարցն ձերոց տացէ
ձեզ երկիր որ բղխէ զկաթն եւ զմեղր: որպէս խոստա-
4 ցաւ տ̅ր̅ ա̅ծ̅ հարցն քոց քեզ եւ եղիցի յորժամ անցա-
նիցէք ընդ յորդանան՝ կանգնեսջիք զքարինսն զայնոսիկ

2. յանցանիցէք

նորա 3°] տ̅ն̅ աստուծոյ ձերոյ 13
18. ընդրեաց 13: սեփհական 162
19. զքեզ] քեզ 218: խօսեցաւ] խոստացաւ քեզ 33' 38 162 174
1. ի̅ղ̅ի̅ 38 174: պահեցէք — քեզ (28:7) non hab 9: պահիցէք 233: ձեզ] քեզ 13 33txt
2. անցանիցես 38 162: կանկնեսցես 13
3. քարանցն] նոցա 13: պատգամս 13: պատգամս զօրինացս 33' 38 162 174: անցանէք 174: ընդ] ի 13: ձեզ] քեզ 38 162: զերկիր 174: բխէ 233: խաւսեցաւ 233 38: om տ̅ր̅ 2° 233: հարց 33': քոց 61-233] + տալ rell
4. կանկնեսջիք 13: զքարինս 218 174:

27:4-12

զոր ես պատուիրեմ ձեզ այսօր ի լերինն գեբաղ եւ բը-
5 ռեսջիք զնոսա բռով   եւ շինեսցես անդ սեղան տ̅ն ա̅յ
քում սեղան ի քարանց. եւ մի հպիցես ի նոսա երկաթ:
6 բոլորակ վիմօք շինեսցես զսեղանն տ̅ն ա̅յ քո.   եւ հան-
ցես ի վերայ նորա ողջակէզս տ̅ն ա̅յ քում.   եւ զեն-
ցես անդ զենումն փրկութ̅ե տ̅ն ա̅յ քում եւ կերիցես եւ
8 յագեսցիս անդ եւ ուրախ լիցես առաջի տ̅ն ա̅յ քո: եւ
գրեսցես ի վերայ քարանցն զա̅մ զօրէնս զայսոսիկ յայտ-
9 նապէս յոյժ: Եւ խօսեցաւ մովսէս եւ քահանայքն եւ
ղեւտացիքն ընդ ա̅մ ի̅ղի եւ ասեն. լուռ լեր եւ լուր
իէ̅ղ. յաւուր յայսմիկ եղեր ի ժողովուրդ տ̅ն ա̅յ քո.
10 եւ լիցես ձայնի տ̅ն ա̅յ քո եւ արասցես զա̅մ պատուի-
րանս նորա եւ զիրաւունս նորա զոր ես պատուիրեմ քեզ
11 այսաւր: Եւ պատուիրեաց մովսէս ժողովրդեանն յա-
12 ւուր յայնմիկ եւ ասէ: սոքա կացցեն օ̅հել զժողո-
վուրդն ի լերինն գարիզին յորժամ անցանիցէք ընդ յոր-
դանան: Շմաւովն: Ղեւի: Յուդա: Իսաքար: Յովսէփ:

ձեզ] քեզ 174: բրեսջիք 218
5. քում] քո 38, քոյ 162: հպիցես] հպեսցես 13', հպեսցի rell: նոսա] նա 13 33txt
6. վիմով 233: քո] քում 218: քում] քոյ 174
7. լիցես] լինիցիս 233, լիցիս rell: om առաջի 174: ո] քում 13
8. քարանց 174: զօրէնս] աւրէնս 13, + ն 162: om այսոսիկ 38 162
9. om եւ 2° 13 174: ղեւտացիքն 61-233] -իք rell: լի 38 174: իէլ 13 38 174: ի ժողովուրդ 61 33] om ի 13 (|) rell
10. init ⌒ եւ 2° 218*: նորա 1°⌒2° 162
11. մովս 13 (|): ժողովրդեան 174
12. զարեզին 233 162: շմաւոն 233 38 162 174:

13 եւ Բենիամին: եւ սոքա կացցեն ի վերայ անիծիցն ի
լերինն գեբաղ՝ Ռոբէն: Գադ եւ ասեր: Զաբօղովն.
14 Դան եւ Նեփթաղիմ: եւ պատասխանի տուեալ ղեւտա-
15 ցոցն ասիցեն մեծաձայն ա̅մ իղ̅ի: Անիծեալ լիցի
մարդն որ արասցէ դրօշեալ եւ ձուղ՛ածոյ զի պի՛ղծ է
առաջի տ̅ն ձեռագործ ճարտարի եւ դնիցէ զնա ի թաքստեան:
եւ պատասխանի տուեալ ժողովրդեանն ասասցէ. եղիցի՛:
16 Անիծեա՛լ՝ որ անարգեսցէ զհայր իւր կամ զմայր իւր.
17 եւ ասասցէ ա̅մ ժողովուրդն եղիցի: Անիծեալ՝ որ
խոտորեսցէ զիրաւունս՝ եկին եւ որբոյ եւ այրոյ՝ եւ
18 ասասցէ ա̅մ ժողովուրդն եղիցի: Անիծեալ՝ որ փո-
խեսցէ զսահմանս ընկերի իւրոյ՝ եւ ասասցէ ա̅մ ժողո-
19 վուրդն եղիցի: Անիծեա՛լ՝ որ մոլորեցուցէ զկոյրն
ի ճանապարհի: եւ ասասցէ ա̅մ ժողովուրդն եղիցի:
20 Անիծեա՛լ՝ որ ննջեսցէ ընդ կնոջ հօր իւրոյ՝ զի յայտ-
նեաց զաներեւոյթս հօր իւրոյ՝ եւ ասասցէ ա̅մ ժողո-
21 վուրդն եղիցի: Անիծեա՛լ. որ ննջեսցէ ընդ ա̅մ

15. ար(ասցէ)] sup lin 19. մոլեցուցէ 61*(c pr m) om եւ 218

13. կայցեն 218: Ռոբէն] ռովբէն 13, ռուբեն 233, ռուբէն rell: om եւ 2° 38 162 174: Զաբօղովն 61, զաբուղովն 13] զաբուղովն 218, զաբուղոն rell

14. ղեւտացոցն] -ւոցն rell: ասեն 218: իլ̅ի 38 162 174, իէ̅լացւոցն 13

15. մարդ 233: արասցէ] ասասցէ 174: դրօշեալս 33' 38 162 174: ձուլածոյ 13' 33' 38 162, ձուլածոյս 174: om առաջի 38 162: թագստեան 13 174: ասասցէ] ասիցեն 233 218, ասասցեն rell

17. խոտորիցէ 38 162: եկին եւ որբոյ] որբոյ եկին 174: որբւոյն 13: այրւոյ 33' 38 162, այրւոյն 13

18. init ⌒ (19) 162

19. init ⌒ (20) 13: ճանապարհէ 33' 38 162 174

20. ննջիցէ 218: իւրոյ 1° ⌒ 2° 13

22 անասնոյ: եւ ասասցէ ա̅մ̅ ժողովուրդն եղիցի: Անի-
ծեա՛լ` որ ննջեսցէ ընդ քեռ իւրում որ առ ի հօրէ իցէ
կամ առ ի մօրէ` եւ ասասցէ ա̅մ̅ ժողովուրդն եղիցի:
24 Անիծեա՛լ` որ հարցէ զնկեր իւր նենգութ̅ք̅. եւ ասասցէ
25 ա̅մ̅ ժողովուրդն եղիցի: Անիծեա՛լ` որ առնուցու կա-
շառ հարկանել զանձն արեան արդարոյ: եւ ասասցէ ա̅մ̅
26 ժողովուրդն եղիցի: Անիծեա՛լ` ա̅մ̅ մարդ որ ո՛չ կաց-
ցէ յա̅մ̅ բանս օրինացս այսոցիկ առնել զսոսա: եւ ասա-
ցէ ա̅մ̅ ժողովուրդն եղիցի.

28

1 Եւ եղիցի եթէ լսելով լուիցէք ձայնի տ̅ն̅ ա̅յ̅ մերոյ
զգուշանալ եւ առնել զա̅մ̅ պատուիրանս նորա զոր, ես պատ-
ուիրեմ ձեզ այսօր: եւ տացէ զքեզ տ̅ր̅, ա̅ծ̅ քո ի վեր
2 քան զա̅մ̅ ազգս երկրի: եւ եկեսցեն ի վերայ քո ա̅մ̅
օ̅հ̅ութ̅ի̅ք̅ս այսոքիկ եւ գտցեն զքեզ: եթէ լուիցես ձայ-
3 նի տ̅ն̅ ա̅յ̅ քո, օ̅հ̅եա՛լ լիցիս դու ի քաղաքի եւ օ̅հ̅եա՛լ
4 յանդի: Օ̅հ̅եա՛լ լիցին ծնունդք որովայնի քո եւ
արարք երկրի քո: անդեայք արջառոց քոց եւ հօտք ոչ-

26. ժողուրդն 4. անդայք

22. ննջիցէ 218 174: իւրում] իւրոյ 13
23. om comma omn codd
24. հարցէ] հարկանէ 33' 38 162, հարկանիցէ 174: զն-
կեր] զընգեր 13, զընկեր rell
25. init ⌒ (26) 13
26. om մարդ 13: կայցէ 13: բանս] բան 162, գրեալս
ի գիրս 13: եղիցի] bis scr 13, om 233
1. թէ 218 174: լսիցէք 233, լսիցես 13: մերոյ]
ձերոյ 218: om եւ 2° 13': ձեզ] քեզ 13: om եւ 3° 33'
38 162 174: տարցէ 233^c: զա̅մ̅] ա̅մ̅ 233
2. եկեսցէ 218 174: om ա̅մ̅ 162: քո 2°] քում 13
4. լիցի 218:

5 խարաց քոց: Անեա́լ լիցին շտեմարանք քո եւ համբարք
6 քո: Օ̅հեա́լ լիցիս դու յելանել եւ ի մտանել քում:
7 մատնեսցէ տ̅ր ա̅ծ քո զթշնամիս քո եւ զհակառակորդս քո
սատակեալս առաջի երեսաց քոց. ընդ մի ճանապարհ ել-
ցեն առ քեզ եւ ընդ եւթն ճանապարհ փախիցեն յերեսաց
8 քոց: առաքեսցէ տ̅ր ի վերայ քո օ̅հութի̅: ի շտեմա-
րանս քո եւ յա̅մ ինչ որ մխիցես զձեռն քո ի վերայ
9 երկրին զոր տ̅ր ա̅ծ տացէ քեզ: կանգնեսցէ զքեզ տ̅ր
ա̅ծ քո իւր ժողովուրդ սբ̅ որպէս երդուաւ հարցն քոց:
եթէ լւիցես ձայնի տ̅ն ա̅յ մերոյ եւ գնասցես ի ճանա-
10 պարհս նորա   եւ տեսցեն ա̅մ ազգք երկրի զի անուն
11 տ̅ն կոչեցեալ է ի վերայ քո եւ երկիցեն ի քէն.   եւ
բազմացուսցէ զքեզ տ̅ր ա̅ծ քո ի բարութի̅ս ծննդեամբք
որովայնի քո եւ արդեամբք երկրի քո: եւ ծնընդեամբք
խաշանց քոց ի վերայ երկրին զոր երդուաւ տ̅ր հարցն
քոց տալ քեզ ըստ աւուրց երկնից ի վերայ երկրին:
12 բացցէ քեզ տ̅ր զգանձս բարութե̅ իւրոյ զերկինս, տալ
անձրեւ երկրի քում ի ժամանակի իւրում: օ̅հե́լ զա̅մ

5. om քո 2° 61*(c pr m)   10. զի անուն] զանուն 61*(c pr m): om է

քոց 2°] ձերոց 13
5. ի շտեմարանք 174
7. սատակեալս] խորտակեսցէ 13, խորտակեալս rell
8. ա̅մ 233: որ] յոր 162, ուր 9 rell: մխիցես 61-233] մխեսցեն 174(|), մխեսցես 9 rell: ի վերայ 2°] pr եւ 13: ա̅ծ] + քո 9 rell
9. կանկնեսցէ 13: om քո 218: եթէ] pr եւ 13 38: om ա̅յ 162: մերոյ] քո 233
10. ազգ 13
11. ծննդեամբք] -դովք 233: երկրին 2°] երկրի 13 38 162
12. զգանձսն 33 38 174, զգանձնն 218: երկրի քում] երկրին (-կրի 162) քում (քո 38, քոյ 162) et tr post ժամանակի (+ն 162) իւրում (om 162) 33' 38 162 174

28:12-20

գործս ձեռաց քոց եւ տացես փոխ ազգաց բազմաց եւ դու
ոչ առնուցուս փոխ: եւ իշխեսցես ազգաց բազմաց եւ քեզ
13 մի՛ իշխեսցեն: հաստատեսցէ զքեզ տ̄ր ա̄ծ քո ի գը-
լուխ եւ ո՛չ ի վերջ. եւ եղիցես ի վեր եւ ո՛չ ի խո-
նարհ: եթէ լւիցես պատուիրանաց տ̄ն ա̄յ քո զոր ես պատ-
14 ուիրեմ քեզ այսօր պահել եւ առնել եւ ո՛չ անցա-
նիցես զա̄մ բանիւքս զոր ես պատուիրեմ քեզ այսօր:
յա՛ջ, եւ ոչ յահեակ երթալ զհետ աստուածոց օտարաց պաշ-
15 տել զնոսա: Եւ եղիցի եթէ ո՛չ լւիցես ձայնի տ̄ն ա̄յ
քո պահել եւ առնել զա̄մ պատուիրանս նորա զոր ես պատ-
ուիրեմ քեզ այսօր եկեսցեն ի վերայ քո անէծքս այսո-
16 քիկ եւ հասցեն քեզ: Անիծեա՛լ լիջիր դու ի քաղաքի
17 եւ անիծեալ յանդի: Անիծեա՛լ շտեմարանք քո եւ համ-
18 բարք քո: Անիծեա՛լ ծնունդք որովայնի քո եւ ար-
դիւնք երկրի քո՝ եւ անդեայք արջառոց քոց եւ հօտք
19 ոչխարաց քոց: Անիծեալ լիջիր դու ի մտանել եւ
20 անիծեալ յելանել: առաքեսցէ քեզ տ̄ր զնւազութ̄ի եւ
զկարօտութ̄ի, եւ ծախս ի վերայ ա̄մի յոր մխեսցես զձեռս
քո եւ զոր ինչ առնիցես մինչեւ սատակեսցէ զքեզ մին-

12. դու sup lin 18. որովայնի (vid)

քոց] իւրոց 13*, իւքոց 13c pr m
13. եղիցիս 162 174: ի պատուիրանաց 233: այսօր ⌒ (14) 13
14. բանիւք 33' 38 162 174: յաջ] pr ոչ 33' 38 162 174: ոչ] om 13'*,tr ante երթալ 13c
15. անէծս 174: այսոքիկ] այս 13
17. շտեմարանք] pr ի 13, շտեմարան 38
18. արդիւնք] անդւեայք 13 (|): om եւ 2° 13
19 ելանել 233
20. յոր] որ 162: մխիցես 38: զձեռս 9-61] զձեռն rell: զքեզ 1°] + տ̄ր 33' 38 162 174

չեւ կորուսցէ զքեզ վաղվաղակի վ̅ս չարութե̅ գնացից քոց
21 զի թողեր դու զիս: խանձեսցուսցէ տ̅ր ի քեզ մահ
մինչեւ սատակեսցէ զքեզ տ̅ր յերկրէն յոր դու մտանելոց
22 ես ժառանգել զնա: հարցէ զքեզ տ̅ր տարակուսանօք
եւ ջերմամբ եւ սարսռով. եւ խթիւք եւ երկիղիւ եւ խոր-
շակաւ եւ զունով. եւ հալածեսցեն զքեզ մինչեւ կո-
23 րուսցեն զքեզ. եւ եղիցին ի վերայ գլխոյ քո եր-
24 կինք պղնձի եւ երկիր ի ներքոյ քո երկաթի: տացէ
քեզ տ̅ր զանձրեւ երկրի քո փոշի եւ հող յերկնից իջցէ
ի վերայ քո մինչեւ սատակեսցէ զքեզ եւ կորուսցէ զքեզ.
25 եւ տացէ զքեզ տ̅ր ի պարտութի̅ առաջի թշնամեաց քոց.
ընդ մի ճանապարհ ելցես ի վերայ նոցա: եւ ընդ եւթն
ճանապարհ փախիցես յերեսաց նոցա: եւ եղիցիս ցրուեալ
26 ընդ ա̅մ թագաւորութիւ̅ երկրի եւ եղիցին մեռեալք
ձեր կերակուր թռչնոց երկնից եւ գազանաց երկրի եւ ո՛չ
27 ոք իցէ որ ընդոստուցանիցէ՝ հարցէ զքեզ տ̅ր կեղով
եգիպտացոցն եւ թանչիւք եւ զայրացեալ քոսով, եւ մնով,
28 զի մի՛ կարասցես բժշկել: հարցէ զքեզ տ̅ր յիմա-

21. խանձեցուսցէ 13', խանձեցուցէ 33' 38 162 174: տ̅ր 1°] tr post քեզ 13 218: զքեզ տ̅ր] tr 174: om տ̅ր 2° 233
22. հարցցէ 218: om տ̅ր 218: սարսռով] սարսռով 13, սարսռօք 162: խեթիւք 33 38 174, խէթիւք 218 162: երկիւղիւ 13 33' 174, երկեւղիւ 233, կեղիւ 162
23. պղնձի 13' 33' 162
24. init] pr եւ 13: քեզ 61-233] om 9 rell : երկնից 218 174: մինչեւ bis scr 233: եւ 2°] մինչեւ 13
25. եւ 1°] om 9 rell: տարցէ 13: om տ̅ր 233: ընդ 1°] pr եւ 38 162: փախչիցես 38: եղիցես 33'
27. կեղւով 13: եգիպտացոցն] -ւոցն rell : մնով] մունով 13

28:28-36

29 րութ̅ք եւ շլացութ̅եք եւ ափշութ̅ք մտաց. եւ խարխա-
փիցես ի միջօրէի որպէս խարխափիցէ կոյր ի խաւարի եւ
ո՛չ ուղղեսցես զճանապարհս քո. եւ եղիցես յայնժամ
զրկեալ եւ յափշտակեալ զա̅մ աւուրս եւ ոչ ոք իցէ որ
30 օգնիցէ քեզ՝ առնուցուս կին, եւ այլ այր հանիցէ
զնա ի քէն: շինեսցես տուն եւ մի՛ բնակեսցես ի նմա:
31 տնկեսցես այգի եւ մի՛ կթեսցես զնա. արջառ քո
սպանեալ առաջի քո եւ մի կերիցես ի նմանէ. էշ քո
յափշտակեալ ի քէն եւ մի՛ դարձցի առ քեզ: ոչխարք քո
մատնեալ թշնամեաց քոց եւ ոչ ոք իցէ որ օգնիցէ քեզ:
32 ուստերք քո եւ դստերք քո մատնեալք ազգի օտարի եւ
աչք քո կկոցեալ հայիցին ի նոսա եւ ոչ հասանիցէ ձեռն
33 քո. զբերս երկրի քո եւ զա̅մ վաստակս քո կերիցէ
ազգ զոր դու ոչ գիտիցես. եւ եղիցես զրկեալ եւ խոր-
34 տակեալ զա̅մ աւուրս. եւ եղիցիս յիմարեալ վ̅ն տես-
35 լեանց աչաց քոց զի տեսանիցես. հարցէ զքեզ տ̅ր
չարաչար կեղով ի ծունգս եւ սրունս: եւ ոչ կարասցես
36 բժշկել ի թաթից ոտից քոց մինչեւ ցգլուխ քո: տարցի

29. խարափիցէ 31. յափշտեակեալ: մատեալ 61* (c pr m)

28. շլայցութ̅եք 13: ապշութ̅ք 13 33mg vid 218 174
29. խարխափիցես] -եսցիս 33, -եսցես 9 rell: միջօրէի
1, միջաւրէի 9] մէջ- rell: եւ 2°] + թէ 33' 174, +
թէ 38 162: եղիցիս 38 162 174: om յայնժամ 13:
զնեսցէ 174
30. տունս 13: նմա] նոսա 13: տնզեսցես 13 33: այ-
իս 13
31. om եւ 1° 162: ոչխարք 9-61-233] ոչխար rell
32. մատնեալ 13' 174
33. ազգ] + օտար 233: om դու 162: եղիցիս 13 162
74
34. եղիցես 9-233 33' 38 174: զի] զոր 9 rell
35. կեղուվ 13: ծունկս 13 218 38 174: սրունս]
r ի 9 rell

զքեզ տ̄ր եւ զիշխանս քո զոր կացուսցես ի վերայ քո
յազգ զոր ոչ գիտիցես դու եւ ոչ հարք քո: եւ պաշ-
37 տեսցես զա̄ծս օտարս զփայտեղէնս եւ զքարեղէնս: եւ
եղիցես յառակ եւ ի ցոյց եւ ի զրոյցս ի մէջ ա̄մ ազգաց
38 յոր տանիցի զքեզ տ̄ր անդր. սերմն բազում հանցես
յանդի եւ սակաւ. ժողովեսցես եւ կերիցէ զայն մարախ:
39 այգիս տնկեսցես եւ գործեսցես եւ զգինի ոչ արբցես եւ
մի ուրախ լինիցիս ի նմանէ զի կերիցէ զայն որդն:
40 եւ եղիցին ձիթենիք յա̄մ սահմանս քո եւ իղով ոչ օծա-
41 նիցիս. զի թափեսցին ձիթենիքն քո. ուստերս եւ
դստերս ծնցիս եւ ո՛չ լինիցին քո քանզի երթիցեն ի գե-
42 րութի̄: զա̄մ ծառատունկ քո եւ զարդիւնս երկրի քո
43 հարցէ թրթուր: եկն որ ի քեզ իցէ ելցէ քան զքեզ
44 ի վեր ի վեր. եւ դու իջցես ի վայր ի վայր: նա
տացէ քեզ փոխ եւ դու ոչ տացես նմա փոխ: նա եղիցի գը-
45 լուխ եւ դու եղիցես վերջ: եւ եկեսցեն ի վերայ
քո անէծքս այսոքիկ եւ հալածեսցեն զքեզ եւ հասցեն քեզ

36. զքեզ] քեզ 218: զիշխանս քո] զիշխանսն 33' 38 162 174: յազգս 33' 38 162 174: զոր 2°] որ 33 38 162: պաշտեսցես 61-233] + անդ (post օտարս tr 13) 9 rell
37. եղիցիս 162 174: զրոյց 233 38 162: յոր] որ 233, յորս 218 174: անդր] անդ 218 174
38. սերմ 233 218: հանիցես 233: ժողովիցես 233: եւ 2°] զի 9 rell
39. տնգեսցես 13 33, տնկիցես 218: գործիցես 33': լինիցիս] լիցիս 174, om 218 (|)
40. յա̄մ] ի 13: իղով] եւղով 13, իւղով rell: օծանիցիս] 9*inc, օծցիս 9c pr m rell
41. ուստեր 13 (|): ծնցես 162: երթիցին 233
43. init] pr եւ 38: ի 2° 4°] om 218 38txt 162 174
44. om ոչ 218: եղիցիս 233 162 174
45. անէծս 162 vid (|) :

28:45-52

մինչեւ սատակեսցեն զքեզ եւ մինչեւ կորուսցեն զքեզ.
զի ոչ լուար ձայնի տ̅ն̅ ա̅յ քո պահել զպատուիրանս նորա
46 եւ զիրաւունս նորա զոր պատուիրեաց քեզ: եւ եղի-
ցին ի քեզ նշանք եւ արուեստք եւ զաւակի քում մինչեւ
47 ցյաւիտեան: փոխանակ զի ոչ պաշտեցեր զտ̅ր ա̅ծ ուրա-
խութ̅ք̅ եւ ճշմարիտ սրտիւ վ̅ս̅ բազմութ̅ղ̅ ամենեցունց:
48 պաշտեսցես զթշնամիս քո զոր առաքեսցէ ի վերայ քո տ̅ր
ի սով եւ ի ծարաւ: եւ ի մերկութ̅ն̅ եւ ի նուազութ̅ն̅
ա̅մ̅ի: եւ դիցէ անուր երկաթի ի պարանոցի քում մինչեւ
49 սատակեսցէ զքեզ ածցէ ի վերայ քո ազգ ի հեռաս-
տանէ ի ծագաց երկրէ իբրեւ զխոյանալ արծուոյ: ազգ
50 զորոյ ոչ լսիցես զձայն նորա: ազգ ժպիրհ երեսօք
որ ոչ աչառիցի երեսաց ծերոց եւ ոչ ողորմիցի տղայոց:
51 եւ կերիցէ զծնունդս խաշանց քոց եւ զարդիւնս երկրի
քո: եւ ոչ թողուցու քեզ ցորեան: գինի́: ե́ղ: զան-
դեայս արջառոց քոց: եւ զհօտս ոչխարաց քոց՝ մինչեւ
52 կորուսցէ զքեզ: եւ նեղեսցէ զքեզ: յա̅մ̅ քաղաքս քո
մինչեւ կործանեսցին պարիսպք քո բարձրացեալք եւ

50. ոչ 2° sup lin 52. եւ նեղեսցէ զքեզ sup lin

ատակեսցէ 13: om եւ 4° 33: կորուսցէ 13: զպատուի-
անսն 218
46. զաւակի 13'-61] pr ի 9 rell: քում] քո 13
47. ա̅ծ 13-61] + քո 9 rell : om եւ 174: ճշմարիտ
րտիւ] ճշմարտիւ 33: ամենեցուն 38 162
48. զոր] զորս 9 rell: մերկութ̅ն̅ 9c pr m 61] մեկ-
ութ̅ն̅ 233, մերկութ̅ի̅ 9* rell: նուազութ̅ի̅ 162
49. երկրէ 61-233] երկրի 9 rell: զորոյ] որոյ 13(|)
50. աչառիցէ 162: յերեսաց 174: ծերոյ 233 218:
ողորմեսցի 13 218 162 174: տղայոց 61c pr m] տղայոյ
-61* 33' 38, տղայւոյ 13, տղայիյ 233
51. գինի] pr եւ 13: եղ] pr եւ 13 174, եւղ 13' 33'
8, իւղ 162 174
52. om քո 2° 218:

ամուրք յորս դուն յուսացեալ իցես յա՟մ երկրին քում:
եւ նեղեսցէ զքեզ յա՟մ քաղաքս քո զոր ետ քեզ տ՟ր ա՟ծ
53 քո. եւ կերիցես զծնունդս որովայնի քո զմիս ուս-
տերաց քոց եւ զդստերաց քոց զոր ետ քեզ տ՟ր յանձկութ՟ն
քում եւ ի նեղութ՟ն քում որով նեղեսցէ զքեզ թշնամին
54 քո: գիրգն որ ի քեզ եւ փափուկն յոյժ չարակնեսցէ
յեղբայր իւր եւ ի կին ծոցոյ իւրոյ եւ ի մնացեալ որ-
55 դիսն որ մնայցեն նմա տալ միում ի նոցանէ ի մարմ-
նոց որդոց իւրոց յորոց ուտիցէ: վ՟ն չմնալոյ նմա ինչ
յանձկութ՟են քում եւ ի նեղութ՟են որով նեղիցեն զքեզ
56 թշնամիքն քո յա՟մ քաղաքս քո եւ գիրգն որ ի քեզ
եւ փափուկն յոյժ: որոյ ոչ իցէ ոտին իւրոյ առեալ
զփորձ գնալոյ ի վերայ երկրի: վ՟ն փափկութ՟են եւ գըր-
գութ՟ն չարակնեսցէ յայր ծոցոյ իւրոյ: եւ զուստրն իւր
57 եւ զդուստրն իւր եւ զաղտն ելեալ ի միջոյ իւրմէ

52. մորք 61*(c pr m)

յամուրք 174: յոր 233: դու 13 218 174: յա՟մ 2° — fin] յա՟մ քղ՟քս քո եւ յա՟մ երկրին քում զոր տ՟ր ա՟ծ քո ետ քեզ. նեղեսցէ զքեզ 174

53. զորս 9-13 33' 174: յանձկութ՟ն 162: զքեզ] քեզ 218: fin] + յա՟մ քղ՟քս քո 233

54. փափուկ 13: որդիսն որ] որդիս ն՟ր 218: մնասցեն 218: նմա] pr ի 233

55. om ի 2° 218: մարմնոյ 218 174: որդոց] -ւոց rell: ուտիցէք 13: չմնալոյն 33' 38 162 174, չմնացե-լոյ 233: ինչ] մինչեւ 13: յանձկնութեանն 13, յանձ-կութ՟են 162: նեղութ՟են 9*-61] -թ՟ն rell: քաղաքս] ի քաղաքսն 233

56. փափկութ՟են 9] -թ՟ն 13 218 38 162, + իւրոյ 233 33' 38 162 174: այր 233 162: ծոցւոյ 13: om իւրոյ 2° 218: զուստր 13': զդուստր 13' 33' 38 174: om իւր 2° 33' 38 162 174

57. ելեալ] եղեալ 233: միջւոյ 13:

2̇8:57-63

եւ զծնունդն զոր ծնանիցի խորովեսցէ ի նոցանէ եւ կե-
րիցէ վն̅ նուազութեն յա̅մէ թաքուսցէ յանձկութեն եւ ի
նեղութե որով նեղիցէ քեզ թշնամին յա̅մ քաղաքս քո`
58 եթէ ոչ լւիցէք առնել զա̅մ բանս օրինացս այսոցիկ.
զգրեալս ի գրիս յայսմիկ երկնչել ի պատուական եւ ի
59 սքանչելի անուանէ տ̅ն ա̅յ քո: Եւ նորանշա́ն արասցէ
տ̅ր զհարուածս քո եւ զհարուածս զաւակի քո. զհարուածս
մեծամեծս եւ զզարմանալիս եւ զցաւս չարաչարս եւ զկա-
60 րեւորս եւ ածցէ ի վերայ քո զա̅մ ախտս չարաչարս
զեգիպտացոցն յորմէ սոսկայիր յերեսաց նոցա եւ մեռցին
61 ի քեզ եւ զա̅մ հիւանդութիւ̅ եւ զա̅մ հարուածս գրեալս
ի գիրս օրինացս այսոցիկ ածցէ տր ի վերայ քո մինչեւ
62 սատակեսցէ զքեզ եւ մնասջիք թուով սակաւք: փո-
խանակ զի էիք դուք իբրեւ զաստեղս երկնից բազմութե̅
63 եւ ոչ լւարուք ձայնի տ̅ն ա̅ծ ձերոյ: եւ եղիցի որ-
պէս ուրախ եղեւ ի ձեզ տ̅ր բարի առնել ձեզ եւ բազմա-
ցուցանել զձեզ: նո́յնպէս ուրախ լինիցի տ̅ր ի ձեզ

զծնունդսն 218 174: նոցանէ] նմանէ 13: վն̅] pr եւ 33' 38 162 174: թագուսցէ 13: յանձկութե̅ 13: նեղութեն 33' 38 162 174: նեղեսցէ 13: քեզ] զքեզ 9 rell: քա-ղաքս] pr ի 33' 174

58. init 9-13-61] pr եւ rell : om ոչ 233*: գրիս] գիրս 9 rell: անուանէն 233

59. եւ 1°] om 33' 38 162 174: զհարուածս 1°⌒2° 13: զհարուածս 3°] pr եւ 233: om եւ 3° 13: զզարմանալիս 9-61] զարմ- rell

60. եւ 1°] om 218 174: զեգիպտացւոցն 13' 33' 38 162 174: սոսկայիրն 33' 38 162 174: նոցա] նր̅ 233: մեռցին] մեկեսցին 9, մերձեսցին 13', մխեսցեն 162, մր-սեսցին rell

62. եւ 2° bis scr 13 (|): զքեզ] զձեզ 218

63. լինիցի] լիցի 233 218 174

սատակել զձեզ: եւ բարձջիք յերկրէն յոր մտանելոց էք
64 ժառանգել զնա: եւ ցրուեսցէ զքեզ տ̅ր ա̅ծ քո ընդ ա̅մ
ազգս ի ծագաց երկրի մինչեւ ի ծագս երկրի եւ ծառա-
յեսցես անդ ա̅ծոց օտարաց փայտից եւ քարանց զորս ոչ
65 գիտէիր դու եւ հարք քո: այլ եւ յազգսն յայնոսիկ
ոչ հանգուսցէ զքեզ եւ ոչ լիցի կայ թաթից ոտից քոց:
եւ տացէ քեզ անդ սիրտ տրտմեալ եւ աչս սորեալս եւ
66 անձն հարեալ: եւ եղիցին կեանք քո կախեալ առաջի
աչաց քոց: եւ զարհուրեսցիս զցայգ եւ զցերեկ եւ ո՛չ
67 հաւատասցես կենացն քոց: ընդ առաւօտս ասիցես թէ
երբ լինիցի երեկոյ: եւ ընդ երեկոյս ասիցես թէ երբ
լինիցի առաւօտ ի զարհուրանաց սրտի քո զոր երկնչի-
ցիս: եւ ի տեսլեանց աչաց քոց զորս տեսանիցես
68 եւ դարձուսցէ զքեզ տ̅ր անդրէն յեգիպտոս նաւօք: եւ
ընդ ճանապարհ ընդ նոյն ո՛չ յաւելուցուք տեսանել զնա:
եւ վաճառեսջիք անդ թշնամեաց ձերոց ի ծառայս եւ յա-
ղախնայս եւ ո՛չ ոք իցէ որ օգնիցէ:

68 յետւպտոս

64. զքեզ] զձեզ 218: ի ծագս] om ի 233: ծառայեսցեն 233*: քարից 13
65. լիցի 9-61] լինիցի rell: om անդ 38 162: սորեալ 233:
66. եղիցի 174
67. ընդ—երեկոյ] pr եւ et tr post առաւօտ 13: լինիցի 1° 2°] լիցի 13: om թէ 2° 13: լինիցի 2° — օրինացս (29:27) non hab 9: զորս] զոր 233 218 38 162 174
68. om անդրէն 13-233txt: նաւօք] նոքաւք 38txt, հազարաւոր զաւրաւք 38, + հազարաւոր զօրօք 233mg 162 174: յաղախնեայս 13: օգնիցէ] գնիցէ rell

29

Այս բանք են ուխտիս զոր պատուիրեաց տ̅ր մովսէսի հաս-
տատել որդոցն իղ̅ի յերկրին մովաբու: Թող զայն ուխտ
զոր ուխտեաց նոցա ի քորէբ: Եւ կոչեաց մովսէս
զա̅մ̅ որդիսն իղ̅ի եւ ասէ ցնոսա: դուք ձեզէն տեսէք
զա̅մ̅ ինչ զոր արար տ̅ր յեգւպտոս առաջի ձեր ընդ փարա-
ւովն եւ ընդ ծառայս նորա եւ ընդ ա̅մ̅ երկիր նորա
զփորձանսն մեծամեծս զոր տեսին աչք ձեր: զնշանսն եւ
զարուեստս մեծամեծս զայնոսիկ: զձեռն հզօր եւ զբա-
զուկն բարձր եւ ո՛չ ետ ձեզ տ̅ր ա̅ծ̅ ձեր սիրտ գի-
տելոյ եւ աչս տեսանելոյ եւ ականջս լսելոյ մինչեւ
ցայսօր: եւ ած զձեզ զքառասուն ամ ընդ անապատն:
ո՛չ հնացան ձորձք ձեր եւ ո՛չ մաշեցան կօշիկք յոտից
ձերոց՝ հաց ո՛չ կերայք՝ եւ գինի եւ ցքի ո՛չ արբէք
զի ծանիջիք թէ ե՛ս եմ տ̅ր ա̅ծ̅ ձեր: եւ եկիք մինչեւ
ցտեղիս ցայս եւ ել սեհովն թագաւոր եսեբովնայ եւ ովգ
թագաւոր բասանու ընդդէմ ձեր պատերազմաւ: եւ հարաք

7. թ̅գ̅րն սեբովնայ 61^{s} : ովք

1. ուխտիս] ուխտին rell: մովսիսի 38 162 174, մո-
հսի 218: որդոցն]-ւոցն rell: ի̅լ̅ի 38 174: om նոցա
18: քորեբ 13' 218 162
2. ի̅լ̅ի 38 174: տեսէք] + աչօք ձեռովք 174: յեգւպ-
ու] յեգիպտոս rell: փարաւոն 233 218 38 162 174
3. զփորձանս 13: զորս 13: զնշանս 13 162 174:
ձեռնն 33' 38: զբազուկ 13 38 162 174
4. om ձեր 13: աչ 13: ականջ 13
5. քառասուն 13: կօշիկ 162 (|): յոտս ձեր 13:
ոից 233
7. ցտեղիս ցայս] ի տեղիս յայս 38 162 174: յայս
18, այս 13: սէհովն 33, սեհոն 233 218 38 162 174:
սէբովնայ 33, եսբովնեա 13, եսեբոնայ 233 162, եւսեբո-
այ 38: ձեր] մեր 38mg

8 զնոսա եւ առաք զերկիր նոցա եւ ետու զնա ի ժա-
ռանգութ̅ի ռոբենի եւ գադա եւ կիսոյ ցեղին մանասէի:
9 եւ զգուշասջիք առնել զա̅մ բանս ուխտիս այսորիկ զի
10 իմանայցէք զա̅մ զոր առնիցէք: Դուք կայք աւադիկ
այսօր ամենեքեան առաջի տ̅ն ա̅յ ձերոյ: ցեղապետք
ձեր եւ ծերակոյտ ձեր: եւ դատաւորք ձեր, եւ ատենա-
11 դպիրք ձեր եւ ա̅մ այր իղ̅ի: եւ կանայք ձեր եւ
որդիք ձեր. եւ եկն որ ի միջի բանակին ձերում ի փայ-
12 տակոտորէ ձերմէ մինչեւ ջրբեր ձեր յանցանել քեզ
զուխտիւ տ̅ն ա̅յ քո եւ զնզովիւք նորա: զոր տ̅ր ա̅ծ քո
13 ուխտէ քեզ այսօր՝ զի կացուցէ զքեզ իւր ժողո-
վուրդ եւ նա եղիցի քեզ ա̅ծ որպէս եւ ասաց քեզ եւ զոր
օրինակ երդուաւ հարցն քոց աբրահամու եւ սահակայ եւ
14 յակովբու՝ եւ ո՛չ ձեզ միայն ուխտեմ ես զուխտս
15 զայս եւ զնզովս զայսոսիկ այլ եւ որոց աստ ընդ

8. ն̅ոց 61^{s}, 61*inc: կիսոց 61^{s}

8. զերկիրն 13: զնա] զայն 233: ժառանգութ̅ին 218: ռովբենի 13, ռուբինի 33, ռոբինի 38, ռուբենի 233 218 162 174
9. զբանս 174: այսորորիկ 13(|)
10. կեայք 162: ծերակոյտք 13 38: եւ դատաւորք ձեր/ եւ ատենադպիրք ձեր] tr 218: om եւ 4° 218: ա̅մ] tr ante դատաւորք 218: ի̅լի 38 174
11. բանակին] ընակիղ 13, ընակէ (-կի 33') et tr post ձերում 33' 38 162 174: ի 2°] pr եւ 33 38 162 174
12. init] pr եւ 174: քեզ 1°] ձեր 33 38 162 174, ձեզ 218: զուխտիւն 233 218 174: նզովիւք 162: ուխ-տեաց 233
13. իւր] այսօր ի 233: om քեզ 2° 33' 38 162 174: om եւ 3° 233: հարն 13*: աբրաամու 233 33 162: om եւ 4° 162: ի սահակայ 233, իսահակայ 162: յակովբու] յակոբու 233, յակովբա 13, յակոբայ 162, յակովբայ rell
14. միայն] մի այս 13: զայս] զայսոսիկ 13, om 233: զայսոսիկ] զայս 13
15. om աստ 218:

29:15-21

մեզ իցեն այսօր առաջի տ̅ն ա̅յ մերոյ։ եւ որոց չիցեն
ընդ մեզ այսօր զի դուք ինքնին գիտէք որպէս բնա-
կեցաք յերկրին եգիպտացոց եւ որպէս անցաք ընդ մէջ ազ-
գացն ընդ որ անցէք դուք եւ տեսէք զգարշելիս նո-
ցա եւ զկուռս իւրեանց զփայտն եւ զքար. զարծաթն եւ
զոսկի որ է առ նոսա։ Մի՛ ոք իցէ ի ձէնջ այր կամ
կին կամ ազգ կամ ցեղ որոյ միտք իւր խոտորեալ իցեն ի
տ̅է ա̅յ մերմէ երթալ պաշտել զդիս ազգացն այնոցիկ։ մի՛
ոք իցէ ի ձէնջ արմատ ի վեր բուսեալ դառնութե̅ եւ դա-
ժանութե̅։ եւ եղիցի եթէ լուիցէ զպատգամս նզովիցս
այսոցիկ եւ խոկասցի ի սրտի իւրում եւ ասիցէ քաւու-
թիք̅ եղիցին ինձ։ զի եթէ ես ըստ մոլորութե̅ սրտի իմոյ
գնայցեմ զի մի կորուսանիցէ մեղաւորն զանմեղն եւ ո՛չ
հաճեսցի ա̅ծ ներել նմա։ այլ յա՛յնժամ բորբոքեսցի բար-
կութի̅ նորա եւ նախանձ նորա ի մարդն յայն եւ հասցեն
նմա ա̅մ նզովք ուխտիս այսորիկ գրեալք ի գրի օրինացս
այսոցիկ։ եւ ջնջեսցէ տ̅ր զանուն նորա ի ներքոյ երկ-
նից եւ զատուսցէ զնա տ̅ր ի չարիս յա̅մ որդոցն ի̅ղի

իցեն 162։ չիցենն 18
16. բնակեցայք 38' 38 162 174։ եգիպտացոց]-ւոց rell։
յայք 174։ որ] որս rell ։ անցանէք 162
17. զգարշելիս] զսքանչելիս 18։ զփայտն] pr եւ 218։
ծաթ 18 218
18. որոյ] որոց 38։ մերմէ 18'-61*] իւրմէ 61s rell ։
2°] pr եւ 233
19. լսիցէ 218։ նզովիցս] բանիցս 38txt։ եթէ 2°]
38 '։ om ըստ 218։ զանմեղ 233
20. ուխից 218։ գրի] գիրս 18։ ջնջեսցէ] pr ջնջելով

21. յա̅մ] ի վ̅ր ա̅մ 174։ որդոցն] որդւոցն rell ։ ի̅ւի
174, իէ̅լէ 18։

ըստ ա̅մ նզովից ուխտիս գրելոց ի գրի օրինացս այսո-
22 ցիկ: եւ ասասցեն ազգն միւս եւ որդիք նոցա որ
յառնիցեն յետ նոցա՝ եւ օտարոտին որ գայցէ յերկրէ
հեռաստանէ՝ տեսանիցեն զհարուածս երկրին այնորիկ եւ
23 զախտս նոցա զոր առաքեաց տ̅ր ի վերայ նորա զծծում-
բըն եւ զաղն այրա՛ցեալ յա̅մ ի հող նորա: մի՛ սերմա-
նեսցի եւ մի՛ բուսցի եւ մի՛ ելցէ ի վերայ նորա ա̅մ
դեղ դալար որպէս կործանեցան սոդովմ եւ գոմոր: ադա-
մա եւ սեբովիմ զորս կործանեաց տ̅ր սրտմտութ̅ք եւ բար-
24 կութ̅ք եւ ասասցեն ա̅մ ազգք ընդէր արար տ̅ր այնպէս
երկրին այնմիկ: զինչ իցէ սրտմտութ̅ի մեծ բարկութ̅են
25 այնորիկ: պատասխանի տացեն եւ ասասցեն: զի թո-
ղին զուխտ տ̅ն ա̅յ հօր իւրեանց զոր ուխտեաց հարցն նո-
26 ցա յորժամ եհան զնոսա յերկրէն եգիպտացոց եւ գը-
նացեալ պաշտեցին զա̅ծս օտարս եւ երկիր պագին նոցա
27 զորս ոչն ճանաչէին եւ ոչ բաժանեաց նոցա՝ եւ
բարկացա՛ւ տ̅ր սրտմտութ̅ք ի վերայ երկրին այնորիկ ածել

26. ոչ 61*(c pr m)

գրելոյ 33 38 174: գրի 13-61] գիր 233 218, գիրս rell
22. ասիցեն 38 162 174: ազգքն 13 33' 38 162: որդիք 13-61] + ն rell: նոցա 1°] ձեր rell: առնիցեն 233, յարիցեն 38 162 174: նոցա 2°] ձեր rell: օտարոտի 13': յերկրէն 33' 174: նորա 61-233] նոցա rell
23. init] pr եւ 13: զծծումն 218: զաղ 218: այրացեալ] այրեցեալ rell: ի հող] om ի 13: om եւ 3° 233 (|): om նորա ա̅մ 162: սոդովմ] սոդոմ rell: սեբովիմ 61-233] սեբոյիմ rell: om եւ 6° 218
24. ազգք] ազգքն rell
25. զուխտ տ̅ն] զուխտն 38 162: հօր] հաւրն 13, հարց rell: om հարցն 233: եգիպտացոց]-ւոց rell
26. պաշտիցեն 218: զոր 33' 38 162 174
27. տ̅ր սրտմտութ̅ք] tr 13':

29:27-30:5

ի՛ վերայ նորա ըստ ա̅մ̅ նզովից ուխտիս գրեալս ի՛ մատենի
8 օրինացս այսոցիկ: եւ եբարձ զնոսա տ̅ր̅ յերկրէ իւր-
եանց բարկութ̅բ̅ եւ սրտմտութ̅բ̅, եւ զայրմամբ մեծաւ
յոյժ: եւ մերժեաց զնոսա յերկիր օտար մինչեւ ցայժմ:
9 ծածուկքն տ̅ն̅ ա̅յ̅ մերում եւ յայտնիքն մեզ եւ որդոց
մերոց յաւիտեան առնել զա̅մ̅ պատգամս օրինացս այսոցիկ:

30

Եւ եղիցի եթէ հասանիցեն ի՛ վերայ քո ա̅մ̅ պատգամքս այ-
սոքիկ կամ օ̅հ̅ութ̅ի̅ք եւ կամ՛ անէծք զորս ետու առաջի
երեսաց քոց եւ ընկալցիս ի՛ սիրտ քո ընդ ա̅մ̅ ազգսն ուր
ցրուեսցէ զքեզ տ̅ր̅ անդ՝ եւ դարձցիս առ տ̅ր̅ ա̅ծ̅ քո
եւ լսիցես ձայնի նորա ըստ ա̅մ̅ի զոր ես պատուիրեմ քեզ
այսօր յա̅մ̅ սրտէ քումմէ եւ յա̅մ̅ անձնէ քումմէ: եւ
բժշկեսցէ տ̅ր̅ զմեղսն քո եւ ողորմեսցի քեզ: եւ դար-
ձեալ ժողովեսցէ զքեզ յա̅մ̅ ազգաց ուր ցրուեսցէ զքեզ
տ̅ր̅ անդր եթէ իցէ ցրումն քո ի՛ ծագաց երկնից մին-
չեւ ցծագս երկնից: եւ անտի ժողովեսցէ զքեզ տ̅ր̅ ա̅ծ̅
քո. եւ անտի առցէ զքեզ տ̅ր̅ ա̅ծ̅ քո եւ ածցէ զքեզ

րա] նգ̅ 218: գրելոյ 33' 38 174, գրելոց 162
28. յերկրէն 218: զայրացմամբ 33' 38 162 174: յեր-
ր] յերկրէ 218
29. որդւոց 13' 33' 38 162: աւրինաց 218
1. թէ 218 174: հասանիցէ 33' 38 162 174: ա̅մ̅ 1°]
: post այսոքիկ 13: կամ 1°] pr եւ 233: օ̅հ̅ութ̅ի̅ 233:
ո եւ 2° 218 38 162 174: զոր 162: ընկալցիս ի սիրտ]
կալցի սիրտ 13': անդր 9
2. զորս 13: յա̅մ̅ 1° 2°] ա̅մ̅ 233: քումմէ 1° ⌒ 2° 13
3. զմեղս 13: զքեզ 1°] + տ̅ր̅ 13: ուր] որ 233:
ուեսցէ] ցրուեաց 9 rell
4. երկնից 1° 2°] երկրի 38 162: ցծագս] ի ծագս 9
ll: անդի 13: զքեզ 1°] tr post քո 2° 174: քո 2°]
⌒ 1° (5) 13, om 162

տ̄ր ա̄ծ քո յերկիրն զոր ժառանգեցին հարք քո եւ ժառան-
գեսցես զնա եւ բարի՛ եղիցի քեզ. եւ բազմապատիկ արաս-
6 ցէ զքեզ քան զհարս քո. եւ պարուրեսցէ տ̄ր զսիրտ
քո եւ զսիրտ զաւակի քո սիրել զտ̄ր ա̄ծ քո յա̄մ սրտէ
քումմէ եւ յա̄մ անձնէ քումմէ զի կեցցես դու եւ զաւակ
7 քո եւ տացէ տ̄ր ա̄ծ քո զնզովս զայս ի թշնամիս քո
8 եւ յատելիս քո որք հալածեցինն զքեզ. եւ դու
դարձցես եւ լուիցես ձայնի տ̄ն ա̄յ քո եւ արասցես զպատ-
9 ուիրանս նորա զոր ես պատուիրեմ քեզ այսօր: եւ
յաճախեցուսցէ զքեզ տ̄ր ա̄ծ քո յա̄մ գործս ձեռաց քոց
ծննդովք որովայնի քո եւ արդեամբք երկրի քո. եւ
ծննդովք անասնոց քոց զի դարձցի ի քեզ տ̄ր ա̄ծ քո ու-
րախ լինել քեւ ի բարութ̄իս որպէս ուրախ եղեւ հարքքն
10 քովք: եթէ լուիցես ձայնի տ̄ն ա̄յ քո պահել եւ առ-
նել զա̄մ պատուիրանս նորա եւ զիրաւունս նորա եւ զդա-
տաստանս նորա զգրեալս ի գրի օրինացս այսոցիկ. եթէ
դարձցիս առ տ̄ր ա̄ծ քո յա̄մ սրտէ քումմէ եւ յա̄մ անձնէ
11 քումմէ. զի պատուիրանս այս զոր ես պատուիրեմ
քեզ այսօր ոչ ծանրաքեռն ինչ է եւ ոչ հեռի ի քէն.

7. հալածեցին 61*(c pr m) 9. դարցի 61*(c pr m)(|)

5. հարքն 174: ժառանգեսցեն 218
6. պարուեսցէ 218: անձն 13
7. որ հալածեցին 13
8. դարձցիս 9-13 218 38 162 174
9. յաճախեցուսցէ 9-13-61] աճեցուսցէ rell : անաս-
նոց] անասնոյ 33*: հարքն 233, հարքն 38: քով 13 162
174
10. init] pr եւ 13 162: քո 1°] քում 13: նորա 1° ⁀ 3° 13: զրեալս 9-13-61] գրեալ 233, զգրեալս rell : գրի] գիրս 9-18 174: եթէ 2°] եւ 13, եւ թէ 162: յա̄մ 1°] ա̄մ 174
11. պատուիրանքս 33' 38 162 174

30:12-18

12 ոչ է յերկինս եթէ ասիցես ով ելանիցէ մեզ յերկինս եւ
13 առնուցու զնա եւ լուիցուք եւ արասցուք եւ ոչ
յայնկոյս ծովու է թէ ասիցես. ով անցանիցէ յայնկոյս
ծովու եւ առնուցու մեզ զնա եւ լսելի առնիցէ մեզ եւ
14 արասցուք: մերձ է բանն առ քեզ յոյժ ի բերան քո
15 եւ ի սրտի քո. եւ ի ձեռս քո առնել զնա: ահաւա-
սիկ ետու այսօր առաջի երեսաց քոց զկեանս եւ զմահ.
16 զբարի՛ եւ զչար: Եթէ լուիցես պատուիրանաց տ̅ն
ա̅յ մերոյ զոր ես պատուիրեմ քեզ այսօր. սիրել զտ̅ր
ա̅ծ քո՝ գնալ յա̅մ ճանապարհս նորա. պահել զիրաւունս
նորա: եւ զպատուիրանս նորա՝ եւ զդատաստանս նորա՝
կեցէք եւ բազումք լինիջիք եւ օ̅հեսցէ զքեզ տ̅ր ա̅ծ քո
17 յա̅մ երկրին յոր մտանելոց ես ժառանգել զնա: Եւ
եթէ փոխեսցի սիրտ քո եւ ոչ լուիցես եւ մոլորեալ եր-
կիր պագանիցես ա̅ծոց օտարաց եւ պաշտեսցես զնոսա.
18 պատմեմ քեզ այսօր զի կորստեամբ կորնչիջիք եւ ո՛չ

17. լ(ուիցես)] sup lin

12. om է 38 162 174: եթէ 9vid-61-233] թէ rell :
իցես] + թէ 13
13. ծովու 1°] ծով 174: անցանիցէ] ելանիցէ 174,
մեզ 233: լսելիս 174: առնիցէ] արասցէ 33' 38 162
4
14. բանն] tr post քեզ 233: բերանոյ 33*: քո 2° 9-
-233] քում rell: քո 3°] + է 33' 38 162 174
16. init] pr եւ 33' 38 162 174: մերոյ] քոյ 218txt
4: գնալ] pr եւ 162: յա̅մ] ի 38 162, յամ ի 174:
րա 1°]⁀ 2° 33 txt(sed hab mg vid), om 218: զզիրա-
ւնս 174: om նորա 2° 38 162: եւ զպատուիրանս նորա]
post նորա 4° 33': կեայցիք 13*, կեայցէք 13c pr m,
ցցէք 33' 38 174: լինիջիք 13-61] լինիցիք 9*vid
ll : մտանելոց էք 13, մտանիցես 174
17. պաշտիցես 233 218
18. պատմեմ] պատուիրեմ 233c 33' 38 174: կորնչիցիք
233 33 38 162 174

լինիցիք բազմօրեայք ի վերայ երկրին յոր դուք անցա-
19 նէք ընդ յորդանան ժառանգել զնա: ունիմ քեզ վկա
այսօր զերկինս եւ զերկիր. զկեանս եւ զմահ ետու առա-
ջի երեսաց ձերոց զօ̄հութ̄իս եւ զանէծս եւ ընտրեա
20 զկեանս զի կեցցես դու եւ զաւակ քո` սիրել զտ̄ր
ա̄ծ քո եւ լսել ձայնի նորա եւ ունել զնմանէ զի ա՛յն
են կեանք քո եւ երկայնութ̄ի աւուրց քոց բնակել յերկ-
րին զոր երդուաւ տ̄ր հարցն քոց. աբրահամու սահակայ
եւ յակովբու տալ նոցա:

31

1 Եւ կատարեաց մովսէս խօսել զա̄մ բանս զայսոսիկ առ ա̄մ
2 որդիսն ի̄ղի եւ ասէ ցնոսա. հարիւր եւ քսան ամաց
եմ ես այսօր` ո՛չ եւս կարեմ մտանել եւ ելանել քանզի
տ̄ր ասաց ցիս թէ ոչ եւս անցանիցես ընդ այդ յորդանան:
3 տ̄ր ա̄ծ քո որ երթա առաջի երեսաց քոց նա սատակեսցէ
զազգսն զայնոսիկ յերեսաց քոց եւ ժառանգեսցես զնոսա.

մազմօրեայք 174: անցանիցէք 13' 174, անցէք 162: om ընդ յորդանան 162

19. քեզ 9-13-61] ձեզ rell: om եւ 4° 13: ընդրեա 13

20. ունել] առնել 13: քոց 1°] քո 13: om տ̄ր 233: աբրաամու 33: սահակայ 9-61 162] pr եւ rell: իսահակայ 162: յակոբու 233, յակովբա 13, յակովբայ 38 218 174, յակոբայ 162

1. զբանս 9-233 33' 174: առ] pr որ 33' 174: ի̄ղի 38 174

2. ոչ 1° 9] pr եւ 233 218 38 162 174: մտանել] ելանել 38 162: ելանել] մտանել 38 162: տ̄ր tr post ցիս 13: եւս 2°] 233inc, om 9 rell: անցանես 13: om այդ 13

3. որ 1° 61 33] om 9 rell

31:3-9

եւ յիսու որ երթայ առաջի երեսաց քոց որպէս խօսեցաւ
տ̅ր: եւ արասցէ տ̅ր ընդ նոսա որպէս արար ընդ սե-
հովն եւ ընդ ովգ ընդ երկոսին թագաւորսն ամուրհացոց
որ էին յայնկոյս յորդանանու եւ ընդ երկիր նոցա որ-
պէս սատակեցաք զնոսա.   եւ մատնեսցէ զնոսա տ̅ր առա-
ջի ձեր եւ արասջիք ընդ նոսա որպէս պատուիրեցի ձեզ:
քա́ջ լեր եւ զօրացիր՝ մի́ երկնչիր եւ մի զանգիտեր եւ
մի զարհուրիցիս յերեսաց նոցա: զի տ̅ր ա̅ծ քո ինքնի́ն
երթիցէ յառաջագոյն ընդ ձեզ ի միջի ձերում ոչ թողցէ
զքեզ եւ ոչ ընդ վայր հարկանիցէ: Եւ կոչեաց մով-
սէս զյեսու եւ ասէ ցնա առաջի ա̅մ ի̅ղ̅ի՝ քա́ջ լեր եւ
զօրացիր քանզի դու մտանելոց ես առաջի երեսաց ժո-
ղովրդեանդ այդորիկ յերկիրն զոր երդուաւ տ̅ր հարցն
ձերոց տալ նոցա եւ դու ժառանգեցուցես զնոսա.   եւ
տ̅ր որ երթալոց է ընդ քեզ ոչ թողցէ զքեզ եւ ոչ ընդ
վայր հարցէ մի́ երկնչիր եւ մի́ զանգիտեր.   Եւ գր-
րեա́ց մովսէս զա̅մ բանս օրինացս այսոցիկ ի մատենի եւ

սու 13 33' 38 162 174: որ 2° 9-61-233] om rell
4. ընդ 2°⌒3° 13: սէհովն 33, սեհոն 233 38 162:
ղ 4°] pr եւ 162: երկուս 13: ամուրհացւոց 13',
ովրհացւոց 33' 38 174, ամօրհացւոց 162: յորդանանու]
սեհովն եւ ովգ 13: երկիր 9-61-233] երկիրն rell
5. մատնեաց 13
6. զարհուրիցիս 9c pr m-61-233] -եսցես 33', -եսցիս
rell: ինքնին] ինքն 33 txt(|), + է որ 9 33 mg(pr ին)
11: երթիցէ 61 txt(|)] երթայ 9-233, երթա 13-61 mg, եր-
ջցէ rell: ընդ ձեզ] քան զձեզ 218: ձեզ] քեզ 162
7. մօսէս 162: ի̅ղ̅ի 38 174: ժանգեցուցէ 13
8. թողուցու 162: եւ 2°⌒(9) 1° 13: հարկանիցէ
3
9. զբանս 233

ետ զայն ցքահանայսն ցորդիսն ղեւեայ որ բառնային զտա-
10 պանակ ուխտին տ̅ն եւ ցծերս որդոցն իղ̅ի. եւ պատ-
ուիրեաց նոցա մովսէս յաւուր յայնմիկ եւ ասէ. յետ
եւթն ամի ի ժամանակի տարոյն թողութե̅ ի տօնի տաղաւա-
11 րահարացն: ի գումարել ա̅մ իղ̅ի յանդիման լինելոյ
առաջի տ̅ն ա̅յ քո ի տեղոջն զոր ընտրեսցէ տ̅ր ընթեռնու-
12 ցուք զօրէնս զայս առաջի իղ̅ի յականջս նոցա եկե-
ղեցացուցեալ զժող'վուրդն զարս եւ զկանայս եւ զման-
կունս եւ զեկն որ ի քաղաքս ձեր զի լուիցեն եւ ուսցին
երկնչել ի տ̅է ա̅յ մերմէ եւ ուսցին առնել զա̅մ պատգամս
13 օրինացս այսոցիկ եւ որդիք նոցա որ ոչ գիտիցեն
լուիցեն եւ ուսցին երկնչել ի տ̅է ա̅յ մերմէ զա̅մ աւուրս
որչափ եւ կեցեն նոքա ի վերայ երկրին յոր դուք անցա-
14 նելոց էք ընդ յորդանան ժառանգել զնա: Եւ ասէ տ̅ր
ցմովսէս՝ ահա մերձեցան աւուրք մահուան քո: կոչեա
զյեսու եւ կայցէք առ դրան խորանին վկայութե̅ եւ հրա-
ման տաց նմա: Եւ գնացին մովսէս եւ յեսու ի խորանն

որ] pr եւ 38: զտապանակն 174: ցծերսն 13: որդոցն] -ւոցն rell : իլ̅ի 38 174

10. ն̅գ sup lin 233: ի ժամանակի] om 38 txt, om ի 233 38 162 174: տարւոյն 13' 218 38 162 174

11. գումալել 162: իղ̅ի 1° 2°] իլ̅ի 38 174: լինել 13, լինելով 233: տեղւոջն 13' 33' 38 162: ընդրեսցէ 13: om տ̅ր 13: զայսոսիկ 13

12. եկեղեցուցեալ 13 33: զժող'վուրդն] զժողովուրդն rell : զարս] զայրս 174: ուսցին 1°] ուսանիցին 33' 38 162 174: պատգամս] պատուիրանս 13

13. որդիքն 233: գիտիցին 13 162: կեցեն 9-61] կեց-ցեն rell: անցանելոց էք] անցանէք 233

14. կայցէք 61-233] կացէք 9 rell: առ 1°] առաջի 33' 38 162 174

15 վկայութ̅ե̅ եւ կացին առ դրան խորանին վկայութ̅ե̅: եւ
էջ տ̅ր սեամպ ամպոյ եւ եկաց առ դրան խորանին վկայու-
16 թ̅ե̅: եւ եկաց սիւն ամպոյն առ դրան խորանին: Եւ
ասէ տ̅ր ցմովսէս՝ ահաւադիկ դու ննջեսցես ընդ հարս քո
եւ յարուցեալ ժողովուրդդ այդ պոռնկեսցի զհետ ա̅ծոց
օտարաց երկրին որ մտանիցէ դա ի նոսա: եւ թողուցուն
զիս եւ ցրիցեն զուխտն իմ զոր ուխտեցի ընդ դոսա
17 եւ բարկացայց դոցա սրտմտութ̅ք̅ յաւուր յայնմիկ. եւ
լքի՛ց զդոսա եւ դարձուցից զերեսս իմ ի դոցանէ. եւ
եղիցին կերակուր թշնամեաց եւ գտցեն զդոսա չարիք բա-
զումք եւ նեղութ̅ի̅ք: եւ ասասցես յաւուր յայնմիկ քան-
զի չէ տ̅ր ա̅ծ իմ ընդ մեզ գտին զիս չարիքս այսոքիկ.
18 եւ ես դարձուցանելով դարձուցից զերեսս իմ ի նոցանէ
յաւուր յայնմիկ վ̅ն ա̅մ չարեացն զոր արարին զի դարձան
19 յա̅ծս օտարոտիս: եւ արդ գրեցէք զբանս օ̅հութե̅ն̅
այսորիկ եւ ուսուցջիք զդա որդոցն ի̅ղ̅ի եւ արկջիք զդա
ի բերան նոցա. զի եղիցի ինձ օ̅հութ̅ի̅դ այդ վկայութ̅ի̅
20 ի մէջ որդոցն ի̅ղ̅ի քանզի տարայց զնոսա յերկիրն

15. om եւ 3° 16. եւ 3° bis scr (|)

...ո 2°] ի 38 162
15. սեամպ] սիամբ 9, սիեամբ 33, սեամբ rell : ամպոյ]
...մպով 233
16. ահաւասիկ 13 38 162 174: ննջես 218: ընդ 1°]
...ո 233: յերկրին 174: որ] յոր 9 rell : ցրուիցեն 174:
...նոսա] նոսա 13'174
17. գտցին 174: զդոսա 2°] զնոսա 38: ասասցես 9-
1] ատեսցեն 13, ասասցեն rell: իմ 2°] om 13 162, մեր
rell: զիս 9-13-61] om 233 , զմեզ rell
19. ա̅հու̅ե̅ 174: զդա 1° 2°] զդոսա 13: որդոցն 1°]
ւոցն rell: ի̅ղ̅ի 1° 2°] ի̅լ̅ի 38 174: վկայութ̅ի̅ 9-61-
33] pr ի rell: որդոցն 2°] -ւոցն 9-13' 162, -ւոցդ
ell
20. զնոսա 1° 9] զդոսա 13' 33'txt 38 162 174:

ի բարի զոր երդուա հարցն նոցա երկիր որ բղխէ զկաթն
եւ զմեղր եւ կերիցեն եւ լցեալ յագեսցին եւ դառնայ-
ցեն յա̅ծս օտարոտիս եւ պաշտիցեն զնոսա եւ զայրա-
ցուցանիցեն զիս եւ ցրիցեն զուխտն իմ զոր ուխտեցի
21 նոցա: եւ ընդդէմ կացցէ նոցա օ̅հութի̅դ այդ յանդի-
ման լինել վկա եւ մի՛ մոռասցի ի բերանոյ նոցա եւ ի
բերանոյ զաւակի նոցա քանզի գիտեմ զչարութի̅ նոցա զոր
արարին աստ այսօր. յառաջ քան զտանելն իմ զնոսա
22 յերկիրն բարութե̅ զոր երդուա հարց նոցա: Եւ գրեաց
մովսէս զօ̅հութիւ̅ զայս յաւուր յայնմիկ եւ ուսոյց զսա
23 որդոցն իղ̅ի. եւ պատուիրեաց մովսէս յեսուայ որ-
դոյ նաւեայ եւ ասէ: քա՛ջ լեր եւ զօրացիր զի դու տա-
նելոց ես զորդիսն իղ̅ի յերկիրն զոր խոստացաւ տ̅ր նոցա
24 եւ նա եղիցի ընդ քեզ: Եւ իբրեւ կատարեաց մովսէս
գրել զա̅մ զբանս օրինացս այսոցիկ ի մատենի մինչեւ ի
25 սպառ եւ պատուիրեաց ղեւտացոցն որ կրէին զտապա-
26 նակ ուխտին տ̅ն: ասէ առեալ զմատեան օրինացդ

ի բարի 9-61] om ի rell: երդուաւ 174: հարց 33' 38: նոցա 1°] դոցա 13, քոց 162: բխէ 233: յագիցեն 174: աւտարս 13: զայրացուցանեն 38

21. կայցէ 233 33': զայդ 233: բերանւոյ 13, բերանոց 33' 38 174: նոցա 2°⌒3° 13: յերկիրն] եւ երկիրն 13: հարց 61-233] հարցն 9 rell

22. որդոցն]-ւոցն rell: ի̅լի 38 174

23. որդոյ 61 218] որդւոյ rell: զօրացիս 233: տանելոց] ժառանգելոց 33: ի̅լի 38 174: տ̅ր նոցա] նոցա տ̅ր 13, տր տալ նց 218, տալ նց̅ տ̅ր 38 162 174: քեզ] ձեզ 162

24. om զա̅մ 13: բանս 233 162: զայսոսիկ օրինացս 174: ի մատենի] om ի 38: ի սպառ] իսպառ 233 218 162

25. պատուիրեա 13: ղեւտացոցն]-ւոց 38, -ւոցն rell: կրիցեն 13: ասէ] pr եւ 174

31:26-32:1

այդոցիկ դնիցէք ի կողմանէ տապանակի ուխտին տ̅ն ա̅յ
27 մերոյ. եւ եղիցի անդ ընդ քեզ ի վկայութի̅ զի ես
գիտեմ զհեստութի̅ քո եւ զխիստ պարանոց քո զի մինչդեռ
ես ընդ ձեզ կենդանի եմ այսօր դառնացուցիչք էք ա̅ծա-
կողմանն· որպէս ոչ ապաքէն յետ մահուանն իմոյ:
28 արդ ժողովեցէք առ իս զցեղապետս եւ զծերս ձեր եւ
զդատաւորս ձեր, եւ զատենադպիրս ձեր զի խօսեցայց յա-
կանջս նոցա զա̅մ զբանս զայսոսիկ: եւ կալայց ձեզ վկա
29 զերկինս եւ զերկիր քանզի գիտեմ թէ յետ վախճանի
իմոյ անօրինելով անօրինիցիք եւ խոտորիցիք ի ճանա-
պարհէն զոր պատուիրեցի ձեզ: եւ պատահիցեն ձեզ չա-
րիքն ի վախճանի աւուրց քանզի առնիցէք չար առաջի տ̅ն
30 բարկացուցանել զնա գործովք ձեռաց ձերոց: Եւ խօ-
սեցաւ մովսէս յականջս ա̅մ եկեղեցոյն ի̅ղ̅ի զբանս օ̅հու-
թե̅ս այսորիկ մինչեւ ի սպառ:

32

Նայեցարուք երկինք եւ խօսեցայց. եւ լուիցէ երկիր

26. կողմանի 13: տապանակիւ 13*, տապանակին 233 174:
նդ] այդ 233: քեզ] ձեզ 162
27. զխիստապարանոց 218 174: ես 2°] om 162, tr post
մ 233: ընդ ձեզ] tr post եմ 13: դառնացուցիչ 13:
եռնակողմանն 13: om ոչ 38: յետ 13-61] pr եւ 9 rell:
ահուանն 13'-61] մահուան 9 rell
28. ձեր 1°⌒3° 13: յականջս] + ձեր եւ 13: բանս 13
18 38 162
29. թէ] եթէ 233 33' 38 162: վախճանի 1°] վախճանե-
ոյն 174: յանօրինելով 174: անօրինիցէք 233 33' 38
74: խոտորիցէք 218 174: պատահեսցեն 13
30. եկեղեցւոյն 13' 33' 38 162: ի̅լ̅ի 218 38 174:
յսոցիկ 33txt : ի սպառ] իսպառ 233 218 162
1. Նաեցարուք 33: խաւսեցա 38:

2 զպատգամս բերանոյ իմոյ: ընդունելի լիցի իբրեւ
զանձրեւ բարբառ իմ եւ իջցեն իբրեւ զցօղ պատգամք
իմ. իբրեւ զանձրեւ ի վերայ սիզոյ, եւ իբրեւ զտեղա-
3 տարափ ի վերայ խոտոյ զի զանուն տ̅ն կարդացի:
4 տուք մեծութ̅ի ա̅յ մերում: ա̅ծ որոյ ճշմարիտ են
գործք նորա եւ ա̅մ ճանապարհք նորա իրաւունք: ա̅ծ հա-
ւատարիմ եւ ոչ գոյ ի նմա անիրաւութ̅ի. արդար եւ անա-
5 րատ է տ̅ր: մեղան եւ ոչ նմա: որդիքն արատոյ ազգ
6 թիւր եւ խոտորեալ: զայդ տ̅ն հատուցանէք, այդպէս
ժողովուրդ յիմար եւ ոչ իմաստուն ոչ սա է քո հայր որ
ստացաւ զքեզ: արար զքեզ եւ հաստատեաց զքեզ:
7 յուշ լիցին քեզ աւուրքն յաւիտենից, իմացարուք զամս
ազգաց յազգս: հարց ցհարս քո եւ պատմեսցեն քեզ եւ
8 ցծերս քո եւ ասասցեն քեզ: յորժամ բաժանեաց բարձ-
րեալ զազգս որպէս սփռեաց զորդիս ադամայ: կացոյց

3. կարղաի 61*(c pr m)

բերանուոյ 13
2. ընդունելի լիցի] ակնկալեսցի 9 rell: om եւ 1° 13: իջցեն 9-13-61] իջցէ rell: իբրեւ 2°] որպէս 13' 162: իբրեւ 3°] որպէս 13: սիզւոյ 13: om եւ 2° 162
3. կարղացի 233 38*(c pr m), կարղացուք 13 174: տուք] pr եւ 13 174: մեծութ̅ի] աւրհնութ̅ի 9 38 162 174: ա̅յ] pr տ̅ն 13 38vid 162 174: մերում 9-61-233] մերոյ rell
4. ճշմարտուք 174: իրաւամբք 33' 38 162 174: հաւատարիմ 9-61-233] + է rell
5. որդիք 9-233 33' 38: ազգք 174: թեւր 38 174
6. տ̅ն] ամ 233: սա է] tr 233: սա] նա 9 rell: քո հայր 9] հայր քո 13' 218, հայրն քո 162, հայրն 38, հայրն et tr post ստացաւ 174: զքեզ 1°⌒2° 218*: արարն 174
7. զամս] զամսն 9 rell: ցհարս 9] ցհարսն 33' 38 162 174
8. բարձրեալ 9-61] + ն rell: զազգս 9-61] + ն 233, զազգն 33', + ա̅մ rell: զորդիս 61 162] + ն 9 rell:

32:8-14

9 սահմանս ազգաց ըստ թուոյ որդոցն ա̅յ։ եւ եղեւ
բաժին տ̅ն ժողովուրդ իւր յակովբ եւ վիճակ ժառանգութե̅
10 իւրոյ իէ̅ղ̅։ բաւական եղեւ նմա յանապատի ի ծարաւ
տօթոյ յանջրդի պաշտպանեաց զնա։ եւ խրատեաց եւ պա-
11 հեաց զնա իբրեւ զբիբական։ իբրեւ զարծուի ծած-
կեալ զբոյն իւր եւ ի ձագս իւր զթացաւ՝ տարածեալ
զթեւս իւր ընկալաւ զնոսա եւ եբարձ զնոսա ի վերայ
12 միջնողաց իւրոց։ տ̅ր միայն ածեր զնոսա եւ ոչ
13 գոյր ընդ նոսա ա̅ծ օտար։ եհան զնոսա ի զօրութե̅
երկրի։ կերակրեաց զնա արդեամբք անդաստանաց։ դիե-
14 ցոյց մեղր ի վիմէ եւ եղ յապառաժ վիմէ։ կոգի կո-
վուց եւ կաթն մաքեաց հանդերձ ճարպով գառանց։ խոյոց՝
որդոց ցլուց եւ նոխազաց։ ընդ ճարպոյ երիկաման

զսահմանս 233 162։ ազգացն 233, հեթանոսաց 13։ որ-
դոցն] -ւոցն 9-13' 33txt-218, -ւոց 38 162 174, հրեշ-
տակացն 33mg
9. եւ 1°] om 9-13 38 162։ յակոբ 233 38 162։ իէ̅ղ̅
13' 38 174
10. տօթւոյ 13։ պաշտեաց 13 33', պատեաց 9։ om եւ 1°
13։ խրատեաց] + զնա 13 174
11. ծածկեալ] ի ծածկել 9 rell։ տարածեալ 13-61] տա-
րածեաց 9 rell։ ընկալաւ] pr եւ 33' 38 162 174։ զնո-
սա 1° 2°] զնա 38 162 174։ եբարձ 9] բարձեալ 13 33',
բարձեալ բերէր 38 162 174։ միջնողանց 9-13 33' 38 162
12. զոյ 13։ աստուածս 13 33' 38 162 174։ աւտարս
13 38 162 174
13. զօրութե̅] -թի̅ք 233, -թիւնս 13 38 162։ կերա-
կրեաց] pr եւ 233։ զնա] զնոսա 9 rell։ դիեցոյց] +
նոցա 38 162 174։ ի վիմէ] om ի 233։ եղ] իւղ 162
174, եւղ rell
14. կոզ ի կովուց 174։ խոյւոց 13։ որդոց] որթուց
162 174, որդւոց rell։ ցլուց] pr եւ 13։ նոխազանց
13։ ճարպւոյ 13։ երիկաման] երիկամանց 9 rell։

15 ցորենոյ եւ զարիւն խաղողոյ ըմպէ զինի: եկեր յա-
կովբ եւ յագեցաւ, եւ անկոսնեաց սիրելին: գիրացաւ
ստուարացաւ եւ լայնացաւ եւ եթող զա̄ծ զարարիչ իւր եւ
16 ապստամբեաց յա̄յ փրկչէ իւրմէ.   բարկացուցին զիս
օտարոտեօք եւ զարշելօք իւրեանց դառնացուցին զիս:
17 զոհեցին դիւաց եւ ոչ ա̄յ: դից զոր ոչ գիտէին նորք
եւ առժամայնք եկեալ զորս ոչ գիտէին հարք ձեր:
18 թողեր զա̄ծ որ ծնաւ զքեզ եւ մոռացար զա̄ծ զկերակրիչ
19 քո: ետես տ̄ր եւ նախանձեցաւ եւ սրտմտեցաւ վս̄ բար-
20 կութե̄ ուստերաց եւ դստերաց իւրոց: եւ ասաց՝ դար-
ձուցից զերեսս իմ ի նոցանէ եւ ցուցից նոցա զինչ լի-
նելոց իցէ ի վախճանի աւուրց: զի ազգ թիւր են որդիք
21 յորս ոչ գոն հաւատք.   նոքա նախանձեցուցին զիս
չաստուածովք. եւ բարկացուցին զիս կռովք իւրեանց:

15. եւ 3° 61*vid] om 61s

ցորենուոյ 13: ըմպէ] ըմպէին 9 rell: om զինի 233
15. յակոբ 233 38 162: եւ 2°] pr յուրոուցաւ 9(|), pr յուրացաւ 13, pr յօրացաւ rell: անկուշեաց 9-233 33 38, անգոշեաց 13, անգուշեաց 218 162 174: զսիրելին 162: եւ 3°] ante ստուարացաւ tr 13: om եւ 4° 13 218: զա̄ծ 9-13-61] զտ̄ր ա̄ծ rell
16. օտարոտեօք] -տովք 9 33vid 174, -տուովք 218, -տուովք 38 162, -տիւք 13: զարշելօք] -ելեաւք 9-13 218 38, -ելեւք 33, -ելեօք rell
17. դիցն 13: զոր] զորս 9 rell: որք 13: om եւ 2° 162: առժամայն 233 33': հարքն 174: ձեր] նոցա 13
18. զա̄ծ 1°] զտ̄ր ա̄ծ 233, զտ̄ր 162: om եւ 13 38 162 174: զա̄ծ 2°] զտր 162: զկերակրիչ քո] կերակրիչ քո 233, զկերակրիչն քո 38 162 174, որ կերակրեաց զքեզ 9-13
19. իւրոց] նոցա 13
20. ազգք 174: թեւր 218 38: յորդիք 233: գոն] գոյն 13 174
21. om նոքա 13: կռաւք 13:

32:21-28

եւ ես նախանձեցուցից զնոսա չազգաւ. եւ ազամբ անմտաւ
22 բարկացուցից զնոսա: Զի հուր բորբոքեալ է ի բար-
կութենէ իմմէ, այրեսցէ մինչեւ ի դժոխս ներքինս: կե-
րիցէ զերկիր եւ զարմտիս նորա: բորբոքեսցէ զհիմունս
23 լերանց: կուտեցից ի նոսա չարիս եւ զնետս իմ
24 սպառեցից ի նոսա: մաշեալք սովով եւ կերակրովք
թռչնոց: լարս առանց բժշկութ̄ն եւ ժանիս զազանաց
առաքեցից ի նոսա սրտմտութ̄բ քարշել զնոսա ընդ երկիր:
25 արտաքուստ անզաւակեսցէ զնոսա սուր եւ ի շտեմարանաց
երկեղ. զերիտասարդն հանդերձ կուսիւն եւ ստնդիացն
26 հանդերձ հաստատելով ծերով: ասացի բամ ցրուեցից
զնոսա, դադարեցուցից ի մարդկանէ զյիշատակս նոցա:
27 թէ ոչ վս̄ բարկութ̄ն թշնամեաց զի մի երկայնակեացք լի-
նիցին եւ զի մի՛ բարձրասցին հակառակորդքն: եւ ասի-
ցեն թէ ձեռն մեր բարձր եւ ոչ տ̄ր արար զայս ա̄մ:
28 զի ազգ խորհրդակորոյս է եւ ոչ գոյ ի նոսա իմաստութ̄ի

21. ազգաւ 22. դժոխս inc 27. արար inc
28. խորհրդակորոյս] մի խոր̄հկորոյս 61s

ազամբ անմտաւ 9vid] անմիտ ժողովրդեամբ 33mg 218 38 162
174: ազգամբ 13: անմտիւ 233: բարկացուցից] զկծեցու-
ցից 13
22. բորբոքեցաւ 38txt: մինչ 13 33' 38: զհիմունսն
233*
23. զչարիս 13
24. սովովք 174: կերակրովք 13-61] -ով 9 rell
25. երկեղ] երկեւղ 38, երկիւղ rell: զերիտասարդս
13: ստնդիացն 9c-61] 9*inc, ստնդիաց 13, ստնդիայն
174, pr զ rell : ծերովն 13
26. բա 13: ցրուեցից (|)] ցրեցից 9 rell: դադարե-
ցուցից] եւ դադարեցից 13: ի մարդկանէ] tr post նոցա
174
27. երկայնակեաց 162: om եւ 1o 13 33': հակառորդքն
233: տ̄ր] + ա̄ծ 162
28. խորհդակորոյս 233: է] են 38 162 174

29 եւ ոչ խորհեցան ի միտ առնուլ զայս։ ընկալցին առ
30 յապա ժամանակ։ զիարդ հալածիցէ մի զհազարս, եւ
երկու շարժիցեն զբիւրս. եթէ ոչ ա̅ծ վաճառեաց զնոսա
31 եւ տ̅ր մատնեաց զնոսա։ զի ո՛չ են իբրեւ զա̅ծ մեր
32 ա̅ծք նոցա. եւ թշնամիք մեր վատախորհուրդք։ զի
յորթոյ սոդովմայ է որթ նոցա, եւ ուռ նոցա ի գոմորա։
խաղող նոցա խաղող դեղի եւ ողկոյզ նոցա դառնութի̅։
33 սրտմտութի̅ վիշապաց գինի նոցա եւ սրտմտութի̅ իժից
34 առանց բժշկութե̅։ ոչ ապաքէն այս ա̅մ ժողովեալ է
35 առ իս եւ կնքեալ կա ի գանձի իմում. յաւուր վրէժ-
խնդրութե̅ հատուցից ի ժամանակի յորժամ սխալեսցէ ոտն
նոցա զի մերձ է օր կորստեան նոցա եւ հասեալ պատրաստ
36 կա ձեզ։ զի դատեսցէ տ̅ր զժողովուրդ իւր, եւ ի ծա-
ռայս իւր մխիթարեսցի. զի ետես զնոսա լուծեալս եւ
37 լքեալս եւ մատնեալս ի գերութի̅. եւ ասաց տր՝ ո՞ր

33. եւ սրտմտութի̅] սրտտմտութի̅ 61s

29. ընկալցին] pr արդ 38 162 174: om առ 13: յապա] pr ի 233 33': ժամանակ 61 162] ժամանակս 9 rell
30. հալածեսցէ 38 162 174: երկուք 38 162 174: շարժեսցեն 233 38 162 174: զբիւրս] զբեւրս 38, զհազարս 13*, զբիւս 13c pr m: զնոսա 1°⌒2° 33' 38 162 174
31. էին 13
32. յորթուոյ 13: սոդովմայ] սոդոմացւոց 13, սոդոմայ 9 rell: ուռ] ոստ 174: գոմրոյ 13 (|): խաղող 2°] խաղով 233: դեղի 13-61] լեղի 9 rell
33. բժշկութեց 233 33'
34. է] էր 13, om 162: գանձի 38
35. վրէժխնդրութե̅] վրիժուց 13: յորժամ 9-13-61] յորում rell: սխալեսցի 33' 38 162 174: կորստեան] բարկութե̅ 33' 38 162 174: պատրաստ] պատրաստեալ 38 162 174
36. դատեսցի 13: մխիթարի 13: լուծեալս եւ լքեալս] լքեալս եւ (om 13) լուծեալս 13': om եւ 2° 162: om եւ 3° 13: գերութիւնս 13
37. ասաց] ասէ 13:

32:37-43

38 են ա̄ծք նոցա յորս յուսացեալ էին ի նոսա. զորոց
ճարպ զոհից նոցա ուտէիք եւ ըմպէիք զգինի նուիրաց
նոցա. յարիցեն եւ օգնեսցեն ձեզ եւ եղիցին ձեր թի-
39 կունք: Տեսէք տեսէք զի ես եմ եւ չիք այլ ոք բայց
յինէն ես սպանանեմ եւ ես կեցուցանեմ: հարկանեմ եւ
40 բժշկեմ եւ ոչ ոք իցէ որ հանիցէ ի ձեռաց իմոց: զի
ամբարձից յերկինս զձեռս իմ. եւ երդուայց յաջ իմ եւ
41 ասացից կենդանի՛ եմ ես յաւիտեանս. զի սրեցից իբ-
րեւ զփայլակն զսուսեր իմ. եւ կալցի զդատաստանաց
ձեռն իմ. եւ հատուցից զվրէժս թշնամեաց իմոց եւ ատե-
42 լեաց իմոց հատուցից: արբեցուցից զնետս իմ յա-
րենէ. եւ սուր իմ կերիցէ միս յարենէ վիրաւորաց եւ
43 գերութե̃ ի գլխոց իշխանաց եւ թշնամեաց: ուրա́խ
լերուք երկինք հանդերձ նովաւ. եւ երկիր պազցեն նմա
ա̄մ որդիք ա̄յ: ուրախ լերուք ազգ ընդ ժողովրդեան նո-
րա եւ զօրացուսցեն զնոսա ա̄մ հրեշտակք ա̄յ: զի խնդրի

39. լինին 61^s: ի ձեռաց] om ի 41. om եւ 1° 61^s:
րէժս 61^s: om եւ 3° 61^s

ոց յորս 13: որս 174
38. ճարպ 13-61] pr զ 9 rell: նոցա ուտէիք] tr 162:
եւ 2° 13 38: om եւ օգնեսցեն 162: om ձեզ 13:
ղիցի 13
39. init— ի ժողովուրդն (44) hab 9 in partim:
մ] + ա̄ծ 13: բայց 9] բաց 233 33*-218 38 162 174:
եւ 3° 162: բժշկեմ] pr ես 13: հանիցէ] + զձեզ 218
74
40. ամբարձի 233: զձեռն 233: om եւ 1° 13 (|):
րդուա 13: ասացի 13: յաւիտեանս 9] -եան 13' 33'
41. om զի 13: իբրեւ] ո̄պ 218: om եւ 1° 162:
ւէժս 162 174
42. init] pr եւ 174: գլխոյ 9-13 33': om եւ 3° 13
3 38 162: թշնամեաց] + ո̄ն 174
43. ազգք 233 33 38 174: զօրացուցին 233: զնոսա
. 33] զնա 9* rell

վրէժ արեան որդոց նոցա եւ խնդրեսցէ վրէժ եւ հատուսցէ
ցէ դատաստանս թշնամեաց: եւ ատելեացն հատուսցէ եւ
44 սրբեսցէ տ̅ր զերկիր ժողովրդեան իւրոյ: Եւ գրեաց
մովսէս զօ̅հութի̅ զայս յաւուր յայնմիկ եւ ուսոյց
զայս ա̅մ որդոցն ի̅ղ̅ի: եւ եմուտ մովսէս ի ժողովուրդն
եւ խօսեցաւ զա̅մ բանս օրինացս այսոցիկ յականջս ժո-
45 ղովրդեանն ինքն եւ յեսու որդի նաւեայ: եւ կատա-
46 րեաց մովսէս խօսել ընդ ա̅մ ի̅ղ̅ի. եւ ասէ ցնոսա:
զգոյշ լերուք սրտիւք ա̅մ բանիցս այսոցիկ զորոց ես
դնեմ վկայութ̅ի ընդ ձեզ այսօր. զոր պատուիրիցէք որ-
դոց ձերոց պահել եւ առնել զա̅մ բանս օրինացս այսոցիկ
47 զի ո́չ եթէ բան ինչ ընդունայն իցէ ձեզ զի սա́ է կեանք
ձեր եւ վ̅ս այսր բանի երկայնօրեայք լինիցիք ի վերայ
երկրին յոր դուք անցանէք ընդ յորդանան ժառանգել
48 զնա: Եւ խօսեցաւ տ̅ր ընդ մովսէսի ի նմին աւուր
49 եւ ասէ. ե́լ դու ի լեառն նաբարին ի լեառնն
նաբաւ որ է յերկրին մովաբու յանդիման երիքոյի եւ

որդոց]-ուոց rell: նոցա 13-61] նոբա 9 rell: զդատաս-
տանս 174, դատաստան 13: եւ $5^{o} \frown 6^{o}$ 13: ատելեացն հա-
տուսցէ] tr 174
44. om մովսէս 233: զայս ա̅մ որդոցն] զսա որդւոցն
rell: ի̅լի 38 174: էմուտ 38
45. խօսելն 162: ի̅լի 38 174
46. սրտիւք 9-13-61] + ձերովք rell: որոց 13: պատ-
ուիրեցէք 233 218: որդոց]-ուոց rell: բան 162
47. երկայնաւեայք 13: անցանէք 9] անցանելոց էք 13,
անցանիցէք 233
48. om տ̅ր 38vid: մովսէսի] մովսիսի 38, մովսիսի եւ
ասէ 174: om եւ 2° 174
49. ի լեառն նաբարին 61-233] ի լեառնն աբարին 13,
ի լեառնն աբարի 174, om 9, ի լեառն նաբարի rell: ի 2°
13-61] pr եւ rell: լեառնն 61 33] լեառն rell: երէքոյի
33vid 38vid, երեքոյի 218, երիքովի 233 174, երեքովի 13:

50 տես զերկիրն զոր ես տաց որդոցն իղ̄ի ի կալուած եւ
վախճանեաց անդէն ի լերինն յոր ելանիցես եւ յաւելիր
ի ժողովուրդ քո զոր օրինակ մեռաւ ահարովն եղբայր քո
51 ի հովր լերինն եւ յաւելաւ առ ժողովուրդ իւր փո-
խանակ զի հեստեցէք բանին իմում ի մէջ որդոցն իղ̄ի ի
վերայ ջրոցն հակառակութ̄ն ի կադէս յանապատին ի սին
52 զի ոչ սրբեցէք զիս ի մէջ որդոցն իղ̄ի: յանդիման
տեսցես զերկիրն եւ անտր մի մտանիցես:

33

Այս է օ̄հութ̄ի զոր օ̄հեաց մովսէս այրն ա̄յ զորդիսն իղ̄ի
յառաջ քան զվախճանելն իւր. Եւ ասէ՝ տ̄ր ի սինայէ
եկեսցէ եւ երեւեցաւ մեզ ի սէիրայ, եւ փութացաւ ի
լեռնէ փառանու. բիւրաւորօքն ի կադէսայ՝ յաջմէ նորա
հրեշտակք իւր ընդ իւր եւ խնայեաց ի ժողովուրդ
իւր. եւ ա̄մ սրբեալք ի ներքոյ ձեռին քո եւ նոքա ընդ
քեւ են եւ ընկալաւ ի պատգամաց նորա օրէնս զոր

50. ահովն 61*(c pr m) : լերին] լեառն 61[s]

ղւոցն 13' 13' 38 162: իլ̄ի 38 174: կալուածս 38
2 174
50. վախճանեայ 233(|), վախանեաց 218: անդրէն 38:
ւելեր 174: ահարոն 233 38 162: լերին 9-13-61*vid]
րինն 233 33' 38 162 174: առ] ի 233 33': ժողո-
ւրդ 2°] ժողովուրդն 174
51. իմում] իմոյ 38 162 174: որդոցն 1° 2°] -ւոցն
ll: իղի 1° 2°] իլ̄ի 38 174: ջուրցն 13 38 162 174:
նապատին ի սին] յանապատինս ի նա 13
52. տեսցեն 218 38, եսցես 233: անտր] անդր rell
1. իլ̄ի 38 174: զվախճանել 162(|)
2. լեռնէն 9-13 33' 38 162: բիւրաւորքն 13: կադի-
յ 9-33'
3. ներքոյ] tr post քո 13: պատգամացն 13
4. զօրէնս 218:

պատուիրեաց մեզ մովսէս զժառանգութի̅ ժողովոյն յակով-
5 բայ. եւ եղիցի իշխան ի մէջ սիրեցելոյն զումարե-
լոց իշխանաց ժողովրդոց հանդերձ ցեղիւքն ի̅լի:
6 Կեցցէ ռոբէն եւ մի՛ մեռցի եւ եղիցի բազմաւոր թուով.
7 Եւ զայս ասէ զյուդայէ՝ լուր տ̅ր ձայնի յուդայի եւ ի
ժողովուրդ նորա եկեսցես: եւ ձեռք նորա ընտրեսցեն
8 նմա եւ օգնական ի թշնամեաց եղիցես նմա: Եւ զղե-
ւեայ ասէ՝ տո՛ւք ղեւեայ զյայտնութիւ̅ նորա եւ զճշմար-
տութի̅ նորա առնն անարատի զորս փորձեցին փորձանօք եւ
9 բամբասեցին զնա ի վերայ ջուրցն հակառակութե̅. որ
ասէր ցհայր իւր եւ ցմայր իւր եթէ ոչ տեսից զքեզ. եւ
զեղբայր իւր ո՛չ ծանեաւ եւ զորդիս իւր ոչ գիտաց եւ
10 զգուշացաւ բանից քոց եւ զուխտ քո պահեաց: պատ-
մեսցեն զիրաւունս քո յակովբայ եւ զօրէնս քո ի̅հ̅ի:
Դիցեն խունգս ի բարկութե̅ քում հանապազ ի վերայ սե-
11 ղանոյ քո: օ̅հնեա՛ տ̅ր զզօրութի̅ նորա եւ ընկալ

8. փորձեցին vid

ժողովւոյն 13: յակոբայ 233 218 162
5. սիրելոյն 174, սիրելւոյն 33' 162: ժողովրդոց] pr եւ 174, ժողովրդեան 13, om 218: հանդերձ — fin codicis non hab 9: ի̅ղ̅ի 13' 33' 162
6. ռովբէն 13, ռուբէն 233 33' 162 174
7. զայս ասէ] tr 174: զյուդաէ 13: յուդաի 13: եկեսցեն 13: ընդրեսցեն 13
8. տուք] տունք 174: զյայտնութի̅ 38 162 174: առն 233: բամպասեցին] բամբ- rell: ջրոցն 233 33 38 162 174
9. om իւր 2° 33': եթէ] թէ rell: տեսից 13-61] տեսի rell: զեղբայր 61-233] զեղբայրս 174, զեղբարս rell: եւ 4° 13-61] om rell: om քո 233
10. պատմեսցէ 13: յակոբայ 233 38 162 174: ի̅լ̅ի 218 38 174: խունգս] խունկս rell: սեղանւոյ 13
11. ընգալ 13:

33:11-17

զգործս նորա: խորտակեայ զմէջս ի վերայ յարուցելոց
թշնամեաց նորա եւ ատելիք նորա մի՛ կանգնեսցին:
12 Եւ զբենիամինէ ասէ: սիրեցեալն ի տ̅է բնակեսցէ յու-
սով. եւ ա̅ծ հովանի լիցի նմա զա̅մ աւուրս. եւ ի մէջ
13 ուսոց նորա հանգեաւ. Եւ զյովսեփայ ասէ: յօ̅հու-
թե̅ տ̅ն երկիր նորա ի ժամանակաց երկնից եւ ի ցօղոյ եւ
14 յանդնդոց աղբերաց ի ներքուստ ըստ ժամանակի ար-
դեանց արեգական փոփոխմանց եւ ի գումարելոյ առ մի-
15 մեանս ամսոց ի գագաթանց լերանց իսկզբան եւ ի
16 գլխոց բլրոց մշտնջենաւորաց եւ ըստ ժամանակի
երկրի լրութե̅: եւ ընդունելութիք̅ երեւելոյ ի մորե-
նոջն եկեսցեն ի վերայ գլխոյն յովսեփայ. եւ ի վերայ
17 գագաթան փառաւորելոյ ի մէջ եղբարց անդրանիկ:
ցլու գեղ նորա. եւ եղջերք միեղջերու եղջերք նորա:
խեթկեսցէ նոքօք զազգս միանգամայն մինչեւ ցծագս եր-
կրի: ա՛յս են բիւրաւորք եփրեմի եւ սոքա հազարաւորք

13. յանդոց

զգործս] + ծեռաց rell: յարուցելոյ 174: om նորա 3°
33: կանկնեսցին 13, կանգնեսցեն 162
12. զբենիամենէ 13': սիրիցեալն 33 (|): ի 1°] bis
:r 13 (|): ա̅ծ] տ̅ր 162: om եւ 3° 174: նորա] ն̅ց 233
13. զյովսէփայ 33: յօ̅հութի̅ 233 33, ա̅հութի̅ 162,
հուՒ̅ 174: om տ̅ն 233: յերկիր 162 174: աղբերացն 38
14. ըստ 13'-61] ի rell: ամսոց] ամսուոյն 13*,
մսուոյ 13ᶜ:
15. init] pr եւ 233: գագաթան 238: իսկզբան] սկիզբն
3 174: ի գլխոց] om ի 174: գլխոյ 13
16. ժամանակս 13: երեւելոյ] երեւելւոյն 13, երեւե-
ոյն իմոյ 233, երեւելոյն rell: մորենւոջն 233 38
62: գագաթանն 13: փառաւորելոյ 13-61] + ն rell
17. եղջերք 1°] եղջեւրք 13 218 38, եղջեւր 174, եղ-
ւրք 33 162: միեղջեւրու 33 38, միեղջերոյ 174, մի-
ղջեւրւոյ 13, մի եղջերուի 218: եղջերք 2°] եղջեւրք
18 38 174, եղջիւրք 33 162: խէթկեսցէ 162: զազգս
անգամայն] tr 13: ի ծագս 13 218: եփրեմին 218

18 մանասէի: Եւ զզաքօղովնէ ասէ: ուրա́խ լեր զաքօ-
ղովն յելս քո: Եւ զիսաքարայ ասէ: ի ընակութիմ̄ նո-
19 ցա   ազգք սատակեսցին եւ անդր կոչեսջիք եւ զոհեսու-
ջիք զոհ արդարութե̄ զի զմեծութի̄ ծովու դիեցուսցէ քեզ
20 եւ զշահս վաճառաց առ ծովեզերբ ընակելոց: Եւ
զգադայ ասէ: օ̄հեա́լ որ ընդարձակեաց զադայ, հանգեաւ
իբրեւ զառիւծ եւ խորտակեաց զբազուկս եւ զիշխանս
21 եւ ետես զիշխանութի̄ իւր: զի անդ բաժանեցաւ երկիր
իշխանաց ժողովելովք իշխանաց հանդերձ ազգապետօք ազ-
գաց ցեղօքն իղ̄ի զարդարութի̄ տ̄ն արար եւ զդատաստանն
22 իւր ընդ իղ̄ի: Եւ զդանայ ասէ: դան կորիւն առիւ-
23 ծու եւ յարձակեսցի ի բասանայ: Եւ զնեփթաղեմէ
ասէ: նեփթաղիմ յագուրդ ընդունելութեգ̄ եւ լցցի օ̄հու-
24 թբ̄ ի տ̄է եւ զծով եւ զհարաւ ժառանգեսցէ: Եւ զասերայ
ասէ՝ օ̄հեալ յորդոց ասեր եւ եղիցի ընդունելութե̄

18. զզաքողովնէ 13, զզաքողոնէ 233, զզաքուղովնէ 33 (ւ sup lin), զզաքուղոնէ 218 38 174, Զաքուղոնէ 162: զաքողովն 13, զաքուղովն 218 174, զաքուղոն 233 33 38 162: ընակութին 218
19. ազգն 13, ազգ 174: սատակեսցին] ահա տակեսցին 13: անդ 218 (|): զոհեսջիք] անկոչեսջիք 38*vid, om 38c pr m: զշահս վաճառաց] զշահավաճառաց 33' 38: ծովեզեր 33' 38 174: ընակելոյ 13 33' 38
20. զադայ] զգադա 13, զգաթայ 174
21. om զի 218: ժողովելովք իշխանաց 13-61] ժողովըրդաւք 33, ժողովրդովք rell: ցեղիւքն 13 38 162 174, ցեղիցն 218: իղի 1° 2°] իլ̄ի 38 174: զդատաստանն] զդատաստան rell
22. առիւծուու 13, առիւծոյ 174: արձակեսցի 162: ի բասանայ] om ի 13
23. զնեփթաղեմէ]-ղիմէ 233, -ղիմա 13, -ղիմայ rell : ընդունելութեց] pr եւ 13
24. յորդւոց 13' 33' 38 162: ընդունելութե̄] ընդելութի̄ 233, -թի̄ rell:

33:24-34:1

25 եղբարց եւ մխեսցէ յեղբայրն իւր։ երկաթ եւ պղինձ
եղիցին կօշիկք նորա եւ ըստ աւուրց քոց եւ զօրութ̄ի
26 քո։ Ոչ գոյ իբրեւ զա̄ծ սիրեցելոյն որ ելանէ յեր-
27 կինս օգնական քո եւ մեծամեծ արն հաստատութ̄ն եւ
ծածկոյթ ա̄յ իշխանութ̄ն եւ ի զօրութենէ բազկաց մշտըն-
ջենաւորաց եւ մերժեսցէ յերեսաց քոց զթշնամին եւ ա-
28 սասցէ թէ կորիր։ եւ բնակեսցէ իէ̄ղ յուսով առան-
ձինն յերկրին յակովբայ ի մէջ ցորենոյ եւ գինոյ եւ
29 երկինք նմա համբարակ ցօղոյ։ Երանեա՜լ ես դու իէ̄ղ
Ո նմանեսցէ քեզ ժողովուրդ փրկեալ ի տ̄է։ պաշտպանես-
ցէ քեզ օգնականն քո եւ սուր պարծանք քո։ եւ եկես-
ցեն թշնամիք քո եւ դու ելցես ի վերայ պարանոցի նո-
ցա։

34

Եւ ե՛լ մովսէս յոաբովթ մովաբա ի լեառն նաբաւ ի

եղբայրն] յիւղ զոտն 33 162, յեւղ զոտն rell
25. init] pr եւ 33' 38 162 174։ պղինձ 38 162։
ղշիոք 13(|)։ եւ 2°] om rell
26. ելանիցէ 233։ օգնականն 33' 38 162 174։ հաստա-
ւթ̄ի 233, հաստատութ̄եք 38
27. զօրութէնէ 33, զօրութ̄ե 174։ զթշնամի 13։ եթէ
18
28. իէ̄ղ] իէ̄լ 233 218 38 174, om 13։ om առանձինն
3։ յերկիրն 162։ յակոբայ 233 162։ գինւոյ 13' 33'
62։ ցօղեսցէ 233 33'
29. init] pr եւ 233։ իէ̄լ 13' 218 38 174։ նմանէ
33*։ փրկեալ] ընտրեալ 33' 38 162 174։ սուր] տ̄ր 233
3(sed hab սուր sup lin) 162։ քո 2°] քոց 218։ om
։ 2° 233
1. յարաբովթ 13 33' 38 162 174։ լեառնն 13 38 162
74։

կատարն փասգայ որ է յանդիման երիքոյի: եւ եցոյց
2 նմա տ̄ր զա̄մ երկիրն գաղայադու մինչեւ ցդան. եւ
զա̄մ երկիրն նեփթաղիմա եւ զա̄մ երկիրն եփրեմի եւ մա-
նասէի. եւ զա̄մ երկիրն յուդա մինչեւ ցծովն վերջին:
3 եւ զանապատն եւ շուրջ զերիքոյիւ զքաղաքսն արմաւե-
4 նեաց մինչեւ ցսեգովր: Եւ ասէ տ̄ր ցմովսէս՝ այս է
երկիրն զոր ետու աբրահամու եւ սահակայ եւ յակովբայ:
եւ ասեմ, զաւակի ձերում տաց զդա: ցուցի աչաց քոց
5 եւ անդր մի՛ մտանիցես: Եւ վախճանեցաւ մովսէս
6 ծառա տ̄ն յերկրին մովաբու ըստ բանին տ̄ն եւ թա-
ղեցին զնա ի գայի մերձ ի տունն փոգովրայ: եւ ոչ ոք
7 գիտաց զգերեզման նորա մինչեւ ցայսօր: Եւ մովսէս
էր ամաց հարիւր եւ քսանից ի վախճանելն իւրում: եւ
ոչ վատեցին աչք նորա, եւ ոչ խորշմեցան ծնօտք նորա:

3. շուջ

փասգայ] փասղայ 13, փասգովրայ 233, փեգովրայ 174, փո-գովրայ rell: երեքոյի 38, երիքովի 233 218 174, երե-քովի 13: տ̄ր] ա̄ծ 174: երկիր 13: գաղաադու 13 33' 38 174: ցդան] ցծայդան 33' 38 174
2. եւ 2° ⌒ 3° 13: եփրեմայ 233 33': մանասէ 13: վերջինն 13
3. զերեքոյիւ 233 38, զերիքովիւ 174, զերեքովիւ 13: զքաղաքսն 13–61] pr եւ rell: սեգովր 162
4. om տ̄ր 13: om երկիրն զոր 218: ետու] երդուայ rell: աբրաամու 233 33 162: om եւ 2° 13: իսահակայ 162: յակոբայ 233 162: ձերում] քում 33' 38 162 174: ցուցի] իցոյց 13
5. մօսէս 162: ծառայն 174: տ̄ն 1°] ա̄յ 174: բանի 33' 38 162
6. փոգովրայ] pr յերկրին մովաբու 13, + յերկիրն մո-վաբու 218, + յերկրին մովաբու 162, + երկրին մովաբու 174: զգերեզմանն 33: fin] + ժամանակի 13
7. էր] pr եւ 174: խորշոմեցան 38 162 174, խորշա-մեցին 233, խոշորեցան 13 33'

34:8-12

8 Եւ լացին որդիքն ի̅ղ̅ի զմովսէս յռաքովթ մովաբու առ
յորդանանու յանդիման երիքոյի աւուրս երեսուն: Եւ
9 կատարեցան աւուրք սգոյ լալեաց մովսէսի: Եւ յե-
սու որդի նաւեայ լցաւ հոգով իմաստութե̅: զի եդ մով-
սէս զձեռն իւր ի վերայ նորա՝ եւ հնազանդեցան նմա
որդիքն ի̅ղ̅ի եւ արարին որպէս պատուիրեաց տ̅ր մովսէսի:
10 Եւ ո՛չ եւս եկաց մարգարէ յի̅ղ̅ի իբրեւ զմովսէս զոր ծա-
11 նեաւ տ̅ր դէմ յանդիման ա̅մ նշանօք եւ արուեստիւք՝
զոր առաքեաց տ̅ր առնել յերկրին եգիպտացոց ի փարաւովն
12 եւ յա̅մ ծառայս նորա եւ յա̅մ երկիր նորա սքանչե-
լիս մեծամեծս: եւ զձեռն հզօր եւ զքազուկ բարձր զոր
արար մովսէս առաջի որդոցն ի̅ղ̅ի:

Կատարեցաւ Գիրք Երկրորդումն: Աւրինաց ի փառս ա̅յ:

9. լցաւ bis scr (|) 11. նորա $1^{\circ}\frown 2^{\circ}$ 12. որդոցն ի̅ղ̅ի 61^{s}, 61* inc

8. om եւ 1° 18: ի̅լ̅ի 88 174: մովաք 18: յորդանա-նաւ 218 174, յորդանու 233: երեքոյի 88, երիքովի 218 174, երեքովի 18: լալեաց] + ն rell: մովսիսի 88 174
9. հոգւով 18' 33' 88 162: իմաստութե̅ 18-61] -թբ̅ rell: ի̅լ̅ի 88 174: որպէս] + եւ 18: տ̅ր] ա̅ծ 174: մովսիսի 88 162 174, մովսէսէ 233 (|)
10. յի̅լ̅ի 88, իղի 18', իլի 174: զոր] pr այր 88 162 174: տ̅ր] զտ̅ր 162, om 174
11. տ̅ր] ա̅ծ 174: եգիպտացոց]-ւոց rell: փարաւոն 233 88 162 174: յա̅մ 1° 61-233] ի rell
12. սքանչելիս 18-61] զնշանս rell: եւ 2° 18-61] om rell: զքազուկն 162 174: որդոցն 61^{s} 174] ամենայն 18, որդւոցն rell: ի̅լ̅ի 88 174

subscriptio: Երկրորդ աւրէնք 18, երկրոդումն Աւրինաց (Աօրինաց 233) 233 33', կատարեցաւ Երկրորդումն (Երկ-րորդ 174) Օրինացս (Աւրէնքս 174) rell

Appendix: Establishing the Text

The text history of the Armenian version of Deuteronomy is relatively uniform and simple. There are three main groups of mss: a b and c. Groups d and e derive from the variant tradition represented by group c. The three main groups derive from a common parent group which split into groups a and b; group c subsequently split from group b. The text history may be represented in the following way.

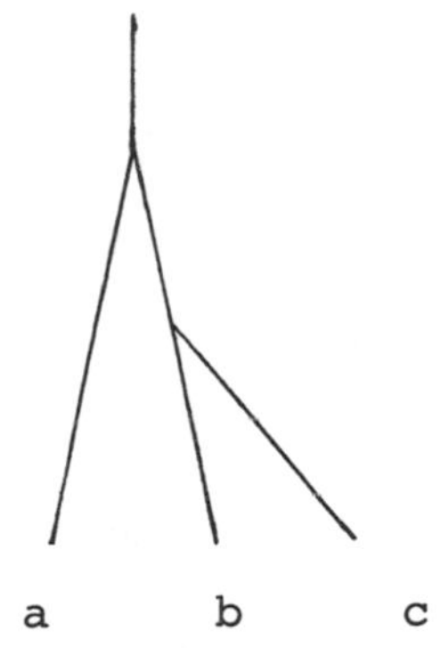

That this is an accurate representation is clear from the following facts: 1) group a is frequently original ≠ groups b and c; 2) groups a and b are frequently original ≠ group c; 3) group a sometimes splits and part of it reads with groups b and c.

Group a preserves a purer form of text than group b and a much purer form of text than group c. This means that when the text tradition is divided the reading of group a is generally to be preferred. More difficult are those cases where group a is split and part of it reads with groups b and c. In such cases one must check the Greek tradition to see which reading is more likely to be original.

The edition of Deuteronomy presented in this study is based on ms 61. This ms naturally has its own unique readings. When all other witnesses ≠ 61, the majority text is to be preferred.

In the light of the text history the following general rules emerge as useful guidelines for deciding upon the originality of divergent readings:

1) When all other witnesses ≠ 61, the majority text is likely original.

2) When group a and group b ≠ groups c d e, the former are likely original.

3) When group a ≠ groups b c d e, the former is likely original.

4) When group a is split and part of it = groups b c d e, the two readings may have equal claim to originality.

That reading is likely original which = the Greek tradition. If there is support in the Greek tradition for both readings then that reading is likely original which has the support of that part of the Greek tradition to which the Armenian usually belongs (i.e., groups O b d n t: see Chapter IV).

These general guidelines have formed the basis for establishing the text collated against the Greek tradition. As one would expect, proper names pose a special problem and no attempt has been made to sort out the confusion that exists concerning their spelling.

III

CHARACTERISTICS OF THE TRANSLATOR

A. Collating a Version

One of the basic problems in collating a version is the problem of distinguishing between what rests on the Greek parent text and what does not. That is to say, the hundreds of differences noted between the Armenian and the LXX texts of Deuteronomy are of different types. 1) There are differences which are actual variant readings.[1] These may well be textually based and reflect a difference between the Armenian's Greek parent text and the LXX. Such textual differences are the concern of Chapter IV of this study. 2) There are differences which result from the fact that Armenian is a different language than Greek. In the course of translation changes are required in order to meet the demands of Armenian grammar and syntax. To mention

----

[1] "Variant reading" is defined here as "a difference which potentially has a textual basis."

but one example, in Greek a neuter plural noun may be followed by a verb that is singular in number; in Armenian the same verb must be plural.[2] Such a difference between the Armenian and the Greek texts is not textually based and therefore does not constitute a variant reading. 3) There are differences which the translator has created. These differences may be the result of the translator's adherence to certain exegetical principles or canons of style. Once again, such differences are not textually based and do not constitute variant readings.

In the course of collation 3) and 2) must be distinguished from 1).

B. Some Observations concerning the Characteristics of the Translator

The purpose of this chapter is to present some observations concerning that element of the translation which falls under 3). Such observations are useful in the determination of the extent to which differences from the Greek are textually based and for

----

[2] Jensen, p. 141.

the assessment of the character of the translation.

Observations of this kind can be made on the basis of a study of readings that are unique to the Armenian but which do not seem to derive from 1) or 2). Of these unique readings many may be classified under the following somewhat arbitrary headings: 1. word classes (verbs and verbals, pronouns, prepositions, particles); 2. changes of word order; 3. interpretive readings; 4. the varied use of vocabulary; 5. variety of method of expression.

The various lists of examples given below are intended to be illustrative. Since all readings are unique to the Armenian within the Greek tradition it is understood that the textual evidence is in each case the Armenian.

1. Verbs and verbals

a. Participles

Participles are often translated by finite verbs. For λέγων this is the rule: λέγων is always translated by (*եւ*) *ասէ* or by the same expression adjusted to the tense most suitable in the context. For example:

1:5 λέγων] *եւ ասէ*

18:16 λέγοντες] *ասէին*

20:5 λέγοντες] *եւ ասասցեն*

Attributive participles are commonly translated by a relative clause. The following examples may be cited from the first two chapters.

1:7 (πρὸς πάντες) τοὺς περιοίκους] *բնակեալ իցեն*

1:8 (γην ρεουσαν)] (*գերկիր որ բղխէ*)

1:44 (ὁ Ἀμορραῖος) ὁ κατοικῶν] *որ բնակեալ էր*

2:23 (οἱ Εὐαῖοι) οἱ κατοικοῦντες] *որ բնակեալ էին*

2:23 (οἱ Καππάδοκες) οἱ ἐξελθόντες] *որ ելեալ էին*

b. Tenses

Sometimes the present tense of the Greek is translated by a future tense. This applies to statements about the giving of the land or about activities to take place in the land and is due to the exegetical fact that the gift of the land is in the future from

Deuteronomy's point of view. e.g.:

1:25 δίδωσιν] տալոց է

2:29 δίδωσιν] տալոց է

4:1 δίδωσιν] տացէ

21:1 οἴδασιν] գիտիցեն

28:33, 36 ἐπίστασαι] գիտիցես

2. Pronouns

a. Pronominal subjects are often added by the translator. e.g.:

1:8 ὤμοσα] + ես

1:10 ἔστε] + դուք

1:19 εἴδετε] pr դուք

1:28 εὡράκαμεν] + մեք

4:4 ζῆτε] + դուք

b. Demonstrative pronouns

Armenian has three demonstrative pronouns and adjectives: "this here," "that," and "that over there." In their shortest forms, ս դ ն, the demonstrative adjectives are attached directly to the word class being modified. The demonstrative suffixes often serve simply to distinguish between definite and indefinite substantives.[3] The situation concerning demonstratives in Deuteronomy is complicated by the fact that the translator frequently uses the *դ* and *ն* forms to translate the Greek οὗτος ("this"). e.g.:

1:35 τῶν ἀνδρῶν τούτων] *յարանցդ յայդցանէ*

1:36 οὗτος] *նա*

2:3 τὸ ὄρος τοῦτο] *զլերամբդ*

3:11 αὕτη] *այն*

3:28 τοῦ λαοῦ τούτου] *ժողովրդեանդ իմոյ այդորիկ*

4:42 τῶν πόλεων τούτων] *քաղաքացն այնոցիկ*

Since the *ն* form is used for the Greek οὗτος an attached *ն* may represent the presence of a demonstrative in the Greek parent text. e.g.:

9:6 τὴν γῆν τὴν ἀγαθὴν ταύτην] *զերկիրն բարի*

13:14 τὸ βδέλυγμα τοῦτο] *զարշութիւնն*

In such cases as these -- and they are numerous -- the

----

[3] Thomson, p. 20.

Armenian witnesses neither to a shorter text nor to a different demonstrative (i.e., ἐκεῖνος). At the same time, however, the ն may only be serving for a definite article.

The way in which demonstratives are used in the Armenian text means that great care must be taken in their collation.

c. Recapitulative pronouns and adverbs

The translator may omit recapitulative elements. e.g.:

11:11 om (εἰς ἣν ...) αὐτήν
22:12 om (ἃ ἂν ...) ἐν αὐτοῖς
23:20 om (εἰς ἣν ...) ἐκεῖ
30:16 om (εἰς ἣν ...) ἐκεῖ

3. Prepositions

The most noticeable feature of the use of prepositions in Armenian Deuteronomy is their repetition for paratactic purposes.[4] At 1:17 the Greek reads ἐπορεύ-

----

[4] On the repetition of prepositions for the

θημεν πᾶσαν τὴν ἔρημον τὴν μεγάλην καὶ τὴν φοβεράν . The Armenian uses the preposition ընդ after the verb and repeats it before the two adjectives. At 3:27 the Greek reads κατὰ θάλασσαν καὶ βορρᾶν καὶ λίβα καὶ ἀνατολάς ; the Armenian translates κατά by ընդ and repeats this preposition before the coordinated three nouns as well. At 6:8 the Greek has four participles in sequence and two prepositional phrases with ἐν ; the Armenian translator uses ի + an infinitive to render each of the participles and ի for the two occurrences of ἐν with the result that ի appears six times in sequence.[5] Cf. also the use of ընդ at 11:6.

4. Particles

a. եւ

The conjunction եւ is freely added or ignored. The following examples may be cited from the first

---

purpose of emphasis see Jensen, p. 182f.

[5] Cf. the frequent use of ի by P‘awstos Biwzandats‘i in Thomson, p. 141, lines 25-27.

four chapters.

1:25 om καί 3°

2:13 om καί 1°

2:17 om καί

2:24 om καί 1°

4:34 om καί 4°

4:42 οὐκ] pr *եւ*

4:44 init] pr *եւ*

b. Similarly, other particles like *ահա*, *արդ*, *այլ*, *իսկ*, *զի*, and *աւադիկ* may be added. The following examples may be cited from the first four chapters.

1:8 ἴδετε] + *զի ահա*

1:13 init] pr *արդ*

1:28 init] pr *աւադիկ*

2:4 ὑμεῖς] + *զի*

2:25 οἵτινες] pr *զի*

2:35 πλήν] *բայց զի*

2:36 τὰς πάσας] pr *այլ*

3:21 ὑμῶν 1°] + *իսկ*

4:22 ἐγὼ γάρ] *եւ արդ ես աւադիկ*

2. Changes of word order

The freedom with which the translator has altered the Greek word order is a striking feature of his work. Lists of changes of word order are given in Chapter V. There they are discussed in connection with the possibility of relations with the Syriac.

Of the changes of word order there is one group which displays a pattern. In clauses which introduce direct statements the translator prefers to place indirect objects or pronominal prepositional phrases between the verb and the subject. The order that results is verb -- indirect object or prepositional phrase -- subject. The following list records all instances of this type which are not shared by any witness in the Greek tradition.

1:42	κύριος / πρός με] tr
2:9	κύριος / πρός με] tr
9:12	κύριος / πρός με] tr
9:13	κύριος] post με tr
10:1	κύριος / πρός με 1°] tr
10:11	κύριος / πρός με] tr
18:17	κύριος / πρός με] tr

3. Interpretive readings

A large group of unique readings is interpretive. The following list gives many of the more interesting examples. Only one occurrence is listed for cases which appear more than once in the text of Deuteronomy.

1:22 τὰς πόλεις] զքաղաքացն
4:34 ἐπείρασεν] յօժարեալ իցէ
6:14 ἀπὸ τῶν θεῶν] եւ զհետ աստուծոյ
9:12 ταχύ] արդէն
14:20 δοθήσεται] տացես զնա
15:8 καθ᾽ ὅσον ἐνδεεῖται] ի կարօտութեան իւրում
15:10 διδόντος] pr զկնի
15:21 πονηρός] + զինչ եւ զուցէ
19:5 οὗτος καταφεύξεται] փախիցէ նա եւ անկցի
20:3 προσπορεύεσθε] դիմեալ երթայք
20:19 περικαθίσῃς] նստեալ պաշարիցես
21:5 ἔσται] վճարեսցի
22:5 σκεύη] հանդերձ
22:6 θάλπῃ] ջեռեալ նստիցի
22:8 τῷ δώματι] շուրջ զտանեաւք
22:25 βιασάμενος] բռնաբար
23:12 ἔσται] յայտ լիցի

24:15 ἐν αὐτῷ ἔχει τὴν ἐλπίδα] այն է յոյս նորա

25:11 ἐπιλάβηται] բուռն հարկանիցէ

28:27 ἀγρίᾳ] զայրացեալ

28:27 κνήφῃ] մնով

28:47 (ἐν) ἀγαθῇ (καρδίᾳ)] ճշմարիտ

28:54 τὴν ἐν κόλπῳ αὐτοῦ] ծոցոյ իւրոյ

29:24 (ὁ θυμὸς) τῆς ὀργῆς ὁ μέγας οὗτος] մեծ բարկութեան այնորիկ

30:6 περικαθαριεῖ] պարուրեսցէ

31:12 ἀκούσονται] ուսցին

32:10 ἐκύκλωσεν] պաշտպանեաց

32:36 ἐν ἐπαγωγῇ / καὶ παρειμένους] եւ մատնեալս ի գերութիւն

33:12 πεποιθώς] յուսով

For the sake of discussion most of these interpretive readings may be assigned arbitrarily to the following categories: a. difference in nuance; b. elaboration; c. other slight alterations.

a. Difference in nuance

Often a difference exists in the Armenian because

the translator did not give a literal translation of the Greek but chose to interpret. 4:34 concerns the question of what god has ever "tried" to take for himself a nation from the midst of the nations; Arm says "would be inclined." At 9:12 the Israelites have transgressed "quickly" from the way; Arm says "already." At 22:5 the "things" of a woman are interpreted as "clothing." At 28:27 the Greek reads "harsh" itch; Arm reads "burning" itch. At 28:47 the "good" heart of the Greek is interpreted as a "right" heart. At 30:6 the Greek says that the Lord will "purge completely" the heart of Israel so that it can love Him; in the Arm the Lord will "cover" their heart. At 31:12 "they will hear" becomes in Arm "they will learn." At 32:10 the Greek says that God "encircled" Israel in the wilderness; in Arm God "defended" them. At 32:36 the Greek speaks of those "left in misery" (or "captivity"); in Arm they are those "delivered into captivity." At 33:12 the Greek says that Benjamin will dwell "confidently"; in Arm Benjamin will dwell "with hope."

b. Elaboration

Other interpretive readings consist of minor

elaborations. 15:21 concerns offerings. The Greek says that blemished animals are not to be offered and mentions those "lame or blind or (having) any bad blemish." After "blemish" Arm adds "whatever it should be." 19:5 concerns the flight of a murderer. In the Greek it says that "he will flee." Arm, possibly influenced by 4:42, has the doublet "he will flee and escape." 20:3 concerns going to war. The Greek "you are coming" is elaborated into "in a hurry you are going." 20:19 concerns setting up a siege. The Greek says "you will surround." The Arm elaborates: "sitting, you will besiege." At 22:6 the hen which in the Greek "might be warming" eggs in Arm becomes the one which "sitting, should be warming." At 22:8 the parapet for the roof of the house has "roof" in the dative case in Greek: the Arm adds a preposition so that it is the parapet "around" the roof. At 25:11 the woman does not simply grab her husband's combatant's privates (Greek) but now strikes them violently.

c. Other slight alterations

At 1:22 the Greek speaks of men giving a report about the way to be passed through and the cities to be entered. "Report," "way," and "cities" are all in the accusative case. The Armenian handles this by putting "way" in the genitive and using *q* + the ablative for "cities." The result is a report "of the way" and "about the cities." At 15:8 the Greek clause "just as he has need" is translated by the prepositional phrase "according to his need." At 24:15 "and in it he has hope" becomes in Armenian "and it is his hope." At 28:54 the wife "which (is) in his bosom" (Greek) becomes simply the wife "of his bosom." At 29:24 "this great" which in the Greek refers to wrath (θυμός) is in Arm connected with anger (ὀργῆς) so that "this great wrath of anger" (Greek) becomes "wrath of that great anger."

At 6:14 a slight difference has been created by the way the translator has interpreted a preposition in a particular context. The Greek says "you will not go after (ὀπίσω) other gods because of (ἀπό; <u>min</u> Ⓜ) the gods of the nations which are around you." Arm translates the somewhat awkward ἀπό phrase by "and after gods."

4. The varied use of vocabulary

From the examples of interpretive translation listed above it is clear that the translator does not work with strict equivalences but varies his use of vocabulary. Two excellent examples of this variety are to be noted in his translation of ἐκεῖ and of εἶπον and λαλέω.

ἐκεῖ occurs frequently in Deuteronomy, especially in connection with the land and the place where God will put his name. The translator does not always use the equivalent adverb *անդ* but may use *ի նմա* (12:5), *ի նոսա* (12:2), or *ի վերայ նորա* (14:22).

εἶπον, "say," is usually translated by *ասեմ*, "say," or by *խօսեմ* , "speak." Sometimes, however, εἶπον is translated by *խոստանամ*, "promise" (9:28; 19:8; 27:3: each concerns the land). Similarly, λαλέω, "speak," is usually translated by *խօսեմ* yet at 23:23, in a context that concerns a gift vowed, λαλέω is translated by *խոստանամ* .

Numerous other examples can be cited. ἀφανίζω, "destroy," is translated by *եղծանեմ*, "destroy," at 7:2, by *բառնամ*, "extinguish," at 13:5, and by *սատակեմ*, "annihilate," at 19:1. ἱμάτιον, "garment," is translated by հանդերձ, "garment," at 24:13 but by ձորձ, "coat," at 24:17. μερίς is translated by բաժին, part, lot," (e.g., 10:9) but also by մաս, "piece," at 18:8. ῥῆμα is translated usually by բան, "word, saying," as at 1:14 but can also be translated by պատգամ, "oracle" (4:10), or by ինչ, "something" (2:7). τέκνον can be translated by մանուկ, "child" (2:24) or by որդի, "son" (5:9).

If the translator can use different Armenian words to translate a single Greek word he can also use the same Armenian lexeme to translate different Greek lexemes. At 2:14 անկանիմ, literally "fall," is used first in a circumlocution in connection with the translation of παραπορεύεσθαι and later in the same verse for διαπίπτω. At 4:6 հանճար, "understanding," is used for σύνεσις and then the cognate adjective հանճարեղ for ἐπιστήμων. At 24:7 ըմբռնել, "seize," is used for ἁλίσκω; later in the same verse the related verb բռնաբարել, "force," is used for καταδυνατεύω.

5. Variety of method of expression

The translator varies the style of his translation.

A striking example of this is provided by the translation of adjectives which follow the noun that they modify. Adjectives which follow a noun may be rendered literally that way in Armenian but the translator sometimes translates such an adjective by a noun in the genitive case. So, λόγοις εἰρηνικοῖς, "with peaceful words," becomes "with words of peace" (2:26); "difficult tasks" becomes "tasks of difficulty" (26:6); "his good treasury" becomes "treasures of his goodness" (28:12); "into the good land" is translated "into the land of goodness" (31:21).

Conclusion

Those unique readings which are due to the translator may be separated fairly easily from those unique readings which have a textual basis. First, the element of change instituted by the translator is quite small: it is seen particularly in the freedom with which some particles and pronouns are treated and in the frequent changes of word order. Second, a substantial part of what is due to the translator's own initiative consists of stylistic detail: interpretive translations and variety of vocabulary and method of expression. The latter contributions add to the colour and richness of the translation and mark the translator as an adept craftsman.

IV

TEXTUAL RELATIONS

The purpose of this chapter is to determine the place of the Armenian version and, therefore, the place of its Greek parent text within the history of the Greek tradition.

A. The Extent of Hexaplaric Influence

The Hexaplaric recension is the only type of text whose methodological basis is clearly understood.[1] The presence of asterisks in some mss of Arm Deuteronomy[2]

---

[1] Origen set forth his method in his commentary on Matthew 19. See E. Klostermann, ed., Origenes Werke, zehnter band (GCS 40; Leipzig: J. C. Hinrichs'-sche Buchhandlung, 1935), p. 388. The crucial passage is reproduced in H. B. Swete, An Introduction to the Old Testament in Greek, revised by R. R. Ottley (Cambridge: Cambridge University Press, 1902; New York: KTAV Publishing House, Inc., 1968), p. 60.

[2] See the apparatus to the edition in Chapter II at 5:24; 8:3; 12:6; 14:26; 17:5; 18:6. An obelus is

raises the first question concerning Arm's textual relations: "To what extent was Arm's parent text influenced by the Hexapla?"

The materials necessary to answer this question may be found in THGD, Chapter 3, "The Hexaplaric Recension," (pp. 31-47). The first three lists given there record the total number of readings for which an asterisk is extant in the text tradition (List 1); all instances of plusses attested by Greek witnesses which = Ⓜ but for which no asterisk is extant (List 2); all instances of change of word order which = Ⓜ against the LXX (List 3). By contrasting the number of readings which Arm shares with the total in each case the degree of Hexaplaric influence upon Arm can be determined. Since the degree of Hexaplaric influence upon Arm is meaningful only in relation to the degree to which other witnesses in the Greek tradition have been influenced by the Hexapla, the degree of influence upon the Greek text groups must also be calculated. In the lists below figures for the Syro-hexapla are also given.

----

preserved at 12:6.

List 1: Plusses with an asterisk = Ⓜ (total 183)[3]

o	175
oI	10
oII	16
c[4]	21
b	22
d	104
f	20
n	14
s	21
t	114
y	11

---

[3] Erroneously marked readings are discounted. They are 1:3; 4:23; 5:6; 10:21; 13:2; 19:15; 28:19; 28:48 (2° and 3°); 29:13; 29:15. In List 1 the following alterations may now be made concerning Arm: remove Arm at 13:12; 17:5; 32:25; add Arm at 17:5. In calculations for the lists a group reading is one which has the support of at least half the mss in a group.

[4] c = c or cI or cII or any combination of these.

z	20
Arm	33
Syh	173

List 2: Plusses which = (M) and are supported by O group witnesses but which have no asterisk (total: 184)[5]

O	162
oI	53
oII	60
C	49
b	52
d	119
f	67
n	45
s	45
t	133
y	50

----

[5] In List 2 only those readings with the support of O mss are recorded. See THGD, p. 41. In List 2 the following alterations may be made concerning Arm: remove Arm at 7:1 (2°); 30:3; 32:46; 32:48; 34:11; add Arm at 27:24.

<u>z</u>	65
Arm	66
Syh	142

List 3: Instances of change of word order = Ⓜ ≠ LXX (total: 79)[6]

<u>O</u>	69
oI	3
<u>o</u>II	3
<u>C</u>	3
<u>b</u>	4
<u>d</u>	17
<u>f</u>	3
<u>n</u>	3
<u>s</u>	1
<u>t</u>	15
<u>y</u>	3
<u>z</u>	3
Arm	34

----

[6] In List 3 the following alterations are to be made concerning Arm: remove Arm at 32:6 and 32:47; add Arm at 1:12; 3:24; 15:11; 31:22.

Syh	68

The information given in the three lists may now be gathered together. The total number of presumed Hexaplaric readings is 446; the Greek text groups, Arm, and Syh are given below in a list in the order of declining numbers of agreements. The percentage of agreement is stated in each case to the right.

Agreements with the Hexaplaric text (total: 446)

O	406	91%
Syh	383	86
t	262	59
d	240	53
Arm	133	30
f	90	20
z	88	20
oII	79	18
b	78	18
C	73	16
s	67	15
oI	66	15
y	64	14

n	62	14

From this list it is clear that the best witnesses to the Hexaplaric type of text are the O group and the Syro-hexapla. The t and d groups are also significant Hexaplaric witnesses since they have more than 50% of the Hexaplaric readings noted above.

The Armenian version has 30% of the Hexaplaric readings in Deuteronomy. It has 18% of the plusses for which an asterisk is extant and 36% of the plusses which have no asterisk but = (M) and have the support of O witnesses. When Lists 1 and 2 are taken together the result is that Arm has 27% of the Hexaplaric plusses in Deuteronomy. In List 3, changes of word order, the level of agreement of Arm rises to 43%.

While standing far behind O, Syh, t and d, Arm shows more Hexaplaric influence than group f, z, oII, b, C, s, oI, y or n. Arm has twice as many agreements as oI and s and more than double the agreements of n and y. Since Arm is a translation one must allow for the fact that a certain amount of Hexaplaric material has been lost in the course of translation. Therefore, the parent Greek text of Arm would place higher than Arm in this list of agreements.

The facts presented above lead one to conclude that the Hexapla exerted a rather strong influence upon the parent text of Arm.

B. The Extent of Agreement with the Greek Text Groups Compared

The lists that follow record variants which the Armenian shares primarily with one, two, three, and four text groups. When half or more mss of a text group support a variant reading those mss are regarded as constituting a text group. In the case of the O group, a variant supported by O as well as by one or both subgroups (oI and oII) is recorded only as an O group reading. Similarly, a reading supported by oI and oII is recorded as an oI reading. In recording readings supported by C mss, C = C or cI or cII or any combination of these. s^{mg} signifies a majority of the s mss which commonly have marginal readings, i.e., 85-130-321-344-346 and is recorded with s.

List I: variant readings shared primarily with one text group (total: 168)

Variant readings shared primarily with one text group are listed below by group, beginning with O.

Agreements with the O group (total: 45)

1:12 μόνος φέρειν] tr A M 82-426-oI 73* 129 392 Lat$_{cod\ 100}$ Arm Syh = Ⓜ

1:35 ὤμοσα] + (του 426) δουναι O^{-82} 767 Arm Syh = Ⓜ Tar

2:35 πόλεων] + ων O^{-82} 128-669 Aeth Arm Syh = Ⓜ

4:5 δέδειχα] δεδιδαχα 58-376' Arm

4:49 ἡλίου] + (※ Syh) και (> 15 Arm) εως θαλασσης της αραβα O^{-82}-15 Arm Syh

8:3 τὸ μάννα] + (※ G Arm^{ap}) ο ουκ ηδεις (ειδις 767) O 767 Arm Syh = Ⓜ

8:15 οὗ 2°] και O-58 Lat$_{cod\ 100}$ Aeth Arm Syh

8:16 ποιῆσαι] ποιηση O-72 52^{c} Lat$_{codd\ 91\ 92\ 94-96}$ Arm Syh

8:20 ἀπολλύει] απολει O 319 Arm Bo Sa^{1}

9:5 om σύ 29-82-376-oI 59 407 Phil I 225

^{Lat}cod 104 Ambr Cain I 28 PsAug Praedest VIII 9 Arab Arm Sa^{lte}

9:5 κύριος 1°] + ο θεος σου O^{-376} ^{Lat}cod 104 Arm Sa^{lte} Syh

10:1 ἐν ἐκείνῳ τῷ καιρῷ] εν τω καιρω (κερω 376) εκεινω O Arm Syh = (M)

11:3 τέρατα] εργα O 130^{mg}-321'^{mg} 509 Arm Pal Syh

11:14 σου 1°] υμων (ημων 376*) O ^{Lat}cod 100 Aeth Arab Arm Syh

11:25 κύριος / πρός ὑμας] tr 82-376 Arm

12:16 ἐπὶ τὴν γῆν] pr αλλ (αλλα G) 963 O-58 129 Arab Arm Sa Syh

12:25 σοι γένηται] tr O Arm Bo Syh = (M)

12:28 σοι γένηται] tr O^{-376} Arm Syh = (M)

13:16 τὴν πόλιν] post πυρί tr O Arm Syh = (M)

14:4 om ἐκ βοῶν O^{-82} Aeth Arm = (M)

14:12 οὐ] pr α 376' Aeth Arm = (M)

15:2 οὕτως] ουτος 376' Arm Syh = (M)

16:11 om αὐτόν B 58-82-426 321'^{mg} ^{Lat}cod 100 Aeth Arab Arm Bo = (M)

17:17 αὐτοῦ / ἡ καρδία] tr O-72 ^{Lat}Aug Deut 27 Arm Syh

18:6 παροικεῖ] + (※ Syh) εκει (> Arm) και ελευσεται O Arm Syh = (M)

19:4 ἔσται / τὸ πρόσταγμα] tr 82-376 Arm Bo

19:7 σοι ἐντέλλομαι] tr B V O 422 Arm Bo Syh = (M)

19:13 σοι ἔσται] tr O Arm Syh = (M)

20:15 fin] + (※ Syh^{m}) εισι(ν) O-58 318 Arm Syh = (M)

22:7 σοι γένηται] tr O^{-376} Arm Syh = (M)

22:27 ὁ βοηθήσων] post ἦν tr B O CyrHier 753 Arm Bo Syh = (M)

24:1 τις λάβῃ] tr O^{-376} 106 Chr V 220 Or VI 327 ^{Lat}cod 100 Arm Syh = (M)

24:5 τις λάβῃ] tr O^{-426} Arm Syh = (M)

24:14 om τῶν 2° V 82-376-707* 68 407 Arm

24:16 ἑαυτοῦ ἁμαρτίᾳ] tr O^{-376} Or Cels IV 260 Arm Syh = (M)

24:18 σοι ἐντέλλομαι] tr O-72 ^{Lat}Spec 11 Arm Syh = (M)

25:11 προσέλθῃ] προσελθουσα O-58 319 Arm

26:11 καί 3°] pr συ (σοι 82) O-58 Arm Syh = (M)

28:44 τούτῳ οὐ δανιεῖς] ουκ εκδανιεις (-νειεις

376) τουτω (-το 82; αυτω 376*-426 Arm) O ^{Lat}Ambr Tob 66 Aeth Arm Syh = Ⓜ

28:66 ἡμέρας / νυκτός] tr O Mel 94 Arab Arm Syh = Ⓜ

30:5 σε ποιήσει 2°] ποιησει (-ση 82) σε O Arm Syh = Ⓜ

31:6 σε ἀνῇ] tr O^{-82} Arm Syh = Ⓜ

32:15 ἐνεπλησθη] + και (>Arm) επαχυνθη F 376' 56' 54 ClemR 36 Arm Bo

32:17 αὐτῶν] υμων 963 376' ^{Lat}cod 100 Syh$^{b\ txt\ m}$ Arm = Ⓜ

32:41 τοῖς ἐχθροῖς] + μου F^{b} 58-376'-707 414 246 54'-75*(c pr m) 83* 59 407 Tht II 1464 ^{Lat}cod 100 Cant^{R} Aeth Arab Arm Co Syh = Ⓜ

Agreements with oI (total: 13)

4:15 ἐν τῷ ὄρει] om ἐν 72-381' 53 Arm

4:38 κληρονομεῖν] -μιαν oI^{-15}-72 83 407 Arm

6:19 om σου 1° oI^{-15} 246 Arm

6:20 ὁ υἱός σου / αὔριον] tr 381' Arm

11:6 αὐτῶν 3°] post ὑπόστασιν tr oI 53' 619 Arm

17:2 om σου 1° oI Arm

18:14 om αὐτούς 72-381' 527 ^{Lat}Hi C Pel I 36 Spec 55 Arm

19:6 παρατεθέρμανται] -μαται (-τε 376) 58-72-376-381' 16-538 392 120^{c} Arm

19:15 om ἐπὶ στόματος 2° 381' 767 Cor II 13:1 Anast 309 Chr X 335 Eus VI 123 Ser 503 Arm

20:11 om ἔσονται σοι 72-381' ^{Lat}cod 100 Arm

21:18 om φωνήν 2° 381' 106 Arm Sa

28:68 παιδίσκας] pr εις oI 83 646 ^{Lat}cod 100 Arm

32:47 om ἐκεῖ 72-376*(c pr m)-oI 55 Arm Sa$^{3\ 16}$

Agreements with oII (total: 4)

2:37 ᾿Ιαβόκ] ιαβωκ 58-381-707 77 83 55 Arm

5:14 σάββατα] -τον 58-72 509 Aeth Arm

6:19 πρό] απο 29-72-376 53 ^{Lat}cod 100 Arm = Ⓜ

28:12 om σύ 2° B^{mg} V 29-72 120 ^{Lat}Luc Conven 2 Arm Bo

Agreements with the C group (total: 2)

5:28 λαλούντων] -ντος C Arm

20:14 om σου 2° 707 C''$^{-16}$ 130 392 ^{Lat}cod 100 Arm

Agreements with the b group (total: 32)

1:46 fin] + εκει B* b Aeth Arm Bo

4:19 om σου V 414 b ^{Lat}cod 100 Spec 44 Arm

4:32 σου] υμων b Tht Dt^{ap} Arm

5:33 σου] ημων 963 b^{-537*} Arm

6:9 τῶν πυλῶν] εν ταις πυλαις b Arm

6:9 ὑμῶν 2°] σου b ^{Lat}Ambr Ps duod I 30.3 Spec 4 Aeth^{C} Arab Arm Pal = Ⓜ

6:15 om ἐν σοί 2° b 55 Arm

7:12 σου 2°] ημων V 82 46*-57-552^{c} b^{-19} 129 Arm

8:1 ὑμῶν] ημων M* V 618 313 108-118' W^{I} 130-321' 318 319 Arm

8:13 om σου 1° 500-529 b ^{Lat}Tert Ieiunio 6 Marc IV 15 Aeth^{M} Arm

8:18 σοι δίδωσιν] tr 426 529 118'-537 318 Arm Syh = Ⓜ

9:21 om αὐτόν 1° 77 b Arm = Ⓜ

11:8 om ἐκεῖ 72 b 458 Arm

11:16 πρόσεχε σεαυτῷ] προσεχετε εαυτοις (-τους 537^{c}) b Arm Pal = Ⓜ

12:24 ἐκχεεῖτε] -χεεις 72-82 b Arm

12:28 ἐὰν ποιήσῃς] και ποιησεις b Arm

13:5 πλανῆσαι] απιστησαι b Arm

14:7 ὀνυχιζόντων] pr μη b$^{(-314)}$ Arm

14:9 φάγεσθε 1°] pr α V b 68'-120 Aeth Arm

15:23 φάγῃ] -γεσθε B b ^{Lat}cod 100 Arm Bo

16:2 om αὐτόν 58-426 b 75' 318 ^{Lat}cod 100 Aeth Arm = Sam

16:8 κυρίῳ τῷ θεῷ] κυριου του θεου b 509 ^{Lat}cod 100 Aeth Arm

16:20 σοι] υμιν b Aeth^{M} Arm

17:18 γράψει] γραψεις b Arm

20:17 om σοι b 30' Arm

28:22 φόνῳ] φοβω b ^{Lat}cod 100 Aeth Arm

28:56 ἐν ὑμῖν] pr η 618 b 127 Arm

28:57 om αὐτῆς 1° b 55 Arm Bo

30:13 om ἡμῖν 1° b Tht Dt ^{Lat}cod 100 Aug Perf 22 Arab Arm

31:17 ἔσται] εσονται V 707 b W^{I}-127 Aeth Arm

Bo

32:49 Ἀβαρίμ] αβαρειν B $\underline{b}^{-314}$ Arm

33:20 ἄρχοντα] αρχοντας 707 <u>b</u> 129 799 Lat_{Ambr} <u>Patr</u> 36 Arm Sa

Agreements with the <u>d</u> group (total: 22)

1:16 om ἀνὰ μέσον 3° 44'-125 Aeth Arab Arm

2:7 om ταύτην $\underline{d}^{-106}$ 619 Arm

6:1 om ἐκεῖ 72 $\underline{d}^{-106}$ Aeth Arm

9:21 om αὐτόν 3° $\underline{d}^{-106}$ Arm

9:21 om καὶ ἐγενήθη 58 $\underline{d}^{-106}$ Arm = Ⓜ

16:13 om σεαυτῷ $\underline{d}^{-106}$ Arab Arm Bo

17:5 ἐκείνην] (※ Arm^{ap}) οι (οιτινες 72) εποιησαν το ρημα (πραγμα 72) το πονηρον τουτο (> Arm) προς πυλαις (επι την πυλην pro π. π. 72 Aeth) σου (72; <u>vestras</u> Arm) 72 $\underline{d}^{-106}$ $Aeth^{M}$ Arm

18:10 om φαρμακός $\underline{d}^{-106}$ Arm

19:11 αὐτοῦ ψυχήν] tr $\underline{d}^{-106}$ 619 Arm

19:15 om μαρτύρων 1° $\underline{d}^{-106}$ 75-767 Anast 309 Eus VI 123 Ser 503 Tht II 353 III 821 Arm

21:3 om ἥτις 2° $\underline{d}^{-106}$ Arm Bo

21:3 οὐχ εἵλκυσεν / ζυγόν] tr $\underline{d}^{-106}$ Arm

21:15 om αὐτῶν 2° 58 46 $\underline{d}^{-106}$ 799 Phil I 209^{ap} ^{Lat}Ambr <u>Cain</u> I 13 Aeth Arm Sa^{3} = Ⓜ

21:17 om υἱόν $\underline{d}$ Arm Sa

21:19 om αὐτοῦ 1° 72-426 $\underline{d}^{-106}$ 71' Arm

22:20 om οὗτος 73 $\underline{d}^{-106}$ Arm

23:17 καὶ οὐκ ἔσται 1°] ουτε $\underline{d}^{-106}$ Arm

24:4 om σου 2° $\underline{d}^{-106}$ 767 799 18 Arm

28:1 σου 1°] ημων V 72 46-52-551* 19 $\underline{d}$ 30 59 Arm

28:6 om εὐλογημένος σύ 2° 72 $\underline{d}$ 767 Arm Sa

30:15 πρὸ προσώπου σου / σήμερον] tr $\underline{d}$ Arm

33:4 συναγωγαῖς] συναγωγης F^{b} 376 57 $\underline{d}$ 767 83 319 ^{Lat}cod 100 Aeth Arm

Agreements with the <u>f</u> group (total: 10)

1:8 fin] + γην ρεουσαν (-σα 246) γαλα και μελι $\underline{f}^{-129}$ Aeth Arm

2:6 λήμψεσθε παρ᾽ αὐτῶν / ἀργυρίου] tr $\underline{f}^{-129}$ Arm

3:16 ᾽Αμμάν] αμμων 376 53'-56 318* ^{Lat}cod 100 Arm Bo Syh = Ⓜ

5:24 om ἡμῶν 72-376 $\underline{f}^{-129}$ 509 Arm Bo

7:21 om θεός 2° 72 $\underline{f}^{-246}$ 730 527 55 Arm

9:4 κύριος 2°] post αὐτούς tr $\underline{f}^{-129}$ $^{Lat}{}_{Ambr}$ Cain I 28 Arm

10:17 ὑμῶν] ημων 413 19 106 53'-246 75 669 Tht $\underline{Dt}^{ap}$ Arm

24:9 μνήσθητι] -τε 82 414'-528 $\underline{f}^{-129}$ $Aeth^{M}$ Arm

28:55 στενοχωρίᾳ] + σου B 376 $\underline{f}^{-56*}$ Arm Sa

29:14 ἐγὼ διατίθεμαι] tr 53'-56 Aeth Arm

Agreements with the n group (total: 21)

3:5 πόλεων] + των ατειχιστων 54-75' Arm

4:3 om πάντα 72 n $^{Lat}{}_{cod\ 100}$ Arm = Ⓜ Sam Tar^{O}

4:5 om ἐκεῖ 72 417 54-75' 602 Arm Bo

4:27 κύριος 2° / ὑμᾶς] tr 82 n $^{Lat}{}_{cod\ 100}$ Arm

6:8 ἀσάλευτα] -τον (σαλ. 767*) A B $\underline{n}^{-127}$ 30'-344^{mg} 318 630^{c} 55 509 Aeth Arm

7:12 κύριος ὁ θεός σού / σοι] tr 54-75' Arm Pal

12:31 κυρίου ἃ ἐμίσησεν] α εμισησεν κυριος n $^{Lat}{}_{cod\ 100}$ Arm

14:14 πάντα] τον $\underline{n}^{(-75)}$ 30 Aeth Arm

14:17 αὐτῷ] αυτων (-τον 75*) 75'-127 799 318 407 Arm

17:10 ῥῆμα] προσταγμα W^{I}-54' ^{Lat}cod 100 Luc Athan I 6 Arm Bo

18:12 κύριος ὁ θεός σου] post αὐτούς tr 72 n Aeth Arm

18:12 ἀπὸ προσώπου σου] om προσώπου B V n ^{Lat}cod 100 Hes 5 Ruf Num XVI 7 Spec 55(sed hab Hi C Pel I 36) Aeth Arm

18:16 οὐδέ] ινα 54-75' ^{Lat}cod 100 Aeth Arm Co

23:3 εἰσελεύσεται 2°] εισελευσονται (ησελ. 75) 54'-75' Phil I 131 ^{Lat}cod 104 Arm Bo

23:6 εἰρηνικὰ αὐτοῖς] tr n 392 Arm Bo

24:20 comma] post (22) fin tr F 29 56' n^{-767} 30' 59 319 407 $Aeth^{-C}$ Arm

26:14 om μου 1° 19 n Arm

32:20 ἐσχάτων] + των (B) ημερων B 707 W^{I}-54' 59 Tht II 1205 ^{Lat}codd 100 325 330 $Cant^{Mil}$ Verec Arm Syh

33:2 ἐκ Σηίρ] post ἡμῖν tr V 707 n Tht Dt Arm Bo Barh 246

33:18 αὐτοῦ] αυτων 847 n^{-127} 344^{mg} 120 59 Arm

33:21 κύριος] κυριου 426 106^{c} 53* 54-75' ^{Lat}cod 100 Arm Sa Syh^{m} = Ⓜ

Agreements with the s group (total: 2)

9:17 om αὐτάς 2° B 376^{c}(2) s 28 407' Arm

12:10 ὑμῶν 1°] ημων B 376-618 46-52'-417 106 246 30'-85-130^{txt*}-321'-343-344^{txt} 602-799 68'-83-630^{c} 28 59 Arm

Agreements with the t group (total: 3)

11:31 om ὑμῶν 58 $t^{-134'}$ Arm

29:3 σου] υμων 106 t Arm

33:2 ἄγγελοι] + αυτου t Aeth Arm Sa

Agreements with the y group (total: 6)

1:36 om τά 71'-527 630 407 Tht Dt^{ap} Arm

1:41 καὶ εἴπατέ / μοι] tr B V W^{I} 71'-318-527 Lat_{cod} 100 Arm

2:31 κληρονομῆσαι] pr κληρω W^{I}-54 71'-527 Aeth Arm Bo

2:33 πρὸ προσώπου ἡμων] εις τας χειρας ημων 963 129 71'-527 669 Lat_{cod} 100 Aeth Arm Sa^{2}

17:6 om μάρτυσιν 1° 71'-318 319 Heb 10:28 Lat_{cod} 100 Arm

31:8 om σε 2° F 29 129 y^{-318} Arm

Agreements with the z group (total: 8)

5:28 om ὅσα 2° 413-414 53' 318 z 646 $^{Lat}{}_{cod}$ 100 Arm

11:21 ὑμῶν 2°] σου $321'^{mg}$ z 407' $^{Lat}{}_{cod}$ 100 Arm Sa^{3}

11:21 αὐτοῖς] σοι z^{-83} 407' $^{Lat}{}_{cod}$ 100 Arm Sa^{3}

13:6 om σοῦ 2° 75 318 68'-120-669 $^{Lat}{}_{Luc}$ Parc 2 Tert Scorp 2 Arm Co

17:15 ἐπὶ σεαυτόν 2°] σεαυτω (αυτω 669*) z^{-83} Arm

27:22 om αὐτοῦ 18'-120-630' $^{Lat}{}_{PsAmbr}$ Lex 6 Arm

30:13 ἡμῖν ποιήσει] ποιησει ημιν (ημην 120) 18'-120-669 407 Arm

30:20 om σε 29-426 30 18'-83-120-630' 646 $^{Lat}{}_{codd}$ 100 104 Arm: cf (M)

The numbers of agreements of Arm primarily with one text group are as follows:

O	45
oI	13

oII	4
C	2
b	32
d	22
f	10
n	21
s	2
t	3
y	6
z	8

The extent of agreement between Arm and the above groups in descending order is as follows: O, b, d, n, oI, f, z, y, oII, t, C and s. It is clear that Arm is more closely related to O, b, d, and n than to the other groups. That this is an accurate picture is confirmed when one adds to it the lists of agreements with two, three, and four text groups.

List II (total: 70)

1:25 (d t) om ἡμῶν 376-618 46-761* d 767 t 120 509 Arab Arm

2:13 (n y) om ὑμεῖς 963(vid) n^{-458} 71'-527

509 Arm

2:14 (b y) κύριος αὐτοῖς] αυτοις ο θεος B* b 71'-527 Arm Sa

2:29 (d n) om ἡμῶν 58 d 75'-767 799 71' 18 59 ^{Lat}cod 100 Arm

3:16 (oI C) Ἰαβόκ] ιαβωκ 381'-707 57'-73'-77-313-615-761- 664 343 55 59 Arm

3:22 (n y) om ἀπ' αὐτῶν B 54'-75'-767 344* (c pr m) 71'-527 630 407 ^{Lat}cod 100 Arm Bo

3:25 (oII f) om τοῦτο B* F oII^{-707} 53'-56 59 Arm

3:26 (oII f) κύριος ἐμέ] με κυριος 58-72 56'-664 59 ^{Lat}cod 100 Arm

4:43 (b n) Γαδδί] γαδ 58 414 b n 121-619 59 ^{Lat}cod 100 Arm Syh

4:48 (d t) ἐπί 2°] εως d t(370 inc) Aeth Arm

5:23 (C s) προσήλθετε] προσηλθον (-θων 376) 376 C'' s 28 319 407 646 Arab Arm Bo

5:24 (O t) αὐτοῦ 1°] + (※ Arm^{ap} Syh) και την μεγαλωσυνην (-λοσ. 376 767) αυτου O^{-82}-58 108^{mg} 106 767 85^{mg} t 28 Arab Arm Syh = Ⓜ

5:29 (O t) τὰς ἐντολάς μου] pr (※ Syh) πασας

O-15-58 106 t^{-799} Arm Syh = (M)

6:15 (C s) ἐξολεθρεύσῃ] εξολοθρευσαι $C''^{,-52}$ s^{-346c} 28 319 646 Arm

7:1 (d t) εἰσπορεύῃ] pr συ (σοι 799) 426 d t(76 inc) Arm Pal Syh = (M)

7:5 (C s) om τῶν θεῶν B^{c} C'' 44 s 318 28 319 407' ^{Lat}Spec 44 Arm

7:11 (y z) om ταῦτα F^{txt}(c pr m) 58 551 71'-527 z^{-83} 630^{c} 646 Arab Arm = (M)

7:15 (d t) αὐτά] + επι (+ cunctos Co) τους εχθρους σου και $d^{(-125)}$ t Aeth Arm Co

9:5 (C s) ὑμῶν] ημων V K 618 16'-414-500-529' 318 z Phil I 225te Arm

9:10 (b n) fin] + (+ εν b^{-108mg} n^{-127}) ημερα (-ρας 509) εκκλησιας (+ in monte Sa^{1te}) B b^{-108mg} n^{-127} 55 407' ^{Lat}codd 100 104 Aeth Arm Co

9:26 (d t) πρὸς τὸν θεόν] προς τον (> 125 76' ^{Lat}cod 100 Arm) κυριον d t ^{Lat}cod 100 Arm = (M)

9:26 (n t) κληρονομίαν] μεριδα B M^{mg} V 106 n 85^{mg}-$321'^{mg}$-344^{mg} t 55 Aeth Arm Sa

10:4 (d t) πλάκας] pr δυο 58 d t 59 Arm

11:17 (b n) κύριος ὑμῖν] tr b n ^{Lat}cod 100 Arm

14:7 (b n) om ταῦτα 2° B b n 30'-343 407' ^{Lat}cod 100 Aeth Arm

14:12 (d t) ἁλιάετον] et (13) γύπα tr d t Arm Bo

14:24 (oI b) om αὐτόν 381' b 246 407 Arab Arm Bo Syh

15:2 (b n) κυρίῳ — fin] κῡ του θῡ σου b^{-19} n ^{Lat}Tert Marc IV 17 Arm

15:8 (O n) τὰς χεῖρας] την χειρα (-ρας 82) O'^{-64} 376_{-58-72} 19 44 129-246 n^{-127} 730 71' 55 59 Cyr I 568 ^{Lat}cod 100 Tert Marc IV 16 (sed hab Aug Loc in hept V 42) Aeth Arab Arm Syh = (M)

15:11 (O d) σοι ἐντέλλομαι] tr O 422 d^{-106} ^{Lat}Spec 24 Arm Syh = (M)

15:20 (b d) om τοῦ θεοῦ σου B b d^{-106} ^{Lat}cod 100 $Aeth^{-C}$ Arm Bo^{A}

16:7 (d t) τοὺς οἴκους] τον οικον 58 551 d 458 t 630 ^{Lat}cod 100 Arm Sa

17:8 (d t) ῥήματα] και (>414 W^{I} 85 Arm) ρημα 414 d W^{I} 85 t Arm

17:16 (C s) τῇ ὁδῷ / ταύτῃ] tr C''$^{-54}$ 414 s$^{-30'}$ 407 Arm

17:18 (b n) om τοῦ δίφρου B V b n 407' Lat$_{Luc}$ Athan I 7 Aeth Arm Co

17:18 (b y) ἑαυτῷ] αυτω B 426 b 71'-527 83 Arm

17:19 (b n) αὐτοῦ 3°] σου B b n 321'^{mg} 407' Lat$_{cod\ 100}$ Luc Athan I 7 Arm Sa^{3}

18:2 (b z) αὐτῷ 1°] αυτοις B 82 b W^{I}-458 30'-321'^{c} 18'-120-630' 407' 646 Cyr I 861 Lat$_{cod\ 100}$ Aeth Arm Bo

18:20 (n z) ῥῆμα / ἐπὶ τῷ ὀνομάτί μου] tr B V 54'-75' z Arm Bo

19:3 (n z) καταφυγὴ ἐκεῖ] tr n z 646 Aeth Arm

19:5 (d t) συναγαγεῖν] εκκοψαι d t Aeth Arm

19:6 (C s) om καὶ ἀποθάνῃ B 58-426 C''$^{-131mg}$ 537 s$^{-321'mg}$ 28 407' Lat$_{cod\ 100}$ Aeth Arm = (M)

21:21 (C s) ἐξαρεῖς] -ρειτε (-ται 739 30 646) C'' s 28 407 646 Cyr I 509 Arm Sa

21:22 (oII f) ἕν τινι] om ἕν F 29-72 53'-246 59 319 Arm

22:5 (d t) κυρίῳ — σου / ἐστιν] tr V 82 d t 318 Arm

23:9 (C s) παρεμβαλεῖν] pr εις πολεμον C'' 30'-85^{mg}-344^{mg} 121^{mg} 18 Arm

23:23 (oI n) om κυρίῳ B oI 54-75' ^{Lat}cod 100 Fulg Ep I 11 Spec 65 Arm

24:22 (O b) σοι ἐντέλλομαι] tr 376' b 319 ^{Lat}cod 100 Pel Vita 8 Arm Syh = Ⓜ

25:7 (oI d) om οὐκ — fin F^{b} 72-381' 131$^{(mg)}$ 19 d^{-106} 53' 75 30 527 319 509 ^{Lat}cod 100 Aeth Arm

26:16 (b t) κύριος — σου] post σοι tr 426 551 b 56*-129 W^{I} 74-76' 55 407' ^{Lat}cod 100 Arm

26:16 (C s) αὐτά] ταυτα C'' 767 s 28 Arm

27:17 (O t) πλησίον] + αυτου O 106-107$^{(mg)}$ t Arm Bo Syh = Ⓜ

27:20 (s z) ἐροῦσιν] ερει (ερη 106) V 58 19 106$^{(mg)}$ 53' 30'-85^{mg}-321^{mg}-344^{mg} 18'-120-630' 407' ^{Lat}cod 100 Aeth Arm = Ⓜ Tar^{O}

28:10 (d t) σοι] pr επι d t Aeth Arm Syh = Ⓜ

28:13 (b n) οὐκ ἔσῃ] ουχ (ουχι 767) 761* b n

319 Tht Dt ^{Lat}Ambr Tob 62 Luc Conven 2 Arm Bo

28:20 (oII b) κύριος] post σοι tr V 58-72 73' b 767 319 ^{Lat}cod 100 Luc Athan I 8 Aeth Arm Bo

28:23 (O y) om σοι A F M O''(618 inc) 129 y 68'-83 59 319 ^{Lat}cod 100 Arm Sa^{3} Syh

28:27 (b f) Αἰγυπτίῳ] αιγυπτιων (-πτων V*) F^{b} V 72-376 46^{s} b f^{-246} 71-527 59 ^{Lat}codd 100 104 Arm Bo

28:36 (b n) κύριός σε] tr b n Arm

28:44 (C s) οὗτος 1°] αυτος 58-426 C'' s 71-527 28 Aeth(pr et) Arm Bo

28:62 (b n) βραχεῖ] -χεις b W^{I}-54-75 120 Aeth Arm

29:2 (C d) om γῆ 1° 29 C'' 107'-125 458 85'-321 28 407' Arm

30:9 (C s) ἐπιστρέψει] + σε 58 C'' s 28 646 Arm Syh

30:11 (d n) om ἐστιν 2° B 72-376 d^{-106} W^{I}-54-75' Tht Dt Arm

31:16 (C s) om ἐκεῖ 72 C'' s^{-30} 407' 646 Iust Dial LXXIV 1 ^{Lat}codd 100 103 104 Aeth Arm Bo

31:28 (O z) ἐκκλησιάσατε] + ουν O^{-82*}-58 128-630'-669^{I} Arm Sa Syh

32:7 (O C) μνήσθητε] μνήσθητι 82-376 C'',$^{-16'}$ 500 552 761mg 85^{txt} 134 71 28 59 407 Arm = Ⓜ

33:14 (C s) συνόδων] -δου C'' 30'-85-343-344^{txt}-346^{txt} 28 Arm Sa

33:18 (d t) Ἰσσαχάρ] τω (>125 76) ισσαχαρ (ισαχαρ d Arm) ειπεν d t Arm

34:7 (d f) ἑκατὸν καὶ εἴκοσι / ἐτῶν] tr 19 44'-125 53'-246 767 318 18 ^{Lat}cod 100 Arm

List III

The following list records variant readings shared primarily with three text groups (total: 75).

1:10 (b n t) ὑμῶν] ημων A F^{a} 58-64^{c} 57-77^{c}-417-528-615 108-118' 125 53'-246*(c pr m) W^{I}-54-75' 346*(vid) t^{-370} 392 68'-83 319 646 Aeth Arm

1:15 (O d t) ἔλαβον] + (※ Syh) τους αρχιφυλους (-φιλους 799) O^{-82} 108^{mg} d t Arm Syh =

Ⓜ

1:21 (oI n t) ὑμῶν 1°] ημων B V 64-72-381 52-73'-413^{c}-417-528-551 106 53' 54-75'-767 344^{mg} t^{-799} 318-392 68'-120 55 59 319 646 Arm Sa^{1}

1:25 (O d t) ἡμᾶς] + (※ Syh) και επεστρεψαν (απεστρ. 15) ημιν (> 44) ρημα O^{-82}-15 d t^{-370} Arab Arm Syh = Ⓜ

1:30 (O d t) fin] + (※ Syh) κατ οφθαλμους υμων (ημων 44 Arm; αυτων A) A^{c} O^{-82}-15-58 d t 121 Arm Syh = Ⓜ

1:35 (C s y) om ταύτην V 58 C'' 767 s^{-343} 344mg 71'-527 630 28 319 407 646 Aeth Arm Bo Sa^{17} = Ⓜ

2:9 (n t y) Ἀροήρ] σηειρ (σηιρ 74'-76-370^{txt}; σηηρ 602; sēyar Aeth^{-C}; seir Lat$_{cod\ 100}$; σ̣η[... 963) B 963 376 W^{I}-127-767 74'-76-370^{txt}-602 71'-527 509 Lat$_{cod\ 100}$ Aeth^{-C} Arm Sa

2:18 (n s y) Ἀροήρ] σηειρ (σιειρ 54-75 630 407; seir Lat$_{cod\ 100}$; sēyar Aeth^{-C}; σηιρ Arm) B K 963 n^{-767} 85'^{mg}-321'^{mg} 71'-527 630 407 509 Lat$_{cod\ 100}$ Aeth Arm Sa

2:30 (C s y) om ὡς B^{c} 963 72-618 C'' s 71'-527 18-630 28 319 407' 646 ^{Lat}cod 100(sed hab Aug Deut passim) Aeth Arm Bo

3:4 (oI f n) Ἀργόβ] αργωβ 58-72-381' 57-551 56'-664 54-75'-767 30-343 799 18-630 28 59 407 Arm

3:14 (oI C f) Ἀργόβ] αργωβ 58-72-381' C'^{-413} 528'-46-417-551 610 53'56 130 318-392 18-630 59 407 Arm

3:19 (O n z) πολλὰ κτήνη] tr 963 O^{-82} n^{-767} 18'-120-122-669 ^{Lat}cod 100 Arm Syh = Ⓜ

3:23 (C b s) κυρίου] + του θεου 707^{mg} $C'',^{-413}$ 761txt s^{-85*} 630 28 319 407' 646 Arab(+ vestri) Arm Bo

4:7 (b d t) αὐτῷ] pr εν A 618 b d^{-125} t Arm

4:7 (O d t) αὐτὸν ἐπικαλεσώμεθα] tr O^{-82} 106-107' t $^{Lat}Spec$ 48 Arm Syh = Ⓜ

4:15 (C n s) οὐκ εἴδετε / ὁμοίωμα] tr B^{c} 963(vid) C'' n $s^{-30'}$ 28 319 407' 646 CyrHier 549 Arm

4:41 (O d t) πλησίου] αυτου O^{-82}-29-58 d 767 t 407 ^{Lat}cod 100 Aeth Arm Bo Sa^{17} Syh =

Ⓜ

5:2 ($\underline{d}$ $\underline{n}$ $\underline{t}$) ὑμῶν] ημων 82 46-77*-551^{c} 19 $\underline{d}^{-125}$ 53' $\underline{n}^{-127}$ 321'-730 74'-602 318-392 122 55 59 319 Tht $\underline{Dt}^{te}$ Arab Arm $Sa^{2\ 3}$ = Ⓜ

5:3 ($\underline{oI}$ $\underline{C}$ $\underline{s}$) ὧδε] δε 82-707^{c}-$\underline{oI}^{-15}$ $\underline{C}$'' $\underline{s}$ 28 319 407 Arm

5:22 ($\underline{C}$ $\underline{n}$ $\underline{z}$) τὰ ῥήματα / ταῦτα] tr $\underline{C}$-551 19 54-75' 68'-83-120 55 Aeth Arm

6:4 ($\underline{f}$ $\underline{s}$ $\underline{t}$) κύριος 1°] μωυσης F M^{mg} V 82-707^{c} 106 53'-56 85^{txt}-130-321'^{txt}-343' $\underline{t}$ 28 407 $Lat_{cod\ 100}$ Aeth Arm Co

6:9 ($\underline{O}$ $\underline{b}$ $\underline{y}$) γράψετε] -ψεις (-φεις 15*) A M $\underline{O}$-15-707 $\underline{b}$ 129 $\underline{y}^{-527}$ $Lat_{cod\ 100}$ Arm Pal Sa Syh

6:15 ($\underline{oI}$ $\underline{n}$ $\underline{y}$) θυμῷ] θυμωθη A B* F M 82-$\underline{oI}'^{,-15}$ 72 56-129 $\underline{n}^{(-767)}$ $\underline{y}^{-121}$ 319^{c} Arm Syh

6:21 ($\underline{d}$ $\underline{n}$ $\underline{t}$) om γῇ 426 414 $\underline{d}$ $\underline{n}$ $\underline{t}$ $Lat_{cod\ 100}$ Arm Syh = Ⓜ

7:8 ($\underline{b}$ $\underline{n}$ $\underline{z}$) διατηρῶν] -ρειν (-ριν W^{I}) 73'-413-414-616^{c} $\underline{b}$ W^{I}-127-767 130-321' $\underline{z}^{-630c}$ 646 $Lat_{cod\ 100}$ Arm

7:8 ($\underline{C}$ $\underline{s}$ $\underline{z}$) κύριος ὑμᾶς] tr 376-618* $\underline{C}''^{,-422}$

$\underline{s}^{-343}$ 121 $\underline{z}^{-128}$ 28 319 646 Lat$_{cod\ 100}$
Arm Pal Syh

7:15 (O d t) ἐπιθήσει 1°] + (※ G Syh) αυτα
$\underline{O}^{-82}$-58 108^{mg} $\underline{d}^{(-125)}$ 30 t Arab Arm Bo
Syh

8:1 (O b n) ὑμῖν] σοι B* V O b 54-75' 55
Arm Syh = (M)

9:4 (C b s) τὰ ἔθνη ταῦτα] αυτους et post ἐξα-
ναλῶσαι tr $\underline{C}''^{,-131mg}$ b s 28 319 407' Arab
Arm

9:11 (oI f y) κύριος ἐμοί] μοι κυριος (+ ο $\overline{θς}$
527) A F M 15'-$\underline{o}\text{II}^{(-72)}$ 422 f y 55 59
Arm

9:16 (C b L) ὑμῶν] ημων V 72-82-376^{c} $\underline{C}''^{,-52}$
19'-118* 106 246 767 130^{mg}-$321'^{mg}$ $\underline{t}^{-799}$
68' 55 59^{c} 319 646 Arm

10:10 (oI d y) om κύριος 2° 72-381' 16(‖)-529
$\underline{d}^{-106}$ 30 71'-527 Arm Bo

10:14 (C n s) αὐτῇ] αυτοις C'' n $\underline{s}^{-130txt}$ 28
509 646 PsClem 221 Tht Dt Lat$_{cod\ 100}$ Arm
Sa^{3}

11:11 (O d t) ἦν] + (※ G Syh) υμεις O d t
Arab Arm Pal Syh

11:16 (b d t) σου] υμων b d 85^{mg}-321-346^{mg} t 407' Aeth Arab Arm Pal = Ⓜ

12:6 (O d t) ὑμῶν 2°] + (※ G Arm^{ap}) και τας δεκατας (δεκτ. 426*c pr m; επιδεκατας d t) υμων (ημων 108; > d) O-58 $108^{(mg)}$ d 85^{mg} t 28 Arab Arm Syh = Ⓜ

12:21 (O b n) om σου 5° G*-72-82-381' b n Arm

13:15 (O d t) fin] + (※ G) και (+ omnia Arab) τα κτηνη (-νει 799) αυτης (eorum Arm) εν στοματι (φονω d t Syh; + φονω G) μαχαιρας (+ αναθεματι αναθεματιειτε 106) O d t Arab Arm Syh = Ⓜ

14:16 (O f y) καὶ ἔποπα] post (17) αὐτῷ tr M V G-82-426-707 f y^{-121} Arm Syh: cf Ⓜ

14:26 (O d t) σου] + (※ G Arm^{ap} Syh) ουκ (οκ F^{a}) εγκαταλειψεις (c var; ου καταλ. Compl) αυτον (αυτους 76') F^{a} O-58 d t Arab Arm Syh = Ⓜ

15:2 (O d t) ὁ πλησίον] + (※ G Syh) σου O-58 d t Cyr I 504 Aeth Arm Co Syh: cf Ⓜ

15:2 (O d t) καί 2 — ἀπαιτήσεις] και (> O Arab) ουκ απαιτησεις (c var) τον πλησιον σου (> Arm; αυτον pro τ. πλ. σου 44; τ. πλ. σου sub ※ G) και τον αδελφον σου O d t Arab Arm: cf (M)

15:11 (oI n z) τὰς χεῖρας] την (bis scr 618) χειρα G-381' 551* W^{I}-75' 799 71' z 59 Aeth Arab Arm = (M)

15:12 (O n t) καὶ τῷ] + (※ Syh) ετει (ετη 376 54-75') τω O-58 106 n t Cyr VI 685 Aeth^{CG} Arm Bo Syh = (M)

15:17 (C s z) ποιήσεις ὡσαύτως] tr C'' s z 28 319 407' 646 Aeth Arm

16:15 (n s t) αὐτόν] εν αυτω 106 n^{-75} 30'-321'^{mg} t 509 Arm

17:12 (O C b) ὁ ἄνθρωπος 1°] om ὁ O-72 C''$^{-46'}$ 52 417 b 799 18 59 646 Arm

17:16 (b d y) om ὅπως — ἵππον 2° 72 b d^{-106} 75' 71'-527 Aeth Arm

17:16 (C n s) om ὑμῖν B C''$^{-131c}$ n s 318 407' Lat$_{cod}$ 100 Aeth Arm Co

18:3 (C s z) om τά 1° 376 C'' 246 30-85^{txt}-130-321'^{txt}-343 120-128-630' 28 424 646 Arab Arm = (M)

18:9 (C d s) om σου A C''$^{-16}$ 52' 77 551 107'-125 246 s^{-30} 83 28 424 Arm

18:19 (oI b n) om τῶν λογῶν αὐτοῦ B oI-707 b n 392 407' Cyr VI 768 VIII 105(sed hab 730) IX 892 ^{Lat}cod 100 Cyp Quir I 18 Arm Bo

19:1 (d n t) ἅ] ων (ω 458) V 58 d n^{-127c} 85^{mg}-346^{mg} t ^{Lat}cod 100 Arm Bo

19:2 (O b z) om σου 82-376-618 528 b 18'-120-630' 319 509 ^{Lat}cod 100 Arab Arm Co

21:1 (C b s) γῇ] + σου C'' b s 28 407 424 646 Arm

21:6 (O d t) χεῖρας] + (※ Syh^{m}) αυτων O-58 d^{-610} t Aeth Arab Arm Co Syh = (M)

21:15 (O d t) τέκωσιν] + (※ Syh^{m}) υιους O-15-58 d 767 t ^{Lat}Ambr Cain I 13 Arm Syh = (M)

22:21 (b d t) ἐξαρεῖς] -ρειτε (-ται 19 106-107'-125* 76*) 848 b d 85^{mg}-344^{mg} t 121 68' 55 319 407' Aeth Arm

22:28 (O d t) τις] post εὕρῃ tr O d t ^{Lat}Aug Deut 34 Arm = (M)

22:29 (O d t) fin] + αυτου O-58 d t Arm Bo Syh = (M)

23:6 (d n t) εἰς τὸν αἰῶνα] pr εως d n^{-458} t^{-799} Arm

27:17 (b s z) ἐροῦσιν] ερει 72 b 53' 30'-85^{mg}-321^{txt}-343-344^{mg} 18'-120-630' 407' $^{Lat}{}_{cod\ 100}$ $Aeth^{-F}$ Arm = Ⓜ

27:18 (b s z) ἐροῦσιν] ερει 72 $761^{(mg)}$ $b^{(-537)}$ 30'-85^{mg}-321^{mg}-343-344^{mg} 18'-120-630' 59 407' $^{Lat}{}_{cod\ 100}$ Aeth Arm = Ⓜ Tar^{O}

27:21 (b s z) ἐροῦσιν] ερει F V 57*(vid) b 127 30'-85^{mg}-321^{mg}-343-344^{mg} 18'-120-630' 407 $^{Lat}{}_{cod\ 100}$ Aeth Arm = Ⓜ Tar^{O}

27:22 (O d t) ἀδελφῆς] + αυτου F O-58 d t Gie ^{Lat}PsAmbr Lex 6 Arm Syh = Ⓜ

28:40 (oII f n) om σοι F 29-707 414 f^{-129} n 318-527 59 $^{Lat}{}_{cod\ 100}$ Arm Sa

28:44 (C n s) εἰς κεφαλήν] κεφαλη (καιφ. 54*-75) B 707 C'' n s 630^{c} 28 407' $^{Lat}{}_{codd\ 100\ 103}$ Ambr Tob 66 Ruf Rom II 13 Arm

28:57 (C s t) γάρ] παρ 963 C''(551 inc) 106 W^{I}-127 30'-85'-321-344* t 121 68' 28 55 646 Arm Sa

29:13 (f n z) om εἰς A 53'-246 54-75'-767 71-527 18'-630' 646 $^{Lat}{}_{cod\ 100}$ Aeth Arm

29:13 (C d t) σου 1°] σοι 29^{c}(vid) C'' d 730 t 120 646 Arm Co: cf Ⓜ

29:18 (O d t) ἡ διάνοια] + (※ G) αυτου O d(-125) t(-799) Arm Syh = M

31:7 (C b s) om αὐτήν B 707* C'' b W^{I}-127 s 630^{c} 509 Lat$_{cod}$ 100 Arm

31:26 (O C d) ὑμῶν] ημων V 82-376 C''$^{-52'}$ 19 44'-107 56^{c}-246 458 30' 799 59 Cyr II 677 Arm

32:13 (oII C f) ἐθήλασαν] -σε(ν) M 376-oII^{-72} C-57-414'-422-528-550' 19' 53'-246 343-730 120 55 Arm

34:5 (oII b n) om ἐκεῖ B 72' b n^{-127} 318 68'-120 55 59 407' PsClem 74 Lat$_{cod}$ 100 Lib geneal 496 Aeth Arm Bo

List IV

The following list records variant readings shared primarily with four text groups (total: 32).

1:21 (O C y z) om ὑμῖν 1° A F M V O'' C'' 129-246 370 y z^{-630c} 55 59 319 407 646 Lat$_{cod}$ 100 Arm Co Syh = Ⓜ

5:11 (C b s z) κύριος] + ο θεος σου (>18;

ου 407) B^{mg} V C'' b s z 28 319 407 424 ^{Lat}cod 100 Arm

7:1 (C d s t) πολλά 2°] μεγαλα B* V 963(vid) 29 $C''^{,-131mg}$ 108^{mg} d 127 s 134'-799 28 319 Aeth Arm Pal

10:3 (oII C f s) χερσίν] pr δυσι(ν) F V 29-58 C'' f^{-129} s 83 28 59 319 ^{Lat}Aug Deut XV 1.3 Arm

11:11 (O d n t) εἰσπορεύσῃ] -ρευεσθε (-σθαι 82-376 75'; πορευεσθε 44; πορευησθε 107'-125) O d 54-75' t Arab Arm Pal Syh = (M)

11:14 (oI s y z) τῇ γῇ] της γης A 381'-oII^{-29} 422 246 75-767 $s^{-85\ 344*}$ y 18'-120-630' 55 59 407 Cyr I 485 Arm

12:9 (O f n s) ὑμῶν] ημων A B $F^{c\ pr\ m}$ M G-426-$oII^{-(58)\ 72}$ 417-528 56'-129 n^{-127} 85^{txt}-130-321'-344^{txt}-730 121-319 68'-83 28 55 59 Arm

14:13 (d n t z) αὐτῷ] αυτων 72-82 52-551 d 75'-127 t 318 68'-83-120 407 Arm

15:11 (oI b y z) om ποιεῖν A oI-707 b 129 121-318-392 z 55 ^{Lat}cod 100 Arab Arm Sa^{3} 17

15:15 (O b d n) σοι ἐντέλλομαι] εντελλομαι

(-λλωμε 75*; -λλωμαι 75^{c}; εντελομε 376) σοι O-58 b d^{-106} n 83 ^{Lat}cod 100 Arm Syh = (M)

16:16 (O b y z) om αὐτόν A M^{txt} O'$^{-(15)}$ ^{82}-707 b 129 75' 799 y 18'-630' 407 Cyr X 944 Eus VI 10 ^{Lat}cod 100 Aeth Arab Arm Syh = (M)

18:22 (b d n t) ἀπ' αὐτοῦ] om ἀπ' B K V b d n 30'-343 t^{-370} 407' ^{Lat}cod 100 Arm Syh^{mg}

20:20 (C b s z) ποιεῖ] ποιησει (-σι V) V C'' b 246 s 18'-120-630' 28 407' 646 Phil II 97 Arm Bo

21:1 (O d f t) τὸν πατάξαντα] + (÷ Syh^{m} mend pro ※) αυτον O d f^{-56*} t Arm Co Syh = M

21:13 (O d n t) μητέρα] + (※ Syh^{m}) αυτης V O-15-58 d 54-75' t 319 Aeth Arm Co Syh Barh 234 = (M)

22:13 (O d t z) τις λάβῃ] tr O d t z^{-630c} Arm Syh = (M)

22:22 (b f y z) ἐξαρεῖς] -ρειτε (-ται 53; -ρητε 18; εξαιρ. 319) V b 53'-246 85^{mg}-344^{mg} 71'-527 z^{-83} 59 319 407' Aeth Arm Bo

23:18 (b d n t) κυρίῳ — σοῦ] post ἐστιν tr (ante pr Arm) V b d W^{I}-127-767 t Lat_{cod} 100 Aeth Arm

24:8 (oI n s z) φυλάξεσθε] -ξασθαι (-σσθαι 30) 82-381' 46-529'-739* 53' 75-127-767 30-85'-343 799 18-83-120-630*-669 28 59 319 509 Lat_{cod} 100 Arm

24:21 (oI f y z) om αὐτόν A F M V 426-oI' 56'-$129^{(mg)}$ 343-344(spat 4 litt) y $z^{-(18)}$ 83(2°) 59 319 407 Eus VIII 2.256 Arm Bo Syh = Ⓜ

27:1 (oII C f s) om ταύτας F oII^{-707} C'' 53'-56 s 799 28 407 424 Lat_{cod} 100 Arab Arm Bo = Ⓜ

27:16 (b f s z) ἐροῦσιν] ερει b 53'-246 30'-321^{mg}-343-344^{mg} 18'-120-630' 407' Lat_{cod} 100 Aeth Arm Syh = Ⓜ

27:19 (oII b s z) ἐροῦσιν] ερει V 58-72 b 53' 30'-85^{mg}-321^{mg}-343-344^{mg} 18'-120-630' 59 407 Lat_{cod} 100 Aeth Arm = Ⓜ Tar^{O}

27:22 (C b s z) ἐροῦσιν] ερει (ερεις 529) V C''^{-16} b 644 30'-85^{mg}-321^{mg}-343-344^{mg} 18'-83*-120-630' 407' 646 Gie Aeth Arm = Ⓜ

Tar^{O}

27:24 (O d n t) τὸν πλησίον] + αυτου B V O-58-72 529 d 54-75' t 318-527 319 Aeth Arm Bo Syh = Ⓜ

27:24 (b f s z) ἐροῦσιν] ερει V 15-58-82 b f^{-129} 30'-85^{mg}-321^{mg}-343-344^{mg} 18'-120-630' 407' Lat$_{cod\ 100}$ Aeth Arm = Ⓜ

28:11 (b n t z) καί 2° — σου 3°] post σου 4° tr B V b 106 n t 18'-120-630' 55 407' Lat$_{codd\ 100\ 104}$ Aeth Arm Co

28:44 (C b n s) εἰς οὐράν] ουρα B 707 C'' b n s 630^{c} 28 407' Lat$_{codd\ 100\ 103}$ Ambr Tob 66 Ruf Rom II 13 Arm

31:7 (O f y z) ἡμῶν] υμων F M 15*-82-376-oII 46-77-320-551* 19 f 130^{mg} y$^{(-71)}$ 68'-83-120-630^{c} 59 407 Lat$_{cod\ 100}$ Aeth^{-M} Arab Arm

32:44 (oI f y z) Μωυσῆς 2°] + προς τον λαον A F M V 82-oI'$^{-707}$ f y z 55 319 646 Lat$_{cod\ 100}$ Arm Bo

33:12 (oI C s z) σκιάζει] σκιασει (σκηασει 407) F oI'$^{-58}$ C'' 246 s^{-344mg} 71-527 18'-83-630' 28 319 407 424 646 Lat$_{Ambr}$ Patr 58

Arm Bo

34:6 (C b n s) om ἐν γῇ Μωάβ B 707 C'',-(528^{txt}) 550' 615 b W^{I}-75-127 s^{-85mg} 318 59 407' Lat$_{cod\ 100}$ Hi Helv 7 Lib geneal 496 Arm Co

The information in Lists I-IV is brought together in the table below. For each list the total number of variant readings is given in parentheses after the Roman numeral.

	I(168)	II(70)	III(75)	IV(32)	Total(345)
O	45	9	27	10	91
oI	13	4	9	6	32
oII	4	4	3	3	14
C	2	16	23	10	51
b	32	19	21	15	87
d	22	20	30	10	82
f	10	5	8	10	33
n	21	19	26	12	78
s	2	13	22	15	52
t	3	18	34	10	65
y	6	6	10	8	30

z	8	7	12	19	46

The total number of agreements of Arm with the Greek text groups is given below in descending order.

O	91
b	87
d	82
n	78
t	65
s	52
C	51
z	46
f	33
*o*I	32
y	30
*o*II	14

A number of comments need to be made concerning this list. First, the positions of *O*, *b*, *d*, and *n* remain unchanged from List I. This confirms the suggestion that Arm is most closely related to these groups. Group *t* stands fifth in total agreements whereas in List I it stands second last. The reason for this change lies in the fact that *t* seldom appears without *d*; consequently, it is only with List II that one begins to see the proximity of Arm to the *d t* type of text. *t* should be added to *O b d n* as the groups to which Arm is most closely related. The high number of agreements of Arm with *d* in List I indicates that, within the tradition represented by *d t*, Arm is much more closely related to *d* than to *t*.

Second, in the counting of these agreements *O* = *O* or *O* + *o*I or *O* + *o*I + *o*II or *O* + *o*II and *o*I = *o*I or *o*I + *o*II. The question arises whether the totals for *o*I and *o*II would be greatly different if *O*, *o*I, and *o*II were counted separately. If *O*, *o*I, and *o*II are counted separately the number of agreements with *o*I is 36 and with *o*II 28. They still remain near the bottom of the list and one can conclude that Arm is not particularly closely related to these *O* subgroups.

Third, in List I *C* and *s* occupy last position, Arm sharing two variants with each. However, in the totals of Lists I-IV *s* and *C* occupy sixth and seventh positions with 52 and 51 agreements, respectively. That almost all of the agreements with *C* and *s* occur in Lists II-IV means that agreement with these two groups occurs for the most part when Arm, C and s are part of a fairly broad textual tradition. Therefore there is a considerable gap between the proximity to O b d n t and to the next closest groups s and C.

It may be concluded that Arm is most closely related to groups O b d n t and that it is not closely related to groups s C z f oI y and oII.

C. Relations with Unclassified Witnesses

Before examining the relationship of Arm to O b d n t one question needs to be answered: is it possible that Arm's closest textual relations are not to be found among the text groups but among the unclassified witnesses like B and 407?

List V records Arm's agreements with unclassified mss. Agreements with up to four Greek mss are included, no two of which belong to the same text group.

List V (total: 58)

2:19 σοι] υμιν (post δῶ tr Arm) 630* 407 Aeth Arab Arm Sa^{2} 17

2:25 ἐπὶ πρόσωπον] εναντι 55 Arm

2:34 πᾶσαν πόλιν] πασας τας πολεις (+ eius Aeth Sam) B* Aeth Arm = Sam

2:37 ʼΑμμάν] αμων 59* Arm

3:19 ὑμῖν 1°] υμων 529* 509*(c pr m) Arm

4:22 om ταύτην F*(vid; c pr m) 72 Arm Sa[3]

6:10 ὤμοσεν] + $\overline{\kappa\varsigma}$ (+ deus tuus Sa) B 963 344[mg] 318 Aeth[-C G] Arm Sa

7:19 om ἐκεῖνα V Aeth Arm

8:15 om ἐκείνης V 58 Arm

9:6 om ταύτην F Lat Hi C Pel I 36 Arm

10:21 init] pr οτι 509 Aeth Arm Pal

11:4 θαλάσσης / τῆς ἐρυθρᾶς] tr 707 509 Arm

11:26 ἐνώπιον ὑμῶν / σήμερον] tr A Arab Arm Sa

12:5 ἐκεῖ] post ἐπικληθῆναι tr V Arm

12:6 om ἐκεῖ B* V 72 44 Aeth Arm Sa[17]

12:27 om σου 3° 529 55 Arm

12:32 om τοῦτο V 55 Arm Bo

13:5 ἐκ τῆς 1°] εκ γης 509 Arm

13:15 πόλει] γη B Arm

14:25 οἶκός] υιος B Arm Sa

16:7 om αὐτόν F[b] Aeth Arab Arm Bo Syh

16:9 om ὁλοκλήρους B 58 Lat cod 100 Aeth Arm = Ⓜ

17:10 om ἐπικληθῆναι — ἐκεῖ B Cyr I 881 Lat$_{cod}$ 100 Arm

17:15 om αὐτόν V 72 75 121 Aeth Arm

18:18 τὸ ῥῆμα] τα ρηματα B Cyr II 1209 Lat$_{cod}$ 100 Arm = Ⓜ

19:1 om (ὁ θεός) σου 2° B K 500 527 630^{c} Lat$_{cod}$ 100 Aeth Arm

19:3 καταμερίζει] -μεριει F Lat$_{cod}$ 100 Arm Bo

19:4 om δέ V Arm Bo

19:8 ὤμοσεν] + κυριος 82 730 319 Aeth Arm

19:17 om αὐτοῖς 72 407 Phil I 127 Lat$_{cod}$ 100 PsAmbr Lex 8 Arm

19:20 τὸ πονηρόν / τοῦτο] tr B 422 Lat$_{cod}$ 100 Aeth Arm Bo

21:13 αὐτῆς 1° ⌒ 2° 72 319(‖) Aeth Arm

22:21 om ἐν λίθοις 848 500* 125 55 Lat$_{cod}$ 100 Arm Bo

23:13 om ἐν αὐτῷ 2° B 58-707*(vid; c pr m) Lat$_{cod}$ 100 Aeth Arm = Ⓜ

23:21 om ἐν (σοί) 407 Tht Dt Arm Bo

24:8 om σφόδρα 407 Arm

24:20 σοι ἐντέλλομαι] tr V 848 Lat$_{cod}$ 100 Arm Syh

25:6 ἐκ] επι V 618 75 319 Arm = (M)

25:12 om αὐτῆς B 630^c Arm

26:17 τὸν θεόν] + σου 509 Arm

26:17 φυλάσσεσθαι] -λαξασθε 55 Arm

27:15 om πᾶς B Arm Sa

27:25 δῶρα] δωρον 54 59 Arm Bo Syh

28:6 εἰσπορεύεσθαι] et ἐκπορεύεσθαι tr 799 55 319 Arm

28:10 om σε 1° 319 Arm Sa = (M)

28:15 om πᾶσαι 707 319 Arab Arm Sa

28:54 ἐν σοί] pr o B Arm

28:57 om σου 1° F(|) 528 Arm

28:61 om τὴν μή 19 407 Arm

28:63 om ἐκεῖ 55 Aeth^M Arm

29:28 ὡσεὶ] εως F*(c pr m) Arm

30:3 εἰς οὖς] ου 55 Arm

30:12 om αὐτήν 2° 55 Arm

31:21 ποιοῦσιν] εποιησαν V Arm Bo

31:28 om ὑμῶν 1° 848(vid) Arm

33:2 ἥκει] εξει V 29 Arm

33:2 Καδής] pr εν 509^c Arm

33:7 om αὐτοῦ 3° B Arm

The agreements of Arm with scattered witnesses in List V are given below. They are listed in descending order.

List V (total: 58)

B	15	
V	11	
55	9	
319	6	
407	5	
509	4	(plus 509* c pr m once and 509^c once)
848	3	(848 is not complete)
F	3	(plus F* c pr m twice)
59	2	
963	1	(963 is not complete)
A	1	
F^b	1	
K	1	(K is not complete)

In List V Arm shares the most variant readings with B, 15. V follows next with 11 and then 55 with 9. If one calculates the agreements of Arm with B in Lists

I-IV the total is 44 shared readings, not including three B^{c} and one B^{mg}. The number 44 places B after the eighth group from the top in the list of total agreements based on Lists I-IV. Therefore it may be concluded that Arm is not closely related to B.

What is significant about the agreements with B in List V is that in 9 out of the 15 cases B is the only Greek ms that attests the variant (disregarding 630^{c} at 25:12 since 630^{c} is based on the Sixtina). This means that Arm has a few of the idiosyncratic readings of the B text. In contrast, Arm shares only one variant with A. This means that Arm is not related to the A type of text to any significant extent, a fact also attested by the position of the A-related _y_ and _z_ groups in Lists I-IV. The early text base of the Armenian is closer to the B type of text than to the A type of text.

The relations between Arm and other unclassified mss are more distant than the relation between Arm and B. Therefore it may be concluded that Arm is not closely related to any of the unclassified witnesses.

D. An Examination of Relationships with the Greek Text Groups to which Arm is most closely related

1. Relationship to the Hexaplaric Text (group O)

Among the Greek text groups Arm is most closely related to group O. Out of a total of 345 variants Arm shares 91 with O. This simply confirms the result of the analysis in section A of this chapter, namely that Arm's parent text was fairly strongly influenced by the Hexaplaric type of text.

2. Relationship to the Byzantine Text (d n t)

The identification of a Byzantine type of text is based on the collation of Greek Lectionary texts.[7] Groups d n t -- and especially d t -- are representatives of this type of text. Though not a primary witness to O the Byzantine text form has been rather strongly influenced by the Hexaplaric recension.[8]

----

[7] See THGG, Chapter 11, "The Lectionary Texts," pp. 176-185.

[8] On the Byzantine type of text see THGN, Chapter 2, "The Byzantine Text" (in press). On d as a repre-

a. Relationship to d t

Arm shares 82 variant readings with d and 65 with t.

Since d and t usually read together the low number of agreements of Arm with t alone (3) is not surprising. In Lists II-IV Arm shares 60 variant readings with d and 62 with t; of these 60 and 62 agreements Arm = d t 46 times. This means that where agreements with more than one text group are involved, when Arm = d it usually also = t. At the same time the comparatively high number of agreements with d alone (22) indicates that, within the Byzantine tradition, Arm is more closely related to d than to t.

b. Relationship to n

Arm shares 78 variants with n. After O b d Arm is most closely related to n.

In Deuteronomy the n group is most closely related to the d (+ t) group.[9] For Genesis the picture is

----

sentative of the Byzantine text see also THGG, pp.176ff.

[9] See THGD, p. 25.

similar with n being most closely related to d.[10] In Numbers groups d t and then n are the three best representatives of the Byzantine type of text.[11] Therefore, n belongs to the Byzantine type of text tradition of which it is a subordinate representative.

The relationship of Arm to the d n t type of text is clear in Lists III and IV where 10 times Arm = d n t. The proximity of Arm to the n group shows that Arm is related to a secondary witness within the Byzantine tradition.

The relationship of Arm with d n t locates Arm within the sphere of the Byzantine type of text. Arm is a secondary witness within that textual tradition.

3. Relationship to group b

After group O (91 shared variants) Arm is most closely related to the b group (87 shared variants).

In Genesis b is "the most distinctive of all the textgroups"[12] and is most closely related to d and

---

[10] See THGG, p. 11.

[11] See note 8, above.

[12] THGG, p. 35.

then f;[13] it is also related to n.[14] In Deuteronomy the relation of b to n is less strong than that of n to d (+ t).[15] It would appear fair to say that the b group, like the n group, belongs within the Byzantine tradition as a subordinate group. It is, however, somewhat farther removed from the primary witnesses to that type of text than is n.

The relationship of Arm to the b n subgroups is clarified when one examines Lists II, III, and IV. In List II Arm shares 19 variants with b and 19 with n and Arm = b n 10 times; in List III Arm shares 21 variants with b and 26 with n and Arm = b n 6 times; in List IV Arm shares 15 variants with b and 12 with n and Arm = b n 6 times. Therefore, when Arm shares variants with more than one text group it has approximately the same number of agreements with b and n (55 and 57, respectively) and about 40% of the time when Arm = b it also = n. This means that the text shared by Arm and b is shared to a substantial degree by n. When one adds to

---

[13] THGG, p. 49.

[14] THGG, p. 111; see also p. 32.

[15] See THGD, p. 25.

this picture the agreements with *b* alone (32) and with *n* alone (21) from List I the conclusion to be drawn is that, within the Byzantine tradition, Arm is slightly more closely related to the subordinate group *b* than to the subordinate group *n*.

The relationship of Arm to *d t* on the one hand and to *b n* on the other shows that Arm is related to primary and secondary witnesses to the Byzantine type of text. That Arm is more closely related to *b* than to *d* (87 and 82 agreements, respectively) and to *n* than to *t* (78 and 65 agreements, respectively) indicates that Arm is somewhat more closely related to secondary rather than to primary witnesses to the Byzantine text.

Conclusion

The parent ms of the Armenian version of Deuteronomy was a ms of mixed text type. Basically Arm reflects a Byzantine type of text that has been fairly strongly influenced by the Hexaplaric recension.

Arm's closest textual relations are with the Hexaplaric *O* group and with the Byzantine type of text represented by groups *b d n t*.

Arm's level of agreement with the Hexaplaric readings in Deuteronomy is 30%. This means that the Armenian version is a good secondary witness to the work of Origen.

The Armenian version has a close relationship to the Byzantine type of text represented by d t and to subordinate groups in that tradition, b n. It is somewhat more closely related to b n than to d t.

V

THE RELATIONSHIP OF THE ARMENIAN TO THE SYRIAC

The fact that classical Armenian historians make mention of Syria and Syriac texts in connection with the translation of the Bible has led scholars to look for traces of Syriac in the Armenian OT.[1] This search is based on the following three presuppositions: that the earliest translation of the OT was based on a Syriac text; that such a Syriac-based translation was later revised on the basis of a Greek text, and that remnants of the earlier Syriac translation may still be found in the Armenian text.

A. 1 Samuel

A major recent effort in this regard has been the work of Johnson on 1 Samuel.[2] In a section entitled "The Armenian Translation and the Peshitta" (pp. 69-73)

----

[1] See the Introduction.

[2] Bibelübersetzung.

Johnson compares the Armenian against the unique readings of the Peshiṭta (i.e., where Ⓟ ≠ Ⓜ), of which there are some 800. The Greek text groups and uncial mss are also compared with the Peshiṭta to determine to what extent Armenian readings which = Ⓟ could, in fact, come from Greek witnesses. Total agreements with the Peshiṭta vary from 144 for Zohrab's text and 141 for Jerusalem ms 1925, to 114-118 for the Lucianic Greek mss b'$\underline{boc}_2\underline{e}_2$, to 84 for Alexandrinus.

When Ⓟ's 800 readings ≠ Ⓜ are broken down into plusses, minuses, changes of word order (140) and "other variants" (175), Arm[3] stands closer to Ⓟ than do Greek witnesses in the case of the last two categories: Zohrab/J1925 have 37 agreements in word order (Lucianic witnesses are next with 14-15); Zohrab has "other variants" 22 times (J1925 20 times; Greek B 14 times). Johnson finds that changes of word order in Arm frequently agree with Ⓟ alone ≠ Greek. 16 examples are given, though in 3 cases the Armenian or Syriac text tradition is divided.

---

[3] In comparing texts Johnson uses "Arm" when Zohrab and Jerusalem 1925 agree.

Among the "other variants" Arm = (P) alone twice. In the first case, at 14:49, Saul's daughter, Merab, in Arm is *nero*(*v*)*b* which Johnson takes as = (P) *ndb*. He discounts the *r*/*d* differences as inner-Syriac and this is quite possible. However, as Johnson points out, at 18:17 Arm has *merovb* ≠ (P) while *nerovb* appears in Zohrab's apparatus. The spelling of proper names is difficult to assess and one wonders whether or not the *m*/*n* variation in Arm is simply inner-Armenian, especially since at 14:49 *nero*(*v*)*b* is preceded by a word which ends in double *n*. *m*/*n* confusion can occur in Armenian mss: cf. Deut 2:8 where ms 233 preserves the *n* of the Greek *ailōn* and other mss have *m*.

The second case is found at 23:17. (M) has *kēn* while (P) has the longer ܕܗܟܢܐ ܗܘ ("that thus it is"). Arm, like (P), has թէ այդպէս է. However, if the translation of 1 Samuel is like that of Deut, the translation is somewhat free in its treatment of such minor details so that such a reading is hardly convincing evidence for a relation with (P).

Johnson's conclusion is that his examples establish a connection between the Peshiṭta and the Armenian: "Die angeführten Übereinstimmungen können nicht nur auf Zufall beruhen." (p. 72) That agreements consist of word position and word differences (*Wortvariant*) and not so much of plusses or minuses in Johnson's opinion speaks for an initial translation from Syriac that underwent a basic revision or that underwent a new translation on the basis of Greek mss. The traces of Syriac that remain are those that do not affect the length of the text.

However, on the basis of the evidence provided by Johnson, the position taken here is that in 1 Samuel the agreements of Arm with Ⓟ may well, in fact, be accidental. Methodologically, it is imperative that one place the number of agreements with Ⓟ in word order and minor word variants against the number of cases where the Armenian is unique in regard to these matters. On p. 56 Johnson states that there are more than 300 cases where Arm ≠ Greek ms B in word order. If there are 29 times when Arm = Ⓟ ≠ B in word order,[4] this means that more than 90% of the time Arm ≠ B ≠ Ⓟ in this regard. Against the number of

----

[4] Cf. p. 71 where Arm-Z and J1925 = Ⓟ 37 times; B = Ⓟ 8 times; therefore Arm = Ⓟ = B 29 times.

instances of unique Armenian word order the number of agreements with Ⓟ has little significance and perhaps none at all.[5]

Concerning plusses, Johnson states that there is a long list of unique Armenian readings (p. 50); no number is given. The overwhelming part of the minuses is inner-Armenian, he says, being a question of insignificant abbreviations of the text and the dropping of pronouns and other dispensable words (p. 56). As for variants which concern words and their forms, Johnson says there are "numerous unique readings" in Arm (p. 57). Finally, proper names are frequently put in their Armenian form partly to meet the demands of the language and partly because of scribal error (p. 61). In the light of these remarks the number of times (6 or 8: cf. p. 71) when Arm = Ⓟ ≠ B in the category of "other variants"[6] is not meaningful at all.

The relative significance of agreements of Arm with Ⓟ can only be assessed when placed over against

---

[5] See Chapter III, section B2, concerning the freedom of word order in Armenian Deuteronomy.

[6] Bibelübersetzung, p. 71.

the total number of unique Armenian readings in the various categories of comparison.

B. Deuteronomy

In establishing the textual character of the Armenian text of Deuteronomy attention was paid to the possibility of relations with the Syriac. Variants in the Armenian were checked against the Peshiṭta as in Chapter I, section B (see note 19). Since Johnson regarded Armenian word order as a significant indicator of textual relations with the Syriac, particular attention was given to cases of transposition in Arm ≠ LXX.

In the course of collating Arm against the Greek tradition 191 examples were collected of occasions when Arm ≠ LXX word order. Of these 12 do not allow comparison with Ⓟ since Ⓟ lacks one of the elements of the Armenian transposition or reads differently from the Armenian and Greek in some other way. The following list records those 12 transpositions.

4:12 ὑμεῖς ἠκούσατε] tr Arm; ܫܡܝܥ ܗܘܝܬܘܢ Ⓟ
8:17 μεγάλην ταύτην] tr Arm; ܢܬܡܠܐ Ⓟ
9:4 τὴν ἀγαθὴν / ταύτην] tr Arm; ܗܕܐ Ⓟ

14:7 ταῦτα ὑμῖν / ἐστιν] tr Aeth Arm; (ܛܡܐܝܢ) ܐܢܝܢ ܠܟܘܢ Ⓟ

14:10 ταῦτα ὑμῖν / ἐστιν] tr Arm; (ܛܡܐ) ܗܘ ܠܟܘܢ Ⓟ

19:4 ἔσται / τὸ πρόσταγμα] tr 82-376 Arm Bo; (ܘܗܢܘ) ܙܢܗ Ⓟ

19:6 αὐτοῦ ψυχήν] tr Arm; (ܢܩܛܠ)ܝܘܗܝ

24:7 αὐτὸν ἀποδῶται] tr Arm; cf Ⓟ ܕܢܬܬܓܪ ܒܗ ܘܢܙܒܢܝܘܗܝ

31:2 ἐγώ εἰμι] tr Lat cod 100 Arm; (ܡܫܟܚ) ܐܢܐ Ⓟ

31:13 αὐτοί] post ζῶσιν tr Arm; ܕܚܝܝܢ ܐܢܘܢ Ⓟ

32:19 αὐτοῦ] post θυγατέρων tr Arm; cf Ⓟ ܒܢܘܗܝ ܘܒܢܬܗ

At 32:19 LXX has "his sons and daughters"; Arm has "sons and his daughters"; Ⓟ has "his sons and his daughters."

33:25 τὸ ὑπόδημα αὐτοῦ] post ἔσται tr Ambr Patr 40 Arm; cf Ⓟ ܦܪܙܠܐ ܘܢܚܫܐ ܡܣܐܢܟ

Apart from the 12 examples listed above there are 179 occasions when Arm ≠ LXX word order. Of these 179 transpositions Arm = (M) = (P) 25 times; these 25 transpositions cannot be counted since influence from the Hexapla may be responsible for the agreement with (M) and, in turn, with (P). The following list gives the transpositions of Arm which = (M) = (P).

1:12 μόνος φέρειν] tr A M 82-426-oI 73* 129 392 Lat cod 100 Arm Syh = (M) (P)

3:19 πολλὰ κτήνη] tr 963 O^{-82} n^{-767} 18'-120-122-669 Lat cod 100 Arm Syh = (M) (P)

4:7 αὐτὸν ἐπικαλεσώμεθα] tr O^{-82} 106-107' t Lat Spec 48 Arm Syh = (M) (P)

8:18 σοι δίδωσιν] tr 426 529 118'-537 318 Arm Syh = (M) (P)

10:1 ἐν ἐκείνῳ τῷ καιρῷ] εν τω καιρω (κερω 376) εκεινω O Arm Syh = (M) (P)

12:25 σοι γένηται] tr O Arm Bo Syh = (M) (P)

12:28 σοι γένηται] tr O^{-376} Arm Syh = (M) (P)

15:11 σοι ἐντέλλομαι] tr O 422 d^{-106} Lat Spec 24 Arm Syh = (M) (P)

15:15 σοι ἐντέλλομαι] εντελλομαι (-λλωμε 75*; -λλωμαι 75^c; εντελομε 376) σοι O-58 b d^{-106} n 83 Lat cod 100 Arm Syh = (M) (P)

19:7 σοι ἐντέλλομαι] tr B V O 422 Arm Bo Syh

= Ⓜ Ⓟ

19:13 σοι ἔσται] tr O Arm Syh = Ⓜ Ⓟ

21:18 τινι ᾖ] tr 82 Arm Syh = Ⓜ Ⓟ

22:7 σοι γένηται] tr O^{-376} Arm Syh = Ⓜ Ⓟ

22:13 τις λάβῃ] tr O d t z^{-630c} Arm Syh = Ⓜ Ⓟ

22:27 ὁ βοηθήσων] post ἦν tr B O CyrHier 753 Arm Bo Syh = Ⓜ Ⓟ

22:28 τις] post εὕρῃ tr O d t ^{Lat}Aug Deut 34 Arm = Ⓜ Ⓟ

24:1 τις λάβῃ] tr O^{-376} 106 Chr V 220 Or VI 327 ^{Lat}cod 100 Arm Syh = Ⓜ Ⓟ

24:5 τις λάβῃ] tr O^{-426} Arm Syh = Ⓜ Ⓟ

24:16 ἑαυτοῦ ἁμαρτίᾳ] tr O^{-376} Or Cels IV 260 Arm Syh = Ⓜ Ⓟ

24:18 σοι ἐντέλλομαι] tr O-72 ^{Lat}Spec 11 Arm Syh = Ⓜ Ⓟ

24:22 σοι ἐντέλλομαι] tr 376' b 319 ^{Lat}cod 100 Pel Vita 8 Arm Syh = Ⓜ Ⓟ

28:44 τούτῳ οὐ δανιεῖς] ουκ εκδανιεις (-νειεις 376) τουτω (-το 82; αυτω 376*-426 Arm) O ^{Lat}Ambr Tob 66 Aeth Arm Syh = Ⓜ Ⓟ

29:19 μοι γένοιτο] tr 426 Arm = Ⓜ Ⓟ

30:5 σε ποιήσει 2°] ποιησει (-ση 82) σε O Arm Syh = (M)(P)

31:6 σε ἀνῇ] tr O^{-82} Arm Syh = (M)(P)

The textual evidence shows that the above cases are Hexaplaric: in each case at least one O ms also supports the transposition.

When those transpositions which = (M) are discarded there remain 154 cases of transposition where Arm ≠ LXX. Of these 154 cases of transposition ≠ LXX 64 are supported by witnesses from the Greek tradition; in 90 cases only Arm has the transposition in the Greek tradition.

Of the 64 transpositions ≠ LXX but supported by Greek witnesses Arm = (P) 25 times and Arm ≠ (P) 39 times.

The following list gives the 25 cases where Arm = (P) ≠ LXX and has the support of other witnesses in the Greek tradition. Since in all cases the variant equals (P) that fact is not recorded.

3:26 κύριος ἐμέ] με κυριος 58-72 56'-664 59 Lat_{cod} 100 Arm

4:6 τὸ μέγα τοῦτο] τουτο μεγα 53' Arm

4:27 κύριος 2°/ ὑμᾶς 2°] tr 82 n ^{Lat}cod 100 Arm

5:22 τὰ ῥήματα / ταῦτα] tr C-551 19 54-75'
68'-83-120 55 Aeth Arm

7:7 ἐστε ὀλιγοστοί] tr 72 Arm Pal = Ⓟ^{W}(om
Ⓟ^{A})

7:8 κύριον ὑμᾶς] tr 422 Arm Pal

7:8 κύριος ὑμᾶς] tr 376-618* C''^{-422} s^{-343}
121 z^{-128} 28 319 646 ^{Lat}cod 100 Arm Pal
Syh

7:12 κύριος ὁ θεός σού / σοι] tr 54-75' Arm Pal

9:4 τὰ ἔθνη ταῦτα] αυτους et post ἐξαναλῶσαι tr
C'' (et τὰ ἔθνη ταῦτα hab 131mg) b s 28 319
407' Arab Arm

9:11 κύριος ἐμοί] μοι κυριος (+ ο θ̄ς 527) A F M
$15'$-$oII^{(-72)}$ 422 f y 55 59 Arm

10:4 κύριος ἐμοί] tr (μοι 44) 44 Arm

11:17 κύριος ὑμῖν] tr b n ^{Lat}cod 100 Arm

11:25 κύριος / πρὸς ὑμᾶς] tr 82-376 Arm

12:1 ὑμεῖς ζῆτε] tr 422 $Aeth^{-M}$ Arm

13:3 κύριος ὁ θεός / ὑμᾶς] tr 72 Tht Dt^{ap} Aug
Deut 13(sed hab Aug passim) Tert Scorp 2 Arm

13:11 τὸ πονηρόν / τοῦτο] tr 53'-246 Arm

15:17 ποιήσεις ὡσαύτως] tr C'' s z 28 319 407' 646 Aeth Arm

17:17 αὐτοῦ / ἡ καρδία] tr O-72 ^{Lat}Aug Deut 27 Arm Syh

19:20 τὸ πονηρόν / τοῦτο] tr B 422 ^{Lat}cod 100 Aeth Arm Bo

22:5 κυρίῳ — σού / ἐστιν] tr V 82 d t 318 Arm

28:20 κύριος] post σοι tr V 58-72 73' b 767 319 ^{Lat}cod 100 Luc Athan I 8 Aeth Arm Bo

29:14 ἐγὼ διατίθεμαι] tr 53'-56 Aeth Arm

30:13 ἡμῖν ποιήσει] ποιησει ημιν (ημην 120) 18'-120-669 407 Arm

30:18 πολυήμεροι γένησθε] tr 767 Arm

33:2 ἐκ Σηίρ] post ἡμῖν tr V 707 n Tht Dt Arm Bo Barh 246

The following list gives the 39 cases of transposition where Arm ≠ LXX ≠ Ⓟ but is supported by witnesses in the Greek tradition. Since in all cases the variant ≠ Ⓟ that fact is not recorded.

1:41 καὶ εἴπατέ / μοι] tr B V W^{I} 71'-318-527 ^{Lat}cod 100 Arm

2:1 θάλασσαν ἐρυθράν] tr ^{Lat}$_{\text{cod 100}}$ Arm

2:6 λήμψεσθε παρ' αὐτῶν / ἀργυρίου] tr $\underline{f}^{-129}$ Arm

4:8 ἐνώπιον ὑμῶν / σήμερον] tr Aeth Arm

4:15 οὐκ εἴδετε / ὁμοίωμα] tr B^{c} 963(vid) $\underline{C}''$ $\underline{n}$ $\underline{s}^{-30'}$ 28 319 407' 646 CyrHier 549 Arm

6:20 ὁ υἱός σου / αὔριον] tr 381' Arm

7:15 κύριος / ἀπὸ σοῦ] tr Arm Pal

9:4 κύριος 2°] post αὐτούς tr $\underline{f}^{-129}$ ^{Lat}$_{\text{Ambr }\underline{\text{Cain}}}$ I 28 Arm

9:28 αὐτούς ἀποκτεῖναι] tr 767 ^{Lat}$_{\text{cod 104}}$ Arm

11:4 θαλάσσης / τῆς ἐρυθρᾶς] tr 707 509 Arm

11:6 αὐτῶν 3°] post ὑπόστασιν tr $\underline{o}$I 53' 619 Arm

11:26 ἐνώπιον ὑμῶν / σήμερον] tr A Arab Arm Sa

12:3 τὰ ἄλση αὐτῶν / ἐκκόψετε] tr ^{Lat}$_{\text{Tert }\underline{\text{Scorp}}}$ 2 Arm

12:30 ποιήσω κἀγω] tr 19 Arm(pr $\underline{\text{ut}}$)

13:16 τὴν πόλιν] post πυρί tr $\underline{O}$ Arm Syh = Ⓜ

14:12 ἁλιάετον] et (13) γύπα tr $\underline{d}$ $\underline{t}$ Arm Bo

17:16 τῇ ὁδῷ / ταύτῃ] tr $\underline{C}''^{-52}$ 414 $\underline{s}^{-30'}$ 407 Arm

18:1 φάγονται αὐτά] tr 72 Aeth Arm

18:12 κύριος ὁ θεός σου] post αὐτούς tr 72 n Aeth Arm

18:16 τὸ μέγα / τοῦτο] tr 83 Arm

18:20 ῥῆμα / ἐπὶ τῷ ὀνόματί μου] tr B V 54'-75' z Arm Bo

19:3 καταφυγή ἐκεῖ] tr n z 646 Aeth Arm

21:3 οὐχ εἵλκυσεν / ζυγόν] tr d^{-106} Arm

22:1 τοῦ — αὐτοῦ] η(et Arm) το προβατον του αδελφου σου 376 Arm

22:15 τῆς παιδός 1°] post μήτηρ tr 72 Arm

23:6 εἰρηνικὰ αὐτοῖς] tr n 392 Arm Bo

24:20 comma] post (22) fin tr F 29 56' n^{-767} 30' 59 319 407 $Aeth^{-C}$ Arm

26:16 κύριος — σου] post σοι tr 426 551 b 56*-129 W^{I} 74-76' 55 407' ^{Lat}cod 100 Arm

27:17 init — (19) fin] ordine versuum 19 17 18 hab ^{Lat}cod 100 Arm

28:6 εἰσπορεύεσθαι] et ἐκπορεύεσθαι tr 799 55 319 Arm

28:36 κύριός σε] tr b n Arm

28:65 ἐκλείποντας] post ὀφθαλμούς tr 72 Arm Syh

28:65 τηκομένην] ad fin tr Arm Syh

28:66 ἡμέρας] et νυκτός tr O Mel 94 Arab Arm

Syh = Ⓜ

30:15 προ προσώπου σου / σήμερον] tr d Arm

32:20 τί ἔσται / αὐτοῖς] tr Tht II 1205 Arm

34:6 καὶ οὐκ οἶδεν οὐδείς] και ουδεις οιδε(ν) Or Cels I 412bis PsClem 74 $^{Lat}{}_{cod}$ 100 Arm

34:7 ἑκατὸν καὶ εἴκοσι / ἐτῶν] tr 19 44'-125 53'-246 767 318 18 $^{Lat}{}_{cod}$ 100 Arm

34:8 τριάκοντα / ἡμέρας] tr 125 Arm

In the list above the transpositions at 13:16 and 28:66 are clearly Hexaplaric in origin and have nothing to do with Ⓟ in any case.

Of the 154 cases of transposition ≠ LXX 90 times Arm stands over against the entire Greek textual tradition. Of these 90 times Arm = Ⓟ 17 times; 73 times the transposition is unique to Arm. The following list records the 17 agreements with Ⓟ. Since all cases = Ⓟ that fact is not recorded.

1:42 κύριος / πρός με] tr Arm

2:9 κύριος / πρός με] tr Arm

2:12 κύριος αὐτοῖς] tr Arm

2:28 παρελεύσομαι / τοῖς ποσίν] tr Arm

5:25 τὸ μέγα / τοῦτο] tr Arm

7:15 Αἰγύπτου / τὰς πονηράς] tr Arm

9:12 κύριος / πρός με] tr Arm

9:13 κύριος] post με tr Arm

10:1 κύριος / πρός με 1°] tr Arm

10:11 κύριος / πρός με] tr Arm

10:12 κύριος ὁ θεός σου / αἰτεῖται παρὰ σοῦ] tr Arm

15:7 κύριος — σου 3°] post σοι tr Arm

15:9 ἐν τῇ καρδίᾳ σου / ἀνόμημα] tr Arm

17:1 κυρίῳ τῷ θεῷ σού / ἐστιν] tr Arm

18:17 κύριος / πρός με] tr Arm

22:17 τῇ θυγατρί σου / παρθένια] tr Arm

30:12 ἐν τῷ οὐρανῷ / ἐστιν] tr Arm

The following list records the 73 transpositions which are unique to the Armenian. Since all instances are ≠ P that fact is not recorded except where Ⓟ is divided.

1:22 ἄνδρας / προτέρους ἡμῶν] tr Arm ≠ Ⓟ^A (om ante nos Ⓟ^W)

1:41 ἡμῖν] post ἐνετείλατο tr Arm

2:1 τὸ ὄρος / τὸ Σηίρ] tr Arm

2:12 ἐνεκάθητο ὁ χορραῖος / πρότερον] tr Arm

3:11 ἐν πήχει / ἀνδρός] tr Arm

3:17 τὴν Φασγὰ / ἀνατολῶν] tr Arm

4:13 πλάκας λιθίνας] tr Arm

4:14 ἐμοὶ ἐνετείλατο] tr Arm

4:14 ὑμᾶς δικαιώματα] tr Arm

4:21 Ἰορδάνην τοῦτον] tr Arm

5:8 παντὸς ὁμοίωμα] tr Arm

6:18 εὖ σοι] tr Arm

8:11 ἐντέλλομαί σοι] tr Arm

8:13 τῶν σου καὶ τῶν προβάτων σου / πληθυνθέντων σοι] tr Arm

8:13 ἀργυρίου καὶ χρυσίου / πληθυνθέντος σοι] tr Arm

10:4 κύριος / πρὸς ὑμᾶς] tr Arm

10:6 ἐτάφη ἐκεῖ] tr Arm

10:15 πάντα / τὰ ἔθνη] tr Arm

12:8 ἃ ἡμεῖς ποιοῦμεν ὧδε σήμερον] *զոր այսօր մեք աստ ոչ առնեմք* Arm

12:29 εἰς — αὐτῶν 1°] post σου 2° tr Arm

13:5 τὸ ἐνύπνιον] post ἐκεῖνος tr Arm

13:10 ἀποστῆσαί σε] tr Arm

13:11 πᾶς Ἰσραήλ / ἀκούσας] tr Arm

13:18 ἐντέλλομαι σοι] tr Arm

15:2 ἐπικέκληται ἄφεσις] tr Arm

15:20 ἔναντι κυρίου τοῦ θεοῦ σου / ἐνιαυτὸν ἐξ ἐνιαυτοῦ] tr Arm

15:21 ἐν αὐτῷ] post πονηρός tr Arm

16:3 φάγῃ ἐπ' αὐτοῦ 2° / ἄζυμα] tr Arm

16:9 σου] post δρέπανον tr Arm

17:19 τὰ δικαιώματα ταῦτα / ποιεῖν] tr Arm

18:8 μερίδα μεμερισμένην / φάγεται] tr Arm

19:10 αἵματι ἔνοχος] tr Arm ≠ Ⓟ^{W}(om ܐܢܫܐ Ⓟ^{A})

19:15 μάρτυς εἷς] tr Arm

19:16 μάρτυς ἄδικος] tr Arm

20:19 ἀπ' αὐτοῦ / φάγῃ] tr Arm

21:2 ἐπί — fin] *շուրջ զվիրաւորաւն զպայրս քաղաքացն* Arm

21:13 μηνὸς ἡμέρας] tr Arm

22:14 ὄνομα πονηρόν] ante κατενέγκῃ tr Arm

22:19 ἐξαποστεῖλαι αὐτήν] tr Arm

23:8 υἱοί] post αὐτοῖς tr Arm

24:3 ὁ ἀνὴρ / ὁ ἔσχατος] tr Arm

24:12 ὁ ἄνθρωπος / πένηται] tr Arm

24:19 τῷ ὀρφανῷ] et τῇ χήρᾳ tr Arm

25:12 ὁ ὀφθαλμός σου] ad fin tr Arm

26:5 ἐν ἀριθμῷ] post βραχεῖ tr Arm

27:14 παντὶ Ἰσραήλ] ad fin tr Arm

28:23 ὁ οὐρανὸς / ὁ ὑπὲρ κεφαλῆς σου] tr Arm

28:30 γυναῖκα λήμψῃ] tr Arm

28:30 ἀνὴρ ἕτερος] tr Arm

28:30 οἰκίαν οἰκοδομήσεις] tr Arm

28:30 ἀμπελῶνα φυτεύσεις] tr Arm

28:32 βλέψονται σφακελίζοντες] tr Arm

28:48 κύριος / ἐπὶ σέ] tr Arm

28:50 νέον / οὐκ ἐλεήσει] tr Arm

28:63 κύριος / ἐφ' ὑμῖν 1°] tr Arm

29:5 τὰ ὑποδήματα ὑμῶν / οὐ κατετρίβη] tr Arm

30:14 σοῦ — ῥῆμα] *է բանն առ քեզ* Arm

31:2 δυνήσομαι ἔτι] tr Arm

31:2 Ἰορδάνην τοῦτον] tr Arm

31:16 οὗτος εἰσπορεύεται] tr Arm

31:17 θυμῷ αὐτοῖς] tr Arm

31:27 ζῶντος / μεθ' ὑμῶν] tr Arm

32:18 ἐγκατέλιπες] ante θεόν tr Arm

32:32 πικρίας αὐτοῖς] tr Arm

32:43 τὸ αἷμα τῶν υἱῶν αὐτοῦ / ἐκδικεῖται] tr Arm

32:50 ἐκεῖ] post τελεύτα tr Arm

33:5 ἐν τῷ ἠγαπημένῳ / ἄρχων] tr Arm

33:11 τά — αὐτοῦ / δέξαι] tr Arm

33:17 ἐν αὐτοῖς ἔθνη / κερατιεῖ] tr Arm

33:19 ἐπικαλέσεσθε ἐκεῖ] tr Arm

33:20 ὡς λέων / ἀνεπαύσατο] tr Arm

33:25 καὶ / ὡς αἱ ἡμέραι σου] tr Arm

33:29 ἐπὶ τὸν τράχηλον αὐτῶν / ἐπιβήσῃ] tr Arm

The information given in the lists above may now be brought together.

<u>transpositions ≠ LXX but with Greek support (64)</u>

Arm = (P) 25

Arm ≠ (P) 39

<u>transpositions ≠ the entire Greek tradition (90)</u>

Arm = (P) 17

Arm ≠ (P) 73

The significance of these figures is clear. The total number of transpositions ≠ LXX is 154. 42 times Arm = (P) ≠ LXX. That means that when Arm ≠ LXX 73% of the time it is ≠ (P) also. When Arm has a word order ≠ the entire Greek tradition it = (P) 17 times: i.e., when Arm has a word order differing from all Greek witnesses 77% of the time it is also ≠ (P).

The general impression left by the percentages of disagreement with (P) is strengthened when one examines the nature of those cases where Arm = (P). Of the 17 times Arm = (P) against the entire Greek tradition 7 times it involves the words "the Lord said to me" which is then followed by a direct statement. The Armenian places the prepositional phrase "to me" between the verb and the subject. This is a usual order for introducing direct statements: verb -- indirect object -- subject. It is also the natural Syriac order. Since this is true, agreements of this type between Arm and (P) likely have nothing to do with the question of textual relations.

Of the remaining 10 cases where Arm and (P) agree ≠ the Greek tradition an additional 3 cases involve the transposition of an indirect object (2:12; 15:7) or pronominal prepositional phrase (10:12) to a position between the verb and the subject. That these are textually based seems equally unlikely. This means that the number of times Arm = (P) ≠ the Greek tradition is reduced to 7. From that it follows that when Arm has a word order differing from all Greek witnesses there is a possibility of meaningful agreement in less than 10% of the cases.

As a result of this analysis the position taken here is that agreements of Arm with Ⓟ in word order are probably due to coincidence.

In other categories of comparison the evidence for a textual connection between Arm and Ⓟ is also slight. The following four instances constitute the only apparent agreements between Arm and Ⓟ in Deuteronomy.

3:5 τῶν Φερεζαίων] pr των ατειχιστων 54-75' Arm; ܦܨ̈ܝܐ Ⓟ; cf Ⓜ

The Hebrew <u>p^{e}rāzī</u> means "open country" and was so translated by Ⓟ. The LXX translator took it as the proper name "Perizzites." Greek mss 54-75' and Arm have both the proper name and the translation "open country." In all likelihood Arm comes from the variant tradition represented by 54-75' and not from Ⓟ which has only "open country."

3:11 ἀνδρός] սկայից Arm = Ⓟ

When the Rephaim are mentioned in Ⓜ, LXX transliterates. Ⓟ does not transliterate but translates using ܓܢܒܪ̈ܐ, that is, "giants, mighty men" (cf. 2:20; so also for the Anakim, 9:2). Arm transliterates the Greek. Therefore, in the first part of 3:11 when Ⓜ states that Og was the last of the Rephaim, LXX transliterates, Ⓟ has "giants," and Arm = LXX. In the second part of 3:11, when Ⓜ gives the size of Og's bed it is according to the cubit's measure "of a man." LXX = Ⓜ. Ⓟ understood the measure to be that not of an ordinary man but of a correspondingly mighty man and so translated "according to the cubits of giants." Arm has "by the cubit of giants."

The situation is complicated by the fact that Arm ms 33^mg = LXX. This reading has come from one of two places: either 1) it has come from comparison with another Armenian text, in which case it is likely original, or 2) it has come from a secondary contact with the Greek text, in which case it is worthless.

Whether 1) or 2) be correct one is still left with the question of where the reading "giants" came from. Must it have come from the Syriac?

There are three factors to consider. 1) Like other ancient peoples the Armenians were interested in the races of heroes and giants which had inhabited the earth when it was young. The legendary Armenian hero Hayk was such a giant.[7] Og, Deuteronomy tells us, belonged to such a race of people. The enlarged size of his bed in the Armenian text might be taken as an exaggeration informed by an antiquarian interest in such oddities. 2) In 3:11 the text says that Og was from the race of big men called the Rephaim. The size of Og's bed is then given according to a "man's" measure in the Hebrew and Greek texts. But what kind of "man's" measure does the text mean? If Og was a mighty man then it is likely that his bed was measured in the same terms. The reading "giants" of the Armenian is then a contextually informed variant. 3) It is possible that the translator of Armenian Deuteronomy knew the Syriac's contextual rendering at 3:11. It is also possible that both the Armenian and the Syriac have been informed by a similar exegetical tradition.

---

[7] See Movsēs Khorenatsʿi, Patmutʿiwn Hayotsʿ, pp. 35ff.; ET in R. W. Thomson, Moses Khorenatsʿi History of the Armenians, pp. 85ff.

In the latter case influence from the Syriac is ruled out.

Whether the reading "giants" in Arm is due to one or more of these three factors is not clear. In any event there is not clear proof that the reading comes from contact with the Syriac.

4:11 ὑπὸ τὸ ὄρος

Here Ⓜ has tahat hāhār, "under" or "beneath the mountain." LXX = Ⓜ. Ⓟ = ܒܫܦܘ̈ܠܗ ܕܛܘܪܐ, "on the lower part of the mountain." Arm has *առ ստորոտով լերինն* , "at the foot of the mountain." Here both Arm and Ⓟ interpret the preposition "under" in a similar way but there is no need to assume that Arm is the result of any contact with Ⓟ.

23:12 ἔσται] *յայտ իցէ* Arm; cf ܢܗܘܐ ܝܕܝܥ Ⓟ

The context of this variant concerns cleanliness in the Israelite camp. Arm has an exegetical plus, like Ⓟ, about the place for toilet duties outside the camp. For Arm that place will be "clear, evident, obvious" while for Ⓟ it will be "set, evident, well known" (ܝܕܝܥ).

That Arm is similar to (P) is clear. Is the similarity due to a textual relation?

In relation to the plus in Arm at 23:12 it is instructive to note how Arm translates the copula verb at 21:5. There LXX has a clause containing a copula verb: "and with their mouth will be every dispute and assault." Arm reads "and according to their mouth will be decided every argument and every quarrel." The copula verb ἔσται is translated վճարեսցի ("will be decided"). Arm is unique in having this reading.

At 23:12 it is possible that Arm has been influenced by (P). However, in the light of the contextual rendering of Arm at 21:5, it seems equally possible that the similarity of Arm to (P) is coincidental.

Conclusion

That there has been no influence from (P) upon Arm is impossible to prove. That the translator of Arm may have known (P) is quite possible. However, the small number of minor agreements with (P) do not prove that there is any sort of textual relationship.

If there existed, before the translation from Greek, an Armenian translation of Deuteronomy based on the Peshiṭta, its existence cannot be proven by examining the Armenian text now extant. The Armenian as we know it, if actually a revised Armenian translation, was so thoroughly done as to constitute a translation in its own right with little or no remains of what hypothetically was an earlier translation.

SUPPLEMENT

Recorded in the following lists are variant readings collected in the course of collating mss against Zohrab's edition. There are three lists: superior readings, inferior readings, and neutral readings. See Chapter I, sections A and B.

Superior Readings

4:1 *իէլ*] *իէղ* 4-61-70-233 33-40-121-131-218
22vid-42-55-56-65 143' 130-188-213

4:1 *ժառանգել* 95' c$^{-21\ 22\ 38\ 50\ 55\ 56\ 65\ 114}$;
ժառանգեցէք 74-144 26 114] *ժառանգիցէք* rell

4:2 *զհրամանս* 220 40 21^{txt}-22-38-42-44-50^{txt}-55-
56^{txt}-57^{txt}-59^{txt}-63^{txt}- 65-72^{txt}-94-108'-
122'^{txt}-136-141-149^{txt}-170^{txt}-230-232^{txt} 67^{txt}-
73-85^{txt}-93^{txt}-151*-176-223 eIII]
զպատուիրանս (*պատ-* 113) rell

4:3 *բելփեգովր*] *բեեղփեգովր* (*բէեղ-* 4-69^{c} 33-115-
138; *բէէղ-* 121; *բեել-* 81; *բէել-* 28-aII^{-81})
4-9-28-61-69^{c}-70-96-aII 33-112-bII$^{-139'}$ 157

4:3 բելփեգովրայ] բեեղփեգովրա(յ) (բէեղ- 4; բեէղ- 17; բէել- aII^{-81}) 4-8-9-17-61-96-aII^{-81} 26*

4:5 յորում cII; յի 61; զոր 95] յոր rell

4:7 իցէ 2° 229 26^{c} 21^{txt}-22^{txt}-38-50^{txt}-56^{txt}-57^{txt}-59^{txt}-63^{txt}-65^{txt}-72^{txt}-94^{txt}-108^{txt}-114-132^{txt}-136-149^{txt}-217*-232^{txt} 73^{txt}-85^{txt}-93^{txt}-102-123'-223^{txt} eIII] + ի (om 9-13 113) նմա rell (post ա̅ծ hab 8)

The shortest text = Greek witnesses 72-82 121 509 646 Phil II 279 ^{Lat}Aug Loc in hept V 6^{ap} Spec 48.

Mss 9-13 113 = LXX.

The reading ի նմա = Greek A 618 b d^{-125} t.

The longer text with ի նմա is likely original for the following reasons. First, the reading with ի նմա is somewhat awkward following որոյ իցէ . It is recapitulative and not really necessary for the understanding of the Armenian. It is therefore difficult to see why ի նմա would be added to a text which lacked it. Second, որոյ իցէ follows Ով իցէ ազգ մեծ which lacks a prepositional phrase. This fact may have been influential in the loss of an original ի նմա after *որոյ իցէ* .

The reading *նմա* without the preposition *ի* is also likely secondary. The *ի* is not necessary for the understanding of the text and for this reason it has been omitted by mistake in three witnesses.

4:8 *իրաւանցս* 17-229 57-141-232; *աւրինաց* 153-194-213-224; *յաւրինացս* 42] *աւրինացս* rell

4:9 om *գայսոսիկ* a^{-159c} b^{-26c} 40^{mg} 139^{c} 21^{c}-22^{c} 153^{c}

4:10 *ի քորէք*] post *ձերոյ* tr a^{-229} 112

4:10 *եկեղեցացւոյ* (*յեկ-* 159-220-233) 69-96-$aII^{-81\ 171}$ 157-199 42-55-56-57*-63-65-122' 93-102-123 161-188; *եկեղեցւո* (*յ*) (*յեկ* 171) 171 141-230; *եկեղեցոյ* 153^{c}; *եկեղացոյ* 153*-194-224] *եկեղեցացո* (*յ*) rell

4:10 *ուսուցից*] *ուսցին* 8*-9-61-95-229-aII = (G)

4:14 *ձեզ* 1°] post *ուսուցանել* tr 8-17^{c}(*զձեզ* 17*)-74-229 188 = (G)(P)

4:14 om *եւ* 3° $a^{-17\ 74'}$

4:15 *տ̄ր*] post *խօսեցաւ* tr $a^{-95\ 159}$ 112-138'' = (G)(P)

4:17 *անասնոց*] *-նոյ* 61-70-95'-229 = (G)

4:17 *թռչիցին*] *թռչիցի* 4'-9-17-96 112-bII Osk cf. (G)

4:18 սողնոց] սողնոյ 9-17-61-74'-aII b^{-40} 199 = Ⓖ Ⓟ

4:18 սողին] սողիցի 8-9-17-70-81 26*-33-112-139[c] cf. Ⓖ

4:18 ծկանց] ծկան 8-9-61-95'-96-229-aII bII^{-40} 139' = Ⓖ

16:1 քոյ] քում 8-9-74'-229-aII cf. Ⓖ

16:3 դուք c^{-22} 38 50 114] om rell

16:4 եւս cII^{-149}] om rell

16:4 ցայգ 131-173 c^{-21c} 22[c] 38 44[c] 56* 63[c] 72[mg] 122'' 149[mg] 232 eIII Zoh; ցյայգ 159 232; զցայգ 70; այգ 21[c]-22[c] 113-123'] om 9-13-229

16:5 ժտեսցես 114-cII^{-149} 232 143 161-188 Zoh; ժտիցես 160-aII^{-81} 233; ժտիցիս 4'-17-70-74-81-96-233 33 232] ժտեսցիս rell

16:5 քաղաքաց] pr ի 8-13-95'-159-171 44[c]-cII^{-42} 141 170

16:11 om ա̅ծ 4'-13-17-28-61-70(|)-96 26*-112-bII^{-40c}

16:14 լիցես 81-165-233 26-bII^{-131} 139' 200 c^{-44} 56 65 122' 141 73-85-93-118-143'-151-176-223 83 Zoh; լինիցիս 8*-17-74 67' 216] լիցիս rell

16:16 *քում* 21-56-cII 231] *քո* rell

16:20 *արասցես*] *վարասցես* a^{-28} b 232

16:20 *ժառանգել* Zoh; *ժառանգեցէք* aII^{-81}; *եւ*
ժառանգիցէք 95'-96] *ժառանգիցէք* aI$^{-70\ 74\ 95'}$
96

30:1 *հասանիցէ*] *-իցեն* a^{-69} = Ⓖ

30:1 *կալցիս ի սրտի* cII$^{-149\ 232}$ Zoh; *ընկալցի*
սիրտ 9-13-69-70-229-aII] *ընկալցիս* (*ընգ-*
8 40-121 102 213) *ի սիրտ* rell

30:1 *անդ* (om Osk^{txt})] *անդր* 9-17-70-74'-96-229

30:3 *գրուեսցէ* 61 57-141-232 216] *գրուեաց* (+ *ն*
59-108'-136-170) rell

30:9 *աճեցուսցէ*] *յաճախեցուսցէ* a$^{-17\ 160}$

30:11 *պատուիրանքս*] *-րանս* a$^{-17\ 159^c}$ 139 193 231

30:12 *ոչ*] + *է* a$^{-17*\ 96\ 160\ 165\ 171}$ b$^{-40^c\ 139^c}$
114

30:13 *առ* 44^{c}-cII] om rell

30:14 om *է* 2° a$^{-17^c\ 69\ 70\ 229}$ 112 = Ⓖ Ⓟ

30:16 om *եւ* a$^{-17\ 69\ 70\ 229}$

30:16 *ի* (*ճանապարհս*)] *յա̄մ* (*յա̄մ ի* 9-28-69 114
eI'$^{-142}$) a$^{-70\ 74'\ 95\ 159\ 171}$ b$^{-26^c\ 139^c}$ 114
eI'$^{-142}$ cf. Ⓖ

30:16 *զիրաւունս*] + *նորա* $a^{-9\ 69\ 74\ 159\ 229}$ 26-bII$^{-139'}$ 114 eI' = Ⓖ

30:18 *պատուիրեմ*] *պատմեմ* 8-9-13-17-28-61-70-74-116 14-112 143'-146

30:20 *յակոբայ*] *յակովբա(յ)* 8-9-13-70-74' 14-112-bII 38-63-230-232 202 $e^{-83\ 178\ 213\ 231}$

Inferior Readings

4:1 *եւ*] *ւ* 220 199 94 164

4:1 *այժմ*] *այժմի* 116*

4:1 *իէլ*] *էլ* 67'; post *լուր* tr eI-231

4:1 *իրաւանց*] *աւրինաց* 13

4:1 *դատաստանաց*] *դատաստանի* 138'

4:1 *ուսուցանեմ*] -*եմք* 139*; *ցուցանեմ* 70-96

4:1 *այսօր*] *զայս* et post *առնել* tr 229

4:1 om *եւ* 3° 67'

4:1 *մտանիցէք*] -*իջիք* 202*; -*իցիք* 42 202[c];
տանիցէք 148'

4:1 *ժառանգել*] pr *եւ* 28-69-96 Osk

4:1 om *մեր* 123

4:1 ձեզ] մեզ 8 232 213

4:2 մի 1°] pr եւ aI^{-8} b^{-26} 40 114 eI'^{-142} 161 224 231

4:2 յաւելուցուք] յաւելեցուք 216

4:2 om ինչ 28 = Ⓖ Ⓟ

The shorter text of ms 28 may be the result of parablepsis or due to the influence of the following "and you will not take from it." The latter does not have the indefinite pronoun.

4:2 om ի (բանն) 74 114 178

4:2 բանն] բանս 28; բան 17 b^{-139c}

4:2 պատուիրեմ] -եցի 160

4:2 ձեզ 1°] ⌒ 2° 112* 151*

4:2 ձեզ 1°] քեզ 70

4:2 հատանիցէք] -էք 74; + ինչ 229

4:2 նմանէ] + ն 8

4:2 պահեսջիք] pr եւ 130-135

4:2 մերոյ] մեր 50 $eIII^{-83}$ 158; ձերոյ 28-70-96

4:2 պատուիրեմ 2°] -եցի 9

4:2 om ձեզ 2° 8

4:3 ձեր] + իսկ 229

4:3 տեսին] տեսցին 4 113; տեսցեն 69

4:3 զոր] որ 9

4:3 om ինչ 28(|)

4:3 տ̄ր 1°] + ա̄ծ 13

4:3 բելփեգովր] ⌒ բելփեգովրայ 122''

4:3 ա̄մ] զա̄մ 61-aII^{-81} 159

4:3 om մարդ d^{-85} 113^{c}

4:3 զհետ] ընդ 160

4:3 բելփեգովրայ] pr ի 9; նորա 229

4:3 սատակեաց] -եսցէ 113

4:3 ձէնջ] մէնջ 70

4:3 զնա] զնոսա 229; > 13 232*

4:4 յարեցայք] յերեցաք 112 67*-202; + ղ 61-233

4:4 տ̄ր] զտ̄ր 232*

4:4 ձեր] ձեզ 118-148-151-219; մեր 96 67*; > 170

4:4 կենդանի] կենդանիք 13

4:4 om դուք 2° Osk^{txt}

4:4 ամենեքեան] ամենիքեան 28 85; post յայսմիկ tr 74'

4:4 յաւուրս] աւուրս 113-202

4:4 յայսմիկ] յայն- 4-9-aII^{-81} 233

4:5 ուսուցի] ուսուսցի 113

4:5 զիրաւունս] et զդատաստանս tr 13

4:5 զիրաւունս] + ձեր 63-149

4:5 ոպ̅] + եւ 229

4:5 om տ̅ր eIII

4:5 առնել] ժառանգել 147*

4:5 զայն] զայս 4'; զնա 28

4:5 յերկրին] pr ի 50 e; յերկրի 113*; յերկիրն 157(|); յերկիր 67; յերկրէն 171

4:5 մտանիցէք] մտանելոց էք 28-96

4:5 ժառանգել] pr ի 74 44 eI'^{-174}-213

4:6 om եւ 2° 70

4:6 արասջիք] + զնա 70; + զայն 160

4:6 om այն 13*

4:6 հանճար] pr զ aII^{-81}

4:6 ազգացն] ազգաց 8-96

4:6 որ լսիցեն] bis scr 93*

4:6 իրաւունս] իրաւունուն 118*; իրաւունն 118^{c}-147-151; pr զ 17^{c}-61-70-81-116 112; զիրաւունսս 229^{c}; + դ eI^{-142}-194-231

4:6 զայսոսիկ] զայսոսոսիկ 158; զայսոցիկ 143'

4:6 om իմաստուն եւ aII^{-81} 159^{c} 233

4:6 իմաստուն] + ս 178

4:6 *հանճարեղ*] *հարճարեղ* 102; *-եղս* 139 178

4:6 *ազգս*] *ասգ* 132; *յազս* 176

4:6 *մեծ*] ⌒ (7) 146*

4:7 *զի ով*] *զոր* 70

4:7 *ով*] *որ* 96

4:7 *իցէ* 1°] *է* 8-28

4:7 om *ազգ* 131*

4:7 *որոյ*] *որոց* 70 231; *որով* 13

4:7 *ո̄պ*] *որ* 81

4:7 om *մեր* 139*

4:7 *յա̄մի*] *ա̄մի* 118-143'-146-147-148'-151-156-202 Osk

4:7 *որովք*] *զորովք* 230; *որով* 95'-160 33-bII

4:7 *կարդասցուք*] pr *եւ* 229

4:8 *որոյ*] *որոց* 28

4:8 *իցեն*] + *նմա* 95' = (G) (P)

On the reading of 95' see Chapter I, section B, 2.

4:8 *դատաստանք*] *դատատանք* 202

4:8 *ա̄մի*] *ա̄մ* 17-233

4:8 *արդարք*] pr *եւ* aII^{-81} 144 220

4:8 *այսոցիկ*] pr *ի* 160 178-224; *այսորիկ* 69 112

4:8 այսօր] ա̄յ տուր 199; post ծեր tr 13 = (G)(P)

On the reading of ms 13 see Chapter I, section B, 2.

4:9 հայեաց] հաեաց 74; նայեաց 136 146-151; այեաց 220 199 94 164

4:9 բանս] pr զ 69*-96 122'' e^{-231}; om 56*

4:9 մառանայցես] -այցեն 93-118-123'-146-148-151-176-219; մառանցես 216-231

4:9 քո] ծեր e

4:9 մերժեսցին] -եսցես 8

4:9 քումմէ] քումէ 42

4:9 աւուրս կենաց քոց] բանս 8

4:9 om քոց 1° 202

4:9 արասցես] + զիս 216

4:9 որդւոց 1°] որրդոց 73(|); + ն 28; ⌒ 3° 141

4:9 քոց 2° — fin] om քոց 2° 174; > 121 223

4:9 որդւոց 2°] pr ի 42 188; յորդիս 160^{c}; որդեաց 28; որդոյ 96; ⌒ 3° 160* d^{-143c} 156 162 223 213

4:9 որդւոց 3°] pr ի 42; քոցւոց 233; + ն 28

4:10 զորն] զոր 112

4:10 յորում] իւրում 138′

4:10 կացէք] կացցէք 202; կայցէք 28 143' 153; ասացէք 9-13-229

4:10 om դուք 229 = (G) (P)

The shorter text of 229 is likely due to parablepsis through homoioteleuton.

4:10 քորէք] քորեք 122*; քերեք 95*

4:10 om (առաջի) տ̅ն 112* 113*

4:10 om ծերոյ — թէ 200

4:10 ծերոյ] մերոյ 113; > 229

4:10 յորժամ] յորում 28 bII^{-115} 200 eI'

4:10 ասաց ցիս] ասասցիս 202

4:10 om տ̅ր 95

4:10 թէ] եւ 161; > 135-eII'

4:10 առ իս] post զժ̅ղ̅դ̅ tr 160; > 149

4:10 զժ̅ղ̅դ̅] զժողովուրդն 95'-160 55; զժողովուրդ 139* 174-224; զժողովուրտ 74; զժողովուրդսդ 229

4:10 լուիցեն] -իցե 112*

4:10 զոր ուսուցից] զուսուչից 123'

4:10 om յինէն 161

4:10 *աւուրս որչափ*] *աւուրչափ* 113*; *աւուր կենաց* 217*

4:10 *որչափ*] pr *ի* 171

4:10 *կենդանի*] pr *եւ* 74'-aII^{-220}

4:10 *կենդանի իցեն*] *կենդանիցեն* 112 176

4:10 *ի վ̄ր*] pr *ի* 121 217

4:10 *երկրի*] + *դ* 9

4:10 *ուսուսցեն*] *ուսուցեն* 224*(|)

4:11 *կայիք*] *էիք* 40

4:11 om *դուք* 70 132 eII^{-231} = Ⓖ Ⓟ

The shorter text is likely due to parablepsis through homoioteleuton.

4:11 *առ*] *բառ* 160*

4:11 *լերինն*] *լերամբն* 40

4:11 *ստորոտով*] *ստորոտ* 159-165-171; *ստորուտով* 200; *ստրոտով* 176

4:11 *լեառնն*] *լեառն* (pr *զ* 149) 9-28-74' 44-50-63-72-94-122''-230-cII 73-113 e

4:11 *բորբոքէր*] *բորբոքէք* 158; *բորբոքեալ էր* 9-13-70-229; *բորբոքիւր* Osk

4:11 *հրով*] *բոցով* 28

4:11 *ցերկինս*] *յերկինս* 9-28-74' 44-50-63-72-94-

122''-230-cII 73-113 e; գյերկինս 70-96-
aII^{-233} 202; ցերկին 17; ցերեկոյ 40

4:11 մէզ] մէկ 153*vid; + ն 40

4:11 մառախուղ] մառախուխ 160*; մառաուխ 160^{c};
մառախ 13*; մօտ խուղ 149

4:11 om էր 26 114-122''

4:12 տ̅ր] post ձեզ tr 17-74'-229

4:12 om ընդ ձեզ 153

4:12 ձեզ] + ի ժամանակին յայնմիկ 26*

4:12 միջոյ] միջի 151

4:12 հրոյն] հրոյ 143'; հորոյն 233*

4:12 զձայն] pr եւ 4'-160

4:12 պատգամացն] պատգամաց 8-28; + զոր 122''

4:12 նմանութ̅ի] pr զ 28 Osk; pr ի 174

4:12 ոչ տեսէք] pr ինչ 138''

4:12 տեսէք] տեսին 70; տեսաք 95

4:12 զբառբառն] զբառբառ 112; զբարբառոն 139*

4:13 պատմեաց] պատգամեաց 176

4:13 ձեզ 1°] մեզ 122'; > 112

4:13 զուխտն] զուխտ 13(|)-229*; զուխն 224;
զուխտս 40; զուխտսն 139

4:13 իւր] ձեր 70 42; > 74'

4:13 առնել] առն 13*; > 4'

4:13 զտասն] զմասն 57

4:13 պատգամսն] պատգամս 220; պատգամասն (-գամանս 67(|)) 67'-102; պատմամսն 8(|)

4:13 գրեաց] գրեա 4

4:13 գնս̄] գնա 4

4:13 երկուց] երկուս aII^{-81}

4:13 տախտակաց] + ն 8-9-13-70-74'-96 159-165-171 176

4:14 պատուիրեաց] պատուիրեա 216

4:14 ժամանակին] -կի 229 200(|)

4:14 ուսուցանել] + ինձ 156; + ձեզ 220*

4:14 իրաւունս] pr զ 113

4:14 om ձեզ 1° 70

4:14 om առնել 113*

4:14 om ձեզ 2° 151*

4:14 յերկրին] յերկրէն 4

4:14 յոր] յորում (որում 202) 230* d^{-85}

4:14 մտանիցէք] մտանելոց էք 13-28; մտանելիցէք 229*

4:14 ժառանգել] pr ի 74'

4:15 om եւ 95' eIII

4:15 զգուշացարուք] զգուշացուք 151; զգուշանայցէք 9

4:15 *անձանց*] pr *վ̅ն* 17 b eI'^{-153}

4:15 *տեսէք* — *խօսեցաւ*] *տեսէք դուք որժամ երեւեցաւ* 153^{c}; > 153*

4:15 *տեսէք*] *տեսաք* 17-74'

4:15 om *յայնմիկ* 67'

4:15 *խօսեցաւ*] *խաւսեց* 40(|)

4:15 *ընդ*] bis scr 94(|)

4:15 *լերինն*] *լերին* 8-61(|)-81-229 $33\text{-}bII^{-40c}$ 138'' 22-50-55-56

4:15 *հրոյն*] *հրոյ* (*հրո* 69*-74) 4'-8-17-61-95'-aII^{-233*} b; *հորոյ* 233*

4:16 *մի*] *ի* 94-122; *զի* 217

4:16 *անօրինիցիք*] *-իցէք* $17\text{-}aII^{-159}$ 26*-33-40; *-եցիք* 143'; *-եցէք* 74'; *անօրէնիցիք* 96(|); *անաւրիցիք* 108*; + *եւ առնուցուք* 17 33-112

4:16 *առնիցէք*] pr *մի* 61-116-229 123'; *առնիցք* 8^{c}

4:16 om *ձեզ* 229 149 213

4:16 *դրօշեալ*] pr *զ* 199 202; *զդրաւշեալս* 42; *զդրօշեալն* 216; *դրաւշեալս* (*դրոշեալս* 40 141) 70 112 cII^{-42}; *դրոշեալն* 160

4:16 *նմանութ̅ի* 1°] pr *ի* 38; pr *զ* Osk; ⌒ 2° 149; > 95

4:16 *ա̅մ*] *ո̅պ* 153

4:16 *նմանութ̅ի* 2°] pr *եւ* 96

4:16 *արուական*] *արական* 8

4:16 *կամ*] pr *եւ* 4^{c}-69; *նմանութ̅ի* 202; > 4*
216

4:16 *իզական*] *ի զ̅ին* 160

4:17 *ա̅մ* 1°] bis scr 56*; *ա̅մի* et post *անասնոց*
tr 8-74'; > 233*

4:17 *իցեն*] *են* 9(|) 40 178

4:17 *յ* (*երկրի*)] *ի վ̅ր* 61*-144-159-165-171; > 113-
202 216

4:17 *հաւու*] *հաւ* 113*; *հաւուց* 9-13-28-95-229
112 217*; > 42

4:17 *թռչնոյ*] pr *եւ* 182; *թռչնոց* a^{-17} 74 95' 96
218 122'' 113-123' e^{-161}

4:17 om *որ թռչիցին* 182

4:17 *երկնից*] pr *ի* 144-159-165 42 113

4:18 *նմանութի* 1°] pr *եւ* 96

4:18 *ա̅մ* 1°] pr *ի* 42; + *ազգ* 160

4:18 *երկրի* 1°] + *ն* eII^{-231}-213

4:18 *նմանութի* 2° — *երկրի*] bis scr 102

4:18 om *ա̅մ* 2° 151

4:18 om *որ* 95

4:18 *իցեն*] *իջեն* 132; post *ի ջուրս* tr 123'; > 95'-229 = (P)

The shorter text of 95'-229 is likely due to parablepsis through homoioarchon.

4:18 *ի ջուրս*] pr *եւ* 121; *ի ջուրց* 113; *ի ջուրն* 96; *ի ջորս* 176; *ի ջուր* 95'; *ջուրս* 112(|); > 28

4:18 *ի ներքոյ*] pr *եւ* a^{-8} 17 28 70 96 229 bII^{-139c}

4:18 *երկրի* 2°] pr *ի* 113

4:19 *եւ* 1°] *զի* 95'

4:19 *հայեցեալ*] pr *յերկինս* 70

4:19 om *ընդ* 8-9-70-96

4:19 *երկինս*] pr *ի* 9-70-74'-96-aII^{-81} 139' 42-114 113-123-146 178

4:19 *տեսանիցես*] -*իցէք* 28(|) 200

4:19 *զարեգակն*] *զարեգակ* 74'; + *ն* 26 114; > 8

4:19 *զլուսին*] *լուսինն* (*լուսին* 217) 122''; + *ն* 116 44-122 202 e

4:19 om *եւ* 3° 122'

4:19 *զարդ*] *զարթ* 200; + *ս* 61-95'

4:19 *երկնից*] pr *ի* 165 42 113 178; *երկրի* 173

4:19 պագանիցես] -իցէք 28

4:19 նոցա] ի նա 74'-81*

4:19 պաշտիցես] -իցէք 28

4:19 ա̅մ] pr ի 160 138''

4:20 զձեզ 1°] զմեզ et ante եհան tr 96; + է 22^{c} Osk

4:20 առ ի] + ի 112*

4:20 յերկաթեղէն] երկ- 229 216-231

4:20 յեգիպտոսէ] եգիպ- 8-70 113 216

4:20 նմա] նորա 70

4:20 վիճակաւ] -կաւոր 9

4:20 om եւ 3° 74'-96 bII^{-40c} 44 e^{-83}

4:20 յաւուր] աւուր 113(|); + ս 13-28-74'-95' 26* 123 eI'^{-130} 188

4:20 յայսմիկ] յայնմիկ 149

16:1 զգուշասջիր] գուշ- 220-233 199 164; զգուշացիր 143'; զգուշլիցուք 96; ուշասջիր 55

16:1 ամսոյն] ա̅մ 9-96 199 149; յա̅մ 229

16:1 կանխոց 1°⁀2° 220

16:1 արասցես] արասցէ 158*-164; + զզատոն 28mg-95'

16:1 զատիկ] pr զ 61 bII^{-40c} 157 63 158*-164-

174-178-216-231 Osk; + ն 229; զզատիկն 157 142

16:1 յամսեանն] զամսեանն 74; ամսեանն 171 146-162

16:1 կանխոց] -խոյ Osk

16:1 ելէք] + դուք 74'

16:1 յեգիպտոսէ] յեքիպ- 176; եգիպ- 118-143*; -տոսի 123*

16:1 om ի (գիշերի) 9-13-17-229 83

16:2 զենցես] զենուցես 138^c 143^c

16:2 զզատիկն] զզատիկ 96-220 141 eI'^-130 135 153 161; զատիկն 17*-74 112 67'; զատիկ 9-13-229 153(|)

16:2 քում] քո 8-17

16:2 ոչխարս] ոչխար 13

16:2 արջարս] pr զ 149

16:2 տեղւոջն]-ւոջ 96-aII^-220 (տեղոջ 81-96) 121^c

16:2 om ա̅ծ քո 70

16:2 անուանել] + զանուանել 9(|)

16:2 om զանուն 160

16:2 իւր] քո 4' 122'

16:2 անդ] անդր e

16:3 *ուտիցէք*] *-իցես* 8 = Ⓖ Ⓟ; *կերիցէք* 9

The reading of ms 8 may well be due to the influence of the second person singular in verse 2.

16:3 *ընդ նմա* 1°] *ի նմանէ* 96

16:3 *ընդ* 1°] *ի* 61-70

16:3 *նմա* 1°] pr *ի* 141

16:3 *խմորուն*] *-րել* 28

16:3 *զեւթն*] *է* 160; *եւթն* 4'; *զեւթ* 9

16:3 *կերիցես*] *-իցեն* 4'

16:3 *չարչարանաց*] *չարչար* 141(|)

16:3 *քանզի*] *զի* 9-13-229

16:3 *յիշիցէք* 4-8*-61-116-229 26-33 21-38-44-56-63-65-72-oII^{-42} 141 170] *յիշեցի* 13; *յիշեցէք* rell

16:3 *զօրն*] *զաւր* 8

16:3 *ելից ծերոց*] *յելից ծերոց* 178; *յելիցն* (*ելիցն* 144-220) *ծերոց* aII^{-81} 233; *ելի* (*ելին* 8-17-74'-81-233) *ծերո(յ)* (*ծերում* 17) aI^{-69c} 95' 96$_{-81}$ 33-112-bII^{-139c}

16:3 *յերկրէն*] *յերկրին* aII^{-81} 165; *յերկր* 61*; > 8

16:3 *եգիպտացւոց*] pr *ի* 121-138 170 113-176;

յեզիպտոսէ 8

16:3 աւուրս] աւուր 61

16:3 ծերոց 2°] քոց 13-95'

16:4 երեւեցի] -եւցին e-142c 174 216 231

16:4 ի քեզ] om ի 9-74'-96-aII 42 158-164-178;
> 70-229 = (P)

16:4 քեզ] ծեզ 28

16:4 խմոր] խմորուն 112; post քո tr 70

16:4 սահմանս] սահման 40(|)

16:4 յա̄մ] ա̄մ 42

16:4 քո] ծեր 28

16:4 զեւթն] յեւթն 42

16:4 ազգի] pr ի 44; ազգիս 61; ազգէ d-85 148'

16:4 ի մսոյն] իմայն 74

16:4 զենուցուս] են- 141; -ուցուն 9(|); -ոււցուս
229; զենցիս 139

16:4 յերեկորեայ] յերկ- 160 44; յերիկ- 17(|);
յերեկոյեա 96

16:4 om յաւուրն առաջնոյ 70

16:4 յաւուրն] զաւուրն 176; աւուրն 4'-17-28-
61(|)-229 40-112-115-138'; bis scr aII-81 165

16:4 առաջնոյ] pr ի 9-aII-81 165 233 42-55-170
123'-143'-146; յառաջնոյն eII-231

16:5 զենուլ] + ն 223

16:5 զզատիկն] զատիկն 9-61 202

16:5 միում] մում 216; ա̅մ 160^{c}

16:5 քաղաքաց քոց] քաղաքացւոց (-ոց 73-202; + ն 223) d^{-102} 143' 147^{c} 156

16:5 քաղաքաց] + ն 13-17-95' 139'; քաղաքս 160^{c}

16:5 քոց — քեզ] քորս զտ̅ր 160*vid; քո եւ ոչ յա̅մ սեղիս 160^{c}

16:5 քեզ] մեզ 8; > 199

16:5 տ̅ր ա̅ծ քո] ⌒ (6) 170* 135-161

16:6 տեղւոջն] -ւոջ 132; տեղիոջն 151

16:6 զոր] զորս 143'

16:6 ընտրեսցէ] ընտրեաց 4'-229

16:6 անուանել] սնուանել 108*

16:6 իւր] քո 193

16:6 ի նմա / անդ] tr 70

16:6 om ի նմա 123'

16:6 զենցես] զզեն- 113; զենցեն 67-223; զենուցուս 28-229

16:6 զզատիկն] զզատիկ 40; զատիկն 9-17* 202

16:6 առ] pr եւ 74'

16:6 երեկս] + ն 4'-8-17-61-95' 26-112; երեկոյ 9

16:6 om ընդ արեւմուտս 61*

16:6 ընդ] ante երեկս tr 28

16:6 արեւմուտս] pr ի 178; արեւունմուտս 160; + ն 8

16:6 ի (ժամանակին)] pr եւ 220; ըստ 17

16:6 ժամանակին] ժամանակի 229; ժամանակէն 138''

16:6 ելեր] ելէք 17*-96 112 216; + յերկրէն 112

16:6 յեգիպտոսէ] եգիպ- 112 113; յեգիպտոտոսէ 61^{s}(|)

16:7 եփեսցես] pr եւ 17^{c}; -եսցեն 130-135-161-eII^{-231}-213

16:7 om եւ կերիցես 28

16:7 կերիցես] -իցեն 61

16:7 տեղւոջն] -ւոջ 96; տեղուոջն 74

16:7 քո 1°] մեր 96; + իւր 229

16:7 om եւ 3° Osk

16:7 դարձցիս] դարձես 74-160*; դարձեալ 160^{c}

16:7 om դարձցիս ի 9

16:7 om ի (վաղիւն) 74'-95'

16:7 երթիցես] կերիցես 160^{c}; > 74-160*

16:7 տուն] տան 216; տունս 28-61; տեղին 8

16:7 om քո 2° 139*

16:8 զվեց] $\bar{զ}$ 28 231

16:8 om *օր* 139'*

16:8 *բաղարջ*] pr *զ* 74' 147 153

16:8 om *եւ* 1° 28

16:8 *յաւուրն*] *յաւուն* 83; *աւուրն* 202

16:8 *եւթներորդի*] pr *ի* 202

16:8 *ելք*] *ելէք* 147

16:8 *տօն*] *տօնք* 199; *տօւն* 139*; *տօնի* Osk; >33*

16:8 *մի*] pr *եւ* d^{-93}

16:8 *գործեսցես*] *-իցես* 8-233 112-bII

16:8 om *զա̅մ* 143'*

16:8 *գործ*] + *ս* 113; + *քո* 229

16:8 *որ*] *զոր* 108*-132

16:8 *գործիցի*] *-եսցի* 28 e; *-իցէ* 13-171 202(|); *-իցիս* 122*; *-իցես* 70

16:8 *անձին*] pr *ի* 112; *անձն* eI'$^{-142*}$ 153 174 216 231-213; + *ն* 9-13

16:9 *եւթն*] pr *եւ* 216; *ւթն* 199 94-217; *եւ եթէ* 67'

16:9 *եւթներորդս* 1°] *եւթերորդս* 141; *եւթ երորդ* 213; *Է.երորդ* 122''; *Է.երդ̅ս* 160; *երդ̅ս* 74

16:9 *համարեսցիս*] *-եսցես* 61(|) 26*vid; *-իցիս* 42-232; *հմրսցի* 96

16:9 ի սկսանելոյ] իսկ ունելոյ 176

16:9 սկսանելոյ] սկսանել 8-13-81-96-165-229 112; սկառնելոյ 216

16:9 մանկաղի] -կալղի 70; մանկղի 56*(|)

16:9 քոյ] post յոճ tr 8-96

16:9 յոճ] ոճ 4'-171

16:9 սկսանիցիս] -իցես 158-216; -նցիս Osk

16:9 om համարել 159-171

16:9 եւթն] pr զ 202

16:9 եւթներորդս 2°] Էրդս 202

16:10 եւթներորդաց] -երորդս 116; երորդաց 121-139* 122'' 231; եւթնեւթն- 13

16:10 քում] քո 8-96

16:10 կարող իցէ] կարիցէ 160 112

16:10 կարող] կորղ 139*

16:10 ձեռն] ձեռքն 139'$^{-139c}$

16:10 ընչին] ընչից 139'; ընքին (ինքինին 13; ինքեան 28-70) aI^{-17} 74'; անձին 112

16:10 om զոր — քեզ 81

16:10 զոր] զորս 61

16:10 տացէ] տայցէ 9-13 26*-112

16:10 քեզ] + տր̅ 17

16:10 om արղ 28

16:10 om *քո* 2° — *քոյ* 170*

16:11 om *եւ* 1° — *քոյ* 123

16:11 *լիցիս*] *լիցես* 9-96; *լինիցիս* 4'-9-160-aII 141 148' 216

16:11 *քո(յ)*] ⌒ 5° 112*; ⌒ 2° 4; > 171

16:11 *քո* 1° — 2°] bis scr 74; > 17-171

16:11 *ծառայ*] pr *եւ* 229 230; + *ն* 8

16:11 *աղախին*] *աղաղին* 70

16:11 om *քո* 5° 112^{c}

16:11 *քաղաքս քո*] *միջի քում* 9*; > 9^{c}

16:11 *որքն*] *որք* 112*-bII^{-139c} 170 142^{c}-174

16:11 *այրին*] *այրի* 4'-9vid-61-229 26*-112-bII^{-139c} 142^{c}-174-216-231

16:11 om *որ ի ծեզ* 8-74'-aII^{-159c}

16:11 *տեղւոյն*] *-ւոյ* (*տեղոււոյ* 74) 74'

16:11 *ընտրեսցէ*] *ընտրես* 139'*

16:11 *ա̅ծ*] + *քո* 74'-95' = (G) (P)

The pronoun is easily added to the divine name and is therefore likely secondary in these four mss.

16:11 *անուանել*] *-եալ* 230

16:11 *զանուն իւր*] bis scr 146*

16:12 *էիր*] *իր* 160; *էիք* 70

16:12 *յերկրին*] *յերկիրն* 229 216; *յերկրէն* 139; >113*

16:12 *եգիպտացւոց*] pr *ի* 157; *եգիպտաց* 160

16:12 *զգուշասցիս*] *-սջիր* 229

16:12 *զպատուիրանս*] pr *զա̅մ̅* 8-70-74 = (P); *զպ̅տ̅ւր* 4

16:13 *Տօն*] *Ջաւն* 9 63; *օն* 199 94

16:13 *տաղաւարահարաց*] *զտաղաւարահարացն* 160; *տաղաւարհ-* 13*; *տաղաւահ-* 112* 164*; *տաղարա-* 26*; + *ն* 74

16:13 *արասցես*] *արասցեսցես* 149*(|)

16:13 *զեւթն*] *զեւթ* 132*; *Է* 202

16:13 om *ի* 1° 28(|)

16:13 *ժողովել*] *ժողօվ* 74

16:13 *քեզ*] pr *զ* 153

16:13 *ի* (*կալոյ*)] *զի* 9*

16:13 *կալոյ*] *-ոց* 61

16:13 *քումմէ* 1°] *քո* 28; >138$^{\prime,-139c}$

16:13 om *եւ* 1° — fin 74' 22* eI^{-130}-231

16:13 *հնձանէ*] *յընձանէ* 70; *հնձանոյ* 8 130-eII'$^{-231}$

16:13 *քումմէ* 2°] *քո* 8

16:14 *տօնի*] *տան* 13; *տօն* 176; *տանի* 123'; *տաւնիս* 224

16:14 քում] քո 102

16:14 ուստր] ուստեր 160

16:14 քո 1°] ⌒ 2° 143' Osk

16:14 ծառայ] pr եւ 17*-61-69-70-74-95'-aII 162;
+ ն 8-61 130-161

16:14 եւ 5°] ⌒ 6° 230

16:14 ղեւտացին] -ցի 148'; + քո 70

16:14 om քո 3° 28-74 108'

16:14 եւ 6°] ⌒ 7° 9*-95'

16:14 եկն] + քո 9[c]

16:14 om եւ 7° 216

16:14 այրին] արին 4

16:14 իցեն] իցէ 96-229

16:15 զեւթն] է̄ 74' 153

16:15 տօնեսցես] տաւն արասցես 95'

16:15 քում] քո 8-17*-96-229; >74'

16:15 տեղւոջն] տեղողջն 213

16:15 ընտրեսցէ] ընտրեաց 95'; + զքեզ 217*

16:15 եւ] ւ 94 230; > 112

16:15 յա̄մ — քո] et յա̄մ — քոց tr 94

16:15 յա̄մ 1°] ⌒ 2° 230

16:15 om եւ 1° 220

16:15 om օրհնեսցէ 61*

16:15 om զքեզ 112*

16:15 om քո 2° Osk

16:15 յա̅մ] զա̅մ 9; ա̅մ 202

16:15 արմտիս] pr ի 113; արմսիս 85; տեղիս 229; + ս 8*

16:15 յա̅մ] ա̅մ 139*

16:15 գործս] գ̅ծ 74

16:15 լինիցիս] լինիս 74' 122''

16:16 ի տարւոջ] om ի 74'; > 9-13-229

16:16 տարւոջ] + ն 8-17-28-70-95'-96

16:16 լիցի] լինիցի 74-160^{c} b^{-26c} eI'; լինիսիցի 160*(|)

16:16 ա̅մ] յա̅մ 200 178

16:16 om քո 70-96 144-159*-165-220 148^{c}

16:16 om առաջի տ̅ն ա̅յ քոյ 44*-149*

16:16 զոր] զորս 143'

16:16 ընտրեսցէ] ընղեսցէ 160*

16:16 տ̅ր] + ա̅ծ քո 95'-229; > 38

16:16 եւ 1°] ⌒ 2° 108^{c}-232

16:16 տօնի 2°] տաւն 116

16:16 եւթներորդացն] -ղաց 4'-9-61-229; Շողացն 182

16:16 տաղաւարահարացն] -րահացն 61; տաղաւահարացն 17*

16:16 om *առաջի* 231

16:16 om *ա̅յ քում* 2° bII$^{-131^c}$ 139^c

16:16 *երեւեսցիս*] *-եսցի* 17* 42-108

16:17 *իւրաքանչիւր*] pr *ի* 9 178

16:17 *կարի*] *կարրի* 132^c; post *իւրոց* tr 70

16:17 *իւրոց*] *ձերոց* a^{-4*} 8 70 95' 229 148'

16:17 om *քո* 229 102

16:17 *զոր*] *որ* 28

16:18 *Դատաւորս*] *ատաւորս* 220 199 94 164

16:18 *ատենադպիրս*] *-պիր* 26*; *օրինադպիրս* (*օրէն-*
81) 69*-aII 148^c-193; *ատենախօսս* 176

16:18 *յա̅մ*] *ա̅մ* 202

16:18 *քաղաքս*] pr *ի* 9^c-28-61-95'-aII b$^{-138''}$ 114
142-216-231

16:18 om *քո* 2° 13 213

16:18 *զոր*] *զորս* 17 Osk

16:18 *քեզ*] post *կացուսցես* tr 8

16:18 *ըստ*] *ա̅մ* 202

16:18 *ցեղիս*] + *ն* a^{-70} 139*

16:18 *դատեսցեն*] *-եսցես* 28

16:18 *դատաստան*] *դատաստանաւ* 74'

16:18 *արդար եւ*] *արդարուէ* 67' (*ա̅րդ̅րւե̅* 113)

16:19 *աչառիցեն*] *առաչիցեն* 139*; *յաջառիցեն* 83;

աչառացեն 67'

16:19 երեսաց] pr ի 229-aII^{-81} 115-138'' 42-123'-156 178

16:19 om մի 2° 61* (c pr m vid)

16:19 առնուցուն] առնուցուս 63; > 42

16:19 om կաշառս քանզի 102

16:19 կաշառս] pr ի 153; կաշառ 8-28-96-220 eI^{-142c} 174 216

16:19 om քան eII^{-153} 231

16:19 կաշառ] կաշառս 141vid

16:19 om զաչս — ապականէ 230

16:19 իմաստնոց] մտաց նց̅ 74'

16:19 ապականէ] ապակնէ 4(|); ապանէ 57^{txt}-141^{txt}; այպակնէ 57^{mg}; այպականէ 141^{mg}; -եսցէ 95'

16:20 արասցես] + եւ 231*

16:20 զիրաւունս] իրաւունս 122''

16:20 կեցէք] կերիցէք 139*

16:20 եւ] post մտանիցէք tr 95'-96; > 61 eIII^{-213}

16:20 մտանիցէք] ժառանգիցէք 157

16:20 ժառանգել] pr ի 74'

16:20 զերկիրն] զերկին 143(|)

16:20 տ̅ր ա̅ծ] + քո 28-229; + ծեր 160

16:20 տացէ] տալոց է 61-233*; տայ 229

16:20 ձեզ] քեզ 28-144-159-171-229 138; > 231

30:1 եւ] ւ 220 199 56-94 161-164

30:1 եղիցի] եղիցին 74'; եղի 123*

30:1 եթէ] թէ 17 bII^{-173} 216-231

30:1 ա̅մ 1°] pr ի 113; post այսոքիկ tr 13-28; > 70-229

30:1 պատգամքս] -գամք 229; -գամս 148'-176-202; + աւրինացս 229

30:1 այսոքիկ] այսոցիկ 229

30:1 կամ 1°] pr եւ 8-69-74'-aII

30:1 օրհնութի̅ք = (P)] -թի̅ 8vid-74'-aII^{-159} 171 = (G); + ն 96; + ս 28-95'

30:1 կամ 2°] pr եւ a^{-17*} 28 96 26-33-112

30:1 անէծք] անէծս 95-116^{c}; + ն 96

30:1 զորս] զոր 8-28-70-159-171 65 143' 216

30:1 ետու] ետուր 138''$^{,-138c}$

30:1 երեսաց] pr ի 138'' 42 123' 178

30:1 քոց] ձերոց 229 223*

30:1 սիրտ] սիրտս 95' 230; սրտի 28-96

30:1 քո 2°] քում 28

30:1 ա̅մ 2°] pr ի 160-229

30:1 ազգսն] pr ի 229 176 178; ազգս 9-17*-28-96 112

30:1 *ուր*] *որ* 122''

30:1 *ցրուեսցէ*] *-իցէ* 138''

30:1 *տ̅ր*] + *ա̅ծ* 74' 22* Osk; > 8

30:2 *ղարձցիս*] *ղարցիս* $139'^{-139c}$

30:2 *զոր*] *զորս* 13

30:2 *յա̅մ* 1°] *ա̅մ* aII^{-81} 159 171; *յա̅մէ* $d^{-67'}$ 85 102 202 223; *յա̅մ ի* 143*

30:2 om *եւ* 3° — fin 9-13-233 231

30:2 om *եւ* 3° 153

30:2 *յա̅մ* 2°] *ա̅մ* aII^{-81} 193 135

30:2 *անձնէ*] pr *ի* 81 114 67' 153-216

30:3 om *եւ* 1° 17 14^{c}-26*

30:3 *տ̅ր* 1°] post *քո* tr 178

30:3 *ողորմեսցի*] *ողորեսցի* 28

30:3 *քեզ*] *քանզի* 160

30:3 *ժողովեսցէ*] *ժղվվեսցէ* 73

30:3 *զքեզ* 1°] + *տ̅ր* 13

30:3 *յա̅մ*] *ա̅մ* 113-148' 161-178

30:3 *ազգաց*] pr *ի* 229; + *ն* 69

30:3 *ուր*] *որ* aII^{-81}

30:3 om *տ̅ր* 2° 70 193

30:3 *անդր*] *անդ* 28-70

30:4 *եթէ*] pr *եւ* 70

30:4 *իցէ*] *լիցէ* 138*vid; *ցիցէ* 139*-173*

30:4 *ցրումն*] pr *ի* 153-158*-164-178

30:4 *ի* (*մազաց*)] *ի* et spat 160*

30:4 *մինչեւ*] *մինչ* 74'-220

30:4 *ժողովեսցէ*] *ժողօվեսցէ* 74

30:4 *երկնից* 1°] ⌒ 2° 112

30:4 *ի* (*ծագս*)] *ց* 61

30:4 om *եւ* 74'

30:4 *անտի*] *անդր* 95'

30:4 *ժողովեսցէ*] *ժողօվեսցէ* 74; *-եսցես* 216

30:4 *զքեզ*] post *քո* 2° tr eI

30:4 om *քո* 2° 229 143'

30:5 om init — *քո* 2° 13-17-95' 202

30:5 om init — *քո* 1° 28-159*-171 eII

30:5 om *եւ* 1° 112

30:5 *քո* 1°] ⌒ 2° 70 139 57*

30:5 *ածցէ*] *ացէ* 115; *անտի* 200

30:5 om *քո* 2° 74' 112 108* $eIII^{-83}$ 213

30:5 *յերկիրն*] pr *եւ* 65; pr *ի* 55(|)

30:5 *զոր*] *յոր* 8

30:5 *քո* 3°] + *եւ ժառանգեցին հր̅ք̅ քո* 165; > 231

30:5 *ժառանգեսցես*] *-կեսցեն* (*-գեսցեն* 115-218) 115-200-218 42-56*; *-եսցէ* 199; *ժառանգես* $d^{-73\ 85}$

93 143 176

30:5 եղիցի] լիցի 157; արասցէ 8

30:5 բազմապատիկ] -պտիկ 116; + ս 232

30:5 զքեզ 3°] + տր̅ 74'

30:5 զհարս] զհազարս 67' 161; + ն 17*-70

30:6 պարուրեսցէ] պարուեսցի 199-218; պարուսցէ 9; պատուիրեսցէ 143*-176(|); + զքեզ 156*

30:6 զսիրտ 1°] զսիրտս 74'

30:6 om քոյ 1° — fin 81*

30:6 քոյ 1°] քում 70

30:6 սիրել] սիրեալ 146*vid

30:6 քումմէ] քումէ 121

30:6 յա̅մ 2°] ա̅մ 121

30:6 անձնէ] pr ի 74'-229 139 114 67'-202 $eIII^{-178\ 213}$; անձն 13

30:6 քումմէ 2°] + եւ յա̅մ զաւրութենէ քումմէ 230*

30:6 կեցցես] կեցես 9

30:6 զաւակ] զաւակի 123 231

30:7 տացէ] տացցէ 74-160*vid

30:7 om քո 1° 28-144-159*-171 220

30:7 զնզովս] զնզօվս 74; նզովս 153; + ս 229; + քո 40

30:7 զայս] զայսոսիկ 8-233

30:7 *թշնամիս*] + *ն* 95'

30:7 *յատելիս*] *յատելի* 136; *ատելիս* 178

30:7 *հալածեցինն*] *-եցին* 13-69-74'-96-171 42-55 202 eI'$^{-142c}$ 174 216$_{-213}$; *հալածիցեն* 229

30:8 om *դու* 202

30:8 *ձայնի*] *ձայն* 8*; >95' 230*

30:8 *նորա*] *քո* 8* 42*

30:9 om *եւ* 1° 69 26*

30:9 *յա̄մ*] *ա̄մ* 202 178

30:9 *գործս*] pr *ի* 70

30:9 *ծննդովք* 1°] *ծնդովք* 28

30:9 *որովայնի*] pr *ի* 115-138'' 113-123' eIII^{-83}; *որօվայնի* 74-81

30:9 *արդեամբք*] pr *ի* 202; *արդեամբ* 74 44-149*; *արեամբք* 224

30:9 *երկրի*] pr *ի* 138''

30:9 *ծննդովք* 2°] *ի ծնունդս* 70

30:9 *անասնոց*] pr *ի* 42; *անասնոյ* 8-159-171-229 33*; *անասնի* 57

30:9 *քոց* 2°] *քո* 28-229

30:9 om *ի* (*քեզ*) 160 231

30:9 *լինել*] *լինի* 141

30:9 *քեւ*] *քո եւ* eII; *քո* eIII; *եւ* 81

30:9 բարուի̅ս] -թի̅ 138''; բարուրիս 160; + ն 229

30:9 om որպէս 42

30:9 հարբքն] հարբն 17*-aII^{-81}; հարքն 121-139* 38-141-230 67' 224

30:9 քովք] քով 9-13-17* 143' 174

30:10 եթէ 1°] pr եւ 13-96-160 94-122''-230 d^{-223}; եւ թէ 95

30:10 քոյ] քում 13

30:10 om եւ առնել Osk

30:10 զա̅մ պատուիրանս] զպատ- 160; պատիրանս 73

30:10 նր̅ 1°] ⌒ 3° 13

30:10 եւ 2°] ⌒ 3° 17*-220 44*-149*-170 eIII

30:10 զիրաւունս] pr զա̅մ 229

30:10 զիրաւունս] et զդատաստանս tr 74'

30:10 om նր̅ 2° 8-9 138''

30:10 նր̅ 3°] >96-160; + զոր ես պատուիրեմ քեզ այսաւր 14^{c}

30:10 զգրեալս] գրեալս 8-9-13-28-61-96-229 102; գրեալսն 108' 156-193; գրեալ 70-74'-aII

30:10 գրի] + ս 28; գիր 42 67 213; գիրս 8-9-13-17-70-96-229 26^{c} eI'

30:10 աւրինացս] աւրինացն 136

30:10 *եթէ* 2°] pr *եւ* 67'-93-123'-148'-156-176-219; *եւ թէ* 118-146-147-151-162 161*; *եւ* 9-13-229

30:10 *յա̄մ* 1°] *ա̄մ* 174

30:10 *յա̄մ* 2°] *ա̄մ* 121 213

30:10 *անձնէ*] pr *ի* 81-160-229 138'' 114 67'-143-202

30:11 *զի պատուիրանքս*] *զպատ-* 113; + *քո* 139

30:11 om *ես* 42

30:11 om *է* 138''

30:12 *ոչ*] *որ* 69

30:12 *յերկինս* 1°] *երկ-* 148'

30:12 *թէ*] *եւ եթէ* eI^{-142c} 174 216

30:12 *ով*] pr *թէ* 13

30:12 *ելանիցէ*] *-իցես* eII^{-153c}

30:12 om *մեզ* 74*-160

30:12 *յերկինս*] *երկ-* 202

30:12 *լուիցուք*] *լուիցիք* 176-219

30:12 *արասցուք*] + *զնա* 69

30:13 *ոչ*] + *է* 28

30:13 *յայնկոյս*] *յան-* 160; *այն-* 202

30:13 *ծովու* 1°] *ծով* 142^{c}-174-216; + *ն* 70; ⌒ 2° 139*-173 132*

30:13 *է թէ*] *եթէ* 17-28 e^{-142c}

30:13 *ասիցես*] *ասիցէ որ* 95'

30:13 *անցանիցէ*] pr *ի* 95' 115 113; *-իցիցէ* 102; *յելանիցէ* (*ելանիցէ* 216) 96 eI; + *մեզ* 229-aII^{-81} = (G)

The longer text of 229-aII^{-81} is likely due to an assimilation to verse 12.

30:13 *ծովու* 2°] + *ն* 28-70-160; *ծօվուն* 74; > 69

30:13 *առնուցու*] *առնու* 122''

30:13 *մեզ* 1°] ⌒ 2° 17

30:13 *զնա*] *զայն* et post *առնուցու* tr 95'

30:13 *լսելի*] pr *զ* 160*; *լսելիս* eI'-213

30:13 *արասցէ*] *առնիցէ* (*առնիցի* 95') a^{-8} 17 28 61 70 96; + *զնա* 74'

30:13 *մեզ* 2°] pr *զ* 81; + *զնա* 229 56*

30:13 *արասցուք*] *արարցուք* 161

30:14 *մերձ է*] *մերժէ* 171*

30:14 *բանն*] *բան* 230; *բաժինն* 144*-159-171; post *քեզ* tr 8-9*-69-74-aII cf. (G) (P)

30:14 *բերան*] *բերանոյ* 33*; *բերանս* 160

30:14 *քո* 1°] *քում* 28-96

30:14 om *ի* 2° 162

30:14 *քում — գնա*] *քո առնել գնա* 70

30:14 *քում*] *քո(յ)* 9-17*-28-95'-aII; + *է* 229

30:14 *ձեռս*] *ձեռին* 95'

30:15 om *այսօր* 70 67-113*

30:15 *առաջի*] + *քո եւ* 70; + *ձեր* 113

30:15 *երեսաց*] pr *ի* 138'' 123'

30:15 om *եւ* 1° 159-171

30:15 *զքարի եւ զչար*] pr *եւ* 42 113; *զքարի* et *զչար* tr 8

30:16 *մերոյ*] *մեր* 199; *քո(յ)* 17-28-70 bII$^{-138'}$ 139* 199 218mg eI'; > 138'-139*

30:16 om *քեզ* 9*

30:16 *գնալ*] pr *եւ* 159-160-171-229 162

30:16 *ճանապարհս*] *ճանանապարհսք* 176*; *ճանանապարհս* 176^{c}

30:16 *նր̅* 1°] > bII^{-139c}; ⌒ 2° 14*(post *նր̅* 3° tr 14^{c})

30:16 om *պահել զիրաւունս* 33

30:16 *պահել*] pr *եւ* 17-96-159-171-229 114; ante *կեցցէք* tr 160

30:16 om *զիրաւունս եւ* 229

30:16 *զիրաւունս* et *զպատուիրանս* tr 70

30:16 *եւ* 2°] ⌒ 3° 74'

30:16 զպատուիրանս] pr զա̅մ 229; et զդատաստանս tr 33-bII

30:16 om նր̅ 2° 28 112(|)

30:16 եւ դատաստանս նր̅] post նր̅ 1° tr 26*

30:16 om նր̅ 3° 28

30:16 կեցջէք] pr զի 8; կեայցիք 13*; կեայցէք 13c pr m; կեցջէ 132

30:16 բազումք] բազմապատիկ 229

30:16 լինիցիք] լինիքցիք 176*

30:16 om քո 2° 102

30:16 յա̅մ] ա̅մ 202

30:16 երկրին] pr ի 220-229 42 113-156 164; երկրի 28; երկիր 96; + քում 74'

30:16 յոր] զոր 229-aII-81 165 233

30:16 մտանելոց ես] մտանիցես e

30:16 ես 2°] էք 9-13-229 176

30:16 ժառանգել] եւ ժառանգելոց 74'

30:17 եւ] ւ 94

30:17 փոխեսցի] փոխեսցէ 182; փոխիցի 95'; -եսցես 70

30:17 սիրտ] pr զ 70

30:17 լուիցես] -իցեն 229

30:17 մոլորեալ] pr ոչ 216; խոլ- 95*

30:17 *երկիր*] pr *ի* 113

30:17 *պազանիցես*] *պազանես* 116; *-իցեն* 229

30:17 *աստուածոց*] pr *զ* 113

30:17 *օտարաց*] *օտարոց* 229 26*vid

30:17 *զնոսա*] *զնա* 216; + *զոր* 102

30:18 *պատմեմ քեզ*] pr *եւ* 95'; pr *ես* 102; *պատմեմք* 14*

30:18 om *այսօր* 95'

30:18 *զի*] *զիր* 123*(|)

30:18 *կորստեամբ*] *-եամ* 220; *-եամբք* 8(|)

30:18 *լինիցիք*] *-իջիք* 113; *լինիք* 95' 193

30:18 *բազմօրեայք*] *-եաք* 217; *մազ-* 174

30:18 *երկրին*] pr *ի* 42; *երկրի* eII

30:18 *յոր*] *որ* 112

30:18 om *դուք* 8

30:18 *անցանէք*] *յան-* 157 42-114; *անցէք* 143'; *-իցէք* 13-95'-160-aII^{-81} 50 e; *անցանելոց էք* 28-96

30:18 *ընդ յորդանան*] *ը̄ նա* 96; > d^{-113c}

30:19 *ունիմ*] *ւնիմ* 74

30:19 *ծեզ*] *քեզ* aI^{-8} 69 74'

30:19 *վկայ*] pr *զ* 160; post *այսօր* tr 8-69-70 67'; > 9*

30:19 om զերկինս եւ 74 44*

30:19 եառւ] եառ 9

30:19 երեսաց] pr ի 138'' 67'; աչաց 229

30:19 ձերոց] քոց 28-96 42-170

30:19 զորհնութիս = (P)]-թի (զալնութի 193(|)) 9^{c}-229 d^{-85} 102 123 143c 147 162 = (G)

30:19 եւ 4°] արդ 8; > 9-13-28-74'-95'-229

30:19 կեցցես] կեցես 229

30:19 զաւակ] զաւակի 113

30:20 om քո 1° 70

30:20 om նր 216

30:20 om եւ 2° 26*

30:20 ունել] առնել 13; առել 116*

30:20 զնմանէ] + ն 17*vid

30:20 են] է 8-74' 108' Osk

30:20 աւուրց] + կենաց 42-108'-136

30:20 քոց 1°] քո 13 55; >28-70

30:20 յերկրին] երկրին 112

30:20 om տր aII^{-81} 159 112

30:20 աբրահամու] աբրաամու 28-70-81-165 26-33-121-131-200 63-114 d^{-73} 102 123 162 176 223

30:20 om եւ 4° 9-17*-61-95'-96-160-220 113-162

30:20 սահակայ] իսահակայ 9-220 143^{c}-162-176; սաակ

28

30:20 om *տալ նոցա* 122''

Neutral Readings

4:1 *զոր*] *զորս* Osk

4:4 *որ*] *որք* Osk

4:4 *ամենեքեան*] *ամենեքին* 8-13

4:4 *յաւուրս*] *յաւուր* a^{-13} 17 74' 116 b^{-26c} 139c 157 170

4:6 *որ*] *որք* 22^{c} 188 Osk

4:7 *ով*] *օվ* 74; *ո* 8

4:7 *որովք*] *որօվք* 74

4:8 *աւրինացս*] *աւրինացըս* 113

4:8 *զոր*] *զորս* Osk

4:9 *զոր*] *զորս* Osk

4:9 *որդւոց* 1°] *որդոց* 61-74-81-229 157 113-176-202-223 153-eIII^{-83}

4:9 *որդւոց* 2°] *որդոց* 61-74-81-229 139 114 130-216^{c}-153-194-224-eIII^{-213}

4:9 *որդւոց* 3°] *որդոց* 61-74-81-96-229 138' 114-

132-141 113-123'-143^{c}-176 83-153-158-213

4:10 *կացէք*] *կացիք* Osk

4:10 *եկեղեցւոյ*] *-ցոյ* 28-74'-81-96 40(|)-115
113 153-194-224-eIII^{-83}

4:10 *թէ*] *եթէ* 8-9-17-28-69-70-229 26*-33-bII^{-40}
139^{c} 44-63-72-94-122''-149-230 176 142-174-
216-231

4:10 *զօրն*] *զօրըն* 113

4:10 *զոր*] *զորս* Osk

4:10 *երկնչել*] *երկընչել* 116-144-233; *երկնչիլ* Osk

4:12 *լուարուք*] *լուայք* Osk

4:12 *տեսէք*] *տեսիք* Osk

4:13 *զուխտն*] *զուխտըն* 113

4:15 *տեսէք*] *տեսիք* Osk

4:15 *յաւուրն*] *յաւուր* 4'-8-9-13-17-61-96-aII
b^{-26c} 139 108-136 188-194-224

4:16 *նմանութ̅ի* 2°] *նըմանութ̅ի* 158

4:17 *որ* 1°] *որք* 162 188 Osk

4:17 *որ* 2°] *որք* 188

4:18 *որ* 1°] *որք* 188 Osk

4:18 *որ* 2°] *որք* Osk

4:19 *պաշտիցես*] *-եսցես* 13-70-74'-95'-96-aII^{-81} 159
44-63-122''-141-149 193 eI-164-178-213-231

4:19 որ] որք 188 Osk

16:1 ամսոյն] ամսւոյն 13-17*vid

16:1 տեղւոջն] տեղոջն 28-61 223 142-164-174-202-231

16:1 ելէք] ելիք 230 Osk

16:2 ոչխարս] աւչխարս 232

16:2 ընտրեսցէ] ընդրեսցէ 13-17-28-74 56*

16:3 զեւթն] զեօթն Osk

16:3 բաղարջ] բաղարճ 28-74'-81-96-144-165 138 149-170 113

16:3 տագնապաւ] տակ- 122'',-217c

16:3 ելէք] ելիք Osk

16:3 եգիպտացւոց] -տացոց 28-74-81-95 114 73-202-223 153-158-163

16:4 զեւթն] զեօթն Osk

16:4 յերեկորեայ] -կաւրեա(յ) (-կօրեա(յ) 95 115 141 123 135-188) 13-69-95 115-138'' 50-108'-122''-141-230 123' eI'-188

16:4 առաջնոյ] -նւոյ 4

16:5 զորս] զոր 28-70-74-159*-229 65

16:6 այլ] այղ 121

16:6 տեղւոջն] տեղոջն 28-61-81 56 73 174-202

16:6 ընտրեսցէ] ընդրեսցէ 13-28-74' 56*

16:7 *խորովեսցես*] *խորով-* 74

16:7 *տեղւոջն*] *տեղոջն* 28-61-81 135-194-202

16:7 *ընտրեսցէ*] *ընդ-* 13-28-74'

16:7 *դարձցիս*] *-ցես* 4-28-61-69-74^{c}-96 b^{-139c} 157

16:7 *երթիցես*] pr *եւ* a$^{-13\ 74'}$ 33-112-bII^{-169c} 189^{c}
143'$^{-143c}$-147^{c}-156 142^{c}-174-216-231 Osk

16:8 *բաղարջ*] *բաղարճ* 28-74'-96-229-aII^{-81} 165 220
170

16:8 *եւթներորդի*] *եօթն-* Osk

16:9 *եւթն*] *եօթն* 74 188 Osk; *եաւթն* 202

16:9 *եւթներորդս* 1°] *եւթներրորդս* 113-123;
եօթներրորդս Osk; *եաւթն* 202

16:9 *մանկաղի*] *մանգ-* 4-8-9-17-74-229 b^{-40} 72-
108-114 176 eI'

16:9 *եւթն*] *եօթն* Osk

16:9 *եւթներորդս* 2°] *-երրորդս* 113; *եօթն* Osk

16:10 *եւթներորդաց*] *եօթն-* Osk

16:10 *կարօղ*] *-ող* a$^{-74'\ 220}$ 33-138′-200 38-55-
56-65 67'-123'-176 213-231

16:11 *տեղւոջն*] *տեղոջն* 28-61-81 56 73-202 188

16:11 *ընտրեսցէ*] *ընդ-* 8-13-28-74' 112

16:12 *եգիպտացւոց*] *-տացոց* 28-61-74-81 73-202 153-
eIII^{-83} 213

16:13 զեւթն] զեօթն 160 Osk

16:13 կալոյ] -ւոյ 229 102

16:13 հնձանէ] հընձանէ 96-116

16:14 որ] որք 188 Osk

16:15 զեւթն] զեօթն Osk

16:15 տեղւոջն] տեղոջն 28-61-81-96 56 73-202 213

16:15 ընտրեսցէ] ընդ- 13-28-74 56*

16:16 տարւոջ] տարոջ 61-74'-81 73-102

16:16 տեղւոջն] տեղոջն 28-61-81-96 56 73-202 158-164

16:16 ընտրեսցէ] ընդ- 13-28-74-160^{c} 56

16:16 քաղարջակերացն] քաղարճ- 28-74' 65 113

16:16 եւթներորդացն] եօթն- Osk

16:16 տաղաւարահարացն] տաղավ- 74'

16:18 ատենադպիրս] ատենադըպիրս 102

16:18 դատեսցեն] -եսցին a$^{-13\ 28\ 70\ 74'\ 165}$ 143

16:19 աչառիցեն] -եսցեն 17* 112 d$^{-67'}$; -եսցին 8-70; -իցին aI$^{-8\ 13\ 17\ 70}$

16:19 զքանս] ըզքանս 233

16:20 կեցէք] կեցցէք 8-13-17-28-74'-159-171 Osk; կեցջիք 95 108-132^{c}

30:1 հասանիցեն] -իցին Osk

30:1 *ընկալցիս*] *ընգ-* 8-229 121 102 213

30:3 *բժշկեսցէ*] *բժըշկեսցէ* 13-95 216

30:3 *զմեղսն*] *զմեղս* 13-17-28-70-96 113

30:4 *ցրումն*] *ցըրումն* 73

30:4 *անտի*] *անդի* 13-28-74'-81-229

30:5 *անտի*] *անդի* 74'-229

30:5 *ժառանգեցին*] *-կեցին* 63

30:5 *հարք*] + *ն* 17-28-69-70-95' 122'' 102 e

30:5 *ժառանգեսցես*] *-կեսցես* 63

30:6 *զսիրտ* 1°] *ըզսիրտ* 121

30:7 *զնզովս*] *զնզօվս* 74

30:7 *որք*] *որ* 13-70-96-165 d^{-162}

30:8 *դարձցիս*] *-ցես* 61-aII bI^{-26c}

30:9 *ծննդովք* 1°] *ծնդ̅օվք* 74; *ծնըն-* (*ծնընդաւք* 17; *ծնընդօվք* 81) $a^{-8\ 28\ 61\ 96}$ 112 56-63-65-122''-182-230 67'-102-146-148-202 130-194-213-224-231

30:9 *ծննդովք* 2°] *ծնդ̅օվք* 74; *ծնըն-* (*ծնընդաւք* 17; *ծնընդօվք* 81) $a^{-8\ 28\ 61\ 70\ 96\ 229}$ 112 56-63-65-230-232 67'-102-146-151-202 130-135-194-224 231

30:9 *քովք*] *քօվք* 74-81 67

30:12 *թէ*] *եթէ* $a^{-8c\ 9\ 13\ 17\ 74}$

30:12 *ով*] *օվ* 74'

30:13 *ծովու* 1°] *ծօվու* 81

30:13 *ով*] *օվ* 74-81

30:14 *բանն*] *բանըն* 151

30:15 *զմա՞*] *ըզմա՞* 81

30:16 *զոր*] *զորս* Osk

30:16 *կեցցէք*] *կեցէք* 9-17c pr m-28-61-69^{c}-70-229-aII bI^{-33} 143'; *կեցջիք* 95'

30:16 *լինիցիք*] *-իջիք* 9-13-61-69-70-81-95'

30:17 *աստուածոց*] *աստուծոց* 232 148 Osk; *աստւածոց* 116

30:17 *պաշտեսցես*] *-իցես* 9-28-69-70-96-229-aII 26-112-bII^{-139c} 114

30:18 *կորստեամբ*] *կորըս-* 70-81-95'(|)-96-144-159-160-165-171(|)-233(|) 112 56-57(|)-65(|)-114-132(|)-141(|) 67'-102-118-148'-151-193 135

30:18 *կորնչիցիք*] *կորըն-* 17(|)-70(|)-74-81(|)-95'-96(|)-159-233 112 56-63-65 67'-85-143-146 153-194-224-231; *-իջիք* 8-9vid-13-17-61-70-74-165 bII^{-121*} eIII^{-83} 213

30:18 *զնա*] *ըզնա* 81

30:19 *ընտրեա*] *ընտրեայ* 182; *ընդրեա* 13-28-74 56*-65; *ընդրեայ* 8-17-95-159-229 230 153

30:20 ունել] ունիլ Osk

30:20 բնակել] բնակիլ Osk

BIBLIOGRAPHY

1. Catalogues of Armenian Manuscripts

Baronian, S. and F. C. Conybeare. _Catalogue of the Armenian Manuscripts in the Bodleian Library_. Catalogi Codd. MSS. Bibliothecae Bodleianae Pars XIV. Oxford: Clarendon Press, 1918.

Bogharian, N. (ed.). _Grand Catalogue of St. James Manuscripts_. CGFAL. Volumes I-VII. Jerusalem: St. James Printing Press, 1966-.

Conybeare, F. C. _A Catalogue of the Armenian Manuscripts in the British Museum_. London: Printed by order of the trustees of the British Museum, 1913.

Dashian, J. (ed.). _Catalog der armenischen Handschriften in der k. k. Hofbibliothek zu Wien_. Wien: Mechitharisten-Buchdruckerei, 1891.

_______ _Catalog der armenischen Handschriften in der Mechitharisten-Bibliothek zu Wien_. Wien: Mechitharisten-Buchdruckerei, 1895.

Der Nersessian, S. _The Chester Beatty Library A Catalogue of the Armenian Manuscripts_. Volume I (Text). Dublin: Hodges Figgis & Co. Ltd, 1958.

Keschischian, M. (ed.). _Katalog der armenischen Handschriften in der Bibliothek des Klosters Bzommar_. Band I. CGFAL. Wien: Mechitharisten-Buchdruckerei, 1964.

Khachʿikian, L. and A. Mnatsʿakanian (ed.). _Tsʿutsʿak Dzeragratsʿ Mashtotsʿi Anvan Matenadarani_ [Catalogue of Manuscripts of the Mashtots' Library]. Introduction by Ō. Eganian. Prepared by Ō. Eganian, A. Zeytʿunian, Pʿ. Antʿabian. Two volumes. Yerevan: Academy of Sciences of the Armenian SSR, 1965, 1970.

Kʿurtian, H. "Hamarot Tsʿutsʿak Hayeren Grchʿagirneru Kʿurtyan Havakʿatsoyi i Uichʿida, Ganzas, AMN" [A Brief Catalogue of Armenian Manuscripts Belonging to the Kurtian Collection in Wichita, Kansas, USA], _Banber Matenadarani_ 11 (1973), pp. 399-422.

Minassian, L. G. and O. S. Eganian (ed.). _Katalog der armenischen Handschriften in der Bibliothek des_

Klosters in Neu-Djoulfa. Band II. CGFAL. Wien: Mechitharisten-Buchdruckerei, 1972.

Pearson, J. D. Oriental Manuscripts in Europe and North America. Bibliotheca Asiatica 7. Zug, Switzerland: Inter Documentation Company AG, 1971.

Rhodes, Errol F. An Annotated List of Armenian New Testament Manuscripts. Annual Report of Theology, Monograph Series, volume 1. Ikebukuro, Tokyo: Rikkyo (St. Paul's) University, 1959.

Sargisian, B. V. (ed.). Mair Tsʿutsʿak Hayeren Dzeragrots Matenadaranin Mkhitʿareantsʿ i Venetik [Grand Catalogue of Armenian Manuscripts of the Mechitarist Library in Venice]. Volume I. Venice: St. Ghazar, 1914.

Simon, J. "Répertoire des Bibliothèques publiques et privées d'Europe contenant des manuscrits arméniens," Orientalia II (1933), pp. 232-250.

Ter-Avetissian, S. (ed.). Katalog der armenischen Handschriften in der Bibliothek des Klosters in Neu-Djoulfa. Band I. CGFAL. Wien: Mechitharisten-Buchdruckerei, 1970.

2. Armenian Dictionaries

Aghayan, E. B. Ardi Hayereni Batsʿatrakan Baṛaran [Explanatory Dictionary of Modern Armenian]. Yerevan: Hayastan Hratarakchʿutʿyun, 1976.

Awetikʿian, G., Kh. Siwrmēlian and M. Awgerian. Nor Baṛgirkʿ Haykazean Lezui [New Dictionary of the Armenian Language]. Two volumes. Venice: San Lazzaro Press, 1836-1837.

Bedrossian, Mathias. New Dictionary Armenian-English. Venice: S. Lazarus Armenian Academy, 1875-1879; reprint, Beirut: Librarie du Liban, 1973.

Miskgian, D. I. Manuale Lexicon Armeno-Latinum. Rome: ex Typographia Polyglotta, 1887; reprint, Louvain: Institut Orientaliste de l'Université de Louvain, 1966.

3. Armenian Grammars

Abrahamian, A. A. Grabari Dzeṛnark [The Basics of Classical Armenian]. Fourth printing. Yerevan: Luys, 1976.

Jensen, Hans. Altarmenische Grammatik. Indogermanische Bibliothek, 1. Reihe, Lehr- und Handbücher.

Heidelberg: Carl Winter, 1959.

_______ *Altarmenische Chrestomathie*. Indogermanische Bibliothek, 1. Reihe, Lehr- und Handbücher. Heidelberg: Carl Winter, 1964.

Karst, Josef. *Historische Grammatik des Kilikisch-Armenischen*. Strassburg: Karl J. Trübner, 1901; reprint, Berlin: Walter de Gruyter & Co., 1970.

Meillet, Antoine. *Altarmenisches Elementarbuch*. Indogermanische Bibliothek, Erste Reihe Grammatiken, Band 10. Heidelberg: Carl Winters Universitätsbuchhandlung, 1913.

_______ *Esquisse d'une grammaire comparée de l'arménien classique*. Seconde édition. Vienne: Imprimerie des P. P. Mékhitharistes, 1936.

Thomson, Robert W. *An Introduction to Classical Armenian*. Delmar, N. Y.: Caravan Books, 1975.

4. Editions of the Text of Deuteronomy

Ceriani, Antonio Maria (ed.). *Translatio Syra Pescitto Veteris Testamenti*. ex codice Ambrosiano sec. fere VI. Volume 1. Mediolani: in officinis photolithographica Angeli della Croce, 1876.

Hempel, J. (ed.). Deuteronomium. Biblia Hebraica Stuttgartensia, ed. K. Elliger and W. Rudolph. Stuttgart: Württembergische Bibelanstalt, 1972.

Walton, Brian (ed.). Biblia Sacra polyglotta. Volume 1. London: T. Roycroft, 1655.

Wevers, John William (ed.). Deuteronomium. Septuaginta. Vetus Testamentum Graecum. Auctoritate Academiae Scientarum Gottingensis editum, vol. III, 2. Göttingen: Vandenhoeck & Ruprecht, 1977.

Yerevantsʿi, Oskan (ed.). Astuatsashunchʿ Hnotsʿ ew Norotsʿ Ktakarantsʿ [Bible of the Old and New Testaments]. Yamstērdam: ner tparanum Srboyn Ējmiatsni ew Srboyn Sargsi Zoravari, 1666.

Zohrapian, H. (ed.). Astuatsashunchʿ matean Hin ew Nor Ktakaranatsʿ [Sacred Scriptures of the Old and New Testaments]. Venetik: i gortsarani Srboyn Ghazaru, 1805.

5. Books and Articles

Akinian, N. "Hay Matenagrutʿean Oskedarě [The Golden Age of Armenian Literature]," Handes Amsorya XLVI (1932), columns 105-128.

_______ "Surb Grkʿi Hayerēn Tʿargmanutʿiwně [The Armenian Translation of Holy Scripture]," Handes Amsorya XLIX (1935), columns 550-563.

Anassian, H. S. "Astuatsashunchʿ Mateani Haykakan Bnagirě" (Bibliae Sacrae Versio Armena [Bibliographia]), Haykakan Matenagitutʿiwn B. Yerevan: Academy of Sciences, 1976. Columns 305-670.

Arakʿelian, H. Haykakan Tpagrutʿiwn. araǰin hator -- XVI-XVII dar. erkrord tpagrutʿiwn. [Armenian Publishing. Volume one -- XVI-XVII century. Second edition.] Lēo. Hanramatchʿeli Gradaran 5. Tiflis: Tparan Hermēs, 1904.

Arapkertsʿi, Tʿ. V. Astuatsaturian. Hamabarbaṛ Hin ew Nor Ktakaranatsʿ [Concordance to the Old and New Testaments]. Jerusalem: St. James Press, 1895.

Aucher, J. "Aknark mě S. Grotsʿ Haykakan Tʿargmanutʿean vray [A Glance at the Armenian Translation of the Bible]," Bazmavēp 93 (1935), pp. 353-384. Resumé in French, p. 467.

Conybeare, Frederick C. "Armenian Version of the OT," A Dictionary of the Bible, ed. James Hastings. Edinburgh: T. & T. Clark, 1905. Vol. 1, pp.

151-153.

Cox, C. "Bible, Armenian," MERSL, ed. Harry Weber. Volume 2. Gulf Breeze, FL: Academic International Press, 1978. Pp. 239-244.

Cuendet, Georges. "Eznik et la Bible," _Revue des Études arméniennes_ 9 (1929), pp. 13-40.

_______ "Exactitude et adresse dans la version arménienne de la Bible," _Handes Amsorya_ XLIX (1935), columns 563-570.

Deeters, G., G. R. Solta and V. Inglisian. _Armenische und Kaukasische Sprachen_. Handbuch der Orientalistik, erste abteilung, siebenter band, ed. B. Spuler. Leiden/Köln: E. J. Brill, 1963.

Epp, Eldon Jay. "The Claremont Profile-Method for Grouping New Testament Minuscule Manuscripts," _Studies in the History and Text of the New Testament_ in honor of Kenneth Willis Clark, ed. Boyd L. Daniels and M. Jack Suggs. Studies and Documents XXIX. Salt Lake City: University of Utah Press, 1967. Pp. 27-38.

Férahian, S. "S. Grotsʿ Hayk. Tʿargmanutʿean Skhalnerun ew Aṛawelutʿeantsʿ Nmoysh mě [A Sample of the Faults and Excellences of the Armenian

Translation of the Bible]," Bazmavēp 93 (1935), pp. 419-424. Resumé in French, p. 468.

Gehman, H. S. "The Armenian Version of the Book of Daniel and its Affinities," ZAW 48, N. F. 7 (1930), pp. 82-99.

_______ "The Armenian Version of I and II Kings and its Affinities," Journal of the American Oriental Society 54 (1934), pp. 53-59.

Hatsouni, V. "Astuatsashunch'n u Hayastan [The Bible and Armenia]," Bazmavēp 93 (1935), pp. 316-334. Resumé in French, p. 465f.

Ismailova, T. "Armianskie illiustrivannye Rukopisi Gosudarstvennovo Ermitazha [Some Illuminated Armenian Manuscripts in the Hermitage Collection]," Trdy Gosudarstvennovo Ermitazha 10 (1969), pp. 110-141.

Jellicoe, Sidney. The Septuagint and Modern Study. Oxford: at the Clarendon Press, 1968.

Johnson, Bo. Die armenische Bibelübersetzung als hexaplarischer Zeuge im 1. Samuelbuch. Tr. C. H. Sjöberg. Coniectanea Biblica, Old Testament Series 2. Lund: C W K Gleerup, 1968.

_______ Die hexaplarische Recension des 1. Samuelbuches der Septuaginta. Tr. C. H. Sjöberg. Studia Theologica Lundensia 22. Lund: C W K Gleerup, 1963.

Khorenatsʿi, Movsēs. Patmutʿiwn Hayotsʿ [History of the Armenians]. Ed. M. Abeghian and S. Harutʿiwnian. Ghukasian Matenadaran 10. Tiflis: Elekʿtratparan, 1913.

Klostermann, Erich (ed.). Origenes Werke. Zehnter band. GCS 40. Leipzig: J. C. Hinrichs'sche Buchhandlung, 1935.

Koriwn. Varkʿ Mashtotsʿ [Life of Mashtotsʿ]. Ed. M. Abeghian. Yerevan: Haypethrat, 1941.

Leloir, L. "Orientales de la Bible (Versions): arméniennes," Supplement au Dictionnaire de la Bible, ed. L. Pirot, A. Robert, H. Cazelles. Paris: Librarie Letouzey et Ané, 1960. Vol. VI, columns 810-818.

Lyonnet, S. Les origines de la Version arménienne et la Diatessaron. Biblica et Orientalia 13. Rome: Pontificio Istituto Biblico, 1950.

_______ "Les versions arménienne et georgienne," in Introduction à l'Étude du Nouveau Testament, ed. Marie-Joseph Lagrange. Deuxième partie, Critique textuelle, II, La critique rationnelle. Études bibliques. Seconde édition. Paris: J. Gabalda et Cie, 1935.

Metzger, Bruce M. *The Early Versions of the New Testament*. Oxford: Clarendon Press, 1977.

_______. "The Evidence of the Versions for the Text of the New Testament," *New Testament Manuscript Studies*, ed. Merrill M. Parvis and Allen P. Wikgren. Chicago: The University of Chicago Press, 1950. Pp. 25-68.

Nersessian, Vrež. *Armenian Studies An Index of Articles on Armenian Studies in Western Journals*. London: Luzac & Company Ltd, 1976.

Paitchikian, E. "Hay Mshakoytʻi Pantsali Kotʻoghě Astuatsashunchʻi Erkrord Tʻargmanutʻean Hazarhinghariwrameakě [The Glorious Monument of Armenian Culture The 15th Centenary of the Second Translation of the Bible]," *Bazmavēp* 92 (1934), pp. 321-326; 401-411; 93 (1935), pp. 66-74; 445-452. Resumé in French, p. 468.

Pʻarpetsʻi, Ghazar. *Patmagirkʻ Hayotsʻ* [History of the Armenians]. Ed. G. Ter-Mkrtchʻian and St. Malkhasian. Tiflis: Aragatip Mnatsʻakan Martirosiants'i, 1904.

Renoux, Athanase. _Le codex arménien Jerusalem 121_. Patrologia Orientalis Tome XXXVI, Fascicule 2, No. 168, ed. F. Graffin. Turnhout/Belgique: Brepolis, 1971.

Stone, Michael E. (ed.). _Armenian and Biblical Studies_. Supplementary volume I to Sion. Jerusalem: St. James Press, 1976.

_______ Review of Bo Johnson, _Die armenische Bibelübersetzung als hexaplarischer Zeuge im 1. Samuelbuch_, in _Revue Biblique_ 77 (1970), pp. 259-264.

_______ "The Old Armenian Version of Isaiah: Towards the Choice of the Base Text for an Edition," _Textus_ VIII (1973), pp. 106-125.

_______ (ed.). _The Testament of Levi_. Jerusalem: St. James Press, 1969.

Swete, Henry Barclay. _An Introduction to the Old Testament in Greek_. Revised by R. R. Ottley. Cambridge: Cambridge University Press, 1902; reprint, New York: KTAV Publishing House, Inc., 1968.

Ter-Movsessian, Mesrop. _Istoriia Perevoda Biblii na_

Armianskii Yazyk [History of the Translation of the Bible into the Armenian Language]. St. Petersburg: Pyshkinskaia Skoropechatnia, 1902.

Thomson, Robert W. Moses Khorenatsʿi History of the Armenians. Harvard Armenian Texts and Studies 4. Cambridge, Mass./London: Harvard University Press, 1978.

Wevers, John W. "Septuaginta-Forschungen," Theologische Rundschau, N. F. 22 (1954), pp. 85-138, 171-190.

_______ "Septuaginta Forschungen seit 1954," Theologische Rundschau, N. F. 33 (1968), pp. 18-76.

_______ Text History of the Greek Deuteronomy. MSU XIII. AAWG, Philologisch-Historische Klasse, dritte Folge, Nr. 106. Göttingen: Vandenhoeck & Ruprecht, 1978.

_______ Text History of the Greek Genesis. MSU XI. AAWG, Philologisch-Historische Klasse, dritte Folge, Nr. 81. Göttingen: Vandenhoeck & Ruprecht, 1974.

_______ Text History of the Greek Numbers. In press.

Zeytʿunian, A. "Astuatsashnchʿi Hayeren Tʿargmanutʿyan Dzeragrakan Miavorneri Dasakargman Masin

[Concerning a Central Manuscript Classification for the Armenian Translation of the Bible]," Banber Matenadarani 12 (1977), pp. 295-304.

INDEXES

1. Index of Biblical References 397-407

2. Index of Place Names 408-409

3. Index of Personal Names 410-414

    a. Classical 410

    b. Medieval and later 410-413

    c. Modern 413-414

4. Subject Index 415

1. Index of Biblical References

Page references are underlined if there is discussion of the text.

Genesis 295f., 296f.

17:6 37
28:3 37
48:4 37

Numbers 294, 296

Deuteronomy

1:3 245
1:5 226
1:7 68, 226
1:8 226, 227, 231, 259
1:10 227, 271
1:12 247, 251, 308
1:13 231
1:14 239
1:15 271
1:16 258
1:17 229f.
1:19 227
1:21 272, 280
1:22 233, 236f., 316
1:25 227, 231, 264, 272
1:28 227, 231
1:29 69
1:30 272
1:33 68
1:34 68
1:35 228, 251, 272
1:36 228, 262
1:41 262, 312, 316
1:42 232, 315
1:44 226
1:46 256

2:1 313, 316
2:3 228
2:4 231
2:5 68
2:6 259, 313
2:7 239, 258
2:8 303
2:9 232, 272, 315
2:12 315, 317, 321

2:13 231, 264f.
2:14 68, 239, 265
2:17 231
2:18 272
2:19 288
2:20 323
2:23 226
2:24 231, 239
2:25 68, 231, 288
2:26 240
2:28 315
2:29 227, 265
2:30 273
2:31 262
2:33 262
2:34 289
2:35 231, 251
2:36 231
2:37 255, 289

3:4 273
3:5 260, 322
3:11 228, 317, 323-325
3:14 273
3:16 259, 265
3:17 317
3:19 273, 289, 308
3:21 231
3:22 265
3:23 273
3:24 247
3:25 265
3:26 265, 310
3:27 230
3:28 228

4:1 35, 38, 227, 329, 334f., 373
4:2 38f., 47, 49, 329, 335
4:3 51, 260, 329f., 335f.
4:4 42, 47, 227, 336, 373
4:5 39, 41, 50, 52, 53, 251, 260, 330, 337
4:6 47, 52, 239, 311, 337f., 373
4:7 40, 273, 308, 330f., 338, 373
4:8 39f., 40f., 313, 331, 338f., 373
4:9 42, 331, 339, 373f.
4:10 33f., 46, 47, 239, 331, 340f., 374
4:11 53, 325, 341f.
4:12 306, 342, 374
4:13 317, 342f., 374
4:14 39, 46, 317, 331 343

4:15 46, 47, 254, 273, 313, 331, 343f., 374
4:16 344f., 374
4:17 48, 331, 345, 374
4:18 39, 48, 332, 345f., 374
4:19 256, 346f., 374f.
4:20 347
4:21 317
4:22 231, 289
4:23 245
4:27 260, 311
4:32 256
4:34 231, 233, 235
4:38 254
4:41 273f.
4:42 228, 231, 236
4:43 265
4:44 231
4:48 265
4:49 251

5:2 274
5:3 274
5:6 245
5:8 317
5:9 239
5:11 280f.
5:14 255
5:22 274, 311
5:23 265
5:24 243, 259, 265
5:25 316
5:28 256, 263
5:29 265f.
5:33 256

6:1 258
6:4 274
6:8 230, 260
6:9 256, 274
6:10 289
6:14 233, 237
6:15 256, 266, 274
6:18 317
6:19 254, 255
6:20 254, 313
6:21 274

7:1 246, 266, 281
7:2 238
7:5 266
7:7 311
7:8 274f., 311
7:11 266
7:12 256, 260, 311
7:15 266, 275, 313, 316
7:19 289
7:21 259

8:1 256, 275
8:3 243, 251
8:11 317
8:13 37, 256, 317
8:15 251, 289
8:16 251
8:17 306
8:18 256, 308
8:20 251

9:2 323
9:4 260, 275, 306, 311, 313
9:5 251f., 266
9:6 228, 289
9:10 266
9:11 68, 275, 311
9:12 232, 233, 235, 316
9:13 232, 316
9:16 275
9:17 262
9:18 68
9:21 257, 258
9:26 266
9:28 238, 313

10:1 232, 252, 308, 316
10:3 281
10:4 266, 311, 317
10:6 317
10:9 239
10:10 275
10:11 232, 316
10:12 316, 321
10:14 275
10:15 317
10:17 260
10:21 245, 289

11:3 252
11:4 289, 313
11:6 230, 254, 313
11:8 257
11:11 39, 229, 275, 281
11:14 252, 281
11:16 257, 276
11:17 267, 311
11:21 263
11:25 252, 311
11:26 289, 313
11:31 262
11:32 41

12:1 311
12:2 238
12:3 313
12:5 238, 289
12:6 243f., 276, 289
12:8 317
12:9 281
12:10 262
12:16 252

12:21 276
12:24 257
12:25 252, 308
12:27 289
12:28 252, 257, 308
12:29 39, 317
12:70 313
12:31 260
12:32 289

13:2 245
13:3 311
13:5 238, 257, 289, 317
13:6 263
13:10 317
13:11 311, 317
13:12 245
13:14 228
13:15 276, 289
13:16 252, 313, 315
13:18 318

14:4 252
14:7 257, 267, 307
14:9 257
14:10 307
14:12 252, 267, 313
14:13 281
14:14 260
14:16 276
14:17 260
14:20 233
14:22 238
14:24 267
14:25 289
14:26 243, 276

15:2 252, 267, 276f., 318
15:7 316, 321
15:8 233, 237, 267
15:9 316
15:10 233
15:11 247, 267, 277, 281, 308
15:12 277
15:15 281f., 308
15:17 277, 312
15:20 267, 318
15:21 233, 236, 318
15:23 257

16:1 332, 347f., 375
16:2 52, 257, 348, 375
16:3 49, 52, 318, 332, 349f., 375
16:4 50(2), 53, 332, 350, 375
16:5 332, 351, 375
16:6 351f., 375
16:7 42f., 43, 48, 267, 289, 352, 376

16:8	43, 51, 257, 352f., 376
16:9	289, 318, 353f., 376
16:10	46, 354f., 376
16:11	252, 332, 355, 376
16:12	355f., 376
16:13	258, 356, 377
16:14	332f., 356f., 377
16:15	277, 357f., 377
16:16	47, 48, 282, 333, 358f., 377
16:17	359
16:18	359, 377
16:19	359f., 377
16:20	53, 257, 333, 360f., 377
17:1	316
17:2	254
17:5	243, 245, 258
17:6	262
17:8	267
17:10	261, 290
17:12	277
17:15	263, 290
17:16	37, 268, 277, 313
17:17	37, 252, 312
17:18	257, 268
17:19	268, 318
18:1	313
18:2	268
18:3	277
18:6	243, 253
18:8	239, 318
18:9	277
18:10	258
18:12	261, 314
18:14	255
18:16	226, 261, 314
18:17	232, 316
18:18	290
18:19	278
18:20	268, 314
18:22	282
19:1	238f., 278, 290
19:2	278
19:3	268, 290, 314
19:4	253, 290, 307
19:5	233, 236, 268
19:6	255, 268, 307
19:7	253, 308f.
19:8	238, 290
19:10	318
19:11	258
19:13	253, 309
19:15	245, 255, 258, 318
19:16	318
19:17	290

19:20 290, 312

20:3 233, 236
20:5 226
20:11 255
20:14 256
20:15 253
20:17 257
20:19 233, 236, 318
20:20 282

21:1 227, 278, 282
21:2 318
21:3 258, 314
21:5 233, 326
21:6 278
21:12 229
21:13 282, 290, 318
21:15 259, 278
21:17 259
21:18 255, 309
21:19 259
21:21 268
21:22 268

22:1 314
22:5 233, 235, 269, 312
22:6 233, 236
22:7 253, 309
22:8 233, 236
22:12 229
22:13 282, 309
22:14 318
22:15 314
22:17 316
22:19 318
22:20 259
22:21 278, 290
22:22 282f.
22:25 233
22:27 253, 309
22:28 278, 309
22:29 278

23:3 261
23:6 261, 278, 314
23:8 318
23:9 269
23:12 233, 325f.
23:13 290
23:17 259
23:18 283
23:20 39, 229
23:21 290
23:23 238, 269

24:1 253, 309
24:3 318
24:4 259
24:5 253, 309
24:7 239, 307
24:8 283, 290

24:9 260
24:12 318
24:13 239
24:14 253
24:15 234, 237
24:16 253, 309
24:17 239
24:18 253, 309
24:19 318
24:20 261, 290, 314
24:21 283
24:22 269, 309

25:6 291
25:7 269
25:11 234, 236, 253
25:12 291, 319

26:5 319
26:6 240
26:11 253
26:14 261
26:16 269, 314
26:17 291

27:1 283
27:3 238
27:14 319
27:15 291
27:16 283
27:17 269, 279, 314
27:18 279
27:19 283
27:20 269
27:21 279
27:22 263, 279, 283f.
27:24 246, 253, 284
27:25 291

28:1 259
28:6 259, 291, 314
28:10 269, 291
28:11 284
28:12 240, 255
28:13 269f.
28:15 291
28:19 245
28:20 270, 312
28:21 39
28:22 257
28:23 270, 319
28:24 237
28:27 234, 235, 270
28:30 319
28:32 319
28:33 227
28:36 227, 270, 314
28:40 279
28:44 253f., 270, 279, 284, 304
28:47 234, 235
28:48 245, 319

28:50 319
28:54 234, 237, 291
28:55 260
28:56 257
28:57 257, 279, 291
28:61 291
28:62 270
28:63 39, 291, 319
28:65 314
28:66 254, 314f., 315
28:68 255

29:2 270
29:3 262
29:5 319
29:13 245, 279
29:14 260, 312
29:15 245
29:18 280
29:19 309
29:24 234, 237
29:28 291

30:1 35f., 48, 333, 361f., 377f.
30:2 362
30:3 36, 246, 291, 333, 362, 378
30:4 34f., 53, 362f., 378
30:5 53, 254, 310, 363f., 378
30:6 234, 235, 364, 378
30:7 51, 364f., 378
30:8 365, 378
30:9 36-38, 46, 53, 270, 333, 365f., 378
30:10 366f.
30:11 270, 333, 367
30:12 53, 291, 316, 333, 367, 378f.
30:13 50, 53, 257, 263, 312, 333, 367f., 379
30:14 319, 333, 368f., 379
30:15 259, 315, 369, 379
30:16 39, 48, 52, 229, 333, 334, 369f., 379
30:17 370f., 379
30:18 51, 312, 334, 371, 379
30:19 46, 371f., 379
30:20 263, 334, 372f., 380

31:2 307, 319
31:6 254, 310

31:7 39, 280, 284
31:8 262
31:12 234, <u>235</u>
31:13 307
31:16 270, 319
31:17 257f., 319
31:21 <u>240</u>, 291
31:22 247
31:26 280
31:27 319
31:28 271, 291

32:6 247
32:7 271
32:10 234, <u>235</u>
32:13 280
32:15 254
32:17 254
32:18 319
32:19 <u>307</u>
32:20 261, 315
32:25 245
32:32 319
32:36 234, <u>235</u>
32:41 254
32:43 319
32:44 284
32:46 246
32:47 247, 255
32:48 246
32:49 258
32:50 319

33:2 261, 262, 291, 312
33:4 259
33:5 320
33:7 291
33:11 320
33:12 234, <u>235</u>, 284f.
33:14 271
33:17 320
33:18 261, 271
33:19 320
33:20 258, 320
33:21 261
33:25 307, 320
33:29 320

34:5 280
34:6 285, 315
34:7 271, 315
34:8 315
34:11 246

1 Samuel 1, 301ff.
14:49 <u>303</u>
18:17 <u>303</u>
23:17 <u>303</u>

Job
13:4 36

Psalms 8, 16

Proverbs 7f.

Jeremiah
29:14 36
29:18 36

Daniel 1
9:7 36

Sirach
27:1 37

2. Index of Place Names

Aght^{c}amar 22
Akn 25, 26, 28
Alexandria 11f.
Ani 21
Aparan 21
Aparaner 21
Arghni 28
Ashtishat 9
Atrpakan (Azerbaijan) 52
Awendants^{c} 24
Ayrivan 18
Baghdar 20
Bethlehem 27
Byzantium 294-299
Cilicia 18, 19, 20, 22, 23, 31, 48, 50, 52
Constantinople 10, 23, 24, 25, 26, 27, 28, 29, 48, 54; see also Byzantium and Istanbul
Crimea 54
Daranaghik^{c} 23
Dasht 23
Drazark 18
Durēzh 21
Edessa 8
Ephesus 9
Erznka 17, 19
Etchmiadzin 28
Gavaṛ 21
Gayledzor: see Gladzor
Gazik 26
Geghard 18
Gladzor 19, 20, 62
Grner 17, 19
Hamit^{c} 24, 25
Hizan 21, 24
Ilov 24
Ilvov 27
Isfahan 24, 25, 26, 27, 47, 51, 65; see also New Julfa and Shosh
Istanbul 24
Jerusalem 23
Kafa 22, 26, 28
Kaseria 21
Kesaria 23
Khach^{c}atur, wilderness of 19
Khlat^{c} 22, 23, 63
Khorin wilderness 20
K^{c}ilis 27
Lov 27
Mani, cavern of 18

Maragha 20, 52
Mokk^{c} 23
New Julfa 26, 27, 28, 29
Norashēn, wilderness of 21
Palestine 23
Pawlawnia 21
Poland 27
Samosata 7
Sasun 63
Sebastia 31
Sēch^{c}ov 23
Sevan, Lake 62
Shaṛot 26
Shosh (Isfahan) 27
Sughta 21
Surkhat^{c} 21
T^{c}akhat^{c} 23, 24
Tarawn 9, 20, 62
Tiflis 30
Tigranakert 24, 25
Urfa 28
Van, (Lake) 9, 23, 52, 62
Zeitun 30

3. Index of Personal Names

a. Classical

Biwzandats^{c}i, P^{c}awstos 230
Eznik 8, 9, 10
Ghevondēs 8
Hovsēp 8
Khorenats^{c}i, Movsēs 7, 9, 10, 11, 12, 324
Koriwn 7, 8, 9, 10
Mesrop (Mashtots^c) 7f., 9, 11
Origen 6, 243, 299
P^{c}arpets^{c}i, Ghazar 7
Sahak 8, 9, 10, 11

b. Personal Names, Medieval and later

In this list the following equivalences may be noted:

clerk = *տիրացու*

copyist = *գրիչ*

deacon = *սարկաւագ*

elder = *երէց*

friar = *ֆրա*

monk = *կրօնաւոր* (Hakob, Mkh^{c}itar, Poghos, T^{c}oros) and *աբեղայ* (the remainder)

scribe = *դպիր*

secretary = *նոտար* (Davit^{c}, Ep^{c}rem) and *քարտուղար* (Hovanēs).

Andrēas the priest 26
Aṛak^{c}eal 21
Astuatsatur the elder 28f.
Astuatsatur the priest 27
Astuatsatur the scribe 25(2), 26
Avetik, son of Vahan 30
Barsegh 17, 18
Davit^{c} the secretary 20
Eghiazar, brother of Hovhannēs 25
Ep^{c}rem the secretary 20
Ezekiēl 29(2)
Ezekiēl the deacon 22
Fatala 25
Gaspar the elder 26, 27, 28
Gēorg 18
Ghazar 26
Grigor of Aparaner (also of Gavaṛ) 21
Grigor the elder 24
Grigor Hamazaspian 27
Grigor T^{c}orosian 21
Grigor Tsortsor 22
Grigor the vardapet of Daranaghik^{c} 23
Grigoris of Khlat^{c} 63
Hakob 20, 24(2), 27
Hakob of Akn 25, 28
Hakob the clerk 27
Hakob the monk 17
Hakob the priest 21
Hakob the scribe 24
Harut^{c}iwn the scribe 28
Hohan, pupil of Vahan 30
Hohanēs 19
Hovanēs the deacon 19
Hovanēs the elder 28
Hovanēs the scribe 26, 28

Hovanēs the secretary 26
Hovannēs the scribe, a Pole 27
Hovannēs the vardapet 22
Hovhannēs 23, 24, 27
Hovhannēs, brother of Eghiazar 25
Hovhannēs of Erznka 19
Hovhannēs the friar of Aparan 21
Hovhannēs the priest 21
Hovhannēs the vardapet 63
Hovsēp^c 18
Hovsēp^c the scribe 26, 27
Hunan the copyist 28
Husēp^c 23
Husēp^c the priest 22
John, bishop of Ani 21
Karapet 22
Karapet the deacon 19
Karapet the priest 22
Karapet the priest, son of Hovhannēs 22f.
Karapet the vardapet 20
Khach^{c}atur the priest 22
Khach^{c}atur the vardapet 25
Khach^{c}atur the vardapet of Kesaria 23
Kirakos 29
Kirakos the elder 24, 28
Kirakos the vardapet 19
Konstandin 18
Kostandin the priest 20, 22
Krikē 19
Markos the deacon 26, 27
Martiros 18, 25
Martiros the monk 19
Martiros the vardapet 19
Matt^{c}ēos 28
Mēlk^{c}esēd 21
Mik^{c}ayēl 25
Mik^{c}ayēl the priest 17
Mik^{c}ayēl of T^{c}akhat^c 23, 24
Mkhit^{c}ar of Ayrivan 18
Mkhit^{c}ar the monk 17
Mkrtich^c the priest 20
Movsēs 17, 18
Movsēs the deacon 19
Movsēs the vardapet 20
Nahapet of Urfa 28
Nersēs 17, 18
Nersēs of Sasun 62f.
Nersēs the vardapet 29
Nikoghayos (Melanavor) 26
Nikoghos 21
Ordanon 16
P^{c}art^{c}am 22
Petros the monk 21
P^{c}illippos 30

P^{c}irimal 29
Poghos the monk 63
Safar the scribe 24
Saghat^{c}ēl the monk 22
Sahak the priest, a Syrian 18
Sargis 20, 29
Sargis the priest 20
Step^{c}an Goynerits^{c}ants^{c} 18
Step^{c}annos 28
Step^{c}annos, son of Martiros 25
Step^{c}annos the priest 21
Step^{c}anos 18, 19
Step^{c}anos the scribe 28
T^{c}amur of Akn 26
T^{c}ankkhat^{c}iwn 23
Tēr Abraham of Sech^{c}ov 23
Tēr Gaspar the elder 26
Tēr Hovhannēs 26
Tēr Hovsep^{c} 27
Tēr Markos 27
Tirats^{c}u the copyist 19
Tiratur 28
T^{c}oros 18
T^{c}oros the monk 23
T^{c}oros the scribe 24
T^{c}uma the monk 22
Vahan 30
Vardan the elder 28
Vardan the monk 27
Vardan the priest 22
Vrt^{c}anēs 28
Zak^{c}ar 23
Zak^{c}aria of K^{c}ilis 27

c. Modern personal names

Abeghian, M. 7
Ajamian, C. 6
Anassian, H.S. 2, 7
Ant^{c}abian, P^{c}. 17
Aṛak^{c}elian, H. 3
Arapkerts^{c}i, T^{c}.V.A. 37
Baronian, S. 30
Bogharian, N. 17
Ceriani, A.M. 32f.
Conybeare, F.C. 8, 30
Dashian, J. 19, 23, 63
Der Nersessian, S. 30
Eganian, O. 17, 20
Gehman, H.S. 1, 11
Harut^{c}iwnian, S. 7
Hastings, J. 8
Ismailova, T. 18f.
Jensen, H. 224, 230
Johnson, B. 1, 11, 12, 301-306

Keschischian, M. 22
Khach^{c}ikian, L. 17
Klostermann, E. 243
K^{c}urtian (Kurdian), H. 24f., 30
Malkasian, St. 7
Minassian, L.G. 20
Mnats^{c}akanian, A. 17
Oskan: see Yerevants^{c}i
Rhodes, E.F. 15, 24
Sargisian, B.V. 16
Stone, M.E. 6, 31f.
Swete, H.B. 243
Ter-Avetissian, S. 20f.
Ter-Mkrtch^{c}ian 7
Ter-Movsessian, M. 7, 8
Thomson, R.W. 7, 9, 10, 11, 69, 228, 230, 324
Walton, B. 32f.
Weber, H. 1
Wevers, J.W. 2, 32, 244ff., 294ff.
Yerevants^{c}i, Oskan 2-4, 51
Zeyt^{c}unian, A. 15f., 17
Zohrapian, H. 3f., 31, 32, 33, 34, 38, 39, 43, 44, 51, 54, 302, 303, 304, 329

4. Subject Index

Armenian Bible, origin of translation of 6ff.
Byzantine text 294ff.
catalogue of mss 16ff.
choice of mss 31ff.
designation of mss in the edition 70
Hexapla 12, 243ff., 294, 298f.
Hexaplaric signs 243f.
interpretive readings 233ff.
particles, translation of 230f.
Peshiṭta, Syriac 12, 13, 32f., 301-327
prepositions, translation of 229f.
pronouns, translation of 227-229
stemmatic relationships of mss 219
tenses, translation of 226f.
translation technique 225ff.
variant reading, definition of 223
Vulgate, Latin 3
word order 232, 244, 247, 302, 304f., 306ff.